汉语言学新视界

2016 （第 1 期）

目录

图书在版编目(CIP)数据

汉语言学新视界 2016 /《汉语言学新视界》编委会编.
—上海：学林出版社，2016.10
ISBN 978-7-5486-1109-7

Ⅰ.①汉… Ⅱ.①汉… Ⅲ.①汉语—语言学—文集
Ⅳ.①H1-53

中国版本图书馆 CIP 数据核字(2016)第 203144 号

汉语言学新视界 2016 (第1期)

编者：《汉语言学新视界》编委会
责任编辑：吴耀根 **封面设计**：魏 来
出版：上海世纪出版股份有限公司 学林出版社
地址：上海钦州南路 81 号 电话/传真：021-64515005
网址：www.xuelinpress.com
发行：上海世纪出版股份有限公司发行中心
地址：上海福建中路 193 号 网址：www.ewen.co
印刷：上海叶大印务发展有限公司印刷
印张：12.75 **字数**：41 万 **版次**：2016 年 10 月
书号：ISBN 978-7-5486-1109-7/H·73 **定价**：38.00 元

卷 首 语

2016年5月，习近平总书记在全国哲学社会科学工作座谈会上提出了构建具有中国特色的哲学社会科学体系的目标，这是新时代哲学社会科学发展的指导性原则。在此背景下，语言学被列为学林出版社的出版重点板块，基于这个平台将推出系列语言学研究丛书和专著，其中的重要项目之一，就是出版一年一刊的《汉语言学新视界》(精选集刊)，旨在展示汉语研究的新成果，反映汉语国际推广战略统摄下汉语研究的新动向。本集刊遵循学术性、原创性、本土化的基本原则，以全国专业期刊发表的汉语研究论文为考察范围，经由学界专家的推荐，遴选出部分有代表性的论文加以转载，希冀对当前的汉语研究起到引领作用和示范效应。

本卷为创刊卷，收录、转载了近两年(2014—2015)有关汉语研究的部分有代表性的论文。总体来看，这两年的汉语研究呈现出百家争鸣、精彩纷呈的态势，真是“横看成岭侧成峰，远近高低各不同”。然而“不同”之中有“大同”，那就是汉语研究者都能基于跨语言的视野，立足汉语事实，探索汉语特点，这是一个可喜的现象，也是汉语研究可持续发展的根本保障。下面我们将进行简明的介绍与评析。

一

积极探索并发现汉语自身的“个性”，是进入新世纪以来汉语研究领域出现的可喜现象。诚如沈家煊在《人民日报》(2015年8月9日)发表文章“立足语言多样性研究汉语”所阐述的，100多年来，我们想摆脱印欧语眼光的束缚，用朴素的眼光看汉语，寻找汉语自身组词造句的规律，这种努力一直没有停息。吕叔湘先生晚年曾呼吁，汉语语法研究要敢于大破大立，不要被“主语”、“谓语”、“名词”、“动词”这些从西方语法引进的术语牵着鼻子走。近年来，这种努力有了明显进展。从近两年的研究成果来看，事实确实如此，主要体现在两个层次，下面分别加以评述。

一个层次涉及语言与语言外因素的关联。事实上，汉语和印欧语的重大差别跟东西方的范畴观、思维习惯、哲学精神有千丝万缕的联系。语言和思维的关系，历来是一个重要的跨学科命题。思维属于意识形态范畴，是特定文化的产物；语言是文化的载体，必然体现了特定文化的底蕴。因此两者不但是匹配的，而且具有互动效应。近两年中，汉语学界的一些资深学者尝试用汉民族的逻辑思维方式来揭示和解释汉语表现出来的特点，这是一个显著的亮点，对探索汉语特点具有深远意义。沈家煊的论文《汉语的逻辑这个样，汉语是这样的》，是为赵元任诞辰120周年而作的论文。赵元任对汉语逻辑的特点有十分精辟的论述，汉语逻辑的特点是由汉语语法的特点决定的。作者在研读赵元任论述的基础上，首先“照着说”，对赵元任的论述作了全面的介绍；然后“接着说”，对赵元任的观点加以综合和阐释，论证了作者提出的“名动包含说”和“用体包含说”的合理性。朱晓农的论文《语言限制逻辑再限制科学》从李约瑟的问题“为什么近代科学没有在中国产生”作为切入点，探索语言和逻辑的内在关联。爱因斯坦认为科学产生的必要条件之一是演绎逻辑，并进一步提出主谓结构的语言是产生演绎逻辑的必要条件，因为逻辑命题也是主谓结构的。作者指出，汉语有不同于印欧语的语法原理：句子结构以“话题—说明”为主，主谓结构只是其中一个特例；各层语法单位“词—短语—句子”同构；句子成分的主要功能是起对比作用。这些语法原理规定了中国式推理方式(秦人逻辑)以同构推演和对比推演为主。作者进一步指出，把自然语言中非主流的主谓结构提升为推理说理过程中唯一合法的句式，从而促进科学发展，这是一种必然趋势。这方面过去一百年来中国在世界上做得名列前茅，如果有意识地在教育中加以重视，必将在新世纪取得更辉煌的成就。袁毓林的论文

《汉语反事实表达及其思维特点》针对国外学者关于汉语母语者难以进行反事实表达理解和相应推理的实验存在的争论，阐述了自己的见解。作者认为，事实上汉语中有大量语法化的反事实条件句式，只是汉语研究者对这种句式的反事实语义特点不敏感。究其原因在于汉语反事实条件句一般都有强烈的情感倾向（表示庆幸或遗憾），这强化了反事实思维的结果对比机制，弱化了其因果推理机制，最终掩盖了反事实思维在因果推理方面的逻辑力量，也在一定程度上遮蔽了其条件的反事实性。汉语的反事实表达及其背后的思维特点，反映了语言和思维之间的互相影响、互相塑造和互相推动。

另一个层次是立足语言事实揭示语言特征。从近两年的汉语研究来看，我们发现从不同的侧面来继续深入讨论、辨析、发现汉语特点，依旧是汉语研究的主流。陆俭明的论文《汉语词类的特点到底是什么?》针对沈家煊提出的“名动包含说”，提出了自己对汉语词类特点的见解。作者评述了高名凯、吕叔湘、朱德熙以及沈家煊四位学者关于汉语词类特点的观点，在此基础上以汉语事实分析说明了汉语词类的特点。作者指出：汉语动词、形容词能做主宾语，这都不是汉语词类的特点，而只是一种表面现象，汉语词类的特点表现在：（一）大量的零派生；（二）由于可以大量省略，造成动词、形容词可以在主宾语位置上落单。王洪君、李榕的论文《论汉语语篇的基本单位和流水句的成因》，基于赵元任提出的“零句”概念，对汉语语篇的基本单位和流水句的成因进行了深入探讨。作者在梳理各家观点的基础上，界定了汉语语篇单位的定义，用“逗”和“句断”来命名汉语语篇的两级小单位，并从汉语韵律特征来论证两者的边界。作者指出，汉语流水句的成因，一是汉语没有仅由主谓结构占用的小句这一级语法单位，二是对各类短语的直接成分没有语法类的限制。吴为善的论文《强势层级扩张与词语概念整合的互补效应》从汉语特有的韵律特征出发，指出汉语有两个强势的层级单位：一个是“有意义的单字”，相当于“语素”；另一个是由它们构成的“复合字组”，属于“黏合短语”。其中复合字组（黏合短语）是汉语层级单位的“枢纽”，具有双重效应：一方面复合字组一经“整合”就可能有词化倾向，扩张并覆盖到“复合词”层面；另一方面黏合短语可以通过“扩展”，形成各类、各级“组合短语”，成为实现句子的各类、各级句法结构。这两个过程具有双向互动效应，共同构成了汉语特有的语言单位的层级系统。

二

除了上述研究动向之外，遵循汉语研究的务实传统，详尽地描写汉语事实，从句法、语义、语用三个平面着眼，揭示汉语组词造句的规律，一直是汉语研究者探索的空间。近两年来，这方面的研究也颇有进展，学者们见仁见智，各有特色。这一点具体表现在两个方面，下面分别加以评述。

一方面，有些学者从汉语研究的宏观态势着眼，对汉语某些领域的研究进行评述，并对其存在的问题进行了概括和说明。事实上，对学术研究来说，这是不可或缺的重要环节，没有批评，就没有学术进步。因此，此类评述对汉语研究的深入发展具有积极意义。张伯江的论文《汉语句式的跨语言观》针对当前汉语学界存在的基于类型学研究的某些误区，阐述了自己的观点。学界有学者立足跨语言的视角，试图证明汉语“把”字句是平行于作格语言逆被动句的事实，作者以此为例，提出了事实和理论两方面的不同观点。首先作者用事实说明汉语的“把”字句不一定是针对宾语的一种句法操作，从参与者、影响性、有定性等几个方面论证了“把”字句的高及物性。在此基础上，作者进一步论证汉语不是作格语言，讨论了受格与作格选择的话语功能动因，充分证明汉语“把”字句各方面的句法语义特征都与这两种语法过程渺不相涉。作者的意图是明确的：立足跨语言的视角来研究是可行的，但简单的比附、随意的印证是不可取的。张洪明的论文《韵律音系学与汉语韵律研究中的若干问题》着眼于汉语韵律研究的热点，通过对基本理论的阐述，区分了不同学说框架意义中的术语概念；讨论了韵律结构单位的定义及构成，以及如何建构汉语韵律层级结构树。在此基础上作者指出了以往汉语韵律研究中存在的问题，尤其是对“音步”和“韵律词”的研究；重新分析了汉语韵律句法现象，分清倾向和规则的异同；讨论语音和语法的接口，梳理了各种类型的“语音—语法”错位关系；并探讨了古今汉语差异，澄清了跟上古汉语音节结构分析相关的基本概念。吴福祥的论文《汉语语义演变研究的回顾与前瞻》对具有传统的汉语语义演变的研究进行了回顾和展望。作者认为汉语的语义演变研究具有悠久的历史和优良的传统，两千余年来积累了很多宝贵经验和大量重要成果。

但相较于语法演变和音韵演变，语义演变长期以来一直是汉语史研究的一个极为薄弱的领域，以致在很多方面存在大量的研究空白。作者从历史语义学角度对两汉以来与汉语语义演变相关的研究进行初步的回顾，并在此基础上对当前和今后的汉语语义演变研究提出若干思考，希冀将汉语语义演变的研究不断引向深入。

另一方面，不少学者立足汉语事实，揭示汉语某一侧面的句法语义特点，依旧是学者们孜孜以求的目标，这对于挖掘汉语研究深度、拓展汉语研究广度具有积极意义。郭锐的论文《汉语谓词性成分的时间参照及其句法后果》指出，现代汉语谓词性成分的时间参照有两种：（一）内部参照：以句中的后续动作发生的时间为参照。（二）外部参照：以外部世界的自然时间过程中的某一时刻为参照。外部参照使句子表示的状况在现实世界中定位，而内部参照只显示句子内部多个状况之间的时间关系，与现实世界的时间无关。在此基础上作者全面解析了汉语中"了、着、过"的语义功能。冯胜利的论文《声调、语调与汉语的句末语气》在前人相关研究的基础上，从汉语语气词"古少今多"以及人类语言"无调语言语气词少、有调语言语气词多"的事实出发，认为句末语气词和语调可以分析为句标短语层面上同一机制产生的不同结果。据此作者推测西周以前汉语没有句末语气词而春秋战国以后才出现的事实可能和声调的产生或发展有一定的关系，并进一步推测人类语言用音段还是超音段手段表现语调，或许就是语调的一种参数。张谊生的论文《汉语否定的性质、特征与类别》从性质与类别、载体与层面、方式与功用、作用与效果四个角度观察，发现汉语的否定现象存在多种不同的样式与单位、特征与效用。其中的委婉降格否定可以分为黏着式与自由式两种类型，两种降格否定在搭配的习语性、惯用化，表达的主观性、委婉度以及语体色彩、使用频率等方面都存在一定的差异。

三

纵观近些年来的汉语研究，我们发现汉语研究在继承传统的前提下，正在向深度和广度推进。在这个进程中我们也关注到一些值得一提的新动向，这将有力地支撑汉语研究的可持续发展。这些新动向主要有两点，下面分别加以评述。

一个值得一提的新动向是理论框架的构建。长期以来，国内学者的汉语研究基本上遵循务实的传统，重在语言事实的描写和分析。近20年来我们引进了国外功能和认知学派研究的理论和方法，使得汉语研究在事实描写、分析的基础上，更注重语用驱动的认知解释。但总的说来汉语研究还停留在摆事实、讲道理的层面，很少有理论框架的构建。但近些年来就有学者开始尝试构建原创性的理论框架。例如刘丹青(2012)基于语言类型学的视角，创立了"语言库藏类型学"(linguistic inventory typology)的理论框架，提出了"显赫范畴"(mighty category)这个核心概念。所谓显赫范畴是指用语法化程度高的形式手段表达的、既凸显又强势(prominent and powerful)的范畴，具有常用、能产或可类推的特征。特定语言中的显赫范畴不但本身的原型语义或语用功能凭借语法手段得到充分表征和凸显，而且所用形式手段具有很强的扩张力，能用来表达与原型范畴有距离的在其他语言中可能属于其他语义语用范畴的功能，从而使语言的形式和意义呈现出比通常更为复杂的关系。该理论框架提出后，在学界引起了关注，并出现了相关的研究成果，本刊选录了两篇这方面的研究论文。一篇是刘丹青自己的论文《汉语及亲临语言连动式的句法地位和显赫度》，揭示了在汉语这种连动式显赫的语言中，连动式会向并列和主从两个方向扩展，形成更接近并列或更接近主从的语义关系，句法上仍然属于连动式而非改属并列或主从结构。连动式在东亚、东南亚地区常见而并非普遍，主要存在于形态不丰富的语言如壮侗语、苗瑶语、藏缅语中的彝语支及景颇语支、南亚语系，而少见或不见于形态变化较为丰富的语言如羌、藏语支和阿尔泰系语言。另一篇是陆丙甫、应学凤、张国华的论文《状态补语是汉语的显赫句法成分》，指出从类型学的角度看汉语状态补语的原型虽然是焦点化的方式表达，但其功能已经远超出方式状语的范围，具有强大的能产性和扩展能力。它的语法化程度极高，就其编码形式的凸显程度而言，可说是汉语句法成分中最容易识别的。因此，它不仅该看作现代汉语句法中一个独立的成分，而且该看作一个显赫范畴。状态补语的性质特点，是汉语尾焦点凸显这一信息结构特点的又一个明显表现。

另一个值得一提的新动向是青年学者群的崛起。70后学者是汉语研究持续发展的中坚力量，他们的研究将代表未来汉语研究的主流，因此是亟须培育、关心、支撑的年轻一代。我们欣喜地看到，这些青年学者正在崛起，他们的学术素养日益成熟，他们的研究成果呈现出扎实的功底。本刊选录了3篇有代表性的论文，下面分别加以介绍。曹秀玲、王清华的论文《从基本话语到元话语》认为话语行为包括基本话语和元话语两个层面，前者是指那些具有指称和命题信息的话语；后者是指"关于基本话语的话语"，即对命题态度、语篇意义和人际意义进行陈述的话语。基本话语和元话语之间处于连续统状态。汉语中的元话语成分有的是自源的，也有的是从其他语言借用的。作者以让转义"X然"类词语为例，描述其语篇表达模式和元话语用法，同时考察其由基本话语到元话语成分的历时发展过程，以此管窥基本话语和元话语两个层面的交互作用以及元话语的生成机制。董秀芳的论文《上古汉语叙事语篇中由话题控制的省略模式》对上古汉语叙事语篇中的省略模式及规律进行考察，分析了语段话题在语篇省略中的控制因素，发现上古汉语中语段话题控制与其同指的小句主语的省略力度很大，即使中间有由不同于语段话题的成分做主语的小句插入，后续的与语段话题同指的主语仍然可以省略。上古汉语中的语段话题还可以压制与其不同指且不重要的小句主语以有形形式出现，这样做是为了防止分散读者的注意力，保证语篇的连贯性。完权的论文"作为后置介词的'的'"指出汉语的"的"和英语介词of表现出较多的句法语义平行性，据此可以把"的"归类于后置介词。根据一种把词汇性和功能性视为两个维度的语类理论来看，"的"属于功能介词。基于历时材料，"的"是从方位领格介词发展而来，可归属于可以表达广义领格中的大多数语法意义的一级介词。如果采纳汉语词类包含模式，则"的"的前后均为名词性成分，那么和"of-插入"规则一样，"的"给其补足语赋领格，构成介词短语共同修饰名词短语的中心语。

综上所述，通过本集刊转载的这些具有代表性的研究成果，读者们一定能窥见近两年汉语研究的态势，概括地说是主流凸显，亮点纷呈，成果丰硕，百家争鸣。新世纪以来，随着我国综合国力的日益提升，国际地位也日益提升，中国在国际事务的各个领域拥有了越来越多的话语权。在此形势下，汉语及其汉文化的国际推广也正在获得广泛而深入的进展。因此，汉语学者可谓是任重道远，我们相信，富有责任感的中国汉语学者一定会再接再厉，在国际语言学界开创一片属于我们自己的新天地。

《汉语言学新视界》编委会

从基本话语到元话语*

——以汉语让转义“X然”类词语为例

曹秀玲 王清华

提 要 话语行为包括基本话语和元话语两个层面，前者是指那些具有指称和命题信息的话语；后者是指“关于基本话语的话语”，即对命题态度、语篇意义和人际意义进行陈述的话语。基本话语和元话语之间处于连续统状态。汉语中的元话语成分有的是自源的，也有的是从其他语言借用的。本文以让转义“X然”类词语为例，描述其语篇表达模式和元话语用法，同时考察其由基本话语到元话语成分的历时发展过程，以此管窥基本话语和元话语两个层面的交互作用以及元话语的生成机制。

关键词 X然 基本话语 元话语 连续统

0. 引 言

“然”系词无论在古代汉语还是现代汉语中都是一个较大的词族，其类别、功能和发展受到很多学者的关注。相关研究主要集中在“然”的语法化、“X然”的语法功能和词类归属等问题上，也有对“然”系词进行的个案分析。让转义“X然”包括“诚然”“当然”“固然”“虽然”“自然”“纵然”等6个成员。这组词共时层面语法属性不尽相同，但却形成共同的语篇表达模式：主要用于前一小句或句子，表示对某种说法或事实的认可，随后加以反驳、纠正或补充，以表达言说者的真正看法。从历时角度看，让转义“X然”的语法功能呈现共同趋势——从基本话语发展为元话语，语言形式上的表现就是由句内向句外逐步前移。

1. 让转义“X然”的语篇分布

让转义“X然”都可以作为连接成分构成让转语篇，部分“X然”还可以作为应答语。作为连接成分，“X然”的分布比较灵活，包括句首（含段首）、句中两种情况；从“X然”小句的分布来看，有转折小句前和转折小句后之别；作为应答语的“X然”在对话或拟对话①语篇中独立成句。

1.1 作为连接词的“X然”

作为连接词的“X然”可以出现在句首（含段首）或主语之后，后一小句或句子中常出现“但是”“然而”等转折连词或“却”“也”“更”“还是”等副词以及“更（为）重要的是、事实上、问题是”②等具有一定转折语义表达功能的短语。

1.1.1 句首（含段首）分布

句首分布是“X然”类词语的共性特征。例如：

---

* 本研究得到教育部人文社会科学基金课题“现代汉语话语标记多维研究”（编号：12YJA740003）和国家社科基金课题“汉语语篇连贯的句法机制研究”（编号：14BYY120）资助。初稿曾先后在“首届汉语句式研究学术研讨会”和“汉语国际教育和语义功能语法学术研讨会”上宣读，得到与会专家指点。匿名审稿人和《中国语文》编辑提出宝贵修改意见。全文语料主要引自北京大学中国语言学中心语料库，另有部分语料通过南开大学郭昭军老师开发的检索软件获取，谨此一并致谢。

① 李宇明（1996）将言说者通过带有文学色彩的叙述营造出好似言说者与听读者对话的感觉称为“拟对话”现象。

② 李宗江（2011：153、236、262）将这些短语成分称为“关联语”。

(1) 诚然，市场波动和风险的期货交易不仅依然随时存在，而且愈加明显，但它把风险转移给了投机套利者。(1994 年报刊精选)

(2) 当然，模特的收入不仅靠作秀，拍平面广告、电视广告甚至做广告代言人，才是模特收入的主要来源。可这一切需要知名度作为支撑。(卞庆奎《中国北漂艺人生存实录》)

(3) 固然，争取生存是人的本能，但争取的方式却由每个人的气质、教养而定。(张贤亮《绿化树》)

(4) 虽然工人们不懂篮球，但感到自己身上的责任，既然被叫去看球，就要尽力帮忙。(姚明《我的世界我的梦》)

(5) 自然，如何命名有很大的任意性和灵活性，但我们不主张使用单个字母，或带数字的字母，如 A、B、C；A1、B2 等。(郑人杰《实用软件工程》)

(6) 茅以升回答道："不！纵然科学无祖国，但是，科学家是有祖国的！"(《中国儿童百科全书》)

有时"X 然"也出现在段落起始处，对前文所述内容作认同表达，同时预示下文将出现与此相反的另一种表述。例如：

(7) 就我而言，安昌河的《我将不朽》是"残酷阅读"。拿起，又放下，几番折腾，才读完了这部长篇小说。读不下去，不是因为"不好看"，而是"生理不适应"，过度血腥、尖锐乃至冰冷的叙述，几令我心生呕吐之感。

固然，作为一位小学未毕业的"高玉宝"式作家，安昌河才气势不可挡，他那从容不迫的叙述能力和汪洋恣肆的想象力虚构力，同龄作家很难望其项背，以至有评论家将其与他的四川同乡沙汀、艾芜相提并论。如无意外，这位外表质朴但举止镇定的作家，或许将非"池中之物"。

但是，我还是不禁为这位"横空出世"的青年作家担心。(《人民日报》2010 年 7 月 27 日)

(8) 多年以后，我有幸去参加了一次在布拉格举行的四年一度的舞美设计展，这是世界最高规格的舞美展。我看后的感觉，或许只用两个字就可概括：震惊！与之相比，中国的舞美设计水平之差，也让我为之震惊。

当然，在中国也不是没有可圈可点的舞美设计。前不久，我参加了羽泉的演唱会，那舞美设计的确令我耳目一新。(卞庆奎《中国北漂艺人生存实录》)

比较上面两段例文，例(7)是"X 然"语段在前，后一语段由"但是"引领，先扬后抑；例(8)"X 然"小句出现在后，起追加补充作用，是先抑后扬。

段首和句首分布的"X 然"的辖域不同：前者的辖域远远大于后者。段首"X 然"与后面表述之间一般都有停顿，句首"X 然"则包括其后有停顿和无停顿两种。

1.1.2 句中分布

主谓之间是"X 然"类词语常见的分布。例如：

(9) 坚定不移诚然可贵，但如果仅仅为了坚定不移而坚定不移，那只能说是鲁莽了。(新华社 2004 年新闻稿)

(10) 把一个苹果切成三块，原来的整个苹果当然大于切开后的任何一块。但这仅仅是对数量有限的物品而言。(《中国儿童百科全书》)

(11) 人坐在房子里固然没有运动，但人和房子随着地球在自转并围绕太阳公转。(《中国儿童百科全书》)

(12) 她们虽然都很漂亮，但仔细看，个子高一点的那个显得更漂亮一些。(卞庆奎《中国北漂艺人生存实录》)

(13) 清查账目的三位群众代表被杀，其余九位代表自然万分悲痛，但小张庄查账的工作并未停顿下来，而是查的决心更大。(《中国农民调查》)

(14) 说来令人泄气，历史的审判毕竟是迟到的审判，它纵然可以慰亡灵于九泉之下，却难以对恶势力起到杀鸡儆猴的作用。(《读书》)

上面例句中的"X 然"用于主谓之间，表达前后分句之间的容让转折关系。尽管不同"X 然"的词汇意义和语气有细微差别，但因共同的语篇建构模式，各"X 然"可替换使用。

1.1.3 "X 然"相对于主语的位置

以主语为参照点，"X 然"的分布可归结为主语前和主语后两类，前者又包括"X 然"后有停顿和无停顿两种，具体情况①如下表所示：

表 1 "X 然"相对于主语的位置

	句首分布		句中分布
	其后有停顿	其后无停顿	
诚然(200)	173(86.5%)	4(2%)	23(11.5%)
当然(200)	118(59%)	50(25%)	32(16%)
固然(200)	4(2%)	17(8.5%)	179(89.5%)
虽然(200)	4(2%)	94(47%)	102(51%)
自然(9)	1(11.1%)	2(22.2%)	6(66.7%)
纵然(200)	0(0%)	83(41.5%)	117(58.5%)

上面的统计表明，"诚然"和"当然"以出现在句首且后有停顿为常；"固然"和"自然"则主要出现在主谓之间，即使出现在句首也以后面无停顿为主要形式；"虽然"和"纵然"在句首和句中分布比例接近，但"虽然"句首分布时以后无停顿为主，"纵然"出现在句首且后无停顿。由此，"X 然"的线性分布形成一个从前到后的倾向性序列：诚然＞当然≫虽然＞纵然≫自然＞固然。

1.1.4 "X 然"小句的分布

让转义"X 然"所在小句的分布情况如下表所示：

表 2 "X 然"所在小句的位置

	前一小句	后一小句
诚然(200)	198(99%)	2(1%)
当然(200)	60(30%)	140(70%)
固然(200)	199(99.5%)	1(0.5%)
虽然(200)	193(96.5%)	7(3.5%)
自然(9)	8(88.9%)	1(11.1%)
纵然(200)	199(99.5%)	1(0.5%)

上面的统计表明，"当然"小句出现在后占绝对优势，其他让转义"X 然"则主要出现在前一小句。尽管除"当然"外，让转义"X 然"小句以出现在前为无标记形式，但现实语言表达中也有不少"X 然"小句在后，起补充追加作用。例如：

(15) a. 专就中国哲学主要传统说，我们若了解它，我们不能说它是入世的，固然也不能说它是出世的。(《中国哲学简史》)

→ b. 我们固然不能说它是出世的，但也不能说它是入世的。

(16) a. 你应该虚心学习别人的优点，自然，别人也要学习你的长处。(《现代汉语词典》)

→ b. 自然，别人要学习你的长处，但你也应该虚心学习别人的优点。

根据语言表达线性增量原则，说话的自然顺序要从旧信息说到新信息，因此随着句子推进，线性顺序靠后的成分为靠前的成分提供更多的新信息。(方梅，2005)

比较以上两组例句，原文 a 式"X 然"用于后一小句，作为追加形式是语义表达的重点；变换为 b 式后，后面的转折小句得以凸显，成为表达的重点。与此相关，"X 然"小句在后是言说者为了弥补双方话语冲突而采用的一种

① 表 1 和表 2 是笔者对北京大学中国语言学中心语料库随机抽取的 200 个让转义"X 然"用例进行的统计。其中"自然"的情况较特别，以"自然"为检索词获取的 5 000 个用例中只提取到 9 个让转义用例。序列中"＞"表示前者的频率"略高于"后者，"≫"表示前后属于不同的频率等级。

语言表达策略，起到缓和话语节奏和减弱言语冲突的作用，从而使听读者心理上更易于接受。

1.2 作为应答语的"X然"

作为应答语，"诚然""自然"和"当然"用于对话或拟对话中，表示对所引述话语或前一话轮表述内容的认同，同时在此基础上提出不同看法。用作应答语时，"当然"和"诚然"可独立运用，"当然"和"自然"还常常采用"那当然/自然(啦/了)"、"那是当然/自然(的/了)"等复杂形式。例如：

(17) Q1：那么你打算去问他吗？

A1：当然了，不过需要有一个见证人在场。

Q2：那么你是让我做见证人吗？

A2：如果你愿意的话，那自然了……(《福尔摩斯探案集07》)

(18) 作家不一定是学者，诚然。但是大作家都是非常非常有学问的人，我不知道这个论断对不对。(《读书》)

上面例(17)是对话形式，由两个问答话轮对构成，"当然"和"自然"用于应答话轮，表示认同对方话语。例(18)是拟对话形式，先用"诚然"对"作家不一定是学者"这种说法表示认同，随后提出"我"的不同意见——"大作家都是非常非常有学问的人"。

作为应答语的"X然"有时重复出现，叠用的"X然"语势更强。例如：

(19) 有人对此做这样的解释：事实上并非所有的人都是同志。诚然，诚然。但是，即便今天总经理多得一片树叶掉下来可以砸到三个，也并非人人都是老板啊。(《读书》)

(20) 小香笑了一笑道："如此说来，我若是肯把这柄刀给你们，你一定是不会拒绝的了？"谢先生连忙道："自然，自然，姑娘如肯割爱，任何条件敝庄都能接受。"(古龙《圆月弯刀》)

(21) 当记者插问总统本人是否也担任家庭的财长时，她连连说"当然，当然"，那不容置疑的表情和幽默、风趣的话语引起阵阵欢快的笑声。(1995年《人民日报》)

"X然"作为应答语叠用时，其后以不出现转折小句为常见形式。

2. 让转义"X然"的语篇表达模式和元话语功能

2.1 "X然"的词义对立与中和

"X然"用于容让小句，表示对某种情况和说法的肯定和认同，根据让步小句所表情态的虚实又可以分成实让转折和虚让转折两类：前一类包括"诚然""当然""固然""虽然""自然"，后一类只有"纵然"1个成员。《现代汉语词典》(第5版)(以下简称"《现汉》")(2008：1815)直接用"即使"解释"纵然"，而在"即使"释义中(2008：637)特别提请读者注意："即使"所表示的条件，可以是尚未实现的事，也可以是与既成事实相反的事情。虚让转折句中，言说者借助"退一步"的暂且承认强调即便不可能成为事实的情况发生，结果也不会因此改变。因此，表实让的"诚然"等用"纵然"替换则化实为虚，表达夸张让步。

表实让的"诚然""当然""固然""自然"之间的词义存在细微差别："诚"义为"的确、实在"，因此表让转义的"诚然"是对小句表述命题真实性的认可；"当"义为"应当"，表示合于情理或事理，即理应如此；"固"义为"本来、原来"，"固然"强调事实或事理存在的客观性；"自然"表示不经人力干预自然而然产生的结果，强调事实或规律的必然性。"虽然"表示承认甲事为事实，但乙事并不因甲事而不成立，是让转义"X然"中语义选择限制最少的，其他让转义"X然"受构词成分意义影响，分别表示小句命题的真实性、合理性、客观性和必然性。由于共同的语篇表达模式(即先扬后抑)，加之事物或事理的真实性、合理性、客观性、必然性之间存在天然联系，"X然"之间的替换是比较自由的。因此，《现汉》(2008：174)直接用"固然"解释"诚然"。

2.2 "X然"的语篇表达模式

尽管"X然"的词汇意义和语法属性不尽相同，却因"让转"这一共同的语义特征汇聚成类，并形成内在相似的语篇表达模式——即言域转折句：(X说)P，虽然我认同(说)P，但我要说Q。

众所周知，最常见的日常言语行为莫过于陈述提问和命令，三者一般分别对应于陈述句、疑问句和祈使句。“X然”后面的小句或句子主要是陈述句，表达的言语行为包括断言、建议、许诺、提醒等多种类型。例如：

(22) 诚然，包括金钱在内的物质条件是人生所必需的，但它不是唯一的追求，还有比金钱更宝贵的无价的精神财富。(1994年报刊精选)

(23) 当然了[1]，在今后的导演生涯中我会不会蜕变，这不好说，但我会严格要求自己。(卞庆奎《中国北漂艺人生存实录》)

(24) 中国劳动力充裕固然有利于发展的一面，但在资金短缺、资源相对不足的条件下，解决不断增长的劳动力就业问题是相当困难的。(《中国的计划生育》)

(25) 虽然这种可能性极小，但还是问一问好。(汪曾祺《七里茶坊》)

上面各例中的“X然”小句提出一种说法或事实，后一小句表明言说者施行的言语行为：例(22)后一小句表断言，例(23)—(25)后一小句分别表许诺、提醒和建议。

2.3 “X然”的元话语功能

“X然”构建言域让转语篇，使所在语篇成为现实或虚拟的对话，构建听说(或读写)双方的互动情境，而“X然”作为听说(读)双方互动的触发器(trigger)，经历了一个从基本话语到元话语的发展历程。让转义“X然”所形成的相同语篇表达模式，在一定程度上中和了“X然”之间词汇意义的细微差别，使之类聚到语用层面实现元话语功能。“X然”的元话语功能表现在评注预转和形成拟对话结构两个方面。

2.3.1 评注预转功能

《现汉》标明“诚然、固然、虽然、自然、纵然”的连词属性，“诚然”“固然”“虽然”“自然”等词条下明确说明：引起下文转折或下半句往往与“可是、但是”等呼应使用(2008：174，492，1305，1807)；《现汉》虽未注明“当然”和“纵然”的转折用法，但语言事实说明，二者用于让转表达相当常见[2]。让转义“X然”在认同所述事实或说法的同时预示下文转折，因此具有评注预转功能。例如：

(26) 诚然，他已打赢了一场官司，可另一场官司仍在折腾之中。(庞瑞根《难忘峻青》)

(27) 当然，在不同的民族、不同的时代以及不同的环境中，礼貌待人的要求有所不同，但最起码要做到诚恳、谦虚、和善、有分寸。(《中国儿童百科全书》)

(28) 虽然成为明星有一定的偶然性，但是光有机遇没有实力还是不行的。(卞庆奎《中国北漂艺人生存实录》)

上面各例由于后续句中“可”和“但是”的出现，“X然”可以省略，但省略后“X然”所表达的言说者主观认同意味不复存在。

2.3.2 拟对话功能

口语表达是听说双方的互动交谈，因此在某种意义上是听说双方共同生成每一句话语。书面语看似作者单方面的行为，实际上也往往采用相应的补偿机制实现表达者和接受者之间的互动，如标点符号和特定的语言表达形式等。让转义“X然”的使用，可以营造出一种不同话语角色进行互动交谈的语境效果，从而更易于拉近言者与读者之间的心理距离，使读者更易融入“对话”和阅读，从而实现与受众的良好互动。例如：

(29) 有人又要说，几个一小段不就是一大段吗？诚然，几个一小段都能成功，是一大段，然而某个选错，资金就会搁浅一段时间。(《股市宝典》)

(30) 重启和谈本身以及实现和平当然会需要很长时间，但是只要有关各方开始谈判，就会给巴勒斯坦人民和以色列人民带来希望。(新华社2004年新闻稿)

(31) 比起其他国家，英国是比较忽视这些工作条件的。虽然，你可以认为这些并非很重要，但我的美国生意朋友指出，他们希望自己公司所能提供的工作条件，在素质上远胜于英国的公司。(《哈佛管理培训系列全集》)

---

① “当然”与语气“了/啦”组合作为一种新型连接方式将在后文讨论。

② 邢福义(2001：8)将复句分为因果、并列和转折等三大类，“虽然”和“即使”“否则”归入转折关系复句标记。

上面例句分别通过设问、预设潜在听话人、第二人称“你”等形式营造对话氛围。“X 然”的使用是由于说话人要说出与受话人(或潜在的受话人)预期相左的信息,是基于礼貌原则所采用的言语策略,是以接受者为中心的表达方式,体现言语交际的互动性,其真实用意在于取得听读者的认同,并最终使之调整到言说者的视角当中。

3. 让转义“X 然”的语法化

让转义“X 然”共时平面语法属性不尽相同,但可以构建相同的语篇表达模式,是因为各自经历词汇化和语法化过程由基本话语发展为元话语,本节简述其演化历程和发展规律。

3.1 “X 然”的语法化

3.1.1 “诚然”的历时演化

“诚然”组合最初做谓语。例如:

(32) 孔子曰:“‘于斯时也,天下殆哉,岌岌乎!’不识此语,诚然乎哉?”(《孟子·万章章句上》)

(33) 厉公于是谓甫假曰:“子之事君有二心矣。”遂诛之。假曰:“重德不报,诚然哉!”(《史记·卷四十二》)

后来“诚然”也在对话中做应答语,表示认同对方说法。例如:

(34) 谓扬子云曰:“如后世复有圣人,徒知其材能之胜己,多不能知其圣与非圣人也。”子云曰:“诚然。”(《新论卷上》)

(35) 及玄宗见泌,谓说曰:“后来者与前儿绝殊,仪状真国器也。”说曰:“诚然。”(《太平广记·卷第三十八》)

明朝起,“诚然”用作副词状语,表“确实”义。例如:

(36) 今温已拥百万之众,挟天子以令诸侯,诚然不可与争锋。(《两晋秘史》)

(37) 相如奏曰:“秦强赵弱,诚然不可不与之璧……”(《周朝秘史》)

清朝起,“诚然”出现在前一小句,与后面的转折小句共现。例如:

(38) 十三妹沉吟了半晌,说:“这桩东西诚然不可失落,但是眼下我们这一群人断断没个回去的理,这件事你也交给我……”(《儿女英雄传·第十回》)

(39) 老残道:“摇串铃,诚然无济于世道,难道做官就有济于世道吗?”(《老残游记·第六回》)

3.1.2 “当然”的历时演化

“当然”连用形式出现在东汉时期。例如:

(40) 天道当然,人事不能却也。(《论衡·变虚篇》)

(41) 愚人无知,不肯报谢,自以职当然,反心意不平,强取人物以自荣,无报复之心,不顾患难,自以可竟天年。(《太平经·卷一百一十二》)

以上用例中的“当然”做谓语,“应当这样”义。这一用法还包括“想其当然”“固当然”等多种组合形式。例如:

(42) 太祖以融学博,谓书传所纪。后见,问之,对曰:“以今度之,想其当然耳!”(《三国志·魏书十二》)

(43) 及其久也,读之益精,而其胸中豁然以明,若人之言固当然者,犹未敢自出其言也。(《朱子语类·卷一百二十一》)

宋代以后,“当然”除了做谓语,也有做定语和宾语的用例。例如:

(44) 当然之理,无有不善者。(《朱子语类·卷第十一》)

(45) 又曰:“文言上四句说天德之自然,下四句说人事之当然。”(《朱子语类·卷第六》)

例(44)“当然”做定语,例(45)“当然”与前一句中的“自然”相对,表明事物的客观规律。

清朝起,“当然”出现做状语用例,同期与转折连词共现。例如:

(46) 老寨主乃明末武魁,当然不能与流俗同污。(《三侠剑》(下))

(47) 至善平日最爱惠乾,所教功夫也比别人用心,情同父子,今日见他逃走,当然记挂,但也无可奈何。(《乾隆南巡记》(上))

(48) 秦皇生性残忍,当然不作好事,然而这也不是他自己所能作得主的,老实说,他也不过是应劫而生,替劫

数作个运行使者罢了。(《八仙得道》(上))

3.1.3 “固然”的历时演化

“固然”连用形式出现在春秋战国时期,做谓语和定语。例如:

(49) 王怒曰:“道固然乎,妄其欺不谷邪?”(《国语·卷二一》)

(50) 民,夺之则怒,予之则喜。民情固然。(《管子·轻重乙篇第八十一》)

(51) 汝之达,非智得也;北宫子之穷,非愚失也。皆天也,非人也。而汝以命存自矜,北公子以德厚自愧,皆不识夫固然之理矣。(《列子·力命》)

上面用例中的“然”是复指代词,“固”做状语,“本来”义。“固然”前面的小句常出现“然”的复指对象,如例(50)中的“民,夺之则怒,予之则喜”。

“固然”组合也经常用作应答语。例如:

(52) 人问济阳君曰:“谁与恨?”对曰:“无敢与恨。虽然,尝与二人不善,不足以至于此。”王问左右,左右曰:“固然。”(《韩非子·说三》)

(53) 孟尝君曰:“先生鼓琴,亦能令文悲乎?”对曰:“……方此之时,视天地曾不若一指,虽有善鼓琴,未能动足下也。”孟尝君曰:“固然。”(《三国志裴注·蜀书十二》)

汉代时,“固然”常用做宾语,为“固有规律”之义。例如:

(54) 朝帝于灵门,宓穆休于太祖之下,然而不彰其功,不扬其声,隐真人之道,以从天地之固然。(《淮南子·第六卷》)

(55) 夫物有必至,事有固然,君知之乎?(《史记·卷七十五》)

明朝起,“固然”用做状语,同期出现与转折连词共现的用例。比如:

(56) 懒龙固然好戏,若是他心中不快意的,就连真带耍,必要扰他。(《二刻拍案惊奇》(下))

(57) 原来焦大郎固然本性好客,却又看得满生仪容俊雅,丰度超群,语言倜傥,料不是落后的,所以一意周全他。(《二刻拍案惊奇》(上))

上面例(56)中“固然”做状语,对所在小句表述的命题加以肯定;例(57)后一小句与“固然”所在小句所述命题构成逆转关系,这类用例清朝起逐渐增多。例如:

(58) 那位先生固然太过,然而士人进身之始,即以贿求,将来出身做官的品行,也就可想了。(《二十年目睹之怪现状》(中))

(59) 那师爷见不是路,固然不愿意,但是“三分匠人,七分主人”,也无法,只得含含糊糊的核了二三百金的钱粮,报了出去。(《儿女英雄传·卷二一》)

3.1.4 “虽然”的历时演化

“虽然”的连用形式出现在春秋战国时期。例如:

(60) 季康子问于共父文伯之母曰:“主亦有以语肥也。”对曰:“吾能老而已,何以语子。”康子曰:“虽然,肥愿有闻于主。”(《国语·卷五》)

(61) 彼节者有间而刀刃者无厚,以无厚入有间,恢恢乎其于游刃必有余地矣。是以十九年而刀刃若新发于硎。虽然,每至于族,吾见其难为,怵然为戒……(《庄子·养生主第三》)

上面例(60)是对话体中对对方说法的认可,并随后提出不同看法;例(61)是独白体中对前文的复指,后文提出另一种看法。两例中“虽然”均充当让步小句,其中“虽”是连词,“然”是代词,指代前文。作为让步小句的“虽然”后面有停顿。

随着“然”语义虚化成为附缀成分,“虽然”词汇化为双音节连词。六朝起,“虽然”引领后面的让步小句。例如:

(62) 孔子母年十六七时,吾相之当生贵子,及生仲尼,真异人也,长九尺六寸,其颡似尧,其项似皋陶,其肩似子产,自腰以下不及禹三寸。虽然贫苦孤微,然为儿童便好俎豆之事。(《抱朴子·祛惑卷第二十》)

(63) 虽然遇赏玩,无乃近尘嚣。(《白居易诗全集》)

上面例(62)“虽然”与“贫苦孤微”构成让步小句,与后面的“为儿童便好俎豆之事”构成让转关系;例(63)中

“虽然”后的“遇赏玩”与“近尘嚣”形成让转关系。

“虽然”引领让步小句和与“如此、如是、若是”等指代成分组合，都标志着非句法组合“虽然”词汇化为转折连词。例如：

(64) 师曰，虽然如此，犹较老僧三生在。(《筠州洞山悟本禅师语录》)

(65) 虽然若是，本分衲僧陌路相逢，别具通天正眼始得。(《五灯会元・浮山法远禅师》)

作为连词的“虽然”后面不再有停顿，表明“虽然”让步小句地位的消失。当代汉语中“虽然”等词后重现停顿，是其再语法化的表现，后文将加以讨论。

3.1.5 “自然”的历时演化

“自然”的连用形式出现在春秋战国时期。例如：

(66) 人法地，地法天，天法道，道法自然。(《老子・二十五章》)

(67) 礼者，世俗之所为也；真者，所以受于天也，自然不可易也。(《庄子・渔父第三十一》)

上面两例中的“自然”分别做宾语和谓语。作为名词的“自然”，表示与“元气”并立、与“天”“道”相关的抽象事物。例如：

(68) 元气自然，共为天地之性也。(《太平经乙部》)

(69) 天畏道，道畏自然。(《太平经・合校卷一百三十七》)

六朝起，“自然”出现做状语的用例，为“不经人力作用”义。例如：

(70) 敌攻关不克，野无散谷，千里县粮，自然疲乏。(《三国志・卷四十四》)

(71) 或问：“魏武帝曾收左元放而桎梏之，而得自然解脱，以何法乎?”(《抱朴子・杂应卷第十五》)

由于客观事物之间存在“不经人力作用”的因果联系，“自然”用于表达这种前因后果关系时，客观上具有连接前后小句的功能。明朝起，“自然”出现在前一小句，表示认同某种说法和事实并在后一小句提出相悖表述。例如：

(72) 大尹道：“怜你孤儿寡妇，自然该替你说法。但闻得善继执得有亡父亲笔分关，这怎么处?”(《今古奇观》(上))

(73) 内中也有的道：“你在他家中，自然知他备细不差；只是没有被害失主，不好卤莽得。”(《初刻拍案惊奇》(上))

上面两例中“自然”出现在前一小句，后一小句分别出现转折连词“但”、“只是”。

3.1.6 “纵然”的历时演化

先秦时“纵”为连词，表让步，东汉起“纵然”连用形式表让步。例如：

(74) 凡人所居，无不在客，虽只大小不等，阴阳有殊，纵然客居一室之中，亦有善恶。(《宅经》)

(75) 父子至亲，歧路各别，纵然相逢，无肯代受。(《地藏本愿经・卷中》)

明朝起，“纵然”出现在前一小句，后面是隐性或显性的转折小句。例如：

(76) 众将曰：“人纵然不怯，马力已乏，安能复战?”(《三国演义・第八十六回》)

(77) 御史爷纵然不能无疑，却是又感又怕，自然不敢与相公异同。(《二刻拍案惊奇・卷三十九》)

3.2 “X然”的虚化轨迹

根据历时语料，让转义“X然”的语法化过程可概括为下表：

表3 “X然”语法功能的历时分布

	诚 然	当 然	固 然	虽 然	自 然	纵 然
组合初现	春秋战国	东汉	春秋战国	春秋战国	春秋战国	东汉
谓 语	春秋战国	东汉	春秋战国	春秋战国 (让步小句)	春秋战国	—
状 语	明朝	清朝	明朝	—	六朝	—
让转义	清朝	清朝	明朝	六朝	明朝	东汉

关于"X然"类词语的历史来源，周刚(2002)认为，"固然""虽然"是短语词汇化，"纵然"是连词"纵"后加附缀"然"；"诚然""当然"和"自然"是副词附加后缀和虚词转化的结果。本文的考察表明，让转义"X然"的来源可以归结为两种：一是"X"与指代词"然"组合并虚化，包括"虽然、固然"；二是词缀"然"附缀于"X"词汇化后再语法化，包括"诚然、当然、自然、纵然"。两类"然"的属性区别湮灭在汉语词汇双音化和语法化的过程中。

从"X然"中"X"的性质看，"虽"和"纵"本为单音连词，"虽然"和"纵然"组合出现时间不同：前者春秋战国时期即出现，但相当长一段时间充当让步小句，直到六朝时期才词汇化为连词；后者出现于东汉时期，一开始就充当让步连词。"诚""当""固""自"本为副词，与"然"组合后表现出多种语法属性，其中"诚然""当然""自然"主要用作谓语，"固然"一段时间作为偏正短语形式充当谓语，为"本来这样"义。明清起，四个词出现做状语的用例，同时或随后出现让转义用法，形式标志为后面小句出现转折词语①。

由于组合中两个变量的性质不同，"X然"的最初功能和虚化路径呈现歧异表现：连词"X"构成的"虽然"和"纵然"较早出现连词用法，副词构成的"X然"则经历中心语(谓语、主宾语)到修饰语(状语)再到连接成分等一系列语法功能变化。虽然各词项语法化时期有别，但所经历的语法化路径却是一致的，即都呈现语义功能逐渐弱化、语法分布逐步左移的历时过程，具体可图示如下：

图1 "X然"的语法分布趋势

值得关注的是，连词"虽然"和"纵然"词汇化后虽未发生语法功能的改变，但却同样经历了从主语前后再到句首且后有停顿的发展过程。下面以"当然"和"虽然"为例说明"X然"共时层面多种分布叠加的情形：

(78) a. 1976年中国队第一次赢得亚洲冠军，我是国家队的队长，我当然很高兴，但当时报纸说获胜全归功于我，我觉得很尴尬……(姚明《我的世界我的梦》)

b. 当然姚明和王治郅是不同类型的人，但从这件事可以看出中国篮协为什么不愿再放走一个顶级球员去打NBA。(姚明《我的世界我的梦》)

c. 当然，生物学界对奥巴林的理论还持有不同看法，但奥巴林关于地球上生命个体进化起源的探究无疑是富有开拓性的。(《中国儿童百科全书》)

d. 当然了，我也会赶时髦，去网上体验一下"冲浪"的快感。不过上网太浪费时间，对眼睛也不好，我对它始终保持一种克制的态度。(卞庆奎《中国北漂艺人生存实录》)

(79) a. 此时他虽然还不是共产党员，但却在行动上按共产党的意见办事。(《中共十大元帅》)

b. 虽然他在十位元帅中是最年轻的，但由于健康状况欠佳，一直比较消沉。(《中共十大元帅》)

c. 北京，我爱你！虽然，我也曾一度憎恨过你，但这丝毫不减我对你的热爱。(卞庆奎《中国北漂艺人生存实录》)

d. 虽然呢，我们家老是会吵架，但还是很多人羡慕的家庭。(www.mogujie.com)

上面两组用例，从a到d"X然"逐渐前移。作为连词的"虽然"和副词"当然"一样，更多地表现出"居端"的元语言特征，而不是遵循联系项居中原则。

Li & Thompson(1981)根据句中位置将副词分为"可移动副词"和"不可移动副词"两大类，认为"在主语或主题词前的副词，主要是用来表示说话者的观点，而主语或主题之后的，则主要用来说明句中事物的情态"。由此可见，句首是个比较特别的语法位置，语法性质不同的让转义"X然"得以汇聚于此，是因为历时发展过程中共同经历了基本话语到元话语的系列变化——从表达概念义到表达程序义，从承担句法功能到承担语篇功能，并形成相

① 《现代汉语词典》(第5版)未收"当然"的连词用法，然而大量的语言事实表明其功能与其他5个"X然"并无明显不同，可以相互替换。

同的语篇表达模式，语篇表现也呈现较强的趋同性：关联成分与所连接成分之间的停顿或语气词的附缀，都超越连词固有的范畴特征。

然而，“X 然”内部成员历史来源和语法化进程不同，共现时呈现功能分化状态。例如：

(80) 诚然，乔冠华虽然恃才傲物、锋芒毕露，但对夫人龚澎，30 年来却是恩爱笃深，言听计从。（《才女外交家龚澎》）

(81) 诚然，商家注意商店和营业员形象固然重要，但要因地制宜，区别对待。（《信息时报》2010 年 10 月10 日）

(82) 当然，《从书》也有不足之处，有些问题虽然提出来了，但没有展开。（1996 年《人民日报》）

(83) 自然，驱动模块和桩模块对测试人员来说是一种额外的负担，就是说，虽然在单元测试中必须编写这些辅助模块的程序，但却不作为最终的软件产品提供给用户。（郑人杰《实用软件工程》）

(84) 当然，会议、参观、检查等均不能全盘否定，可都“一窝蜂”似的那么多，厂长经理们纵然三头六臂也应付不了。（1996 年《人民日报》）

以上各例中，线性排列顺序反映“X 然”内部成员语法属性的分化：“诚然”“当然”和“自然”占广域，“虽然”和“固然”“纵然”占狭域。这是因为，“虽然”类语法化历程业已完成，成为转折关系关联连词，而“诚然”类正处于语法化的中途，虽然两类“X 然”语篇表达模式相同，甚至替换使用，但“诚然”类对语境的依赖度较高。相反，“诚然”类可以比较自由地充当“全句状语”。比如，“诚然/当然/自然老张有不同的看法”成立，而相应的“虽然/固然/纵然老张有不同的看法”则不成立。完成语法化过程的“虽然”类较少客观词汇义和主观评价义，而“诚然”类则更多地显示主观评价义。正因如此，学界对前者语法属性认识比较一致，而对后者的词性标注有分歧，详见下表 4：

表 4　辞书对“X 然”语法属性的标注情况

	《现代汉语同义词词典》（朱景松 2009）	《现代汉语虚词词典》（侯学超 1998）	《现代汉语词典》（2008）
诚　然	副词；连词	副词；连词	副词；连词
当　然	形容词；副词	副　词	形容词；副词
固　然	连　词	连　词	连　词
虽　然	连　词	连　词	连　词
自　然	形容词；副词；连词	副　词	名词；形容词；副词；连词
纵　然	连　词	连　词	连　词

4. 元话语成分“X 然”的形成机制

在语言交际中，每一次话语行为都包含两个层面：基本话语层面和元话语层面，基本话语是指那些具有指称和命题信息的话语，而元话语是指“关于基本话语的话语”，是指对命题态度、语篇意义和人际意义进行陈述的话语。元话语的主要功能在于语篇组织、话语监控、话语评价、话语互动。Fraser(1996)将句子表达的意义分为命题意义和非命题意义：前者是指“说话人为引起听者注意而进行的对世界的描绘”，也就是句子的内容意义；后者是指说话人潜在的交际意图，用来表达非命题意义的言语形式，也被称为“语用标记语”。

历时语料显示，“X 然”让转义词语中，“纵然”组合一开始就作为连接成分，“虽然”则由承前指代的让步小句词汇化为转折连词，其他四个“X 然”共同经历从中心语到修饰语再到连接成分的发展历程。如前所述，作为连接成分的“X 然”出现在句首且与主语之间加有停顿的现象逐渐增多，这是“X 然”作为元话语成分再度语法化的表现。伴随“X 然”后的停顿，有些“X 然”可以与语气词搭配使用。比如，与“当然/自然”共现的语气词包括“了、呢、啊、啦”，与“虽然”“固然”共现的有“呢”和“吧”。“X 然”之后出现停顿或语气词，表明“X 然”与后面小句被分割为两个语音节奏单元，“X 然”成为作用于全句的表达主观情态的元话语成分。

作为一种功能性语言成分，元话语在语言运用中常见而且不可或缺。句法成分到语用成分是元话语产生的一个重要路径，而基本话语发展为元话语是由语言表达互动需求促动的。Hoey(2001：11)认为，互动是语篇的中心，语篇可以定义为作者和读者之间的可见的互动证据，这种互动是由作者操作的有目的行为。而语篇互动需求归根结底是由语言作为交际工具的社会属性决定的。

克里斯特尔(2000：302)指出，语言的自反性(reflectiveness/reflexivity)是人类语言区别于其他符号系统的一种特性，指语言能用来"谈论"语言自身。我们认为，正是语言自反性这一特质导致话语得以区分为基本话语和元话语这两个既有区别又有联系的层面。然而正如Crismore(1989：96)指出的那样：要想清楚地将基本话语和元话语区分开来是不可能的，基本话语和元话语之间是非离散性的(non-discrete)，很多时候是混杂在一起的，二者构成一个连续统(continuums)。

语言事实表明，基本话语和元话语不但在内容上很难找到一个明确的界定标准，形式上元话语也没有一个明确的形态特征。让转义"X然"的词汇化和语法化是汉语元话语成分来源和历时演化的一个缩影。让转义"X然"的历时演化清晰地展现其语义由实渐虚并伴随相应的语法功能和非线性语音特征改变的过程。而随着语法功能不断弱化，"X然"的分布位置不断前移，语用辖域不断扩大。对于汉语这种缺乏严格意义上的形态变化的语言来说，这个过程其实也是句法成分到章法成分、基本话语到元话语的发展历程和形式表现。

参考文献

陈俊彤　2013　《"诚然"和"纵然"的多角度对比研究》，湖北师范学院硕士学位论文。

戴维·克里斯托尔　2000　《现代语言学词典》，商务印书馆。

方　梅　2000　《自然口语中弱化连词的话语标记功能》，《中国语文》第5期。

方　梅　2005　《篇章语法与汉语篇章语法研究》，《中国社会科学》第6期。

雷二毛　2013　《语篇环境下的让步连接成分"诚然、固然、虽然"的多角度分析》，华中师范大学硕士学位论文。

李宇明　1996　《拟对话语境中的"是的"》，《第五届国际汉语教学讨论会论文选》，北京大学出版社。

李宗江　2011　《汉语新虚词》，上海教育出版社。

林大津　谢朝群　2003　《互动语言学的发展历程及其前景》，《现代外语》第4期。

刘莹莹　2013　《"诚然"的语义分析及篇章功能研究》，上海师范大学硕士学位论文。

沈家煊　2001　《语言的主观化与主观性》，《外语教学与研究》第4期。

沈家煊　2003　《复句三域"行、知、言"》，《中国语文》第2期。

汪红英　2010　《论让步连接成分"固然"》，南昌大学硕士学位论文。

王清华　2013　《现代汉语让转义"X然"类词语研究》，上海师范大学硕士学位论文。

邢福义　2001　《现代汉语复句研究》，商务印书馆。

姚双云　姚小鹏　2011　《确认性评注副词的衔接功能》，《语言研究》第3期。

姚小鹏　2011　《追补性"当然"的篇章功能》，《语言教学与研究》第6期。

张　玮　2011　《"固然"的语义分析与篇章功能》，上海师范大学硕士论文。

中国社会科学院语言研究所词典编辑室　2008　《现代汉语词典》(第5版)，商务印书馆。

周　刚　2002　《连词与相关问题》，安徽教育出版社。

Fraser，Bruce　1996　Pragmatic Markers，*Pragmatics*，Vol.6.

Crismore，Avon　1989　*Talking with Readers：Metadiscourse as Rhetorical Act*. New York：Peter Lang.

Hoey，Michael　2001　*Textual Interaction：An Introduction to Written Discourse Analysis*，London：Routledge.

Li，Charles N. and Sandra A. Thompson　1981　*Mandarin Chinese：A Functional Reference Grammar*. Berkeley，California：University of California Press.

曹秀玲，上海师范大学对外汉语学院　xlcao@shnu.edu.cn；

王清华，新疆生产建设兵团公共资源交易中心　xue.hua2009@163.com

(原载《中国语文》2015年第6期)

上古汉语叙事语篇中由话题控制的省略模式[*]

董秀芳

提 要 上古汉语语篇中的省略比现代汉语语篇中更多。本文对上古汉语叙事语篇中的省略模式及规律进行考察，分析了语段话题在语篇省略中的控制因素，发现上古汉语中语段话题控制与其同指的小句主语的省略力度很大，即使中间有由不同于语段话题的成分做主语的小句插入，后续的与语段话题同指的主语仍然可以省略。语段话题可以控制兼语的省略，而在现代汉语中，兼语一般是不能省略的。上古汉语中的语段话题还可以压制与其不同指且不重要的小句主语以有形形式出现，这样做是为了防止分散读者的注意力，保证语篇的连贯性。这一语篇组织策略有可能导致"受事主语句"这种句法结构的形成，也说明语篇中的常用策略可能固化为句法结构形式，即发生句法化。

关键词 语段话题 省略 上古汉语 叙事语篇 受事主语句

0. 引 言

汉语是语段取向的语言(曹逢甫，1995)，因而篇章研究对于汉语来讲很重要。很多句法现象要在语篇层次上才能得到较好的说明，比如"了"的隐现、"的"的隐现等问题都要在篇章层面才能确定。因而，研究语篇组织规律对于汉语句法问题的解决有启发意义。

上古汉语的语篇与现代汉语的相应语篇相比，省略更为多见。省略体现了语篇的组织策略，是有规律可循的。但是，目前对于上古汉语语篇中具体的省略规律还未见深入的探讨。

在语言学研究中区分语体形式已得到越来越多的学者的认同。本文选择上古汉语的叙事语篇作为考察对象，研究其中的省略模式与规律。这里所谓的叙事语篇，严格来讲是"叙事语段"，因为在一个完整的语篇中，很多时候既包括叙事的段落，也包括议论的段落，因而我们并不是不加分析地考察一个语篇的全部，而是选出纯粹是叙事性的段落来加以研究。这样可以保证得到比较统一的模式。

我们的研究发现，在上古汉语的叙事语篇中，语段话题对于语篇中的省略起着很大的控制作用。所谓"语段话题"(discourse topic)，指的是一个语段(包括两个或两个以上的小句)中共享的话题，其辖域可大可小，有的统领几个小句，有的统领一整段话，还有的甚至统领全篇。从语义上看，语段话题就是一个语段所要说明的主要对象。

本文主要考察由语段话题控制的上古汉语叙事语篇中的省略模式。

* 本文的研究得到国家社科基金重大项目"功能-类型学取向的汉语语义演变研究"(项目批准号：14ZDB098)、国家社科基金重大项目"基于多学科视域的认知研究"(项目批准号：12&ZD119)以及北京大学中国语言学研究中心的资助(CCL201301)。本文曾在"国际中国语言学学会第二十届学术年会"(2012，香港)、"第六届国际古汉语语法研讨会"(2013，首尔)以及"北京大学斯坦福中心/中文系历史语法研讨会"(2014，北京)上宣读。

1. 语段话题控制下的与其同指的小句主语的省略

上古汉语语篇中主语的省略是很多的，语篇中不出现有形主语的句子相对于现代汉语来讲更为普遍。很多小句主语的省略是因为与语段话题同指，这是最为常见的小句主语省略模式。比如(以下例子中，ø代表零形式，小句的主语都是因为与语段话题同指而省略的，语段话题用下划线标出)：

(1) 藐姑射之山，有神人居焉，肌肤若冰雪，绰约若处子。ø不食五谷，ø吸风饮露，ø乘云气，ø御飞龙，而ø游乎四海之外。(《庄子·逍遥游》)

此例中的语段话题是"神人"，语段中五个小句的主语都因为与语段话题同指而省略。

这样的省略在现代汉语叙事语篇中也很多(参看田然，2003)。然而，上古汉语中这类省略的一个突出特点是，当中间插入主语和语段话题不同的小句时，语段话题依然可以控制后续小句中与其同指的主语的省略。如：

(2) 晋灵公不君：ø厚敛以雕墙；ø[1]从台上弹人，而ø观其辟丸也；宰夫胹熊蹯不熟，ø杀之，置诸畚[2]，ø使妇人载以过朝。(《左传·宣公二年》)

此例中，语段话题是晋灵公，这一话题控制了后续小句的主语省略，虽然"宰夫胹熊蹯不熟"这一小句中的主语"宰夫"与语段话题不同指，但这一小句的出现并没有阻止语段话题控制其后几个小句的与其同指的主语的省略。注意，"杀之"这个小句与"宰夫胹熊蹯不熟"这一小句紧邻，但是其省略的主语并不与"宰夫"同指，而是与语段话题同指。

(3) 商君治秦，法令至行，公平无私，罚不讳强大，赏不私亲近，法及太子，ø黥劓其傅。期年之后，道不拾遗，民不妄取，兵革大强，诸侯畏惧。ø然刻深寡恩，ø特以强服之耳。(《战国策·秦一》)

此例中，语段话题是"商君(即商鞅)"，最后两个小句虽然与语段话题所在小句之间被很多主语不同的其他小句隔开，但是其主语还是由于与语段话题相同而被省略了。如果是现代汉语，这个地方一般就会用代词("他")来复指或重提名词形式("商君")，因为语段话题的可及性(accessibility)由于间隔很多小句而在一定程度上降低了。

(4) 初，郑武公娶于申，曰武姜，ø生庄公及共叔段。庄公寤生，惊姜氏，ø故名曰寤生，ø遂恶之。ø爱共叔段，ø欲立之。ø亟请于武公，公弗许。及庄公即位，ø为之请制。公曰："制，岩邑也，虢叔死焉。佗邑唯命。"ø请京，使居之。(《左传·隐公元年》)

以上语段中的语段话题是武姜，这一语段话题对于其后一系列小句主语的省略具有极强的控制能力，尽管中间有些小句的主语与语段话题不同(比如，有几个小句的主语是"庄公")，但是这些主语与语段话题不同指的小句的出现不影响语段话题对其后与其同指的小句主语的省略控制。

同类的例子还有：

(5) 颍考叔为颍谷封人，ø闻之，ø有献于公。公赐之食。ø食舍肉。公问之。ø对曰：……(《左传·隐公元年》)

(6) (公子重耳)ø出于五鹿，ø乞食于野人，野人与之块。公子怒，ø欲鞭之。子犯曰："天赐也。"ø稽首受而载之。……公子不可。姜与子犯谋，醉而遣之。ø醒，ø以戈逐子犯。(《左传·僖公二十三年》)

(7) 秦伯伐晋，ø济河焚舟，ø取王官及郊，晋人不出。ø遂自茅津济，ø封肴尸而还。ø遂霸西戎。(《左传·文公三年》)

(8) 穆伯娶于莒，曰戴己，生文伯；其娣声己生惠叔。戴己卒，ø又聘于莒，莒人以声己辞，ø则为襄仲聘焉。(《左传·文公七年》)

在现代汉语中，如果语段中有一些与语段话题不同指的小句主语出现，后续的小句主语如果与语段话题同指，往往不能以零形式出现，而要使用代词形式或名词形式。因为在这样的情况下，语段话题的可及性变得比较

---

① 此处省略的小句主语可能与语段话题同指，也可能不同指，因为所指不重要而省略，对于这种现象请参看第3小节的论述。

② "置诸畚"这一小句的主语很可能不是"晋灵公"，因为晋灵公可能不会亲自动手来做，应该是命令别人去做，"置诸畚"这一小句的主语既与语段话题不同指，所指又不重要，因此省略了，参看第3小节的论述。

低了，所以不宜再采用零形式。可见，上古汉语中语段话题对与其同指的主语省略的控制力度比现代汉语同类语篇大。

2. 语段话题控制下的与其同指的兼语的省略

(9) 子曰："回也，视予犹父也，予不得视 ø 犹子也。非我也，夫二三子也。"(《论语·先进》)

此例中语段话题是"回"(即颜回)，"予不得视犹子也"中"视"和"犹"的中间有一个零形式的兼语，这个兼语成分既是"视"的宾语，又是"犹"的主语。这个兼语因为与语段话题同指而省略了。如果译成现代汉语，"视"的宾语不能用零形式，要用代词形式，要说成"我不能把他看作儿子"①。

同类的例子还有：

(10) 初，祭封人仲足有宠于庄公，庄公使 ø 为卿。(《左传·桓公十一年》)

(11) (苏秦)见说赵王于华屋之下，抵掌而谈。赵王大悦，封 ø 为武安君。(《战国策·楚一》)

现代汉语中的兼语成分很多时候是不能省略的②，可以采用代词形式复指：

(12) a. 张三是个好学生，我让他做我的助教。

b. *张三是个好学生，我让 ø 做我的助教。

宾语在上古汉语中一般是不能承前省略的，但是在现代汉语中，如果宾语是在话语中具有较高可及性的已知信息时，就可以零形式出现，而且在某些结构中还必须采取零形式(董秀芳，2005)。请对比：

(13) 是二氏者，吾亦闻之，而不知其故。(《左传·昭公二十九年》)

(14) a. 这件事，我没有听说。　　　　b. *这件事，我没有听说它。

例(13)中，"之"处于宾语位置，其先行语为"是二氏"，这个"之"按照上古汉语的语法，是必须出现的，不能以零形式出现。例(14a)是现代汉语的例子，宾语位置上是零形式，其所指与"这件事"相同，由于先行语是高可及的信息，而且是指物的，宾语位置上不允许出现代词形式来复指，如例(14b)的不合法所示③。

在一些有格标记的语言中，兼语采用的是宾格而不是主格，这让人认为兼语更像是宾语而不是主语。但是上古汉语中的宾语不能承前省略，而兼语可以承前省略，从这一点上看，上古汉语中的兼语与主语更接近。

3. 语段话题控制下的与其不同指的小句主语的省略：语段话题对离题小句主语的压制

当小句的主语与语段话题不同指时，我们称这样的主语为"离题主语"，因为这样的小句主语是在叙述语段话题之外的其他对象。如果离题主语的所指对于话语来讲不是很重要，也可以被省略；如果不省略的话，就有可能分散读者的注意力，影响语篇的连贯性。这种省略，我们将它看作语段话题对小句离题主语的压制作用(以下我们用"¤"来指示离题主语不出现时的空位)。如：

(15) 孟施舍似曾子，北宫黝似子夏。夫二子之勇，¤未知其孰贤，然而孟施舍守约也。(《孟子·公孙丑上》)

这一例中，语段话题是"孟施舍"和"北宫黝"，"未知其孰贤"这一小句的主语(可以认为是说话人，但也可以认为是泛指的)没有出现，这一主语与语段话题不同指，而且其所指对于话语表达来讲不重要，因而受到语段话题的

---

① 现代汉语的对译在句式上与古代汉语也有不同，现代汉语中"看作"不能出现在兼语句式中，只能采用"把"字句。

② Tang(2002)认为，兼语句中兼语移位的限制属于音韵上的问题，与句法无关。当兼语句中的主要动词是单音节时，兼语不能移位，但是当主要动词是双音节时，兼语就可以移位。如(划"________"的地方是兼语最初的位置)：

*这些学生被我要/叫/劝/催/请________解释这个问题。

这些学生被我要求/命令/劝说/催促/邀请________解释这个问题。

但我们发现，现代汉语口语中也有一些主要动词是单音节而兼语省略的例子，如：张三，老板派 ø 去上海了。在这种情况下，兼语后面的动词也是单音节，两个动词可以合成为一个双音节，兼语零形式的存在没有阻止这种音韵合并。

③ 现代汉语中如果先行语是指人名词，宾语位置可以出现代词来复指。如：张三，我很喜欢他。

压制而以零形式出现。现代汉语的语篇中也有这类省略，但是上古汉语中这类省略更为普遍。再如：

(16) 齐王不听即墨大夫而听陈驰，ø遂入秦，〇处之共松柏之间，ø饿而死。(《战国策·齐六》)

“处之共松柏之间”的主语因与语段话题“齐王”不同指，且不是重要信息，因而这一主语受到语段话题的压制，以零形式出现。这一小句中的动词“处”后的宾语“之”指的是齐王。

(17) 子招、子围、子干、子晰、弃疾，五人皆有宠，共王无适[①]立，乃望祭山川，请神决之。乃与巴姬埋璧于太室之庭，令五子齐[②]而入拜。康王跨之；子围肘加焉；子干、子晰皆远之；弃疾弱，〇抱而入，再拜皆压纽。(《论衡·吉验》)

以上这一段并没有统一的语段话题。在叙述到五个人的情况时，话题是不断地转移的。最后三个小句的话题是“弃疾”，“抱而入”这一小句的主语是零形式，但其所指与话题“弃疾”不同，由于所指是谁不重要，因而被压制省略。

(18) 庄公走出，ø逾于外墙，〇射中其股，〇遂杀之，而〇立其弟景公。(《战国策·楚四》)

这一例中的语段话题是“庄公”，“逾于外墙”这一小句的主语因与语段话题同指而省略，但接下来的三个小句，主语所指都和语段话题不同(这三个主语相互之间也可能不同指)，但由于在话语中不重要，因而都在语段话题的压制下省略了。

在现代汉语中，要保证语篇的连贯，如果要压制离题主语出现，经常使用的一种策略是采用被动句。比如例(18)在现代汉语中可以说成：

(19) 庄公跑出来，跳过外墙，被射中了大腿，被杀了，他的弟弟景公被立为国君。

语段话题对离题主语的压制策略在汉语文本中从古到今一直都有使用，虽然在后代的使用没有上古汉语数量那么多。比如，直到《红楼梦》中还可以找到这样的例子：

(20) 我自来是如此，ø从会吃饮食时便吃药，〇到今日未断，〇请了多少名医修方配药，〇皆不见效。(《红楼梦》第三回)

此例中，语段话题是“我”，即林黛玉，最后三个小句的主语因与语段话题不同指又在表达上不重要因而被压制省略。“到今日未断”这一小句的主语是指吃药这一行为，“请了多少名医修方配药”这一小句的主语很可能是指黛玉的家人，“皆不见效”的主语可以是药。从以上举例中可以看出，被语段话题压制省略的小句主语的具体所指有时是比较模糊的。

4. 语段话题对离题主语的压制策略可能对句法带来的影响

我们猜测，上古汉语中语段话题对离题主语的压制策略对句法可能产生了影响。受事主语句的形成可能就是由语段话题对离题主语的压制策略这一语篇组织原则导致的。下面我们先分析受事主语句的性质，再分析受事主语句的产生与语段话题对离题主语的压制策略之间的可能关联。

4.1 受事主语句的性质

汉语中所谓的受事主语句，是一种特殊的构式(construction)，既不同于被动结构和中动结构(middle voice)，也不同于一般的话题结构。下面我们将受事主语句与其他结构做一对比。

受事主语句曾被称为意念上的被动句。但实际上，除了形式上没有被动标记之外，受事主语句与被动句在是否可以被语义指向施事者的副词性成分修饰上也有差异(Huang 等，2009)，如：

(21) a. 那幅画被挂在墙上了。　　b. 那幅画被小心翼翼地挂在墙上了。

(22) a. 那幅画挂在墙上了。　　b. *那幅画小心翼翼地挂在墙上了。

由“被”字构成的被动句可以被语义指向施事的状语“小心翼翼”修饰，如例(21b)所示，但是受事主语句不能

---

① 适，通“嫡”。
② 齐，通“斋”。

被语义指向施事的状语“小心翼翼”修饰，如例(22b)的不合法所示。这说明被动句隐含施事(Baker 等，1989)，而受事主语句并不隐含施事。

另外一个差异是，被动句可以表示动态的事件，但受事主语句表示的是一种结果状态，这在现代汉语层面表现为被动句中可以出现表示完成或实现的“$了_1$”，但受事主语句中一般不能出现“$了_1$”(董秀芳，2006)。如：

(23) a. 那幅画被摘下来了。　　b. 那幅画被摘了下来。

(24) a. 那幅画摘下来了。　　b. */*??? 那幅画摘了下来。①

在上古汉语中情况也是如此，受事主语句也是表示结果状态的。在语篇中，往往是 V+O 形式(动宾结构)先出现，O+V(受事主语句)形式随后出现，V+O 表示动作行为，而 O+V 表示动作完成以后的结果状态(董秀芳，2014)。如：

(25) 魏弱则割河外，韩弱则效宜阳。宜阳效则上郡绝，河外割则道不通。(《战国策·赵二》)

(26) 古之欲明明德于天下者，先治其国；欲治其国者，先齐其家；欲齐其家者，先修其身；欲修其身者，先正其心；欲正其心者，先诚其意；欲诚其意者，先致其知，致知在格物。物格而后知至，知至而后意诚，意诚而后心正，心正而后身修，身修而后家齐，家齐而后国治，国治而后天下平。(《礼记·大学》)

受事主语句与中动结构的区别在于中动结构补不出具体的施事，如例(27)所示；而受事主语句虽然表层没有出现施事，但是一般情况下都可以补出一个特定的施事，如例(28)所示：

(27) a. 这种牌子的烟抽起来不呛。　　b. ??? 这种牌子的烟张三抽起来不呛。

(28) a. 那辆车卖了。　　b. 那辆车张三卖了。

这表明受事主语句不是缺乏特定施事而是施事在表层被抑制了。由于施事在表层受抑制，从而造成了前面所提到的不能带指向施事的修饰成分的特点，而且与施事相关的动态性也就相应地变弱了。

受事主语句也不同于一般的话题结构。在上古汉语中，话题结构中的话题如果是受事，句子如果不是否定句，那么动词后一般用代词对提前的话题宾语进行复指，而且施事经常在表层结构中出现②(董秀芳，2005)。比如：

(29) 夏礼，吾能言之。(《论语·八佾》)

(30) 子女玉帛，则君有之。(《左传·僖公二十三年》)

(31) 其所善者，吾则行之。其所恶者，吾则改之。(《左传·襄公三十一年》)

不过，如果一定要归类的话，受事主语句还是可以归入话题结构的。只不过，受事主语句比起动词后有复指代词且在表层出现施事的话题结构来说，结构上更为紧密，句法整合程度更高。这提示我们去思考受事主语句与话题结构可能存在的历时关联。

受事主语句这种特殊的句法形式从古到今一直存在，就像话题结构从古至今一直存在一样，只不过现代汉语中的受事主语句比起上古的相应形式来，重要区别在于句末必须有“了”才能成句(这个“了”一般被看作“$了_1$”和“$了_2$”的合并)。句末的“了”的作用是显性标明结果状态，这是语法化的结果。如：

(32) a. 作业交了。　　b. *作业交。

受事主语句自古至今的存在表明这是一种重要的构式，而且是汉语中有特色的句法形式。这里顺便指出，汉语史研究中除了要重视变化之外，也应该重视那些稳定不变的部分，因为稳定不变的部分可能正反映了汉语的本质特点，使我们能够发掘出汉语构成中的“基因”。

4.2　受事主语句的形成与语篇组织策略的可能关联

受事主语句的形成与什么因素有关呢？我们猜测，除了与汉语词语基本没有形态变化这一语言类型特点相关之外，这与汉语的语篇组织策略也有关系。Givón(1979)指出，语篇中反复出现的组织模式可能变为某种固定

① 这样的句子只有在有后续句的时候才能被接受，单独使用是站不住的。在后面有数量结构的情况下，“$了_1$”可以出现在受事主语句中，如“饭吃了两碗”、“这件衣服穿了两年”。在有数量结构的时候，数量结构是焦点所在，突显的是结果状态，而不是事件性和动态性。其实，在这样的句子中，数量结构的作用就相当于句末的“$了_2$”，都可以指示结果状态，因而也都能结句。

② 在这样的话题结构中，话题与述题之间的结构比较松散，话题的后面很可能出现停顿。

的句法格式，即发生“句法化(syntacticization)”。我们认为，受事主语句有可能是由“话题$_i$，零形主语$_j$＋动词谓语”结构经句法化而来的，其中，动词谓语的零形主语因与话题不同指(不同的下标显示其所指不同)且不重要而被省略，即属于本文所说的“离题主语”被压制的情况。比如：

(33) 子胥沉江，比干剖心。此二子者，世谓忠臣也，然卒为天下笑。(《庄子·盗跖》)

此例中，“子胥沉江，比干剖心”是受事主语句，我们推测其来源是这样：“子胥”“比干”是话题，“沉江”“剖心”的主语与话题不同指而且在话语中又不重要，因此在话题的压制下没有出现，这样就造成了受事主语句。

让我们看一个过渡性的例子：

(34) 吴，周之胄裔也，而弃在海滨，不与姬通。今而始大，比于诸华，光又甚文，将自同于先王。(《左传·昭公三十年》)

此例中的语段话题是“吴”，“弃在海滨”中的“弃”可以理解为是在被动含义上使用的，如果这样理解的话，“弃在海滨”隐含的主语是受事主语；但“弃”也可以理解为是在主动意义上使用，其施事主语与语段话题不同指且在语篇中不重要，属于离题主语，由于语段话题要压制离题主语的出现，因此“弃”的主语表现为零形式。支持后一种理解的一个理由是“弃”在同期文献中在主动意义上使用的占绝大多数，做后一种理解的唯一困难是这里“弃”后的宾语位置上没有复指的“之”。但由于“弃在海滨”正好构成四字格，得到了韵律上的支持，因此“之”的不出现也是可以勉强说通的。因此，我们可以把例(34)看作是由主动结构因压制离题主语出现这一语篇策略的作用而向受事主语句变化的过渡性例子。

导致变化发生的一个关键因素是，语段话题对离题主语的压制策略使得一个主动结构中的施事缺位。这样，这个结构中的谓语部分的叙述就可以看作是围绕着语段话题展开的，回答的是“什么东西(语段话题)怎么样了”这样的问题。比如例(18)中，“射中其股，遂杀之”这两个小句在施事主语被省略之后，可以看作是对语段话题“庄公”的一种叙述，回答的是“庄公经历了什么”这样的问题。在这样的情况下，动词的语义解释就有可能发生变化，从主动意义(叙述施动者的动作行为)变为被动意义(叙述受动者受到的影响)。而且，由于施事的缺位，受事话题就有可能直接位于动词的前面，与动词的关系变得紧密，从而最终导致受事主语句的产生。

随着受事主语句的句法化，原本松散的话题和述题形成为一个结构紧密的小句，述题部分复指话题的“之”就不能出现了。根据生成句法GB理论中的约束第二原则，代词必须在其管辖语域(governing category)内自由。在一般的话题结构中，话题可以游离在作为述题的小句结构之外，述题部分可以单独构成代词的管辖语域，因此，在述题的宾语部分可以对提前的受事话题用代词进行复指(如例(29)—(31)所示)。而句法化后的受事主语句是一个结构紧密的小句，因此动词后不能出现代词来复指受事主语，否则代词在其管辖语域内就会受到约束从而违反约束原则，如不能说“车$_i$卖了它$_i$”。

当然，要证明受事主语句的确是来自语篇策略的句法化有一定困难。目前我们面对的上古语料中已经存在受事主语句了，我们无法找到变化的确切起点和具体轨迹，但我们还是可以提出一种合乎情理的推测。最终是验证或是推翻这种推测还有待将来更进一步的研究。

5. 双线话题控制下的省略模式

上古汉语语篇中有些紧邻的小句，其中有两个谈论到的主体，这两个主体都可以控制后续小句与其同指主语的省略。这样的两个主体，都具有语段话题的地位，我们称为“双线话题”。这种双线话题控制下的省略模式，吕叔湘(1956/1988)称为“错杂省略”，表现为“先省去一个甲，又省去一个乙，接着又省去一个甲”。张文国(1999)也注意到了这种情况，认为这种情况在涉及两方的叙事结构中容易出现。

由于控制省略的有两个主体，因此相邻的零形式的所指可能不同，省略掉的主语的具体所指可以由谓语动词的语义推断出来。比如(下标相同表示所指相同)：

(35) 初，郑伯$_i$将以高渠弥为卿，昭公$_j$恶之，$\emptyset_j$固谏，$\emptyset_i$不听。(《左传·桓公十七年》)

以上例中，“郑伯”和“昭公”相继出现，构成双线话题，“固谏”这一小句的主语因与双线话题之一“昭公”同指而省略，"不听"这一小句的主语因与双线话题中的另一个"郑伯"同指而省略。两个小句紧邻，但所省略的主语不同，所省略主语的具体所指可以由谓语动词推断出。这种例子的存在说明了上古汉语语篇中指称形式的省略力度之大。

(36) 齐侯$_i$使连称、管至父$_j$戍葵丘，ø$_j$瓜时而往，ø$_i$曰："及瓜而代。"期戍，公问不至。ø$_j$请代，ø$_i$弗许。（《左传·庄公七年》）

此例中，齐侯和连称、管至父是话语中提到的有关系的双方，构成双线话题，以下小句中省略的主语可以与这两方之一同指，如例中同标所示，决定零形主语所指的关键因素是谓语的语义。

(37) 初，鬻拳$_i$强谏楚子$_j$。楚子弗从。ø$_i$临之以兵，ø$_j$惧而从之。（《左传·庄公十七年》）

以上例中，鬻拳和楚子是话语中相继提到的两个主体，构成双线话题，最后两个小句中省略的主语分别与二者同指，如下标所示。同类的例子还有：

(38) 齐侯$_i$使敬仲$_j$为卿。ø$_j$辞曰："羁旅之臣幸若获宥，及于宽政，赦其不闲于教训，而免于罪戾，弛于负担，君之惠也。所获多矣，敢辱高位以速官谤？请以死告。诗云：'翘翘车乘，招我以弓。岂不欲往？畏我友朋。'"ø$_i$使ø$_j$为工正。（《左传·庄公二十二年》）

(39)（重耳$_i$）及曹，曹共公$_j$闻其骈胁，ø$_j$欲观其裸。ø$_i$浴，ø$_j$薄而观之。（《左传·僖公二十三年》）

(40) 公$_i$与公冶$_j$冕服。ø$_j$固辞，ø$_i$强之而后受。（《左传·襄公二十九年》）

这种省略模式也经常用于记述两人对话的场合，如：

(41) 齐宣王$_i$问曰："汤放桀，武王伐纣，有诸？"孟子$_j$对曰："于传有之。"ø$_i$曰："臣弑其君，可乎？"ø$_j$曰："贼仁者，谓之贼；贼义者，谓之残。残贼之人，谓之一夫。闻诛一夫纣矣，未闻弑君也。"（《孟子·梁惠王下》）

此例中，对话的双方是齐宣王和孟子，在首轮问答结束后，接下来的对话中，言说主体都被省略了，只剩下了言说动词"曰"。这与现代小说中省略对话双方，只出现对话本身的用法很相似，只不过现代小说中连言说动词也省略掉了，这是因为有标点符号和段落的帮助。在古代文献中没有标点符号，言说动词出现的位置标示着言说主体的变换，因而言说动词不能省。

在这种省略模式中，由于控制省略的有两个主体，造成相邻小句的两个零形主语可能不同指，其所指有可能含混。这种省略模式在后代逐渐使用得较少，尤其是在正式的书面语中。不过，也没有完全消失，在现代汉语中还偶有表现，如：

(42) 张向东$_i$的儿女$_j$多，ø$_i$不愁没人照顾，ø$_j$甚至都抢着在医院里值班。（田然，2003）

这也表明，汉语中句子的语义解释对语篇上下文的依赖较大，这是汉语的一个很显著的特点。

6. 结　论

总起来看，上古汉语语段话题对与其同指成分的省略控制力度比现代汉语大，同时上古汉语中的语段话题还可以直接压制与其不同指的成分，使其不能实现为后续小句的显性主语。这就造成了上古汉语语篇比现代汉语语篇中的指称省略更多。

省略同指的小句主语是因为语段话题的可及性高，而省略不同指的小句主语则是为了保证语段话题的连贯性。可以看出，从表面上看可以说都是省略的现象，其实动因不尽相同。因此我们不能简单用"省略"一言以蔽之，而应该对其中蕴含的不同规律进行深入分析。

古汉语中由于可以直接省略与话题不同指且在话语中不重要的施事主语，因而使得受事有可能直接出现在动词之前，并使得动词在语篇中获得一种类似于被动的含义。这种语篇策略的反复使用，可能造成了汉语中具有独特性质的受事主语句的出现。可见，研究语篇的组织规律对于解释句法规则的形成与表现也会是有帮助的。

从本文的分析还可以看出一个重要事实，即汉语的语篇中语段话题组织控制具体小句的能力是很强的，局部的语法表现受制于语篇整体的表达中心。这一点是汉语语篇的一个重要特点，从古到今一直都有表现。比如，董秀芳(2012)指出，"他是个日本女人"这类句子的解读就受制于语段话题。这也显示了研究语篇整体结构与特点对于研究汉语句法的重要性。

参考文献

曹逢甫　1995　《主题在汉语中的功能研究》，谢天蔚译，语文出版社。
陈　平　1987　《汉语零形回指的话语分析》，《中国语文》第5期。
董秀芳　2005　《古汉语中宾语的表层隐现条件及其解释》，《语言学论丛》第31辑，商务印书馆。
董秀芳　2006　《宾语提前的话题结构的语义限制》，《汉语学报》第1期。
董秀芳　2007　《动词直接作定语的历时考察》，《燕赵学术》（2007年秋之卷），四川辞书出版社。
董秀芳　2012　《领属转喻与汉语的句法和语篇》，《汉语学习》第6期。
董秀芳　2014　《2+1式三音节复合词构成中的一些问题》，《汉语学习》第6期。
吕叔湘　1956/1988　《中国文法要略》，商务印书馆。
田　然　2003　《现代汉语叙事语篇中NP的省略》，《汉语学习》第6期。
徐烈炯　刘丹青　1998　《话题的结构与功能》，上海教育出版社。
张文国　1999　《先秦汉语主语省略中的词汇手段》，《聊城师范学院学报》第2期。
Baker, Mark, Kyle Johnson and Ian Roberts　1989　Passive arguments raised. *Linguistic Inquiry* 20: 219 - 251.
Givón, Talmy　1971　*Historical Syntax and Synchronic Morphology: An Archaeologist's Field Trip*. Chicago: Chicago Linguistic Society.
Givón, Talmy　1979　*On Understanding Grammar*. New York: Academic Press.
Huang, C-T James, Yenhui Audrey Li and Yafei Li　2009　*The Syntax of Chinese*. Cambridge: Cambridge University Press.
Tang, Sze-Wing　2002　Extraction in control structures in Chinese. *Cahiers de Lingtustique-Asie Orientale* 31(2).

董秀芳，北京大学中文系 xdong@pku. edu. cn

（原载《中国语文》2015年第4期）

声调、语调与汉语的句末语气*

冯胜利

提 要 本文在前人有关研究的基础上，从汉语语气词“古少后多”以及人类语言“无调语言语气词少、有调语言语气词多”的事实与分布的角度提出：句末语气词(SFP)和语调(intonation)可以分析为句标短语(CP)层面上同一机制产生的不同结果。具言之，句标短语层的核心补词 C^0 intonation 的句法特征可以通过不同语调素 intonationeme 的韵律形式来实现(如询问调 question intonation，确信调 certainty intonation，疑惑调 uncertainty intonation，建议调 suggestive intonation 等等)。然而，加之于语句之上的语调(F^0)的实现一旦受到来自该语言其他语音因素(如声调 F^0)的干扰和拒阻，便可能从超音段形式(语调)转化为音段形式(语气词)。换言之，语气词可以分析为语调的一种变体。据此，文章推测西周以前汉语没有句末语气词而春秋战国以后才出现的事实可能和声调的产生或发展有一定的关系。文章最后指出：人类语言用音段还是超音段手段表现语调，或许就是语调的一种参数([±超音段])。

关键词 声调 语调(超) 音段-变体 句末语气词

一 上古汉语没有句末语气词

句末语气词是语气词的一种。语气词和感叹词不同：语气词表意义(如疑问、确认、建议、命令等)，感叹词表情感(兴奋、痛苦等)。因此，讨论“句末语气词”必须把它们和泛指性虚词的概念区分开来。首先，古人所谓的“助词”很多都不是句末语气词。《马氏文通》说：“‘也’‘矣’‘乎’三字，今以助一字而已”。他举的例子如：

(1) a.“回也闻一以知十，赐也闻一以知二。”

b.“焕乎其有文章。”

这是传统所谓的“语助词”。它们的出现有的是韵律的需要，有的是感叹的要求，不是我们这里说的句末语气词。譬如：

(2)“呜呼，今予告汝不易……。往哉，生生!”《书·盘庚》①

“呜呼”是句首感叹词。《尚书·尧典》和《皋陶谟》中的“吁、咨、于、都”等，都可以看作“感叹词”。叹词的种类有很多，如：

(3) a. 母也天只，不谅人只。《诗·鄘风·柏舟》

b. 允矣君子，展也大成。《诗·小雅·车攻》

---

* 本文曾在香港理工大学2013年9月举办的《汉语句末助词的历史与现状》研讨会上以及2013年10月Leiden大学东亚系和Zurich大学东亚系宣读，得到与会者热情的批评意见与建议，使笔者获益殊多，在此谨表由衷的感谢。笔者尤其感谢《语言学论丛》两位匿名审稿人的批评意见和建议，使本文免却许多疏漏和错误。所遗缺欠，概由笔者自负。最后，笔者感谢2014年11月10日天津大学语言科学研究中心举办的“藏语声调与句末语气词”研讨会上江荻、曾晓渝、马秋武、阿错等先生给本文提出的宝贵意见和建议；同时感谢香港中文大学CCK Foundation之Focus Area Project：Language and Society(项目编号7103655)和天津大学语言科学研究中心的资助。

① “往哉”的“哉”是句末语气词，但它的出现是因为当时的语言已经有声调了呢，还是像德语一样是无调语中的语气词呢，仍然值得研究。显然，这是个例或例外，不是反例(例不成批，不足为反)。

c. 何其处也，必有与也。何其久也，必有以也。《诗·邶风·旄丘》

d. 白华菅兮，白茅束兮。《诗·小雅·白华》

最典型的就是《楚辞》中"兮"字的顿叹功能，如：

(4) 魂兮归来！《楚辞·招魂》

王孙兮归来！《招隐士》

君不行兮夷犹，蹇谁留兮中洲？《湘君》

滔滔孟夏兮，草木莽莽。《怀沙》

鸷鸟之不群兮，自前世而固然。《离骚》

帝高阳之苗裔兮，朕皇考曰伯庸。《离骚》

纷吾既有此内美兮，又重之以修能。《离骚》

灵氛既告余以吉占兮，历吉日乎吾将行。《离骚》

苟余情其信姱以练要兮，长顑颔亦何伤？《离骚》

感叹词和语气词不同。张振林(1982)说："西周金文仅有一个语气词'哉(才)'，而感叹词有'乌乎、繇(遹)、且(十乎十又)、已'四个。……西周时期有较多的句首感叹词的使用，句末语气词很少。"感叹词在任何语言里都有，以英文为例，如：

(5) Aha："Aha！So you took the money！"表恍然大悟之感≈原来你拿钱啦！

Wow："Wow，that's incredible！"表惊奇≈没治了哎！

Boo："Boo，get off the stage！"表不喜欢≈下去哎！(bou)

Gee："Gee，that's super！"表难以置信等≈牛呗！

Oops："Oops，I knocked your cup over"表意外(对自己的错误)≈哎哟，把你杯子打翻啦！

Ouch："Ouch，I hit my thum"表疼痛难忍≈哎呀！

Shoo："Get out of here！Shoo！"表驱赶(动物或小孩)≈滚出去！咗咗！！

而句末语气词则不是任何语言都有的。不仅不为任何语言所必有，就是汉语也不是"自古而然"。郑权中早在1955年就曾指出："上古汉语没有句末疑问助词，春秋以后始有'乎'、'欤'、'哉'等句句末尾疑问助词。"王力(1980：445)也曾指出："在西周以前，汉语可能没有语气词。……春秋时代以后，语气词逐渐产生和发展了。"潘允中(1982：168)则更进一步总结道："把几个语气词连在一块使用，来表达比较复杂的语气，这在上古前期还少发现，春秋战国以后就流行了，甚至可以连接二、三个语气词来使用。如'焉哉、已焉哉、也哉、也乎、也夫、也乎哉、也与、也矣、矣哉、矣乎、焉耳矣、诸(之乎合音)、耳或尔(而已的合音)'等等。"张振林(1982)也说："殷代和西周、春秋时期古文字材料中的句末语助词极不发达，句末语助词的大量出现在战国时期。"下面的例子足以说明当代学者的观察是正确的。

(6) a. 我生不有命在天？《书·西伯戡黎》

b. 我生不有命在天乎？《史记·殷本纪》

c. 逖矣！西土之人。《书·牧誓》

d. 勖哉夫子！《书·牧誓》

上面(6b)中的例子在甲骨文和西周金文里面几乎不见——说明远古汉语没有句末语气词的事实；而(6a)中的对立更说明问题：同一问句，在西周汉语(《尚书》)里不用(没有！)句末疑问词(6a)，到了汉朝司马迁的翻译里则加上了句末语气词"乎"(6b)。句末语气词有无的对立和历史的分期相互对应：西周以前没有句末语气词，语气词是春秋以后发展的结果(6c)—(6d)。

二　可能的原因与解释

如果上面的观察是正确的话，我们面对的问题是：汉语语气词的使用为什么以春秋为界？是语体的原因吗？

当然可以说因为甲骨文是占卜体，故而有语体的特殊性：占卜不用疑问句，所以甲文不见疑问语气词。但这种解释说明不了为什么其他类型的句末语气词甲骨文也不存在的事实。是方言的原因吗？似乎也不像，因为后代并没有整个方言都没有句末语气词的情况。是殷、周语言的类型不同吗？如果是的话，那么那时的语言机制有何不同呢？最明显的现象是殷周的语言和英文一样，有感叹词而无句末语气词。为什么呢？

句末语气词由何而来的问题可能还是要用Labov拉波夫“以今释古 use the present to explain the past”的办法来解决。我们注意到一个非常重要的现象：英文的语调往往与汉语的句末语气词相互对应。美国学者Perry Link曾告诉笔者一个有趣的现象：打了几局网球后，他问球友们：“要不要再打一局?”两位的回答都是“good”。但一个同意，一个拒绝。怎么可能一个词有两个相反的意思呢？是语调的作用。Link教授说：

(7) “The word *good* in ‘I'm good’ is pronounced in first tone plus second tone(↗), they mean ‘yes’; when *good* is pronounced in two fourth tones(↘), it means ‘no’.”①

就是说，同样一句“I am good”可以有两种截然相反的效果：一个是yes，一个是no。显然，这是语调的作用。问题不止于此，更有趣的是汉语(北京话)很难用一个“我好”来完成英文这两个语调的作用，硬要对应英文的语调功能的话，非用句末语气词才更顺口。亦即：

(8) I am **Good**! ↗ = 好哇！(高升调)

I am **Good**! ↘ = 我好啦！(低降调)

这就给了我们一个很重要的启示：英文用语调完成的工作，汉语用句末语气词。就是不用语气词，也像赵元任说的：英文“It's good(but)” ↗ 汉语得说“好是好”(which structurally mean ‘As for being good,(it) is good’)②——英文里的语调，汉语里变成了词汇。下面的例子更能说明问题。当笔者问及如何用英文来表达北京话里表达“警示”语气的“啊”(“再哭我走了啊!”)的时候，Cornelius Kubler教授告诉我说：英文只能用语调(或者外加词语)③，亦即：

(9) 你再哭，我走了啊！ ↗ {Don't cry, or I am leaving.}

{Don't cry, I am leaving. ↗}

上面的事实让我们进而看出英语和汉语有关语调和句末语气词两者之间的对应性。这里我们根据W. R. Lee(1958)提出的十种语调功能清单(a List of Distinct Functions of Intonation)以及Wells(2006)和Couper-Kuhlen(1986)归纳的五种功能，对比中文的语气词，简述如下：

(10)

A. 态度和感情 Attitudinal function(for expressing emotions and attitudes)

规则-Ⅰ 高调 High Pitch →[亢奋 excitement]

“good morning”(a fall from a high pitch on the ‘mor’ suggests more excitement than a fall from a low pitch)

早上好啊！

油饼儿啊！

B. 语法功能 Grammatical function(to identify grammatical structure)

规则-Ⅱ 调域运动 Pitch Movements(或升、或降 falling or rising)

---

① 感谢Link教授允准这里使用的材料。他在7月8日的回信中又强调：“The observation about ‘I'm good’ in second tone plus fourth tone meaning ‘yes’ and in two fourth tones meaning ‘no’ applies to two syllables(‘I'm’ plus ‘good’), not just the single syllable ‘good’.”这就更明显地告诉我们，这里是“语调”在发挥作用。

② 见*Language and Symbolic System*(《赵元任全集·第三卷》商务印书馆2004：1034－1035)。此外，北京话里，一句陈述语调的话加上“吗”即是疑问；加上“吧”就表确认，也可看出句末语气词的语调作用。

③ 感谢Kubler教授允准使用这里的材料。

i [↘]$_{PM}$→ [陈述 statement][1]　　　也$_{古代}$、啊$_{当代}$

ii [↗]$_{PM}$→ [疑问 question]$_{Y-N}$　　　乎$_{古代}$、吗$_{当代}$

C. 焦点 Focusing(to show what information in the utterance is new and what is already known)

规则-Ⅲ　降调 Pitch Falling →[新信息 New Information]

Whom did you see/What happened? I saw a man in the **garden.** ↘

Did you hear a man in the garden? I **saw** a man in the garden.↘

你知道吗? 他考上大学了哎[ei]↘

D. 话语功能 Discourse function

话语功能指句与句如何接连起来的语音表现。譬如下面括号内的,包孕句一般都比主句的语调低、速度快,调域窄。

规则-Ⅳ　调低/快/窄 Lower/Faster/Narrower Pitch →[话语功能标记 Discourse Functor]

"The Red Planet [as it's known] is fourth from the sun."

火星[你知道]就是太阳旁边的第四颗啦/嘛。

E. 心理功能 Psychological function

心理功能指把话语片段组织成单位,以便于人的理解、记忆和使用。

规则-Ⅴ　声调+停顿 Rising+pause →[清单系列 A List of XP]

You can have it in ↗ red | ↗ blue | ↗ green | ↗ yellow | or black.

i. A 呀、B 呀、C 呀……

ii. X 的、Y 的、Z 的……

当然,上面五点"语调-语气词"(简化为"语调-助词")之间的对应功能(1) 还远远没有穷尽所有的语调功能;(2) 其间"形式-功能"的对应性也并非总是固定的;更何况(3) 某两个(或几个)语言之间的"语调-助词"的对应情况不一定适应其他的语言。但是,语调和语气词有相当的对应性则是一个不可否认的事实。我们认为这种对应性不是偶然而是有一定内在关系的,尽管这种关系可能很复杂,需要深入的研究才能使之一一就位。

如果暂时抛开细节的问题(留待将来深入研究),我们在"语调-助词"对应的事实基础之上,还观察到另一个非常重要对应律:语调与声调都是基频 F^0 的结果。下面是英文语调的基本要素。[2]

(11)

Ⅰ Rising Intonation means the pitch of the voice rises over time [↗];

Ⅱ Falling Intonation means that the pitch falls with time [↘];

Ⅲ Dipping or Fall-rise Intonation falls and then rises [↘↗];

Ⅳ Peaking or Rise-fall Intonation rises and then falls [↗↘].

就是说,"语调"与"声调"都是基频 fundamental frequency F^0 的语音效应。譬如赵元任在谈到英文"基本调群调节"的时候说:"基本调群的调节——音高可以升降,音高域可以增减,调头重音的曲拱可能由平变升/降,下降的调核可能变成升降调,上声的调核可能变成曲折调,终因可能弱化而消失,时长也可能改变……。"(Chao 1932,吴宗济译)当然,现实中语调的语音实现可能不只是 F^0 一种作用的结果[3],而声调的实现也不仅仅是 F^0 的作用[4]。换言之,语调和声调之间的对应性可能是极其复杂的,因此如何精确、细密地揭示它们彼此之间一致性和差异性,尚需大量的研究。尽管如此,它们彼此之间的对应和互补分布的关系也是非常明显而不可否认的事实。正因如此,所以造成二者之间互补分布的原理和机制,就是一个非常值得研究的新课题。

---

① 注意:升降调的语调不同语言可以传达不同的意义。这里的格式对美国(而不是英国)的英语更合适。同理,Chickasaw 和 Kalaallisut 语,升调表示陈述而降调表示询问。这也可以看作音义结合任意性的一种表现。即便如此,也不影响本文语调和声调相互影响的立论。

② 详参赵元任(Chao 1932)有关语调构造的 Anacrusis-Main Bead-Body 的三分结构说。这里有一个语调基频要素的简示。

③ 事实上,节奏、速度以及赵元任 1933 年总结的四种形式均可影响语调的实现。感谢陈轶亚给笔者的建议。

④ 譬如嗓音的作用也参与其中。这里笔者感谢孔江平的意见。另参马秋武(2014)有关语调实现的多维性。

上面的两种对应性(语调和助词、语调和声调)可能就是我们解释汉语句末语气词来源的根蒂所在。首先,如果语调和句末语气词相互对应(用语调表达的意思可以用句末语气词来承当),那么我们猜想上古汉语的句末语气词的来源就可能是语调转换的结果。然而这样的解释仍然没有回答为什么语调要(会)转换成句末语气词的问题,这个谜需要由另外一种理论假设来完成,亦即:如果语调和声调主要都靠 F^0 来实现的话(不是说语调的全部语音实现都是 F^0),那么声调就成了语调的"天敌"。我们知道,春秋战国时期的古汉语是具有(参 Wang F. 2006)或已开始具有声调的语言,因此,我们解释句末语气词来源的"可能原因"就可迎刃而解:词语的声调迫使句子的语调转化为句末语气词。换言之,句末语气词和语调可能就是一张纸的两个面,亦即:语气词是语调的一种变体。

如下所示:

(12) 语调 → 语气词/Tonal System.①

上面的假设(hypothesis)马上面临一个严峻的挑战:大波浪(语调)和小波浪(声调)的同现(Chao 1932)。如果大、小波浪(语调-声调)同时共存的话,那么就无所谓取代和转换。这里,我们的解释是:大、小波浪之间的存在不是以各自独立不变的形式的共现,而是更像赵元任所比喻的"橡皮带"的情况:

字调的形状也只能取平均的形状,因为特别说重的字,音高的上下极很会伸长,特别轻的时候会缩小。用图画的言语说,就是比方把平均曲线画在一个半松半紧的橡皮带上,把这带子上下一拉,这曲线的竖位标底变度就加大了,把这带子一放松,这曲线就缩扁了,竖位标底的变度就小了。(赵元任 1922)

这就形象地说明了语调(橡皮带)对声调的影响和作用。注意:如果二者是在相互调节或让步的情况下才能共存的话,那么它们的共存就不是严格意义上的共存,而是协调、让步甚至征服和取代②(参看曹文 2007)。如果是这样,那么它们的关系就有可能是在大波浪征服、压制或融合了小波浪的情况下才出现的。其可能的类型至少有如下几种("+"表示正值;"−"表示负值)③:

(13)	Type-Ⅰ	Type-Ⅱ	Type-Ⅲ	*Type-Ⅳ	Type-Ⅴ
大波浪	$+F^0$	$++F^0$	$-F^0$	$+F^0$	$(F^0)+X$
小波浪	$-F^0$	$+F^0$	$+F^0$	$+F^0$	$+Y(+F^0)$

第一种情况(Type-Ⅰ)是征服(或取代);第二种是部分重合(部分借用、部分独立);第三种是让步(语调无法实现)④;第四种(互不让步)类型则不可能(见下文)⑤;第五种情况是用其他(仍有待发掘和证明)的语音手段来实现二者各自的独立(参沈炯 1998 有关"功能语调"和"口气语调")。无论是哪一种情况,只要实现声调和语调的主要手段是 F^0 这一事实不变,就不能否认声调和语调在基本实现方式(F^0)上的相互排斥(亦即*Type-Ⅳ)⑥。从这个意义上说,只有压制了声调的 F^0,才有可能自由地实现语调的 F^0。这个结论的反命题是:声调实现得越充分越复杂,语调受到的限制就越大。因为声调占用了语调赖以实现的 F^0,于是语调的功能就有可能转换成句末

① 笔者感谢阿错先生的建议:这里语调和语气词的对应性可以更概括地表述为 F^0 的使用(音节调、词汇调、音高调)与语气词(句末和句中)的对应性。

② 正如赵元任(1929)举例"我姓叶,你姓王"时说"叶字去声要降而口气要他提高,王字阳平要提高而口气要使它下降,所以结果是一个不很降的去声叶字,不很升的阳平王字。"这里的"不很降"和"不很升"的结果正是协调、让步的作用,所谓"两种因子的代数和"。

③ 这里只就大小波浪之间关系的逻辑可能而言,读者可参赵元任(1929)四十种语调体式的详细类别和分析。

④ 具有丰富声调系统的闽南话无法用重音方式强调句中单位的事实(Shyue 2010),或许就是这种情况的某种表现。

⑤ 这里不包括赵元任"我姓王,你姓叶"这类"字调一升一降"和"语调一升一降"重合(所谓性质一样)的情况。(赵元任 1929)事实上,即使"重合",仍然"程度不同"(赵元任 1929)。

⑥ 当然,如果是这样,那么 Yip(2002: 260)所谓"语调在声调语言中比非声调语言中只稍微有一点局限而已 Intonation in tone languages is only slightly more limited than it is in non-tonal ones"就不准确了。根据 Shyue(2010: 704)的研究,"说台湾普通话的成人在用对比重音区分焦点歧义的时候,很不敏感"。这种对重音语感的不足甚至影响到他们对台湾普通话中的重音的敏感度。李 & 冯(2013)则进步指出:闽南话无法在下面的语境中使用强调重音(亦即"[ ]"内的词),如"我已经读了[十本]的书了"。如果非要强调其中的"十本",那么就用一个强调标记"e"加在"十本"和"书"的中间,亦即:"Gua yiking khua N tsap-pun e tseh a(我已经读[十本 e]书了)。"显然,"强调"语调在闽南话里不是"只稍微有一点局限",而是无法实现。根据本文理论,这可能是因为闽南话的声调系统比北京话复杂得多的缘故。再如非洲声调语 Nupe 用"长度 length"标记疑问;而 Kinande 用边界调 boundary tone 标记语调群等等(详见 Yip 2002: 273),都是语调和声调之间相互协调和互动中所使用的不同策略。当然,这是一个有待进一步探讨的新领域。

语气词——选用音段(而不再是超音段 F^0)的手段来实现。

上面的推想并非毫无根据。赵元任早就指出:“事实上大多数的情况是,英语的语调相当于汉语语法中语助词的作用。”(Chao 1932)司马翎(Sybesma and Li 2007)也说:“Schubiger(1965)在德语和英文两种非声调语言的比较研究中首次提出语气词(particles)和语调(intonation)之间的相互关系。我们最好注意到:句末语气词并不构成声调语的所有属性。”换言之,语调和语气词之间的相互关系并不为声调语言所独有;只要条件具备,结果就会发生,不管在哪种语言里。问题是“什么是条件”、“在什么情况下这些条件无法避免”等。在这点上,Yau(1980:51)的建议很值得重视。他说:“很多证据支持下面这一预设的普遍性(implication universal):句子语气词和语调类型之间是相互补偿的。”①为什么呢? Yip(2002:Chapter 9)明确地指出:尽管声调语言也有语调,但是“声调负载着高强度的功能负荷”(2002:272)。因此,“句末语气词就发挥了一种其它语言里纯语调的作用”(Sybesma and Li 2007)。这种判断的正确性尤其为 Yip(2002:272)指出的“无调语气词”所证实:“如果句末语气本身没有声调,那么它们就可以看作一种‘不带声调的语调负载体(toneless carriers for intonation)’”。当然,无声语调词并非所有的超音段助词(non-segmental particle)都具有同样的语调调值,有的语气词的语调值可能高些,有的可能低一些,但无论如何,正如 Wakefield(2010)所概括的:“广东话的声调严重地限制了它控制(语调)音高的能力,其结果,很多类似英文用语调表达的对话体中的话语语义(speaker-oriented discourse meanings),都用句末语气词来表达了。”②

综合上述种种意见,我们可以从“调 pitch”的本质属性上提出下面三项一般性的原则。

(14) **超音段语音原则**

a. 基频 Fundamental Frequency(F^0)功能的单一性

基频要么用作“声调素(toneme)”,要么用作“语调素(intona-tioneme)”,而不倾向于两兼。

b. 音段和超音段的相互转化律(Suprasegmental ↔ segmental)

(a) 音段音位(辅音)转变为超音段音位(声调)

i. e., segment > suprasegmental:

*-s > Tone-4; *-ʔ > Tone-3(Haudricourt 1954)

(b) 超音段音位(语调)转变为音段音位(元音)

i. e., suprasegmental > segment:

Intonation > particle

c. 语调 intonation(或语调素 Intonationeme)是句标短语核心词 C^0 的一种句法属性(EPP feature);

(a) $^*C^0_{Intonation}$

(b) $C^0_{Intonation} > \{intonationeme_1, intonationeme_2, \ldots\ intonationeme_N\}$③

i. e., 语调是句标短语 CP 核心词 C^0 的句法属性的实现(EPP feature, 参 Rizzi 1997, Cinque 1999, Tang 2006),句子根据不同的语力要求(illocutionary force)选取不同的语调素(语气)。

原则(14a)可以理解为“一个形式一个功能 one form one meaning”原理的典型表现④;(14b)则是音段音位和超音段音位相互作用的可能性结果。有了(14a)和(14b),如果再给定(14c),那么我们则可以对人类语言的“语调类型”进行各种可能性的科学预测(称之为 Intonationeme Typology 语调语素类型),如(15)所示:

---

① 原文是“(There is) evidence supporting a tentative implication universal that there is a mutual compensation between S[entence]P[articles]and intonation patterns and that the more a language relies on the use of SP in expressing sentential connotations, the less significant will be the role played by intonation patterns, and vice versa.”

② 原文是“Cantonese has a lexical tone system that severely restricts its ability to manipulate pitch. As a result, many of that are expressed through intonation in languages such as English are expressed in the form of sentence-final particles in Cantonese.”同参马秋武(2014)。

③ 根据不同的要求实现不同的 intonational-lexical 特征的参数值(intonationemes)。

④ 亦即“A principle by which forms and meanings tend to correspond one-to-one. Invoked especially in historical morphology”(见 The Concise Oxford Dictionary of Linguistics, P. H. Matthews, 2007: 275)。

(15) ① 有声调语言都有句末语气词；

② 非声调语言没有句末语气词(除非该语言其他因素造成类似于语调和声调的冲突，才产生语气词)；

③ 声调越多越复杂，句末语气词也越多越复杂；

④ 句末语气词越多越复杂，语调就越简单越贫乏(如闽南语)；

⑤ 某一语言从非声调语变成声调语，将无可避免地带来"从无句末语气词变为有句末语气词"的平行发展。

当然，这五点并非上述三项原则的所有(或穷尽性)推演，将来的研究可能还会发现更多、更深刻的事实和现象。但仅就目前的问题而言，我们最关心的是这五点预测的真实性。曹文(2007)的研究告诉我们：

通常情况下，汉语语调需要"照顾"字调，字调虽受语调的影响，但还能保持声调的区别性；比如"我姓叶，你姓王。"(赵元任，1929)，比如"去重庆？去重庆。"(林茂灿，2006)等等。这种情况较为常见，研究者们也提得较多(Kratochvil，1968：35—47；吴宗济，1982；沈炯，1985；Garding，1987；胡明扬，1987：154—155；曹剑芬，2002；林茂灿，2006)。然而有时候，在语调的大浪下，字调的小浪也会被完全吞没，失去"自我"；比如"好$_{耗}$家货$_{伙}$！"(赵元任，1929)，比如"向右看齐！"(路继伦，2006)等等。这种情况多出现在一些感叹句、命令句中。

这里我们不仅清楚地看到语调怎样"照顾"(或"让步"于)字调(＝声调)，同时也看到语调是如何"吞没"声调的情况。这种"二一结果"(二选一的结果)说明声调与语调不能充分绝对地共现，因为它们都靠 F^0 来现身。如下文所示，(15)中所预期的正是现实所有的。

三　共时预测的证据

我们先看共时的证明。这里首当其冲的问题是：是不是所有有声调的语言都有"句末语气词"？尽管我们没有查遍所有的语言，因此不能断言绝对如此，但仅就我们熟知的有声调的语言来看，这个预测是正确的。譬如：

(16)

a. 印欧语没有声调，所以没有句末语气词[①]；

b. 汉语所有的方言都是声调语言，所以都有句末语气词；

c. 广东话、闽南话的声调系统较北方方言复杂，所以广东、闽南方言的句末语气词也比一般四个声调的北方方言复杂得多；

d. 泰国语是有声调的语言，所以有句末语气词；

e. 越南语是有声调的语言，所以有句末语气词；

f. 日语是有声调的语言，日文也有句末语气词[②]；

离亚洲声调语言很远的非洲语言怎么样呢？他们大多是有声调的语言，因此也最能引起我们的关注。如果它们也会像上面预测的那样有句末语气词的话，无疑可以证明我们上述观点。赵璞嵩和李果两位同学对此作了一个初步的调查，得出的事实是：非洲语有声调的语言也有句末语气词。

首先，Kisi(Kissi)语属于非洲尼日-刚果语系，大西洋-刚果语族，班图语支。它有两种助词，第一种是否定助词(particle)*lé*。

(17) The kisi negative particle

a. ò　tàsélándɔ̀ɔ́　í　sínà　lé

① "俄语中就有疑问语气字 li，强调语气字 dze。它们一般都用于作用所及的词之后，成为它的附属部分。汉语中的、了、吗、呢等的特点是都用在句末，成为句子的附属部分。"(程雨民 2003：262)。显然，俄语中的 li 和 dze 是将来值得研究的语气标记，但不完全是我们这里说的句末语气词。至于蒙古语中的语气词(祖生利兄所见告)、维吾尔语中的语气词(山东大学外语学院听课同学所见告)以及其他未知的非声调语言中的(句末)语气语，同样是将来需要进一步研究的重要课题。

② "The sentence final particle -ka, which appears with different phonetic forms, in varieties of eastern Ijo(一种葡萄牙克里奥语)"。见 Giuliano Bernini，Paolo Ramat. *Native Sentences in the Languages of Europe: A typological Approach*. De Gruyter. 1996. p. 68.

to first-time I know NEG

'At the beginning, I did not know.'

b. à cìɔ́ú ndú lé

they cure him NEG

'They did not cure him.'

第二种是焦点助词(focus particle)*ní*。它可以和名词短语(nominal phrase)连用。

(18) a. yá ní 'It is me.'

me FOC

b. yá cò ní 'It is me.'

me be FOC

ní 也可以强调主语,例如:

(19) a. *wàŋgó có wàná s/ηmgbɔ́ɔ́ŋndó ní*

Wango be person stingy FOC

'Wango is a stingy person/It's Wango who's stingy.'

b. *yá kààndíá ndú ní*

I whip him FOC

'I(myself)whipped him/I'm the one who whipped him.'

ní 还可以强调宾语,例如:

(20) a. *máálóŋ ó có cùù cúú wó ní*

rice he AUX sow FOC

'It is rice that he is sowing.'

b. *wànàà-pɛ̀ɛ̀ ăη pílá* ŋ̀ *cà núà nì*

people-swagger one you see thus FOC

'These are just swaggerers that you see.'

不仅如此,Banda-Linda 语是一种 Ubangian 语,属非洲尼日-刚果语系,大西洋-刚果语族,Adamawa-Ubangi 语支。它也有一种句末否定助词(negative particle)*nē*(Childs 2003:131):

(21) (Cloarec-Heiss 1995:94—95)

a. mə̄ mámâ kòsárà nē

$\text{je}_{\text{RP-NÉG}}$-faire travail pas

'Je ne travaille pas.'/'I am not doing the work.'

b. More common:

mə̄ má kòsárà mâ nē

je faire travail $_{\text{NÉG}}$-faire pas

'Je ne travaille pas.'/'I am not doing the work.'

上面仅仅是一个初步的调查,取例也十分有限。当然,如果要进一步证明这里的假设则需要全面的调查和统计。然而,仅据上面初步的调查我们就已经看到"有声调和有句末(或句中)语气词"的事实相互对应。换言之,它们"证实"而不是"证伪"本文的假设。我们相信,将来大面积普查将会加强本文的论证。①

① 笔者感谢匿名审稿人的意见:"汉藏语中有的语言,如藏语,有的方言有声调,有的还没有产生声调,考察这些语言中语调和句末语气词的情况对于本文的研究应该会有帮助。"如果本文提出的声调、语调、语气词的关系可以成立的话,藏语方言中的声调产生就是验证该理论的一个重要材料。但限于时间,只能留待将来的研究。

四 历史的推测

上文“有声调的语言都有句末语气词，非声调语言则没有句末语气词”的对应规律能否给我一些有关上古汉语研究新的启示呢？譬如远古汉语没有语气词：“春秋以后语气词才蓬蓬勃勃地发展起来，成为汉语中一个很活跃的词类。”(向熹 1993：112)如果说西周以前的汉语没有语气词(这是事实)，再如果“有声调的语言都有句末语气词，无声调语言则没有句末语气词”(上文的结论)，那么我们能否推测：前上古汉语就是一个没有声调的语言呢？显然，我们还缺乏足够的证据断言如此，但是这是非常可能的一个假设(或理设 hypothesis)。这种理设并非空穴来风。其可能性有三：

第一，据前代古音韵学家的研究，上古四声未必自古而然。请看：

(22) a. 古无去声(段玉裁)

b. 古无上声(黄季刚)

段玉裁提出“古无去声”说，在段氏的基础上黄侃又提出“古无上声”的说法。据黄侃，传统的四声在远古实为二声，亦即：平声与去声。如果我们再根据岑麒祥“入声非声”理论，那么黄氏的二声系统就成了一声系统。亦即：

(23)

a. 四个声调(平上去入)减去两个(去、上)= 两个声调(平、入)；

b. 入声不是声调(参岑麒祥 1942)；

c. 上古只有一个声调：平声。

当然，至今尚无将黄、岑二说合而观之者。但是如果他们都是企图从不同角度来探索古声调本质的话，我们完全可以把他们认为的本质属性综合起来看。综合的结果和以往的看法大不一样：远古汉语没有声调。这是可能性之一。

第二个远古无声调的可能是上古声调未必四声皆备。如果我们根据王力先生的结论：上古的“去声”原本是“入声”的一种的话(去入之分乃长入短入之别)；那么诗经时代的声调则不是四个，而是三个：平、上、入(两类)。后代的声调由三而四的发展也和“春秋以后语气词才蓬蓬勃勃地发展起来”的事实相呼应。这是声调由少而多的可能。

第三个远古无声调的可能是声调来源的假设。根据 Haudricourt(1954)等学者的研究，超音段的声调来源于音段的韵尾辅音，亦即：

(24) *-ʔ → 上声，*-s → 去声

根据这种学说，那么上古的上声(春秋战国或更早)可能源于喉塞音尾；去声(晚于上声的出现)可能源于韵尾辅音的*-s(注意：学者们对“上声”和“去声”出现的年代还没有取得一致的意见)。显然，这种推测也可以告诉我们声调的发展和语气词的出现、发展有同步而行的趋势。

注意：上古汉语的声调发展和句末语气词的发展在此之前是毫不相关的两种现象，但它们春秋以来“从少到多”则是不争的事实，而这一事实可能反映了“语调-语气实出一根”以及“声调-语调殊难两并”的原理。当然，在没有更确凿的事实之前，这仍然还是一种理论推测。目前我们能够相对凿实的，只是殷商时代的汉语没有句末语气词这一点，亦即李佐丰(2013)在“上古汉语中虚词‘也’的产生和使用”一文指出的：“虚词‘也’产生于西周后期，普遍使用始于春秋后期”。我们知道，《金文》无“也”字；《尚书》无“也”字[①]；《易经》也无“也”字。这说明殷商语言和周秦语言，在句末语气词的有无上，实属类型不同两种语言。

下面的对比还进一步告诉我们，上古汉语根本没有“也”字的范畴。比较：

(25)

a.《尚书·说命》

---

① 潘允中(1982：169)：“也字是西周以后才出现的。”

王宅忧，亮阴三祀。既免丧，其惟弗言。群臣咸谏于王曰："呜呼！知之曰明哲，明哲实作则。天子惟君万邦，百官承式，王言惟作命，不言臣下罔攸禀令。"王庸作书以诰曰："以台正于四方，惟恐德弗类，**兹故弗言。恭默思道，梦帝赉予良弼，其代予言。"乃审厥象，俾以形旁求于天下。说筑傅岩之野，惟肖，爰立作相。**

b.《史记·殷本纪》

帝小乙崩，子帝武丁立。帝武丁即位，思复兴殷，而未得其佐。三年不言，政事决定于冢宰，以观国风。**武丁夜梦得圣人，名曰说。以梦所见视群臣百吏，皆非也。**于是乃**使百工营求之野，得说于傅险中。是时说为胥靡，筑于傅险。见于武丁，武丁曰是也。得而与之语，果圣人，举以为相，殷国大治。**故遂以傅险姓之，号曰傅说。

同一事件，《尚书·说命》的记载没有句末语气词(只有普世性的句首叹词)；但到了《史记》则出现了"皆非也"、"是也"的"也"。什么是"也"？《马氏文通》(1898/1983)、杨树达(1984)、吕叔湘(1958)、王力(1980)、孙玄常(1984)、何乐士(2004)、李佐丰(2013)、胡敕瑞(2013)等都有过详细的论述，其分类也从大到小达八种之多；然而无论哪家的分类，均不外传信、传疑和传情的基本属性(参胡敕瑞 2013)。如果本文上面的分析可取的话，那么春秋以后"也"字所表达传信和传疑的语气，在没有句末语气词的殷商语言里也同样可以表达，不过不是用语气词而是用语调而已。事实上，不止"也"字，其他后来发展出来的句末语气词均不见于西周以前的汉语。兹再举数例，以见一斑(取自胡敕瑞 2013)：

(26)

a."也"字始见于春秋晚期的栾书缶；

b."矣"作句末语气词始见与战国；

c."哉(𢦏)"始见于西周《禹鼎铭》"烏虖，哀𢦏(哉)"。张玉金(2011)："在所有句末语气词中，'哉'出现的时间最早。"

d."虖(＝乎)"始见于西周。

如果上面现象是事实，那么殷商语言则可以不靠语气词来传情。没有语气词怎么传情？比较合理的说法是它们可能像今天没有声调的其他语言一样，是用语调来传情。用语调传情(语态信息)并不意味着该语言没有声调，因此，远古汉语没有声调仍然还是一种理论的推测。但这种推测不是毫无根据，只是有待将来更多(直接或间接)的事实证明而已。不仅如此，它还给我们提供了一个将来可以深入挖掘汉语本质的一个新的方向和思路。

五 结 语

本文从声调和语调的关系上讨论了上古汉语句末语气词的出现和发展可能和声调的产生有关系。显然，这个可能有待证实。如果我们能够从这个思路寻找证据的话，其意义会远远超出句末语气词的范围。首先，句末语气词的出现，根据本文的理论，就有可能成为观察语言类型演变的一个重要标志。不仅如此，伴随语气词的出现和发展的另一特点就是汉语声调的发展和丰富。声调和句末语气词是同步而行呢？还是互为因果呢？或者是第三种因素的作用呢？毫无疑问，这些都将成为汉语史研究上的重要课题。如果人类语言中的语调和语气词是基于同一机制的不同结果的话，那么上述问题的解决就更加复杂，就要从语调、声调、句末语气词三者之间的相互关系上入手观察和分析。换言之，语调和语气词之间可能是一种互补的关系，语调丰富则语气词少；另一方面，语调的实现会受到声调的干扰，声调多的语言中语调就难以充分实现，于是才转而成为语气词。当然，这里有两点必须指出：第一，这个机制的发展是一个渐进的互动过程；因此不可能一刀切①；第二，演变发生的时代也因上古音各家的体系和所指时间段的不同而难于统一，因此有待将来的深入研究。然而，无论发展的进程如何、无论发生时间的早晚，本文所要指出的是：语调-声调-语气词三者之间彼此消长的对应关系，还是有案可稽，有史为证的。尽管声调和语调消长的准确时间难以遽定，一个相对历史发展的分段示意图可以粗示如下("＋"表示正值；"－"表示负值；"?"表不确定；"〈 〉"表变形；＋、－ 符号的多少表强弱)。

---

① 伴随现象或引发后果究竟什么时候出现、怎么出现都是崭新的问题而有待将来的深入研究。

(27) 语调、声调和语气词消长对应示意图

	殷商	西周	春秋	战国	两汉
语调	+	+/−	−/+	−/<+>	−−<+>
声调	−/?	~/+	+/−	+	++
语气词	−/?	−/+	+	+++	+++

如果上述分析可取的话，那么本文的意义就不止于汉语史的研究，它还给形式句法学的理论带来一些新的思考和问题。譬如，如果说$^{*}C^{0}_{Intonation}$的句法属性(EPP)可根据不同语言的音系系统而赋有参数变化：要么实现为超音段的语调、要么实现为音段的语气词(modality particle)的话，那么一个不可回避的问题就是：为什么$^{*}C^{0}_{Intonation}$在实现为音段形式的时候一定要到句末的位置之上？此其一。第二，如果$^{*}C^{0}_{Intonation}$在实现为音段形式的时候不限于句末，那么有没有句首(包括 VP 首、IP 首)或句中的“语调语气词”呢？事实上，赵元任在《北京、苏州、常州语助词的研究》(1926)一文中不仅提出“英语的语调相当于汉语语法中助词的作用”的观点，而且还在英、汉语调对比中提到程度副词的作用。然而“很可惜……先生并未对它做系统深入的研究。”(曹文 2007)显然，这是一个有待将来深入研究的重要问题。第三，虽然语调和(句末)语气词有对应关系，是不是语调的所有功能都和句末语气词一一相对应呢？① 反之亦然，是不是句末语气词的所有功能都和语调相互对应呢？如果对应，怎样对应？如果不是一一对应，哪些不对应？第四，人类语言的“语调素 intonationeme”究竟有多少种？句末语气词的“语气意义”有多少种？如何判断？如何鉴定？第五，句末语气词古今都有重合或叠加的现象。如果这些语气词从本质上说是语调的变体的话，那么语气词的合成是“覆盖”的结果还是“叠加”或“叠延”的运作？第六，汉语的演变从上古到中古沿着从综合到分析的道路进行(Huang 2014)，从语调 intonation 到语气词的演变是否也是把综合型超音段形式化解为分析型的音段形式的同类运作呢？如果是的话，这个演变过程是如何进行的？最后，语调和声调的兼容、排斥与冲突，能否在实验语音学上得到证实？凡此种种，都是将来面对的语言学和汉语教学上新问题。赵元任(1935)说：“助词弄不好是根本不能体会国语的神气的”。为什么呢？如果说“助词”本来就是语调的一种变体，那么国语的神气“由何而来”、“如何而教”的问题，也会由此产生新的认识和解决方法。本文最有意义的一点还在于：如果语调和语气词果真如本文所论是一个机制的两种表现的话，那么 Liberman(1975)早就指出的“语调不是根据句法规则指派到语句之上的现象，而是从语调词库中选择出的一种独立的词汇表征 intonation is not assigned to utterances by rule of syntax, but represents an independent lexical choice from an intonational lexicon”的假设(Ladd 1978：141)，就可在语气词这种语调变体上得到证实。

参考文献

曹　文　(2007)　赵元任先生对汉语语调研究的贡献，《世界汉语教学》第 4 期，北京。

岑麒祥　(1942)　入声非声说，《图书月刊》第 2 卷第 7 期。

程雨民　(2003)　《汉语字基语法》，复旦大学出版社，上海。

邓思颖　(2002)　粤语句末助词的不对称分布，《中国语文研究》第 2 期，香港。

——　(2006)　粤语疑问句末‘*sin*1’字的句法特点，《中国语文》第 3 期，北京。

方晓燕　(2003)　《广州方言句末语气词》，暨南大学出版社，广州。

郭锡良　(1989)　先秦语气词新探(二)，《古汉语研究》第 1 期，长沙。

何乐士　(2004)　《左传虚词研究》，商务印书馆，北京。

胡敕瑞　(2013)　《老子》诸本的句末语气词，中国社会科学院国学研究论坛《上古汉语语法史研究学术研讨会会议论文》。

李艳惠、冯胜利　(2013)　论狭域焦点的韵律偏差性，“汉语韵律语法讨论会”论文讲演，香港中文大学。

李佐丰　(2013)　在上古汉语中虚词“也”的产生和使用，中国社会科学院国学研究论坛《上古汉语语法史研究学术研讨会会议论文》。

① 譬如赵元任所举的七种(M!，O!，Oo!，Ei!，A!，Ar? Aa?)“单呼词”(赵元任 1929)，就很难在英文中找到绝对对应的语调或形式。

铃木直治　(1994)　《中国古代语法の研究》,日本汲古书店。

刘来成　(1997)　《定州汉墓竹简〈论语〉》,文物出版社,北京。

陆俭明　(2003)　《现代汉语语法研究教程》,北京大学出版社,北京。

罗　端(2013)　对古汉语否定句里代词宾语位置的进一步讨论,中国社会科学院国学研究论坛《上古汉语语法史研究学术研讨会会议论文》。

吕叔湘　(1958)　《文言虚字》,上海教育出版社,上海。

马建忠　(1898/1983)　《马氏文通》(重印本),商务印书馆,北京。

马秋武　(2014)　汉语语调音系研究中的几个问题,《当代外语研究》第1期,上海。

麦　耘　(1993)　广州话"*sin*"再分析,《广州话研究与教学》,中山大学出版社,广州。

梅祖麟　(1977)　中古汉语的声调与上声的起源,《中国语言学论集》,台湾幼狮文化事业公司。

潘允中　(1982)　《汉语语法史纲要》,中州书画社,郑州。

蒲立本(E. G. Pulleyblankau 著,潘悟云、徐文堪译)　(1999)　《上古汉语的辅音系统》,中华书局,北京。

沈　炯　(1998)　汉语语调分类和标记方法试说,《语言文字应用》第1期,北京。

孙玄常　(1984)　《马氏文通札记》,安徽教育出版社,合肥。

王　力　(1980)　《汉语史稿》,中华书局,北京。

向　熹　(1993)　《简明汉语史》,高等教育出版社,北京。

杨树达　(1984)　《高等国文法》,商务印书馆,北京。

杨永龙　(2000)　先秦汉语语气词同现的结构层次,《古汉语研究》第4期,长沙。

张振林　(1982)　先秦古文字材料中的语气词,《古文字研究》第7辑,中华书局,北京。

赵元任　(1922)　中国言语字调底实验研究法,《科学》第7卷第9期。另见赵元任(2002:27—36)。

——　(1924)　语音的物理成素,《科学》第9卷第5期。另见赵元任(2002:103—112)。

——　(1926)　北京、苏州、常州语助词的研究,《清华学报》第3卷第2期。另见赵元任(2002:133—176)。

——　(1929)　北平语调的研究,《最后五分钟》附录,中华书局,北京。另见赵元任(2002:253—272)。

——　(1935)　国语语调(讲演),《国语周刊》第214期。另见赵元任(2002:426—434)。

——　(1959/1980)　《语言问题》(中国台湾大学);1980年新版,商务印书馆,北京。

——　(2002)　《赵元任语言学论文集》,吴宗济、赵新那编,商务印书馆,北京。

郑权中　(1955)　汉语句末疑问(语气)词和被动语态(演变)的研究,《复旦学报》第2期,上海。

郑张尚芳　(2012)　《郑张尚芳语言学论文集》,中华书局,北京。

Alleton, V.　(1981)　Final Particles and Expressions of Modality in Modern Chinese, *Journal of Chinese Linguistics* 9/1, 91-114.

Bohr, Wolfgang　(2011)　Linguistic Approaches to the Dating of the *Lunyu*: Mythological Notes and Future Prospect, Paper presented at the Conference "The Lunyu: A Western Han Text?" held at Princeton University, November, 2011.

Bolinger, D.　(1951)　Intonation Levels versus Configurations. *Word* 7: 199-200.

Brazil, Coultheart　(1975)　*Discourse Intonation*. University of Birmingham: English Language Research.

Brazil, David, Malcolm Coultheart and Catherine Johns　(1980)　*Discourse Intonation and Language Teaching*, Longman.

Chan, M.　(2002)　Chinese: Gender-related Use of Sentence-final Particles in Cantonese, *Gender Across Languages: The Linguistic Representation of Women and Men*, vol. 2: 57-72, Hellinger, M., Bussman, H. (Eds.), John Benjamins, Amsterdam.

Chao, Y.-R.　(1932)　Apreliminary Study of English Intonation and its Chinese Equivalents,《史语所集刊》外编《蔡元培先生六十五岁庆祝论文选》104—156页。又,吴宗济节译见赵元任(2002:718-733)。

——　(1933)　Tone and Intonation in Chinese.(中国字调跟语调),《史语所集刊》第4本第3分。又,陈保亚中译"汉语的字调跟语调"(1992),载于《中国现代语言学的开拓与发展:赵元任语言学论文选》102—116页,清华大学出版社,北京;胡明扬中译"中国字调跟语调"(1996)载于刘梦溪主编《中国现代学术经典:赵元任卷》848—866页,河北教育出版社,石家庄;陈译另见赵元任(2002:734—749页)。

——　(1947)　*A Cantonese Primer*. Harvard University Press, Cambridge, MA.

——　(1968)　*A Grammar of Spoken Chinese*, University of California Press, Berkeley.

Cheng, L. L. S.　(1991)　*On the Typology of Wh-questions*, Doctoral Dissertation, MIT.

Cheung, S. H.　(张洪年,1972)　Xianggang Yueyu Yufa de Yanjiu [Cantonese as spoken in Hong Kong]. The Chinese University of

Hong Kong, Hong Kong.

Cheung, K. (1986) *The Phonology of Present-day Cantonese*, Doctoral Dissertation, University of London.

Childs G. Tucker. (2003) *An Introduction to African*. John Benjamins Publishing Company: Philadelphia.

Chu, C. C. (2002) Relevance Theory, Discourse Markers and the Mandarin Utterance-final Particle a/ya. *Journal of the Chinese Language Teachers Association* 37/1: 1-42.

Cinque, G. (1999) *Adverbs and Functional Heads, a Cross-Linguistic Approach*. OUP USA, New York.

Cloarec-Heiss, France. (1995). Le banda-linda. In *Le système verbal dans les langues oubangiennes*, ed. Raymond Boyd, 81-109. München and Newcastle: Lincom Europa.

Cooper-Kuhlen, Elizabeth (1986) *An Introduction to English Prosody*, Forschung & Studium Anglistik 1, Tübingen: Max Niemeyer & London: Edward Arnold.

Cruttenden, A. (1997) *Intonation*(Second Edition). New York: Cambridge University Press.

Crystal, D. (1969) *Prosodic Systems and Intonation in English*, Cambridge University Press.

—— (1975) Prosodic Features and Linguistic Theory, in *The English Tone of Voice*, Edward Arnold.

Crystal, D. and R. Quirk (1964) *Systems of Prosodic and Paralinguistic Features in English*, Mouton.

Fabb, N. (1992) Reduplication and Object Movement in Ewe and Fon, *Journal of African languages and Linguistics* 13/1: 1-39.

Feng, SL. (2014) Historical Syntax of Chinese. In *Handbook of Chinese Linguistics*, Wiley-Blackwell, ed. by C.-T. James Huang, Audrey Li and Andrew Simpson. 537-575.

Fung, R. S.-Y. (2000) *Final Particles in Standard Cantonese: Semantic Extension and Pragmatic Inference*. Ph. D. Dissertation. Ohio State University.

Halliday, M. A. K. (1967) *Intonation and Grammar in British English*, Mouton.

Halliday, M. A. K. and Greaves, W. S. (2008) *Intonation in the Grammar of English*, London, Equinox.

Haudricourt, A. G. 1954 De l'origine des Tons en Vietnamien, *Jounal of Asiatiaue 242*. 冯蒸中译文"越南语声调的起源"载《民族语文研究情报资料集》第1集。

Hirst, D. J. & Di Cristo, A. (ed.) (1998) *Intonation Systems: A survey of Twenty Languages*. Cambridge: Cambridge University Press.

Huang, C.-T. J. (2009) Lexical Decomposition, Silent Categories, and the Localizer Phrase. *Yuyuanxue Luncong* 39: 86-122.

—— (2014) On Syntactic Analyticity and Parametric Theory, *Chinese Syntax in a Cross Linguistic Perspective*, Audrey Li, Andrew Simpson and Dylan Tsai(eds.)Oxford in London: Oxford University Press.

Kirsner, R., Van Heuven, V. (1996) Boundary Tones and the Semantics of the Dutch Final Particles *he*, *hoor*, *zeg* and *joh*, *Linguistics in the Netherlands*: 133-146, Cremers, C. & Den Dikken, M. (Eds.), John Benjamins, Amsterdam.

Kirsner, R., Van Heuven, V., Van Bezooijen, R. (1994) Interaction of Particle and Prosody in the Interpretation of Factual Dutch Sentences, *Linguistics in the Netherlands*: 107-118, Bok-Bennema, R., Cremers, C. (Eds.), John Benjamins, Amsterdam.

Kwok, H. (1984) *Sentence Particles in Cantonese*. Center of Asian Studies, Hong Kong.

Ladd, R. (1978) *The Structure of Intonational Meaning*. Indiana University Press.

Law, S. (1990) *The Syntax and Phonology of Cantonese Sentence-final Particles*, Doctoral Dissertation, Boston University.

Law, Y. K. A. (2004) *Sentence-final Particles in Cantonese*. Doctoral Dissertation, University College London.

Lee, W. R. (1958) *English Intonation: A New Approach*. North-Holland.

Lian, A-P. (1980) *Intonation Patterns of French*, River Seine Publications, Melbourne.

Liberman Mark (1975) *The Intonational System of English*. Ph. D. Dissertation, MIT.

Matthews, S. & Yip, V. (1994) *Cantonese: A Comprehensive Grammar*. Routledge, London.

Mc Cawley, J. (1968) *The Phonological Component of a Grammar of Japanese*. The Hague: Mouton.

—— (1978) What is a Tone Language? In V. Fromkin(ed.), *Tone: A Linguistic Survey*: 113-131. New York: Academic Press.

Odden, D. (1995) Tone: African Languages. In: *The handbook of phonological theory*: 444-475., edited by J. Goldsmith, Cambridge, Mass.: Blackwell.

Matthews. P. H. (2007) *The Concise Oxford Dictionary of Linguistics*. Oxford University Press.

Pierrehumbert, Janet (1980) *The Phonology and Phonetics of English Intonation*. Ph. D. Dissertation. MIT. Published by Indiana Linguistics Club 1987.

Pierrehumbert, J., Hirschberg, J. (1990) The Meaning of Intonational Contours in the Interpretation of Discourse. In: Cohen, P., Morgan, J., Pollack, M. (eds.), *Intentions in Communication*: 271 - 312, MIT Press, Cambridge, MA.

Pike, K. L. (1945) *The Intonation of American English*, University of Michigan Press.

Rizzi, Luigi (1997) The Fine Structure of the Left Periphery, *Elements of Grammar*: 281 - 337.

Roach, Peter (2009) *English Phonetics and Phonology*, (*Fourth Edition*), Cambridge University Press.

Schack, Katrina. (2000) Comparison of Intonation Patterns in Mandarin and English for a Particular Speaker, University of Rochester Working Papers in the Language Sciences, *Spring* 2000 No. 1: 29.

Schubiger, M., (1965) English Intonation and German Modal Particles: a Comparative Study, *Phonetica* 12: 65 - 84.

Shyu, Shu-ing (2010) Focus Interpretation of *zhi* 'only' Associated Arguments in Mandarin Triadic Constructions. *Linguistics* 48/3: 671 - 716.

Simpson, Andrew (2014) Sentence Final Particles, *Handbook of Chinese Linguistics*, C.-T. James Huang, Andrew Simpson and Audrey Li(eds.), Wiley-Blackwell.

Sybesma, Rint and Boya Li (2007) The Dissection and Structural Mapping of Cantonese Sentence Final Particles. *Lingua* 117 (2007)1739 - 1783.

Wakefield John (2010) *The English Equivalents of Cantonese Sentence-final Particles*. Ph. D. Dissertation. The Hong Kong Polytechnic University.

Wang Feng (汪锋,2006) Rethinking the *-s Hypothesis for Chinese *qusheng* Tone, *Journal of Chinese linguistics* 34. 1: 1 - 24.

Wells, J. C. (2006) *English Intonation: An Introduction*, Cambridge University Press.

Xu, Dan (徐丹,2006) *Typological Change in Chinese Syntax*, Oxford University Press.

Yau, S. C. (1980) Sentential Connotations in Cantonese. *Fangyan* 1: 35 - 51.

Yip, Moria (2002) *Tone*. Cambridge University Press, Cambridge.

Yip, Virginia and Steven Matthews (2000) *Basic Cantonese. A Grammar and Work Book*. Routledge, London.

Yiu, C. (2001) *Cantonese Final Particles 'lei', 'zyu' and 'laa': An Aspectual Study*, M. Phil. Thesis, Hong Kong University of Science and Technology.

Zwart, C. J. W. (1993) Dutch Syntax: A Minimalist Approach. Doctoral Dissertation. Groningen.

冯胜利,香港中文大学中文系 sfeng@cuhk. edu. hk

(原载《语言学论丛》第五十一辑)

汉语谓词性成分的时间参照及其句法后果*

郭 锐

提 要 现代汉语谓词性成分的时间参照有两种:(一)内部参照:以句中的后续动作发生的时间为参照。(二)外部参照:以外部世界的自然时间过程中的某一时刻为参照。外部参照使句子表示的状况在现实世界中定位,而内部参照只显示句子内部多个状况之间的时间关系,与现实世界的时间无关。从时间参照角度可以解释"了、着、过"的语义功能,带"$了_1$""着""$过_1$"的VP之所以不能结句,是因为缺乏外部参照。带"$了_1$""着""$过_1$"的VP要站得住,需添加给它提供时间参照的成分,如后续的VP、数量短语,或者添加外部时间参照的"$了_2$""呢"。现代汉语小说中的叙述句有"$了_1$"结句的情况,这种用法的"$了_1$"正在演变为过去时的标记。

关键词 体标记"了" 时间参照 现实句 结句

一 引 言

1.1 问题的提出

汉语中有些带"$了_1$""着"的句子必须添加"$了_2$""呢"或后续的谓词性成分才站得住,如:

(1) a. *我吃了饭。 b. 我吃了饭了。

(2) a. *外面下着雨。 b. 外面下着雨呢。

(3) a. *我们下了课。 b. 我们下了课打球。

(4) a. *他骑着车。 b. 他骑着车去学校。

"$了_2$""呢"这样的成分有使句子站得住的作用,因此被叫做"完句成分"或"成句成分"。(贺阳,1994;黄南松,1994;孔令达,1994)但"完句"作用是怎样形成的?"完句"作用背后的机制是什么?本文试图从现实句时间参照需求的视角回答这些问题。

1.2 语句的现实性和"完句"作用

从根本上说,"完句"作用其实是句子的现实性所要求的。

一个句子总要指涉(denote)外部世界的一定事件,这些事件有些是一种现实(realis)状况,即外部世界中实际发生的①,而有些是非现实(irrealis)状况(Givón,1973、1984、1994;郭锐,1997)。以此可把句子分为两种指涉类型(denotational types):

A. 现实句——指涉外部世界中实际发生的事件,如:

(5) a. 我认识他。 a'. 我不认识他。

b. 小王很着急。 b'. 小王不着急。

---

* 本文曾提交第七届现代汉语语法国际研讨会(新加坡南洋理工大学,2013年12月21—25日)。

① "实际发生"包括真实的"实际发生"和虚拟的"实际发生",真实的"实际发生"指在真实世界中发生;虚拟的"实际发生"指在假设的情景中发生,如"如果你明天五点才来,我都已经走了",虽然"我走"在说话时还没有发生,但在明天五点这个假设的情景中是实际发生了。

c. 他姓李。　　c'. 他不姓李。

d. 他知道这件事。　　d'. 他不知道这件事。

(6) a. 他在抽烟。　　a'. 他没有抽烟。

b. 我看电视呢。　　b'. 我没有看电视。

c. 猫在吃老鼠。　　c'. 猫没有吃老鼠。

d. 你来过这里。　　d'. 你没来过这里。

(7) a. 我看见屋里有人。　　a'. 我没看见屋里有人。

b. 他发现有情况。　　b'. 他没发现有情况。

B. 非现实句——指涉未在外部世界中实际发生的事件,从意义上看,表示惯常行为或意愿、规律、祈使等(郭锐,1997),如:

(8) a. 我看电视。　　a'. 我不看电视。(意愿)

b. 他抽烟。　　b'. 他不抽烟。(习惯)

c. 猫吃老鼠。　　c'. 猫不吃老鼠。(习惯)

d. 日光灯发白光。　　d'. 日光灯不发白光。(规律)

e. 你来这里。　　e'. 你别/甭来这里。(祈使)

所谓"完句",实质是满足现实句的现实性在谓词的时间性、名词的指称性和形容词的程度性的"实现"(grounding)①要求,即现实句要求谓词表达的事件在时间上是实际发生的、体词论元成分所表达的事物实现其指称性(定指、不定指、类指等)并满足句法位置的要求、形容词所表达的属性的程度性是指明的(程度高、程度低、比较性程度)。如:

(9) a. 我看书。(时间性不明,不能作为现实句)

b. 我正在看书。(带有时间性成分"正在",时间性明确)

c. 我看书了。(带有时间性成分"了",时间性明确)

(10) a. ? 小王优秀。(程度性不明,一般不成句)

b. 小王很优秀。(程度性明确:程度高)

c. 小王比我优秀。(程度性明确:比另一方程度高)

d. 小王不优秀。(程度性明确:程度性的否定)

(11) a. * 一个客人来了。("一个客人"的不定指性不满足主语的定指性要求,一般不成句)

b. 客人来了。(主语位置上光杆名词"客人"强制性地解读为定指)

c. 来客人了。(宾语位置上光杆名词"客人"强制性地解读为不定指)

本文只讨论谓词性成分的时间性问题。

为什么有的句子有"了""着"这些表达时间性的成分(例(1a)、例(2a)),仍然不成句?这是因为现实句需要把事件在现实世界中落实,落实的手段其实就是在外部世界的时间过程中定位,即以外部世界的时间为参照来观察谓词所表达的事件的发生时间或进展状况,如果没有提供外部的时间参照,那么句子就站不住。而"$了_1$""着"一般不能提供外部时间参照,因而不能表达现实句。而"$了_2$""呢"提供了外部时间参照(例(1b)、例(2b)),所以句子成立。下面讨论汉语谓词性成分的时间参照问题。

二　内部时间参照和外部时间参照

2.1　绝对时间参照和相对时间参照

句子的表达通常都需要时间参照。时间参照,指从什么时间出发对一个谓词性成分所表示的情状(situation)

---

① 也有叫做"接地""入场"的。

进行观察，以确定这个情状在时轴上的位置或进展状况。Reichen-bach(1947)用三个时间点(time points)来说明句子的时间参照。这三个时间点是：S(说话时间 time of speech，指语句说出的时间)，E(事件时间 time of event，指语句表示的事件发生的时间)，R(参照时间 time of reference，指语句表达事件时观察事件发生的时间或进展阶段所依据的时间点)。

(12) a. He goes to bed early. E,R,S 一般现在时

b. He had gone to bed, before I arrived.

E－R－S 过去完成时 E－R,S 一般过去时

根据 Comrie(1985)时间参照可分为绝对时间参照(absolute time reference)和相对时间参照(relative time reference)两种。绝对时间参照以说话时间为指示中心(deictic centre)，区分出过去、现在、将来三种时态，相对时间参照以语境给出的某个时间为参照，显示事件时间与这个参照时间的相对关系。英语的过去、现在、将来三种基本时态(primary tense)建立在绝对时间参照基础上，而次级时态(secondary tense)建立在相对时间参照基础上。例(12)a 反映绝对时间参照。b 中 arrived 和 had 是基本时态，用的是过去时(相对于 S)，是绝对时间参照；而(have) gone 是次级时态，用的是过去分词形式，反映了相对时间参照(R＝I arrived)。

英语的直陈句都有绝对时间参照，并且同一个小句中绝对时间参照和相对时间参照可以同时出现。一般来说，小句中的定式动词(finite verb)反映绝对时间参照，若定式动词后还有现在分词或过去分词，则反映相对时间参照。而英语的每一个小句必有一个定式动词，因此说话时间在分析英语的时间参照时是必不可少的。

但汉语中的时间参照主要是相对时间参照，可以只用事件时间和参照时间这两个基本时间点就足以说明汉语的时间参照，而说话时间只是参照时间的一个特例。请看下面的例子：

(13) a. 我来的时候，他已经走了。 E－R(R＝我来的时候，E＝我来之前的某个时间)

b. 他笑着跑掉了。 笑：E,R(R＝跑掉发生时，E＝跑掉前后)

跑掉：E－R(R＝说话时，E＝说话前，笑发生时)

c. 明天下了课开会。 下课：E－R(R＝开会发生时，E＝开会前)

开会：R－E(R＝说话时，E＝说话后，下课后)

d. 他已经走了。 E－R(R＝说话时间，E＝说话前的某个时间)

上面四例的不同在于 a 的参照时间是“我来的时候”，b 中“笑着”的参照时间是“跑掉”发生时，c 中“下了课”的参照时间是“开会”发生时，说话时间不是参照时间，而 d 的参照时间就是说话时间。但这种差异在语法上并无表现，因而可以把 S 看作 R 的一个特例。

相对时间参照一般有“影响性”。所谓“影响性”是指事件对参照时间状况的影响，而绝对时间参照没有影响性，见例(14)英语的例子。

(14) a. He came. b. He has come. c. He had come, before I left.

例(14)a 是绝对时间参照，参照时间是说话时，不表示“他来”对说话时有影响；而 b、c 用完成体，是相对时间参照，表示了“他来”对参照时间(说话时、我来时)的状况有影响。

汉语的情况也如此。例(13)a 是说“他已经走了”对“我来的时候”的状况有影响；d 是说“他已经走了”影响到说话人说话的时候的状况；b 中的“笑着”是“跑掉”的伴随状态；c 中的“下了课”是“开会”的开始时间，都对参照时间的状况有影响。

句中的时间词语有的表示参照时间，有的表示事件时间。汉语中时间词通常表示事件时间，如例(13c)中的“明天”；“VP＋时(候)”一般表示参照时间，如例(13a)中的“我来的时候”。有的语言的时间词只表示事件时间，如例(15a)日语的例子；有的语言的时间词只表示参照时间，如例(15b)中 Yukatec 的例子。

(15) a. Taroo-wa kinoo hon-o yon-da. (Japanese)

太郎-TOP 昨天 书-ACC 读-ANT (Ogihara, 1999)

“太郎昨天读了那本书。”

（"昨天"表示"太郎读书"发生的时间）

b. Ho'lheak-e' ts'o'k u xok-ik le lìibro Taro-o'. （Yukatec）

昨天-TOP TERM A.3 读-INC DEF 书 太郎-D2

"昨天的时候啊，太郎已经读了那本书了。"（Bohnemeyer，2002）

（"昨天"是参照时间，指站在昨天来观察"太郎读书"这个事件，这个事件可能发生在昨天，也可能发生在前天或更早的时候）

2.2 内部时间参照和外部时间参照

汉语的时间参照都是相对时间参照，即事件时间与参照时间的时间关系。汉语中一般选择两种时间作为参照时间：

1）内部时间参照（internal time reference）：以语句内部后续事件发生的时间为参照。如：

（16）a. 咱们吃了饭看电影。（$R_{吃}$＝看电影发生时）

b. 他笑着跑掉了。（$R_{笑}$＝跑掉发生时）

（17）a. 等他看了这封信，你再告诉他具体情况。（R（看）＝你告诉他具体情况时）

b. 他脱了大衣，"扑通"一声跳下水去。（R（脱）＝跳下水去时）

内部参照通常要求后面出现表示后续事件的谓词性成分或小句。由于这些时间参照并不与外部世界的时间流逝直接建立联系，而是与语句内部的后续事件发生的时间建立联系，因此叫内部时间参照。

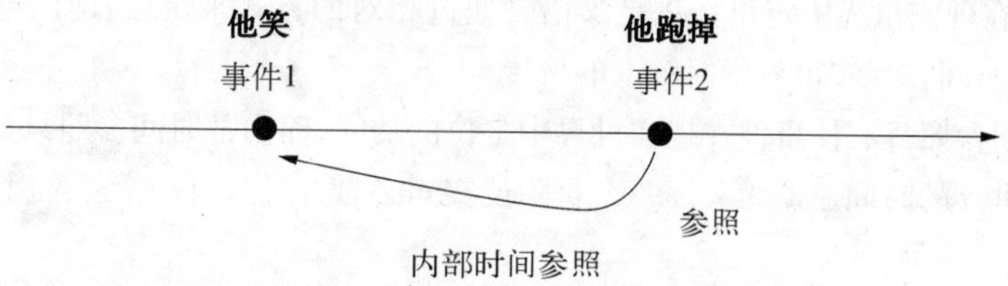

图1 内部时间参照示意图

2）外部时间参照（external time reference）：以外部世界时间流逝中的某一个时间点为参照。有三种情况：

A. 以时间词语或指示时间点的小句表示的时间为参照，表达参照时间的成分总是在前面出现。如：

（18）a. 我去的时候，他正在吃饭。（R＝我去的时候）

b. 昨天十二点钟他已经走了。（R＝昨天十二点钟）

c. 明天你下飞机，我已经走了。（R＝你下飞机的时候）

B. 以正在谈论的某个时间为参照。如：

（19）——我昨天下午找你，你怎么不在家。

——我在图书馆看书。（R＝昨天下午找我时）

（20）——你那天怎么没来？

——我病了。（R＝那天）

C. 以说话时间为参照。如：

（21）a. 下雨了。 b. 他正在吃饭。 c. 外面下雨呢。

一般的原则是，如果句中没有时间词语，也没有显示参照时间的语境，那么参照时间就是说话时间。这条原则可以叫做"当前参照原则"。

虽然表达外部参照时间的成分是语句内部的，但这些成分反映了外部世界的时间流逝的某一具体位置，直接与时轴上的某一具体时间点建立起联系，所以实际上是以外部世界的时轴上的某一时间点为参照。比如"我去的时候""你下飞机"如果发生在某日12点钟，那么参照时间其实就是某日12点钟。

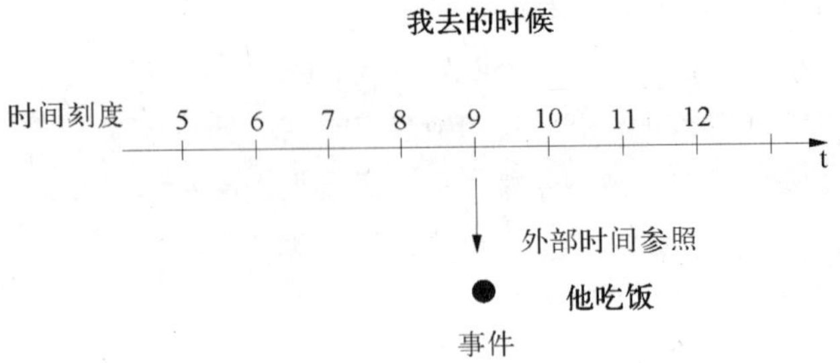

图 2　外部时间参照示意图

三　汉语句子的时间参照

3.1　汉语口语单句的时间参照

单句是由一个小句构成的句子。英语中，小句必有一个定式动词(finite verb)，其功能在于通过定式动词表现的过去、现在、将来三个基本时态，使小句表示的情状在时轴上定位，从而成为可讨论的(arguable)事件(Comrie，1985；Halliday，1985)。

汉语口语中没有以绝对时间参照为基础的基本时态，但存在相对时间参照，功能与英语的定式动词大致相同：使小句表示的命题在现实世界中定位。只是汉语是通过相对的方式来定位，即以某个已知的参照时间来确定事件相对于这个参照时间在现实世界中时轴上的位置。

不过，只有外部时间参照具有使事件在现实世界中定位的功能，而内部时间参照只显示句子内部多个事件之间的时间关系，与现实世界的时间流逝无关。一个直陈现实句必有并且只有一个外部时间参照，而内部时间参照可有可无。如：

(22) a. 他吃饭了。(R＝说话时间，外部参照，无内部参照)

b. 我已经毕业了。(R＝说话时间，外部参照，无内部参照)

(23) a. 我看了电影就回家了。(R(看)＝"回家"发生时；R(回)＝说话时间)

b. 他吃着饭看电视呢。(R(吃)＝"看"发生时，内部参照；R(看)＝说话时间，外部参照)

例(23)这样的既有外部时间参照，又有内部时间参照的情况，可以叫做复合时间参照。如果有内部时间参照，可以不止一个。

(24) 他吃了饭骑着车去学校了。(R(吃)＝"去"发生时；R(骑)＝ "去"发生时；
R(去)＝说话时间)

连谓结构出现多个谓词，一般情况下，只有最后一个谓词，具有外部时间参照，而其他谓词都是内部参照，如例(23)(24)。

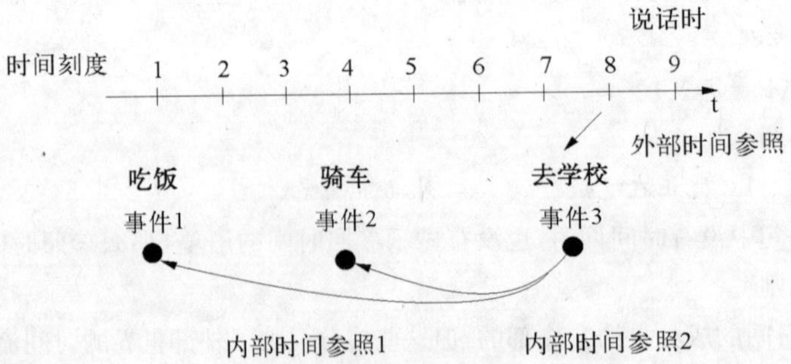

图 3　复合时间参照示意图

可以说，汉语中具有或可以具有外部时间参照的谓词在时间定位的功能上与英语的定式动词相当，把这个具有外部时间参照的动词看作汉语的定式动词也无不可。至少可以把具有或可以具有外部时间参照的谓词看作谓语核心，可以说连谓结构的核心通常是最后一个谓词。“我吃了饭看电视”中，“看电视”是不带时体成分，是非现实的，因而没有时间参照，但它有添加时体成分从而带来外部参照的能力，如“我吃了饭正看电视呢”，因此“看电视”是谓语核心。

郭锐(1997)曾指出，语句的现实性与谓词性成分的外在时间性有关。有的谓词性成分表示的状况被放入时间流逝过程来观察，即当作外部时间流逝过程中的一个具体事件，这种谓词性成分一般带有“了、着、过、在、正在、呢”等时间性成分，这样的谓词性成分叫过程性成分。有的谓词性成分不放入时间流逝过程中来观察，只是抽象地表示某种动作、状态或关系，这种谓词性成分都不带“了、着、过、在、正在、呢”等时间性词语，这样的谓词性成分叫性质性成分。对于动态动词来说，只有过程性成分才能表达现实句，如例(6)，而性质性成分只能表达非现实句，如例(8)。但我们注意到，有些语句中带有“了、着”等时体成分，却仍然只能表达非现实句，如：

(25) a. 你吃了饭去一趟。(祈使)

b. 夏天萤火虫在夜空中闪着光飞行。(规律)

c. 我喜欢看着电视吃饭。(抽象动作)

如何解释这种现象？这是因为这些带时体成分的谓词是内部参照，不是谓语核心，而只有谓语核心的外部时间性才能决定语句的现实性。

3.2 汉语口语复句的时间参照

汉语口语复句中各小句的时间参照有两种基本模式：

1) 多点外部参照(多参照)：复句中每个小句都有一个外部时间参照。如：

(26) a. 下雨了，路上的人都在跑。

b. 他生病了，没有来上课。

c. 他们正在外面买东西，没有来这里。

2) 末尾外部参照(尾参照)：只有最后一个小句有外部参照，前面的小句都是内部参照。如：

(27) a. 他打着哈哈，一扭一扭走开了。

b. 他脱了大衣，“扑通”一下跳进水里去了。

3.3 “完句”功能的实质

回到引言中提出的问题，为什么例(1)—(4)需要添加“了$_2$”“呢”、后续谓词性成分才站得住。根本原因是时间参照的限制，而“了$_2$”“呢”、后续谓词性成分提供了时间参照。

3.3.1 “了$_1$”和“了$_2$”的时间参照及成句性

为什么“V 了 O”通常站不住？刘勋宁(2002)认为，“了$_1$”是体标记，“了$_2$”是过去时标记，由于“V 了 O”没有“时”(tense)的规定，所以要让它站得住，就要添加后续小句，表明它的“时”，或者再加一个“了$_2$”，说明它是过去时。我们认为，由于“了$_2$”有很强的“影响性”，看作过去时并不合适；同时，由于“了$_2$”很多是表示当前状态的，如“下雨了”“现在上课了”，不能看作过去时。刘勋宁(2002)所说的“时”其实是外部时间参照问题。

在汉语口语中，谓词性成分带“了$_1$”后，一般是内部时间参照，如果后面没有其他的谓词性成分或小句，那么由于找不到一个提供内部时间参照的后续事件，句子就站不住。在后面添加谓词性成分或小句，句子就站住了，这是因为后续事件提供了前面谓词性成分的内部时间参照。这就是“V 了 O”一般不能结句的原因。如：

(28) a. *下了课。　　b. 下了课开会。

(29) a. *你吃了饭。　　b. 你吃了饭再去吧。

(30) a. *你做完了功课。　　b. 你做完了功课，我才让你玩。

例(28)—(30)的 a 之所以不成立，是因为句中有“了$_1$”，要求后面要出现另一个谓词性成分，以提供内部参照；b 之所以成立，是因为后面加上了后续的谓词性成分“开会”，可以为前面的“下了课”提供内部时间参照。

而“了$_2$”只能用于外部时间参照。如：

(31) a. 我们吃饭了。　　b. *我们吃饭了再去。

(32) a. 下课了。　　b. *下课了开会。

例(31)(32)的 a 之所以成立,是因为句中出现的是“了$_2$”,要求是外部时间参照,不需要提供内部时间参照的后续事件,单独就能站住。b 在后面加上后续时间反而不成立。

(33) a. *我们吃了饭。　　　　b. 我们吃了饭了。

(34) a. *下了课。　　　　b. 下了课了。

例(33)(34)的 b 中,“了$_1$”和“了$_2$”共同出现时,表面上看两者的时间参照不一致会产生冲突,但由于“了$_1$”在内层,是加在动词上的,“了$_2$”在外层,是加在整个谓语上的,外层的成分的外部时间参照需求会抑制内层成分的内部时间参照需求,整个句子的时间参照仍是外部参照,不需要后续事件就可以成立。因此,我们可以说“了$_2$”具有把“V 了$_1$”的内部时间参照要求转化为外部时间参照要求的作用。由于一个直陈单句必须有一个外部时间参照,因此当动词后出现“了$_1$”而缺乏外部时间参照无法站住时,添加“了$_2$”从而引入外部时间参照就成了必需的手段。①

3.3.2　“着”和“呢”的时间参照及成句性

按照木村英树(1983)、郭锐(1997),根据“V 着”是静态还是动态可以把“着”分为两个,静态的“V 着”中的“着”实际上是一个弱化补语,如“坐着”“放着”中的“着”;动态的“V 着”中的“着”才是一个表示进行的体助词,如“跑着”“笑着”中的“着”。木村英树(1983)指出表动态进行的“着”和表静态持续的“着”是不同一的单位。从外部时间性角度看,两者也不相同,动态“着”是时体标记,而静态“着”不是。可以从三个方面来分析:

1) 带静态“着”的谓词性成分可以受“不/别/甭”的否定,如例(35):

(35) a. (我)站着!　　　　a'. (我)不站着/(你)别站着。

b. 拿着!　　　　b'. 别/甭拿着。

带静态“着”的谓词性成分有时也可以受“没(有)”的否定,但受“没(有)”否定时,“着”仍然保留,如例(36a);而带动态“着”的谓词性成分受“没(有)”否定时,“着”不再出现,如例(36b)。

(36) a. 他没坐着。　　　　← a'. 他坐着呢/他坐着。

b. 他没吃饭。　　　　← b'. 他吃着饭呢。

2) 带静态“着”的谓词性成分成句时一般表示祈使、意愿等意义,这实际上是非时体成分的特征,如例(35)。而带动态“着”的谓词性成分一般不能表示祈使、意愿意义,如“*吃着”“*笑着”。②

3) 带静态“着”的谓词性成分可以做“想、建议、同意、反对、要”等动词的宾语,这些动词的宾语只能不带时体标记的成分。

(37) a. 我想/建议/反对站着。　　　　b. *我想/建议/反对跳着。

弱化补语“着”与时间参照没有直接关系,本文不讨论,下面只讨论进行体标记“着”。

汉语口语中,带有进行体标记“着”的句子一般是内部时间参照,如:

(38) a. *他吃着饭。　　　　b. 他吃着饭看电视。

(39) a. *他摇着头。　　　　b. 他摇着头走了。

(40) a. *正说着。　　　　b. 正说着,外面来了几个人。

例(38)—(40)的 a 之所以不成立,是因为带“着”的谓词性成分后面没有后续事件,无法提供内部时间参照,因此不能结句;b 之所以成立,是因为有后续事件,提供了内部时间参照。

表示进行的语气词“呢”只能用于外部时间参照。如:

(41) a. 他们吃饭呢。　　　　b. *他们吃饭呢看电视。

(42) a. 他抽烟呢。　　　　b. *他抽烟呢走了。

例(41)(42)的 a 是外部时间参照,不需要后续事件就能站住;b 中加上了后续事件,反而不成立。

---

① “扔了它”“饶了我”一类说法中的“了”不表示时体意义,而是表示“去除、受损”含义,在北京方言中读为 lou 或 lo,其实是一个弱化动词,可记为“了$_3$”。(参看马希文,1983;木村英树,1983)。

② “动态动词+着”的“听着”“看着”可表示祈使意义,这个例外我们还无法解释。

(43) a. *他吃着饭。　　　　　　b. 他吃着饭呢。

(44) a. *外面下着雨。　　　　　b. 外面下着雨呢。

例(43)(44)应如何分析呢？马希文(1987)注意到，在北京话中，带“着”的句子往往站不住，需要再加“呢”。一个带“着”的句子，本来需要后续事件提供内部时间参照，但如果在句尾加上“呢”，处于外层的“呢”的外部时间参照要求抑制了“着”的内部时间参照要求，不再要求出现后续事件就能站住。因此，也可以说，“呢”具有把“V着”的内部时间参照要求转化为外部时间参照要求的作用。

当动词后出现“着”而缺乏外部时间参照无法站住时，添加“呢”从而引入外部时间参照就成了必需的手段。可以看到，体助词“着”和语气词“呢”在时间参照上的差异与体助词“了$_1$”与语气词“了$_2$”在时间参照上的差异是平行的。

3.3.3　“过”的时间参照及成句性

“过”可以分为两个，“过$_1$”表示“完结”，“过$_2$”表示经历。例子见下：

(45) a. 我吃过$_1$饭了。　　　　　b. 节目都演过$_1$了。(完结)

(46) a. 我吃过$_2$韩国泡菜。　　　b. 我没看过$_2$这本书。(经历)

“过$_1$”要求内部时间参照，因此需要加后续事件或句尾加上“了$_2$”才能结句。

(47) a. 我吃过饭就走。　　　　　b. 赶到那儿，第一场已经演过了。

而“过$_2$”要求外部时间参照，不需要后续事件就能成立。如：

(48) a. 我去过北京。　　　　　　b. 我昨天去学校找过你。

可以看到，“过$_1$”与“过$_2$”在时间参照上的差异，与“了$_1$”和“了$_2$”、“着”与“呢”是平行的。

3.3.4　时体副词的时间参照及成句性

“在、正在、正、已经、曾经”等时体副词与“了”“着”“过”在语义上相当，这些副词修饰谓词性成分时，时间参照和成句性如何呢？

“在”一般要求外部参照。如：

(49) a. 他在吃饭。　　　b. *他在吃饭，外面有人敲门。　　c. *他在吃饭看电视。

“正”却要求内部时间参照，但限于以后续小句为参照。如：

(50) a. *他正吃饭。　　　b. 他正吃饭，外面有人敲门。　　c. *他正吃饭看电视。

如果没有后续小句，需在句尾加语气词“呢”，变为外部时间参照，句子才能成立。如：

(51) 他正吃饭呢。

“正在”既可以是外部参照，也可以是内部参照。内部参照时，后续事件只能是小句，不能是连谓结构的后续谓词。如：

(52) a. 他正在吃饭。　　　b. 他正在吃饭，外面有人敲门。　　c. *他正在吃饭看电视。

“已经、曾经”都要求外部时间参照。如：

(53) a. 我们已经下课。　　　　　b. *我们已经下课开会(＝下了课开会)。

(54) a. 我们曾经到达山顶。　　　b. *我们曾经达到山顶下撤。

3.3.5　“V＋数量短语＋(NP)”的时间参照问题

带“了$_1$”的谓词性成分如果后面有数量短语，也能站住。如：

(55) a. 我吃了两碗饭。　　　　　b. 他离开了三次。c. 我们等了四天。

例(55)这样带数量短语的句子的时间参照到底是内部参照还是外部参照呢？从表面上看，带“了$_1$”的谓词性成分后没有后续事件，句子就站住了，应看作外部时间参照。但意义上与例(56)这样带“了$_2$”的真正的外部参照句子有很大不同，因此不能看作外部时间参照。

(56) a. 我吃了两碗饭了。　　　　b. 他离开三次了。c. 他毕业三年了。

那么应如何解释这些不带“了$_2$”句子就站住的现象呢？我们认为，可以把数量短语看作后续事件。龙果夫(1958)、朱德熙(1982)、石定栩(2006)都指出，数量短语具有谓词性、陈述性。第一个证据是数量短语可以做谓语，如：

(57) a. 小王今年二十岁。　　　　　　b. 这个西瓜十五斤。

第二个证据是数量短语还能做补语。如：

(58) a. 跑得一头汗。　　　　　　b. 打得一身伤。

第三个证据是宾语位置上的数量短语前可添加"有"或状语。如：

(59) a. 这个工作我干了有半年了。　　　　　　b. 他把一口点心嚼了有三分钟。

c. 我前前后后大约一共给她写了有二十多封信呢。

(60) a. 这个工作我干了已经八年了。　　　　　　b. 他来了都三天了。

c. 那个地方我去了一共三次。　　　　　　d. 我吃了一共两碗饭。

从上面的例子可以看到，动词后的数量短语前可以出现"有"（参看金晶，2012），这个"有"是一个动词，表示"达到一定的数量或某种程度：水有三米多深"（《现代汉语词典》）。句子加不加"有"语义相同①，可见不加"有"时，实际上隐含着一个表示"达到某个数量"意思的动词。正因为如此，动词后的数量短语前可以添加"已经""都""一共"等副词，可以认为这个位置上的数量短语体现出谓词性。石定栩（2006）甚至认为准宾语位置上的数量短语就是一个谓语。

既然动词后的数量短语有谓词性，这个数量短语在语义上实际上表示"达到某个数量"，因此可以看作动词后的后续事件，给前面的动词提供时间参照，从而使带"了$_1$"的谓词性成分站住。②

3.4　时间参照与背景信息和前景信息

一个句子若出现多个谓词，有的谓词表达前景信息（foreground information），有的谓词表达背景（background information）信息。在连谓结构和复句中，出现多个谓词，总是带有外部时间参照的那个谓词表达前景信息，而带有内部时间参照的谓词表达背景信息。如：

(61) 我看了电影就回家了。
　　　背景　　前景

(62) 他吃着饭看电视。
　　　背景　前景

(63) 他脱了大衣，"扑通"一下跳进水里去了。
　　　背景　　　　　　前景

一个直陈单句通常只有一个前景信息，这与直陈单句只有一个谓词是外部时间参照一致。复句中，如果是单点参照，总是最后一个小句是前景信息，如例(63)。如果多点参照，仍倾向于最后一个小句为前景。如：

(64) 下雨了，路上的人都在跑。
　　　背景　　　前景

可见，外部参照与前景信息基本对应，只有复句的多点参照不完全对应。

由于"着"经常用于连谓结构中表达背景信息，有学者认为"V_1 着 V_2"中的"着"的语义是表示"方状（方式、手段等）"（刘一之，1999、2001）。本文认为，"方状"的意义，并不是"着"本身的，而是句式带来的。"着"本身的语义仍然是表示"持续"，只是由于要求后续事件提供内部时间参照，因而表达背景信息，而"方状"只是表示持续义的"V 着"的背景信息产生出的语境义。

四　"了$_1$"结句问题

4.1　对话中"了$_1$"结句问题

带"了$_1$"的谓词性成分如果后面没有数量成分，一般不能结句，但在对话语体中，还是能找到"了$_1$"结句的例

---

① 加"有"大多有主观大量的意味（金晶，2012），所以数量少的通常不能带"有"，如"* 这件衣服他洗了有一次""* 前前后后写了有两封信"，但并不能认为这是"有"的意思，因为如果带"只"，则有言少的意味，如"前前后后只写了有两封信""前前后后写了只有两封信"，可见"有"本身的意义只是表示"达到一定数量或程度"，主观大量或主观小量是"有"为显性形式的条件。

② 如果数量短语前有指示词，一般不能成句，如"* 他吃了那碗饭"。同时我们注意到，"V＋指示＋数量（名词）"不能插入"有、已经"等成分，如"* 吃了有/已经那碗饭"，因为"指示＋数量"成分的功能不是计量的，而是起到定指的作用。

子。如：

(65) a. ——你什么时候走？

——吃了饭。

b. ——他怎么老跑厕所？

——昨晚给朋友接风吃坏了肚子。

这些"了$_1$"结句的例子通常表原因、时间、条件等，完整的表达应该在后面再出现表结果的小句或谓词性成分，如例(65a)的完整表达是"我吃了饭走"。但由于是接着对方的话说，表结果的小句或谓词性成分省略而未说出。因此，这类例子可看作"了$_1$"后在观念上有后续事件提供内部时间参照，只是没有实际说出，可叫隐性内部时间参照。

4.2 作为过去时标记的"了$_1$"用于结句的"V 了 O"

前面我们说到，在汉语口语中，"了$_1$"由于是内部时间参照，因而不能结句。带"了$_1$"的谓词性成分后面需要添加表示后续事件的成分、数量短语、"了$_2$"才能结句。

但在汉语书面语的叙述句中，有不少"了$_1$"结句的例子。如：

(66) a. 这短暂的一分钟，搅乱了台儿沟以往的宁静。

b. 香雪总是第一个出门，隔壁的凤娇第二个就跟了出来。

c. 车上一直没有人发现她，她却在一张堆满食品的小桌上，发现了渴望已久的东西。

d. 她从兜里摸出一只盛擦脸油的小盒放进去，又合上了盖子。(铁凝《哦，香雪》)

(67) a. 徐有贞没有理会无地自容的曹吉祥，洋洋得意地走出了大殿。

b. 徐有贞怀着愧疚走了，看着他离去的背影，李贤露出了笑容。

c. 朱祁镇被他烦得不行，加上他本人也确实讨厌徐有贞，便连夜派人把正在路上的徐有贞抓了回来。

d. 朱祁镇冷冷地看了石亨一眼，最终答应了他的要求。(石悦《明朝那些事儿》)

这些"了$_1$"结句的句子，主要出现在叙述句，包括小说、新闻的叙述、历史事件或故事的叙述，而在口语对话中少见。

应如何分析这些"了$_1$"结句的句子呢？我们认为，这些句子中的"了$_1$"与非结句的"了$_1$"相比，在时间参照上发生了变化。非结句的"了$_1$"是内部时间参照，因此要求后面有后续事件或数量短语、"了$_2$"。而结句的"了$_1$"实际上采取的是外部时间参照，参照时间一般就是说话时间。不过，虽然参照时间是说话时间，但并没有相对时间参照的"影响性"，而仅仅是对过去事件的客观叙述。从这一点看，这种用法的"了$_1$"实际就是"过去时"的标记，是一种绝对时间参照。由于"了$_1$"的过去时用法的时间参照也是外部参照，也起到了时间定位的作用，也提供了前景信息。

"了$_1$"的过去时用法是最近一百年来的新变化。在旗人作家蔡友梅的小说《小额》(1906)中，"了$_1$"结句的比例只占"了"总数的 1.1%，在老舍小说《二马》(第三段)(1929)中，只占 3.5%。而陈建功、赵大年《皇城根》(60—71 节)(1992)中，占 20.4%。同时，"了$_1$"结句的比例也与作者个人的风格有关，比如在铁凝的《哦，香雪》中"了$_1$"结句数达到 39.2%，比同时期的其他作家高很多。

杨凯荣(2013)从句子的表达功能角度分析了不用"了$_2$"的条件，认为说明句、描写句不用"了$_2$"。用本文的观点看，这些不用"了$_2$"的句子如果出现"了$_1$"结句的话，其实就是表示绝对时间参照的过去时，而不是表示相对时间参照的完成体。

五 结 语

时间参照可以分为绝对时间参照和相对时间参照，汉语口语中没有以绝对时间参照为基础的基本时态，但有相对时间参照，相对时间参照形成了完成体、持续体和经历体的基础。汉语中相对时间参照表现为内部时间参照和外部时间参照两种类型。内部时间参照以后续事件为参照时间，外部时间参照以外部世界时间流逝中的某个时间位置为参照时间。汉语现实句必有一个并且只有一个谓词有外部时间参照，这是因为现实句表达的事件需要在外部世界的时间流逝中定位。汉语的外部时间参照与英语基本时态的时间定位功能相当，因此可以说具有外部时间参照的谓词与英语的定式动词相当。既然如此，我们可以说汉语中具有外部时间参照的谓词就是小句的核心。连谓结构一般只有最后一个谓词性成分有外部时间参照，前面的谓词都是内部时间参照，因此连谓结构的最后一个谓词是小句核心。进一步说，这个核心实际就是定式动词。汉语复句则有多点时间参照和末尾时间参照两种类型。具有外部时间参照的谓词性成分通常表示前景信息，具有内部时间参照的成分通常表示背景信息。

汉语中的时体助词、时体语气词和时体副词在时间参照上有分工，"了$_1$""着""过$_1$""正"通常是内部时间参照，"了$_2$""呢""过$_2$""在""已经""曾经"通常是外部时间参照，"正在"既可以是外部时间参照，也可以是内部时间参照。"了$_1$""着""正"一般不能结句，原因就是其时间参照是内部参照，需要出现后续事件，或添加"了$_2$""呢"等使其变为外部时间参照。

正是由于"了$_2$""呢"等表示时体的语气词具有外部时间参照的作用，可以使话语表达的内容与当前建立联系，因而适合用于对话等互动交际语体，在新闻、科技等语体中单向式语体则少见（王洪君、李榕、乐耀，2009）。小说叙述中"了$_2$"比例不及对话语体，但比新闻语体"了$_2$"的比例高，但比对话中"了$_2$"比例低，这是因为受中国传统说书的表演者与受众的互动性的影响，小说叙述仍有相当的互动性，所以比新闻报道的交互性要强。

在书面语的叙述句中，"了$_1$"也可以结句，原因是一部分"了$_1$"正在产生过去时标记的用法。这一变化，使得当代汉语正在产生绝对时间参照的基本时态——过去时。这一变化目前主要发生在叙述语体中，口语中少见。从这个角度看，"了$_1$"并不是一个同一的成分，而是一个在语义和用法上都有差异的成分。

"了$_1$"结句的用法受到很大限制，经初步考察，主要用于动词为带有结果性的变化动词或动补式带宾语的结构，宾语较长时接受度更高，或用于"V＋疑问代词"。为什么如此？还需做更深入的考察和解释。

在汉语口语中，"着"由于是内部时间参照，因此不能结句。带"着"的谓词性成分后面需要添加表示后续事件的成分，"呢"才能结句。但在汉语书面语的叙述句中，有不少"着"结句。下面是《哦，香雪》中的例子：

（68）a. 台儿沟那一小片石头房子在同一时刻忽然完全静止了，静得那样深沉、真切，好像在默默地向大山诉说着自己的虔诚。

b. 她们像长者那样拍着她的肩膀。

c. 凤娇照例跑到第三节车厢去找她的"北京话"，香雪系紧头上的紫红色线围巾，把臂弯里的篮子换了换手，也顺着车身不停地跑着。

d. 古老的群山终于被感动得颤栗了，它发出宽亮低沉的回音，和她们共同欢呼着。

《哦，香雪》中共出现体助词"着"45 例，其中 10 例结句（22%）。但是在《小额》和稍晚的《老张的哲学》和《骆驼祥子》中，几乎找不到"着"结句的例子。因此，可以推断体助词"着"结句的用法也是新用法，这种用法也许与叙述方式的改变有关。

参考文献

陈　平　(1988)　论现代汉语时间系统的三元结构，《中国语文》第 6 期。
方　梅　(2000)　从"V 着"看汉语不完全体的功能特征，《语法研究和探索》第九辑，北京：商务印书馆。
郭　锐　(1997)　过程和非过程——汉语谓词性成分的两种外在时间类型，《中国语文》第 3 期。
贺　阳　(1994)　汉语完句成分试探，《语言教学与研究》第 4 期。
黄南松　(1994)　试论短语自主成句所应具备的若干语法范畴，《中国语文》第 6 期。
金　晶　(2012)　"V 了＋有＋数量短语＋(NP)"中"有"的用法特点，《汉语学习》第 3 期。
孔令达　(1994)　影响汉语句子自足的语言形式，《中国语文》第 6 期。
李兴亚　(1989)　试说动态助词"了"的自由隐现，《中国语文》第 5 期。
刘勋宁　(1988)　现代汉语词尾"了"的语法意义，《中国语文》第 5 期。

刘勋宁 （1999） 现代汉语的句子构造与词尾“了”的语法位置，《语言教学与研究》第3期。
刘勋宁 （2002） 现代汉语句尾“了”的语法意义及其解说，《世界汉语教学》第3期。
刘一之 （1999） 北京口语中的“着”，《语言学论丛》第22辑，北京：商务印书馆。
刘一之 （2001） 《北京话中的“着（·zhe）”字新探》，北京：北京大学出版社。
龙果夫 （1958） 《现代汉语语法研究·I词类》，郑庆祖译，北京：科学出版社。
马希文 （1983） 关于动词“了”的弱化形式/·lou/，《中国语言学报》第一期，北京：商务印书馆。
马希文 （1987） 北京方言里的“着”，《方言》第1期。
木村英树 （1983） 关于补语性词尾“着/zhe/”和“了/le/”，《语文研究》第2期。
饶宏泉 （2012） 从时间推进的三个层面看体标记“了”的篇章功能，《语言科学》第4期。
石定栩 （2006） 动词后数量短语的句法地位，《汉语学报》第1期。
石毓智 （2002） 汉语的限定动词和非限定动词之别，《世界汉语教学》第2期。
王洪君、李榕、乐耀 （2009） “了$_2$”与话主显身的主观近距交互式语体，《语言学论丛》第40辑，北京：商务印书馆。
徐晶凝 （2009） 时体研究的语篇、情态整合视角——以“在”、“着”为例，《语言学论丛》第40辑，北京：商务印书馆。
徐晶凝 （2012） 过去已然事件句对“了$_1$”“了$_2$”的选择，《语言学论丛》第45辑，北京：商务印书馆。
徐晶凝 （2014） 叙事语句中“了”的语篇功能初探，《汉语学习》第1期。
杨凯荣 （2013） 从表达功能看“了”的隐现动因，《汉语学习》第5期。
朱德熙 （1982） 《语法讲义》，北京：商务印书馆。
左思民 （2003） 论“（正）在”和“着”，《现代中国语研究》第5期，东京：朋友书店。
Bohnemeyer, Jürgen (2002) *The grammar of time reference in Yukatek Maya*. Munich: LINCOM.
Comrie, Bernard (1985) *Tense*. Cambridge: Cambridge University Press.
Givón, Talmy (1973) Opacity and reference in language: An inquiry into the role of modalities. In John P. Kimball (ed.), *Syntax and semantics* 2, 96－122. Tokyo: Taishukan Publishing Company.
Givón, Talmy (1984) *Syntax: A functional typological introduction. Vol.* 1. Aamsterdam: John Benjamins.
Givón, Talmy (1990) *Syntax: A functional typological introduction. Vol.* 2. Aamsterdam: John Benjamins.
Givón, Talmy (1994) *Irrealis and the subjunctive. Studies in Language* 18: 2, 265－337.
Halliday, M. A. K. (1985) *An introduction to functional grammar*. London: Edward Arnold Ltd.
Ogihara, Toshiyuki (1999) The Semantics of tense and aspect in Japanese. In Natsuko Tsujimura (ed.) *The handbook of Japanese Linguistics*, 326－348. Oxford and New York: Basil Blackwell.
Reichenbach, Hans (1947) *Elements of symbolic logic*. New York: The Macmillan Company.
Tsai, Wei-Tien Dylan (2008) Tense anchoring in Chinese. *Lingua* 118: 675－686.

郭锐，北京大学中文系　guoruipku@163.com

（原载《世界汉语教学》2015年第4期）

汉语及亲邻语言连动式的句法地位和显赫度*

刘丹青

提 要 在汉语这种连动式显赫的语言中，连动式会向并列和主从两个方向扩展，形成更接近并列或更接近主从的语义关系，句法上仍然属于连动式而非改属并列或主从结构。连动式在东亚、东南亚地区常见而并非普遍，主要存在于形态不丰富的语言如壮侗语、苗瑶语、藏缅语中的彝语支及景颇语支、南亚语系，而少见或不见于形态变化较为丰富的语言如羌、藏语支和阿尔泰系语言。

关键词 连动式 库藏类型学 显赫范畴扩展 汉语及亲邻语言

引 言

"连动式"(连动句，连动结构，serial verb construction)，是描写汉语及亚、非、澳、美各洲众多语言结构的一个常用概念，而在印欧、阿尔泰等语言的描写中并不需要这个概念。换言之，连动式只是部分语言的类型特征，它跟主谓、动宾、偏正、并列这类普遍性的句法结构不同，是具有某种特异性(peculiarity)的句法结构。

汉语等东亚语言的连动式得到了程度不同的语法描写和研究，(如吕冀平 1958，高增霞 2006，Matisoff 1991)这为我们进行更深入的类型学研究奠定了基础。连动式的跨语言比较，例如 Aikhenvald (2006)，更是为我们提供了单一语言研究所看不到的众多特点和连动型语言的类型共性，但这类比较受制于某些材料来源的简略性，对句法细节的揭示时或不够充分，概括也可能因此受限。另一方面，汉语学界内部的连动式研究，将连动式视同一种普遍性的结构，其结构特异性尚未得到足够关注。而在一些主要强调语言普遍性的学派中，基本上不承认连动式作为一种结构的独立存在，连动式的特异性被有意无意地忽视回避。例如黄正德、李艳惠、李亚非(2013)，作为一本系统探讨汉语形式语法的专著，全书内容和例句无一为连动式。这是不可取的态度，毕竟，"不论在口头语言里，还是书面语言里，我们听到的、看到的，几乎大部分都是含有复杂谓语(主要指连动式，包括兼语式——引者)的句子"。(吕冀平 1958：4)回避策略，似乎显露出相关理论尚不能很好地应对连动结构。邓思颖(2010：181)则明确表明了形式句法对连动式的态度："'连动结构'事实上是不存在的，形式上也没有任何的特点，而连动句的一些功能也都可以从偏正结构或述补结构推导出来"。但已有形式派学者以反思的态度讨论了形式语法对连动句关注的缺失。(李亚非 2014)

连动式存在于几大洲的众多语言，(Aikhenvald 2006)回避或否认连动式的句法理论恐难以真正成为普遍性理论。本文将从连动结构的句法语义特异性出发，重新思考连动式在汉语句法系统中的类型学地位，兼及周边亲邻语言连动式的入库及显赫程度，探讨与连动式有关的类型学特征。

本文以新生的库藏类型学为视角，(刘丹青 2011，2012)认定连动结构为连动型语言语法库藏中的独立语法手

---

* 本文系中国社科院创新工程项目"汉语口语的跨方言调查与理论分析"的阶段性成果。初稿曾先后在陕西师范大学(2014.9)、第47届国际汉藏语会议(云南师范大学 2014.10)、全国汉藏语连动结构学术研讨会(浙江工业大学 2014.12)和日本神户外国语大学(2015.1)报告，获多位与会者尤其是陆俭明、戴庆厦、孙宏开、邢向东、党怀兴、沈力、任鹰、彭国珍等先生的指正。谨致谢意！尚存问题由作者负责。

段，可由句法库藏地位出发，揭示其作为显赫范畴的强大功能。本文依据汉语的考察兼及汉语的亲邻语言，主要涉及连动式的以下方面：入库身份、句法界定、原型范畴、显赫地位、库藏裂变、跨语言比较。

一 连动式的入库身份

1.0 连动式作为一种独立的句法结构，有别于世界上几种更普遍的基本语法结构。其独特之处遍及句法、语义、韵律诸端，其中句法特征是连动句赖以成为独立的句法结构的根本依据。下面我们先列出 Aikhenvald (2006)总结的连动式的跨语言基本属性，然后以此为参照来观察分析汉语连动式的句法语义属性，据此确定其句法库藏地位和类型地位。

Aikhenvald(2006)定义的连动式具有以下特征：

几个动词(短语)连用；其间没有任何表示并列关系、主从关系或其他依附关系的标记；语义上表达单一事件；语调特征与单小句式的句子一致；几个动词只有一个时、一个体、一个极性赋值(要么肯定，要么否定)；可以共享一个到几个核心论元；每个动词都能单独出现；连动式中的各个动词可以有同样或不同的及物性属性。

这些属性，已足以区别于任何正则的结构，包括与连动式可能有瓜葛的并列结构和主从结构。本节先据此就汉语情况择要分析。

1.1 连动式几个动词连用表示的是单一事件；而并列结构可以表达多个事件，不必表达单一事件，即使几个事件主体相同，也可以彼此无关，只是说话人将它们放到一起说。如：

(1) 他有时候打球，有时候养花。

表示的是同一施事的两种惯常行为，彼此没有相关性，也难以整合成一个内部紧密的宏事件。主从结构也可以表示两个无法整合为一的事件，如：

(2) 他即使吃得很多也还是手脚无力。

"吃得很多"和"手脚无力"是两个彼此可以独立的事件，说话人将其放在一句中是要说明两个命题之间的关系而不是一个整合的宏事件。

连动式不同。连动式虽然包含多个动词(在汉语等语言里可以理解成更广义的谓词或谓词短语，本文简称为 VP)，但被整合成一个紧密的单一事件或命题，具有很强的单小句性(monoclausality, Aikhenvald 2006: 6)，其中的不同动词，只能表示一个宏事件中的组成部分，不能独立表达一个事件。如：

(3) 他今天上山砍柴背回家炖了肉吃。

例(3)说的是一个单一事件，其中包含若干动作行为，所以是一个包含了若干微事件的宏事件。在本句中，"上山"不是一个孤立事件，而是砍柴事件(宏事件)的一部分(微事件)，在表示先于砍柴的行为之同时表达了砍柴的地点——这在其他结构或其他语言中可能会用方所状语来表达。"砍柴"也不是独立事件，而是跟后面的"背回家、炖肉、吃"这一系列微事件紧密相连。后面几个 VP 的分析以此类推。每个微事件都无法独立作为事件命题存在，其中有行为的时间顺序，方式(以砍柴来炖肉，以炖肉来就餐)、材料(以砍来的柴为炖肉材料)、目的(上山为了砍柴，砍柴背回家为了炖肉，炖肉为了吃)等语义关系。这些关系使得每个 VP 所表达的微事件都无法脱离其他动词而存在。用 Aikhenvald(2006: 13)的话说，连动式都有一种总体论元结构(overall aigument structure)。例(3)中的好几个微事件，同时也都做总体论元结构的组成部分。

需要强调的是，例(3)中所表达的处所、次序、方式、目的等关系，是确凿存在，无法取消的，但这些关系都不靠专用的语法标记表示，而只靠连动式本身及其内部语序。假如句子取复句而非连动的形式，这些语义关系就不再是必然的了。例如：

(4) 他今天上了山，(他)砍了柴，(他)背了回家，(他)炖了肉，(他)吃了。

虽然(4)的实际所指可以是跟(3)等同的事件，但其中各 VP 间的上述关系不再是必然的，另类解读也能接受。譬如，他上山和砍柴可以不是同一过程，甚至可以是先砍柴，后上山。"山"不一定是砍柴的发生地。"背了回家"的也可以是"柴"以外的东西。他炖肉可以烧背回的新柴，也可以烧早就在灶边的柴火。甚至他吃的东西可以是炖肉，也可以不是（他作为厨师给主人炖了肉，自己吃了别的东西）。

（4）这样的复句，是并列复句或至少属于联合复句的大类，分句之间关系松散，没有连动式内部那些必然的语义关系。由此可见，连动式内部的语义关系，是由连动作为一种独立的句法关系所带来的，因而连动是一种独立的句法语义关系。

连动式表达区别于并列等其他结构的语义关系，靠的是连动式特有的句法表征。具体而言，如 Aikhenvald（2006：13）所述，结构上，连动式不采用任何表示并列或主从关系的标记（汉语中常表现为介词、结构助词等虚词）。韵律上，连动式的语调特征与单句一致。如（3）的几个 VP 之间都不能有停顿，保证整句的语调可以贯穿而过。一有停顿，就会在分句之间产生例（4）那样的效应，割断连动式内部的句法关系和语义关系。

即使各 VP 之间不加停顿，仍在一个单句的语调范域内，只要使用了并列类关联词语，整个结构的句法和语义关系就由该关联词语所规定，各 VP 间的内在语义关系也就被该标记的语义属性所取代。如：

（5）a. 他既上了山也砍了柴。

b. 他一边炖肉一边吃。

c. 他砍了柴并背回了家。

（5a）句把上山和砍柴当作两个事件来表达，用配套关联词“既……也”连接。上山处不必为砍柴处，砍柴也不必在上山之后。（5b）句把炖肉和吃当做两个同时进行的行为事件来表达，采用了表同时的并列关联词“一边……一边”。其优势解读之一是炖的肉和吃的东西并非一物，这显然不同于连动式“炖肉吃”的解读。（5c）句砍了柴和背回了家因轻递进并列连词“并”而被识解为两个相继行为。“并”字拉近了两个事件的距离，因此“背”的受事只能理解为“柴”，但是两个事件之间仍没有方式目的的含意，这是区别于连动式的——光说“他砍了柴背回家”，显然指砍柴是为了背回家的目的。

1.2 连动式也显著区别于主从结构。如：

（6）a. 他很有兴趣地看着。

b. 他发疯似的叫喊着。

c. 他像爱护自己的眼睛一样珍惜俩人的友谊。

这几例分别用“地、似的、像……一样”这些标记表明前一个 VP 的状语地位。做状语的 VP 既不是独立事件/命题，也不是一个宏事件中的微事件，而是单一事件的一个侧面，充当全句所表事件/命题的方式、样貌等伴随特征。而连动式中带有处所、方式、目的等含意的 VP，本身不是修饰其他动词的从属题元，而是表达微事件、有自身谓语身份的 VP，语义关系的双方没有从属和核心的句法依存关系，因此将连动式都处理为偏正或述补关系，就抹杀了连动式和偏正式、述补式在句法和语义上的本质区别，既不可取，也没有操作性。尤其对于主要表示相继动作的连动式而言，要强行分出主从是既不可行也不可信的。

连动式中不同的 VP 在语义上可能同等重要（接近并列，但有时间顺序），但也可能有重要性或前景性的区别，如“他关了窗户睡觉”，“关了窗户”容易理解为主事件“睡觉”的方式。但那至多是程度之别，而不是质的差别，“关了窗户”自身仍是宏事件中的一个微事件。句法上，状语标记的有无造成了从属结构和连动式的根本区别。

1.3 根据 Aikhenvald（2006），连动式的另一个特征是“几个动词只有一个时态、一个体、一个极性赋值（要么肯定，要么否定）”。由于汉语缺乏形态上的时态范畴，因此，我们难以测试汉语连动式各个动词的时态特征。假如把时态范畴扩大到用时间词语（名词、副词等）表达的时态语义，则可以看到，汉语的连动式也要求时态的一致。例如：

（7）a. 他昨天在出口处举着牌子等客人。

b. 他刚才在出口处举着牌子等客人。

c. 他将在出口处举着牌子等客人。

d. *他昨天在出口处举着牌子今天在等客人。

e. *他将在出口处举着牌子刚才在等客人。

f. *他刚才在出口处举着牌子将等客人。

(7a—b)分别用时间名词或副词表示全句宏事件发生在过去、现在和将来。每句各有一个时间状语，其时间域统辖句中的全部两个 VP。而(7d—f)每句各用两个不同的时间词分别修饰两个 VP，句子都不成立。可见，连动式所表事件被识解为包含了多个微事件的一个宏事件，一个事件只能在统一的时间中发生，因此不能在连动式的不同 VP 上使用不同的时间限制。

从理论上说，两个连用的 VP 如可表达两个不同的事件，那么两个 VP 完全可以各有自己的时间限定语。(7d—f)的不合语法，有力说明连动式不是两个 VP 的简单相加，而是有着专用的语法意义——表达内部紧密结合的单一宏事件，自然排斥会导致多事件解读的多个时间限定语。另一方面，假如连动式中的两个 VP 是可以分离的事件，那么，即使它们需要时间一致，也至少可以各带一个相同的时间语，事实上这也不被许可，如：

(8) a. *他刚才在出口处举着牌子刚才在等客人。

b. *他昨天在出口处举着牌子昨天在等客人。

有意思的是，只要加上逗号变成复句，刚才的这几项限制就不起作用了。如：

(9) a. 他昨天在出口处举着牌子，今天在等客人。

b. 他刚才在出口处举着牌子，刚才在等客人。

可见，VP 之间停顿之有无，兹事体大。有停顿，就是并列或顺承复句，表示几个并列或相继发生的事件，每个事件有一定的独立性，所以都可以加时间限定语，不管是相同的还是不同的；无停顿，就是连动式，受到单一事件的语义限制，只能用一个时间限定语。

现代汉语有体标记，以“了、着、过”为基本体助词。连动式中体标记的使用情况非常复杂，有待专题研究。在此只提一个事实：连动式的不同 VP 可以带不同的体标记；假如只带一个体标记，则其语义可以覆盖所有 VP，也可能只管辖单个动词，如：

(10) a. 他吃了饭在休息呢。

b. 卸了磨牵着驴子走了的是社里管牲口的地方。(吕冀平 1958：77 引赵树理小说)

c. 小敏拿着镜子照过。

(11) a. 我(去年)卖了旧车买新车。

b. 父母卖房筹钱给女儿治好了大病。

c. 张老伯正捧着烟筒吸水烟。

d. 小伙子走在大街上拖着一只箱子。

(12) a. 他举着石头想砸我。

b. 小王买了一个木雕当书房的摆设。

c. 许老伯走到大树底下蹲着。

(10)每一句内都用不同的体标记。(10a)分别使用完整体的“了”和进行体的“在……呢”。(10b)先后用了完整体“了”、持续体“着”和完整体“了”。(10c)分别使用持续体“着”和经历体“过”。这些句子都不能用一个体语义来统辖全句。(11a—b)则反映了一个完整体标记统辖全句各 VP 的情况，其中(11a)“了”加在首个 V 上，(11b)“了”加在最末的 V 上。(11c—d)反映了进行体的类似情况，用首个 V 或最末的 V 上加“着”来表示全句的进行体语义。(12a—b)反映连动式只带一个体标记时语义上只管辖本 VP 的情况。(12a)句“举着石头”表明是持续体，而全句的重点在“想砸我”，其 VP 的语义与持续体或进行体都不匹配。(12b)中的“当摆设”是惯常情况，不是前一 VP 的完整体“了”所能覆盖的。(12c)句前一 VP“走到”语义上只能是完整体而不能与后面“蹲着”的持续体一致。

以上显示，汉语连动式对时态的单一性限制很明显，而对体的单一性限制基本不存在。这在语义上是可以解释的。对于行为事件来说，时间是更外部的框架，作用于宏事件整体，因此一个宏事件只能受一种时间框架的限定。体是事件内部的过程观照，能作用于其中的微事件，因此可以出现各种组配现象。

1.4 论元共享，指连动式几个动词(谓词)拥有共同的论元，该论元只在句中出现一次，即句法上只加于一个动词。跨语言来看，论元共享是连动式普遍的典型状况，但这并不意味着每个连动句都有论元共享现象，因为连动句的几个 VP 也可以有不同的论元。

几个 VP 共享主语是一种论元共享。汉语连动句以主语共享为常例，只有兼语句两个动词不共享主语。如“他出去买东西”的“出去”和“买东西”都以“他”为主语，即共享主语论元。而在兼语句“他派我买东西”中，VP_1 的主语是“他”，VP_2 的主语是 VP_1 的宾语“我”，属于功能切换连动式。（switch-function SVC。Aikhenvald 2006：14）[①]

更能体现连动式特质的是宾语论元的共享。因为，主语共享也是复句的常态，而宾语共享在复句中很受限制。同样的宾语在多个分句中反复出现是常态。反之，在连动式中，宾语共享接近于强制，即很排斥同一宾语在几个 VP 中反复出现。先看复句的情况：

(13) a. 福大爷刚唱一句：“太保儿推杯换大斗”，他就赶紧放下弓子，[ ]拍一下巴掌喊：“好！”[ ]喊完赶紧再拾起弓子往下拉。（邓友梅《那五》）

b. 我在一家店堂明亮温暖的快餐店吃一盘所谓的意大利面条，[ ]喝了碗所谓的美国汤，然后[ ]买了罐真正的中国啤酒坐在靠窗的座位泡时间。（王朔《玩的就是心跳》）

(14) a. 喜欢读书的张爱玲，却不喜欢买书。……她认为，买书，是人生的一种累赘。不仅不喜欢买书，她还“卖书”。（中国历史故事网《张爱玲：一个读书却不买书的才女作家》）

b. 昨晚在梦里我和朋友在河里钓鱼，我钓到了一条鱼，我朋友说这种鱼不能吃，我就把它放到另外一条河里去了。（“百度知道”网友提问）

例(13)和(14)是主语同指和宾语同指在复句中的不同表现。(13a)除了第一分句主语用了“他”，后面两个分句中同指的主语都是零形回指（以空方括号显示）；假如在方括号中加进主语“他”，反而很难接受，三个分句共享一个主语论元最自然。(13b)后两分句同指的主语“我”也都是零形回指。假如在方括号中插入主语“我”，也不能接受或反而别扭。(14a)末一分句的“卖书”的“书”与上一分句的“买书”的“书”同指，却不能省去，两句无法共享宾语。(14b)最后两个分句中的“这条鱼”和“它”都是与前面的“一条鱼”同指的，虽然勉强也能隐去，但还是显现更加自然。

再看连动句，其中同指的宾语跟同指的主语一样都是强制地由几个 VP 共享，如：

(15) a. 今天一整天在家闲着无聊，本想出去买本杂志看[ ]。（新浪博客）

b. 这两天，甄正都是从河里抓些鱼烤了[ ]吃[ ]。（网络小说《南行记》12 章）

例(15a)的 V_1“买”和 V_2“看”共享 V_1 后的宾语“杂志”，V_2 后的宾语必须强制删除。(15b)“抓、烤、吃”三个动词共享 V_1 后的宾语“鱼”，V_2、V_3 后也必须删除宾语。

由此可见，连动句的主语共享和复句的表现基本一致，而宾语共享与复句的表现迥异。复句各分句的同指宾语以各自显现为常，而连动句各 VP 的同指宾语只出现一次，由诸 VP 共享。连动句的宾语共享遵循回指规则，即承前省，不能用蒙后省，例如“买本杂志看”不能说成“买看本杂志”。[②]

宾语论元和主语论元还有一项重要差别。连动句几个 VP 之间必须共享一个主语论元，不能有不同的主语，兼语式的 VP_2 有新的主语是因为该主语同时是 VP_1 中的宾语，并不是全新的成分。而几个 VP 的宾语可以不同，这时就无须共享宾语论元，如：

(16) 他去菜市场买肉馅儿做了几个红烧狮子头。

不过，Aikhenvald(2006：13)强调典型的连动式有一个总体论元结构，各 VP 往往在其中扮演一定的角色，上

---

① 广义的连动式包括兼语式。限于篇幅，本文主要讨论非兼语类连动式。

② 需要补充的是，在承前还是蒙后删除的问题上，主语共享跟宾语共享有细微差别。复句同指主语一般采用承前省的方式，即后面的分句零形回指，如(13)所示，但偶尔采用蒙后省即零形前指的方式，特别是当前分句是背景化信息时，这是宾语共享不允许的。零形前指例如：（见方梅 2008）

[ ]无缘无故的丢了车，[ ]无缘无故的又来了这层缠绕，他觉得他这一辈子大概就这么完了，无论自己怎么要强，全算白饶。（老舍《骆驼祥子》）

连动句主语共享时更少采用零形前指，但显性主语也不是绝不允许后移，如：

[ ]吃了饭他在休息呢。

但这种主语后移的结构一般不再被视为连动句，连动句著述中见不到这类例句。

文对例(3)的分析已显示，一个句子中的多个 VP 可以同时承担总体论元结构中的方所、时序、方式、材料、目的等角色，这仍然是迥异于复句和并列谓语的。

在连动句和复句中表现出来的主宾语不对称，根源在于主语和宾语不同的句法属性。主语和宾语被形式句法分别称为外论元和内论元。主语作为外论元实际上划定了小句的界限，几个 VP 必须共享这个论元。假如出现另一个外论元，即意味着该成分已经到了句外，不再属于同一小句，也就不能看作连动式了。而宾语作为内论元，跟着所在 VP 一起处在同一小句内，假如几个 VP 的内论元相同，则因为彼此句法距离近而必须共享，排斥重复；假如论元不同，则仍都在 VP 内部，不影响 VP 之间的紧密性。连动句和复句的不同共享规则，正体现了小句内结构和小句外结构的根本差异。

1.5　以上几小节，反映了连动句的诸多句法特征，这些特征使它显著有别于复句，即使后者由共享主语的被停顿隔开的数个 VP 小句构成。虽然某些连动句确实可以插入停顿变成复句，但远非所有连动句都能如此变换(复句不能变成连动句的当然更多)，而变换也往往带来或大或小的语义差别，上面的分析已经显示了这一点。再如：

(17) a. 他吃了午饭休息了一会儿出去上班了。～他吃了午饭，休息了一会儿，出去上班了。

b. 小王有充足准备能胜任这项任务。～小王有充足准备，能胜任这项任务。

(18) a. 他买了一份报纸看。～*他买了一份报纸，看。

b. 他只好投靠亲友过活。～*他只好投靠亲友，过活。

(19) a. 他有三条理由相信我的话。～他有三条理由，相信我的话。

b. 他上午宰了羊做了午饭。～他上午宰了羊，做了午饭。

(17)a 例和 b 例无论作为连动句还是作为几个分句组成的复句都成立，语义没有显著差别，体现了连动句和同主语复句之间句法语义相似性的一面。

(18)就不能变换成复句，否则就不合语法。(18a)的光杆动词“看”无法自成陈述句。(18b)的“过活”这类动词没有一定的方式题元就不能单独成句，而 VP_1 原来带有方式题元的作用，拆成分句后失去了题元作用，使 VP_2 难以成立。

(19)看似连动式可以拆成复句，但分拆前后语义并不相同。(19a)的连动例，“三条理由”是“相信我的话”的依据，即“他有三条相信我的话的理由”。而其复句例更容易产生与之迥异的解读，即“请你相信我的话——他有三条理由”。“相信”更像祈使句谓语，主语就是听话人而不是前分句主语“他”。前一个分句成为后分句的“话”的内容，是“相信”所支配的话题化论元。(19b)两句意义看似相同，其实真值条件有异。作为连动式，所述的是单一事件，所宰的羊就是做午饭的主要内容甚或惟一食物；而作为复句，宰羊和做午饭可以是两件事。做的午饭可以包括羊，也可以不包括羊，他只是把羊宰了，午饭另有他物。

以上情况进一步彰显连动式无论在句法上还是语义上都是一种迥异于复句的独立结构，绝不是顺承复句(属于广义的并列复句即联合复句)的压缩形式。联合复句内几个组成部分的语义关系是明确的，不会随着结构的松紧而改变。

连动句也不同于主从结构，因为它不使用任何从属连接词(subordinators)。谓词性的主从结构在汉语里主要表现为传统所说的状中结构和中补结构，两者在汉语里都可以有从属连接词(结构助词“地、得”、介词“在、对、从”等)来标示。即使部分词项可以不带虚词充当从属语，但它们的词类属性和句法表现也足以判定其为从属成分。例如，“就、才、都、稍、马上、立即”等副词修饰动词不用结构助词“地”但这些词都不能做谓语，不符合连动式每个动词都能做谓语的要求。再如结果补语是直接加在动词后的，如“吃饱、卖完、浸湿”等，但结果补语都可以通过加“得”转化为可能补语，其中的动结关系不变，只是增加了可能情态，如“吃得饱”、“卖得完”等。而汉语连动句不但可以不用从属连接词，而且实际上加不进任何这类虚词，如上文所举的各个连动句实例。

有些连动句貌似可以加进从属连接词，其实加与不加，句法语义关系完全不同。如：

(20) a. 他们有计划去农村调查。～b. 他们有计划地去农村调查。

(20a)例的“有计划”是句子的主要谓语之一，全句表达“他们有去农村调查的计划”，去农村调查是一个未然事件。(20b)句“有计划”带了状语标记“地”，谓语身份被取消，只用来修饰谓语“去农村调查”表示方式，即以事先计划好的方式来展开调查，此句通常表达已然或惯常的事件。可见两句从结构到语义都有彼此不同的特性。

综上所述，汉语连动式具备跨语言材料中总结出来的连动式的主要句法语义特征，是汉语语法库藏中具有独立句法地位和类型特异性的结构或称构式，既体现了汉语作为连动型语言的特性，也符合连动型语言内部的共性。

人类语言实词和实词的组合有四种基本的句法结构：主谓、动宾、主从和联合。其中主谓和动宾的整体功能不等同于其组成部分，偏正和联合的整体功能等同于其核心成分或每个组成部分。如果把后两类称为向心结构，那么连动将向心结构由并列和主从的二分扩展为并列、连动、主从三分。英语等印欧语言都属于向心二分型，而有连动的汉语等语言则属于向心三分型。比较以下非洲 Anyi-Sanvi 语(Aikhenvald 2006：6)的例子及其翻译：

(21) a. Cùá　　cì　　　　ákɔ́　　! dí.　　　狗(常)抓鸡吃。

⋮　　　:

狗　　　抓(惯常体)　鸡　　　吃

b. The dog eats (lit. catch-eat) a chicken'.(原书英译)

c. The dog catches a chicken and eats it.(本文英译 A)

d. The dog catches a chicken to eat it.(本文英译 B)

e. 狗常抓一只鸡吃。

(21a)是一个典型的连动式，句中两个 VP 没有任何连词及表示从属关系的形态。作为非连动型语言，英语无法高度对应地译出此句，原引者的(21b)译，只译出了吃义动词，没有译出抓义动词，而括号中的直译又无法化为自然的英语表达。要想完整译出抓和吃两个相关的行为，英语必须带语法标记，或像(21c)那样用 and 式并列结构；或像(21d)那样用 to 式主从结构。而用同属连动型语言的汉语来翻译则非常自然，基本是词对词的对应，即(21e)。

语义上，连动式也使向心结构可以表现为区别于二分法的三分法类型，它占据的主要语义域是并列和主从中间的那一块。可以列表如下：

<table>
<tr><td></td><td colspan="6">向 心 结 构</td></tr>
<tr><td>非连动型语言</td><td colspan="3">并列</td><td colspan="3">主从</td></tr>
<tr><td>连动型语言</td><td colspan="2">并列</td><td colspan="2">连动</td><td colspan="2">主从</td></tr>
</table>

连动式中每个 VP 都有谓语性质，结构上互不从属，这是接近并列的一面；另一方面，几个 VP 中往往有一个或多个 VP 担任整个构式的某种题元角色(见例(3)的分析)，这又使它们在语义上可能有偏向主从的一面。因此，很多连动式都可以纳入主次结构关系(co-subordination)，从而形成向心关系的三分法等级序列：并列-主次-主从。

从历时演变的角度看，高增霞(2006)将连动式看作是“从话语组织到句法结构的中间环节”，“在句子体系中处于单、复句之间的过渡位置”。这些措辞对连动式的句法地位多少有所保留。从两个方面看，高著的看法有一定合理性。一、连动式是很多语法化过程的源头，例如很多介词结构、某些动补结构都有连动式的历史渊源。这使得连动式看起来有过渡阶段的表现。二、连动式不像主谓、动宾、主从、并列四种结构那样是人类语言句法关系的普遍范畴，而是只见于部分语言的特异性范畴，从跨语言角度看是更有标记的现象，人类语言有将有标记结构重新分析为无标记结构的无标化倾向，(刘丹青 2005)这也使得连动式容易发生重新分析，使连动式看似过渡形式。但是，将连动式看作某种过渡形式，终究还是过分受制于非连动型语言的视角。从连动型语言自身视角出发，连动式有很明确的句法规定性，有别于其他几种主要结构。具体地说，它因不用连词而区别于并列，因不用主从类虚词而区别于主从，因没有管辖关系而区别于主谓、动宾、助动词短语，因没有停顿而区别于复句。因此，连动式必须视为一种独立的构式库藏。

在历时层面，连动式已经存在至少两千多年而未曾衰落，反而蔚为大观。因此，句法分析时首先要将连动式视为一种具有句法语义规定性的稳定的句法现象。即使有一些源自连动式的结构经库藏裂变从连动式中分化出去,如动补式,也不影响连动式在汉语中的生命力。

二　作为显赫范畴的汉语连动式

2.0　即使同为特定语言中的入库范畴,其显赫程度也可以很不相同,由此影响到语言的类型特点。汉语连动式在先秦汉语中就存在,但那时连动式作为入库范畴还很不显赫。张敏、李予湘(2009)指出"其实上古汉语并非连动型语言",刘丹青(2013)也认为先秦汉语连动式不发达与当时并列式的显赫有关。换句话说,当时并列式的语义域被连动式占据的部分还很小。王力《汉语语法史》(1985)对先秦汉语连动式共举了37个例子,其中35个例子都是以直指位移动词"来/往"为 V_1 的。可见,当时的连动式主要限于直指位移动词与其他VP的组合,适用范畴极受限制,完全称不上显赫范畴。

经过两千多年的发展,汉语连动式作为一种句法范畴已经完全符合刘丹青(2012)所述的显赫范畴的几条重要属性。

1. 功能强大,得到更多机会表征:连动式是一种以语序为主要手段的常用语法结构,在一系列句法特征上区别于其他结构,可以归入语法化程度高的手段。汉语连动式小类繁多,(参考吕冀平1958的分类)功能强大。

2. 功能扩展。这是下文将重点分析的。

3. 占据语义上的原型位置。连动式以时间顺序象似性的语序表征了连动范畴,其核心语义就是按时间顺序排列的若干微事件构成的一个宏事件。连动范畴各种小类和扩展用法,都围绕着相继发生的微事件这一核心语义,这是连动范畴的原型义。连动式的前后VP间往往还存在"行为(方式)-行为(目的)"这一类语义关系,具体表现为以 VP_2 为主事件的"方式+行为"(开了窗户睡觉),或以 VP_1 为主事件的"行为+目的"(买份报纸看),或分不出主次的"行为(方式)+行为(目的)"(去公园散步)。① 这些语义关系主要是由相继事件这一核心语义与特定语境结合而产生,而相继行为跟方式-目的关系本有很大的交集,前者在语境中很容易衍生后者的解读。

4. 语法化程度。连动句以语序为根本手段,同时在一系列句法表现上区别于其他结构,具有了自身的句法规定性,达到了相当的构式语法化程度。此外,对于符合连动式核心语义的内容,例如"买张报纸看、爬到树上找鱼",只能用连动式,不能插入并列连词、停顿等变成并列结构或复句,具有了较强的类推性和一定的强制性。(比较"缘木而求鱼"之加"而"的先秦规则和"买张报纸咾看"之加"咾"的老上海话规则,参看刘丹青2012)这些都增强了连动式的语法化程度。

5. 心理上容易激活。这是可以由上述特点衍推出来的描述性特征而不是操作性特征。语法化程度高、功能强大的范畴肯定是该语言中容易激活的范畴。

下面,我们将重点展示第2点——连动式作为显赫范畴向其他相关范畴(并列、主从)的扩张,这是显赫范畴最根本的特征,也是库藏类型学最关注的形义之间复杂的互动。

2.1　连动式与并列关系

连动所占据的语义空间,在非连动语言中位于并列和主从的中介区域。连动式的原型义——先后相继的微事件组成的宏事件,在非连动语言中就是由并列结构表示的。

非连动型语言中并列关系可以包容相继事件,但并不以此为原型功能。原型的并列功能是平行对称,没有时间顺序象似性,在不考虑特殊语用需求的情况下,前后肢不管是NP还是VP都可以换位,如下列英语例子:

(22) John and Bill =Bill and John

(23) They were singing and dancing. = They were dancing and singing.

(24) He often swims and fishes in the summer. = He often fishes and swims in the summer.

当需要表达不分主次的相继事件时,非连动语言或连动不显赫的语言最自然的安排是按象似性排列的并列

① 吕冀平(1958)分类分析的主语相同的复杂谓语句的几个谓语之间的语义关系,最基本的就是"表示连续发生的几个动作"、"后一个谓语表示动作的目的,前一个谓语表示动作的方式"、"前一个谓语表示后一个谓语的方式"、"后一个谓语表示前一个谓语的目的"等。我们将此总结为这里的三种情况。

结构，如：

(25) He stepped to the sitting room and sat down in the sofa. 他走进客厅坐在沙发上。

(26) 公入而赋："大隧之中，其乐也融融。"姜出而赋："大隧之外，其乐也泄泄。"(《左传·隐公元年》)

(27) <沪> 众人听得之，全从多化城里步行出来咾跟伊。众人听了，都从许多城里步行出来[]跟着他。(上海话《新约全书·马太传福音书》第14章，1928年，上海美华圣经会)

(25)英语例中，用并列连词and连接走进客厅和坐在沙发上两个相继的微事件，此时两个VP不能换位。译成普通话只能用连动句，不宜加进任何连词。(26)是先秦汉语例，"入而赋"是先入后赋诗，"出而赋"是先出后赋诗，都有时间顺序，都用并列连词"而"连接，这个"而"在先秦汉语中一般不能省，而在现代汉语中此处无连词可加。(27)是并列结构比普通话更显赫的老上海话例，"步行出来"和"跟伊"(跟着他)是相继行为，无法颠倒次序，而中间以加并列后置连词"咾"为常，译成普通话无连词可加。

由此可见，连动式的核心(原型)功能，在非连动语言中属于并列结构的扩展功能。这是语法库藏中没有连动构式时的自然选择。下面是一些翻译作品所体现的双语对比：

(28) 我冲上前去将木盒搬了下来，(残雪《罪恶》)

I rushed up and took the box down，(Can Xue 2006，Karen Gernant 和陈泽平译本)

(29) (她板着脸，似乎对我很瞧不起的神气，)转过脸去与我儿子说话，(说起父母与儿女之间的微妙关系，并借机发挥了一通。)

Then she turned to my son and talked with him (of the subtle relationships between parents and children and took the opportunity to develop this idea for a while.)(出处同上)

(28)的"冲上前去"和"将木盒搬了下来"是宏事件中的两个相继的微事件，对此，汉语基本只能用连动句来表达，中间加不进连词或其他关联词语。而英译文则必须加and。这时，and连接的不是原型的并列肢，而是不能换位的相继动作，两个并列肢的语序是有时间象似性的。(29)情况近似。其他非连动语言也常如此，如俄语：

(30) Сядем　　да　　поговорим　　我们坐下来谈谈吧。

坐下(1复数)　并列连词　谈一谈(1复数)(张会森主编1979：528)

"坐下"和"谈一谈"是表示两个相继微事件的VP，中间要用并列连词да连接，不能直接组合。

2.2　连动式与主从结构。正因为连动作为语义范畴处在并行和主从之间的区域，所以，它与主从结构也有密切关系，甚至同一个连动式在不同情景下既可以译成并列，也可以译成主从。如前引(21)例。下面是文学翻译中连动式被译成主从结构的例子：

(31) 他们才不会在家里吵翻了天问父母要一点小钱来享用这种东西呢。(残雪《棉花糖》)

(If they were eating only air，) they wouldn't kick up such a row with their parents demanding a few pennies to enjoy this kind of thing. (Karen Gernant 和陈泽平译)

微事件"吵翻了天"在"总体论元结构"中有方式题元性质。英译文将其译为句中惟一谓语动词，而后续的要钱事件用现在分词短语表示，享用事件用带to的不定式VP表示，并以正在虚化为情态-连接成分趋势的动词"来"对译不定式标记to。(27)也可以改用其他译法，将要钱事件或享用事件译为谓语动词，其他译为从属VP。

不考虑"来"的作用，[①]本句的语义关系在连动式中有一定的典型性，也正好显示了试图根据语义关系将连动式一律划归偏正、述补等主从结构的不可行。吵架事件在该句的总体论元结构中有方式义，享用事件有目的义，中间的要钱事件既是前面吵架事件的目的，又是后面享用事件的方式。可见，连动式中的方式、目的关系，不必是指向主要动词的从属关系，而是互相修饰补充的几个微事件之间的关系。强行将其中任何一个动词分析为谓语，其他分析为状语或补语，都没有句法依据，是解读者的主观识解，结果因人而异。

① 假如"来"进一步虚化为连接性虚词，此句的享用事件就不能分析为连动的一部分了，但是前面两个微事件仍然构成了连动的VP，没有明显的主从之分。此外，"来"也可以视为"要钱"的趋向补语。

2.3 连动式向并列语义域的扩展

连动在句法上是一种独立的结构类型，区别于并列、主从结构；在语义上，它占据非连动语言的并列和主从邻接的区域，与这两种语义关系都部分交叉。作为显赫范畴，连动会拓宽自身的语义域，向并列和主从两头进一步延伸，以至于有人从语义关系出发将其分析为并列或主从结构。从库藏类型学的观点看，这是显赫范畴的正常扩展功能，不必分别定性为其扩张所到达的各自范畴。

连动式有一个小类是从肯定否定两方面叙述，如：

(32)（我陪她到家大门口，）她双手抓住我的手不放，……（搜狐网2014年01月17日）

(33) 陆云飞抓住权力不松手，……（新浪网2013年05月03日）

(34) 其他学生陆陆续续都走了，梁帅还一直坐在那儿没走。（网文）

各句的正反两个方面是语义上互为补充加强的关系，没有主从关系及严格的相继关系，两者基本上是同时存在的状态，更接近并列关系。例如(32)，从“抓住我的手”的瞬间开始，就处在“不放”的状态；在(34)中，梁帅“一直坐在那儿”的时间段里，也同时维持着“没走”的状态。但是，这些句子的肯定式和否定式之间不能像典型的并列结构一样换位，也不能加连词，否则很不自然并偏离原意，因此句法上只能属于连动式。如：

(32’) ?? 她双手抓住我的手并且不放。

(32”) ?? 梁帅还一直坐在那儿并且没走。

在观念上，这类连动式是从两个方面来叙述同一事件，事虽同时，但是认知过程却有先后，只能是先肯定后否定。假如不是先有“抓住我的手”，就难以理解“不放”的意思。所以，两个VP在知域里仍有先后顺序，于是句法上也用连动式来表达。不过知域的先后关系不影响其在事域中的同时性和同一性，比相继事件连动句更接近并列语义域，是连动向并列的进一步扩展，离主从也就更远了。

2.4 连动式向主从语义域的扩展

连动式的一个或多个VP可以成为所在总体论元结构的题元角色，经常见到的情况是几个VP间相互存在题元关系，如VP_1和VP_2互为方式和目的（上街买菜）。这是连动式很不同于并列关系的特质，并成为它向主从语义域扩展的基础。当连动的VP在语义上较明显地有主有次时，看起来就更接近主从关系，以致不少学者在句法上干脆分析为状中之类主从关系了。（邓思颖 2010：182）

最突出的情况是VP_1带持续体助词“着”并且有显著的方式义，VP_2表示事件的主要行为。其中有的是不及物动词/形容词“V着”做VP_1；有的是及物动词不带宾语构成“V着”做VP_1（主要见于受事前置时）；有的是及物动词动宾式带“着”做VP_1。不同的小类接近主从关系的程度有所不同。如：

(35) 他笑着说|直着/斜着画|倒着走|竖着挂|哭着喊妈妈|横着盖被子|站着说话（不腰疼）|他常常躺着思考问题|

(36) 牛肉可以炖着吃。|菊花可以用凉开水泡着喝吗？（“百度知道”问题）|风衣短裤搭配就要敞着穿（新浪网文标题）

(37) 开着窗户睡觉|踩着别人往上爬|别开着夜车赶路|弹着吉他唱流行歌曲

这类句子翻译成非连动语言时，常常要译成主从关系，将次要的VP译成副词、介词短语、分词短语（含阿尔泰语言学中的副动词，见下）等，甚至成为定语。如：①

(38) 用副词：倒着走 to walk backward | 竖着挂 to suspend/hang something vertically

(39) 用定语：斜着画 to draw slant/oblique string

(40) 用介词短语（或另加形容词及分词）：笑着说 to say with a smile |弹着吉他唱流行歌曲 to sing pop songs with the guitar | 开着窗户睡觉 to sleep with windows open

(41) 用分词：他笑着说 Said he smiling|他站着说话 Said he standing still

(42) 用连词引进的分词短语：他常常躺着思考问题 He usually thinks things over while lying on his back

---

① 唐正大、陈玉洁、白鸽诸位博士参与了下列例句的英译，特此感谢。不当之处由笔者负责。

从汉语句法的角度看(34—42)中的“着”除了体标记功能外似乎有一定的结构作用,其中很多例子是不能省去“着”的,否则会不合格或结构和意义关系都有改变,如“*笑说、*站说话、*躺思考、*泡喝”等。还有一些能够省略“着”,而且省去后只能分析为偏正结构,如“斜画、竖挂、横盖被子”等。但是,以上带“着”的短语句子,还是都只能分析为连动式。理由如下。

一、“着”本身是持续体标记,不是结构助词,不能充当状语标记。持续体属于未完成体(又叫不完全体),功能上有表示方式、手段等背景信息的倾向。带未完成体的 VP 在语义上常常可以视为有依存性。(参看方梅 2000)因此在几个 VP 连用时,在前的带“着”的动词或 VP 确实常常带有语义语用上的背景性甚至依存性。但这仅是连动式在语义上的扩展,没有改变其句法性质。方文在强调连动式中这些成分的背景性和依存性时,并没有否定其句法结构上的连动属性,没有将其分析为状语。这很合理。在结构上,表背景的“着”并没有从属于核心的标记功能。事实上,“着”完全可以在表方式的 VP_1 和表主要动作的 VP_2 上同时添加,如:

(43) 每当大家坐在一起,喝着茶谈着生意上的事,有一尊武圣像在旁,时常提醒着双方,不要只图利,还要重情分,讲究商业道德,有钱大家挣。(《保定晚报》2012 年 6 月 17 日)

在“(大家)喝着茶谈着生意上的事”一句中,“喝着茶”是有方式义的背景信息,“谈着生意上的事”是前景信息和主事件。“着”同时用在背景和前景中,表示的都是持续体。这有力地说明“着”只是体标记而非从属标记,不能因为带“着”而将 VP 看作状语。

二、带“着”连动式对状语标记是排斥的。汉语可以由 VP 做状语,其标记是通用的状语标记“地”,如:

(44) 拼命地干活|努力地练习|有计划地促销|变着法儿地整他

的确,这些带“地”的 VP 状语有的也可以省略“地”,变得貌似连动式,如“拼命工作”、“努力练习”,但这些结构带不带“地”,关系不变,不带“地”的地方都可以加上,是带“地”状语的标记省略,这种标记省略也见于其他状语,如“非常(地)有力”、“迅速(地)接近目标”。而真正的连动式即使 VP 语义上带有背景性、依存性,也不容许带上“地”如:

(45) *笑着地说|*倒着地走|*竖着地挂|*站着地说话(不腰疼)|*开着窗户地睡觉

(35—42)中带“着”连动句的 VP_1 都不能加“地”,说明汉语人心理上对连动式和 VP 状语是分得很清的,同样是在 VP_2 前的 VP_1,甚至同样是背景性信息,是状语,就可以带“地”,即使这个“地”有时可以省略;不是状语,而是连动式的 VP_1,就不能带“地”。

据此标准,北京话中还有一些看似连动式的动词连用形式是状中结构,因为它们的 VP_1 是可以带“地”的,如“板着脸(地)训斥他”“打着滚(地)叫”。

此外,前面分析过,有些“有 NPVP”看似“地”可带可不带,实际上带不带“地”造成句法和语义关系迥异,如前举(20)。这更进一步说明能否加“地”分别代表了状中结构和连动结构。

三、主要用于主句前景信息和谓语动词的完整体标记“了”,有时也用作连动式中的 VP_1,其中有些“了”不能省,如:

(46) 他像条猪似地吃*(了)睡,睡*(了)吃。|脱了鞋(*地)过河|歹徒拿了把刀(*地)砍人

这些带“了”的 VP 即使有背景功能,也不能带“地”,可见并不被母语人视为主从结构。其中有些“了”也不能省略,如“*吃睡”、“*睡吃”。那不能省的“了”是否有状语标记的作用呢?至今没见到有学者将此“了”分析为状语标记。我们认为,此处“了”的强制性,与其说是句法要求,不如说是语义要求。不是任何两个动词或 VP 都可以借助连动式而连用的,两者必须在语义上符合连动式的要求。“吃了睡、睡了吃”中的“了”表明了两个动作的时间相继性,从而符合连动式的语义特征。而“吃睡、睡吃”无法体现相继性,也就无法构成连动式。“了”的例子进一步显示体标记在连动式中主要表体,并不是状语标记。

四、所谓背景性/依存性在连动式中是一个语义程度问题,与纯粹表示相继发生的事件、不分主次的连动式之间并没有明晰的界限,语义定性有很大的主观性。如果凭此来分辨并列和主从,将出现句无定论的情况。简单如“买份报纸看”,就有方式性 VP_1 修饰主要动作 VP_2、目的性 VP_2 补充动作 VP_1、VP_1 和 VP_2 为两个动作并重等多种分析法,没有哪一说有绝对说服力。只有“地”这类句法形式测试标准,才能帮助确定 VP_1 是连动式的前

项还是主从结构的从属语部分。

2.5 小结：语义扩展和句法属性、库藏裂变

本节以上各小节展示了连动式作为显赫范畴在语义上向并列和主从两个相反方向进一步扩展的情况。连动式的小类还有许多，但它们的语义关系大致在并列和主从的语义区间。这些扩展，不影响连动式在句法上仍保持自身的独立性和区别性，与句法上的并列结构和主从结构都有明确界限。句法和语义的非直线式对应，正是库藏类型学的核心关切之一。

作为显赫范畴的连动式在汉语中不仅有语义扩展的功能，而且是语法化的主要源头，多种重要句法结构以连动式为源头或句法环境，这也是高增霞(2006)的主要内容。本文认定的连动式范围比 Aikhenvald(2006)一文及同书中其他一些文章的连动式范围更严，因为我们认为，有些结构通过句法测试可以认定已发生语法化，其在共时层面的句法表现已不同于连动式，这时就不再看做连动式，而类似的情况在上引书中仍然被看做连动式，称为不对称连动式(指其中有的 VP 是封闭性小类，有虚化现象)，这可能是因为很多语种被了解的深度有限，语料有限，不足以通过细密的语法测试来判断是否仍属于连动式。而汉语由于研究的深入，有条件以句法语义分析和测试来区分作为语法化源头的连动式和作为语法化结果的其他结构。在语法库藏中由一种语法手段独立成另一种手段的现象，我们称为语法库藏的裂变。动结式、动趋式等都是已经与连动式发生裂变的构式库藏。限于篇幅，本文不再细述。

三 周边语言连动式入库状况及显赫度

连动式是汉语的类型特点，也是周边地区很多亲邻语言的类型特点，但不是所有周边语言的特点。本节对此做一个初略的概览。

连动式的存在跟多种类型特征有一定的相关性。(参看张敏、李予湘 2009 及所引文献)从周边语言情况看，张敏等提到和引用的诸因素中，形态类型，及本文所强调的句法标记库藏，对连动式的入库(进入语法库藏)能力最为有关。形态稀少、句法标记库藏简单、分析性强的语言，一般存在连动式。形态和标记库藏丰富、综合性强的语言则较有可能没有连动句，至少没有典型的连动式。

壮侗语言位列世界上分析性最强的语言中。壮侗语普遍具有很典型的连动式，语法描写者往往列专题介绍连动式。

刘叔新(1998：109)列举连山壮语的语序时专门提到“动词述语 1—动词述语 2”的语序，其实就是连动句，如(编号重排，下同)：

(47) cçɛ^{5} tɐu^{3} lɔm^{1} lɔ^{1} | pɐi^{1} pɐk^{7} kiŋ^{3} ku^{3} cçɐm^{2} kɐi^{2} wɐn^{2}

借 来 看 啰 | 去 北京 玩 几 天

Enfield(2007：36)在介绍老挝语区别于欧洲语言之处时提到的首要特点就是连动式。该老挝语语法专著设了多章专谈连动式，甚至说“老挝语小句语法的每一个问题都要靠理解不带标记排列的动词或动词短语间的潜在关系的范围。该语言的强大能量之一部分就是能造出在表层结构中排上多达 6 个以上动词的长长的神奇结构”，(同上 339)反映了作者对老挝语连动式显赫度的深刻印象。例如连用许多个动词的(48)：

(48) caw^{4} lòòng^{2} qaw^{3} paj^{3} hˆet^{1} kin^{3} beng^{1} mèèe^{4} 你尽管拿(它们)试煮一下吃吧。

你 试-出 拿 去 做 吃 看 祈使语气

何彦诚《红丰仡佬语参考语法》(英文)(2012：154－158)设 6.4 节专门讨论连动句，涉及表达相继性行为的连动式和表达各种论元关系的连动句。如：

(49) (……)tshai^{31} tshɿ^{55} luŋ^{31} huai^{43} χa^{43} k^{h}i^{43}

然后 拿 来 切碎 炒 吃

(50) (……)tshɿ^{55} ʔa^{43} diaŋ^{13} luŋ^{31} q^{h}au^{55}

拿 把 刀 来 切碎

同样属于分析语的苗瑶语族也普遍存在连动式。例如红瑶所说的优诺语：(毛宗武、李云兵 2007：114)

(51) naŋ^{22}pui^{35}ȵaŋ^{33}kə^{33} t^{h}aŋ^{13}maŋ^{35}no^{22}.

他 睡 在 床上 看 书

在藏缅语族中彝语支是分析性最强的，下面是毕节彝语的连动句例：(丁椿寿 1993：384)

(52) t^{h}i^{21}ʈ^{h}o^{13}ve^{33}ȵ ʋ^{33}sɯ^{33}bei^{13}t^{h}ei^{33}　　他穿了衣服走出去

他 衣服穿 好 走 出 去

(53) ŋ ʋ^{21}ȵi^{21}za^{13}su^{33}na^{33} ŋgo^{33}　　我坐下写字

我 坐 下 字 写

丁著对(52)分析得很妙。他指出这类句子中的几个谓语是“互为说明的，后一个动作表示前一个动作的目的，前一个动作表示后一个动作的方式”。如上例中，写字是坐下的目的，坐下是写字的方式。这充分说明连动式表题元关系，不必以一主一从的关系来实现，“互为说明”最能体现它们的关系。赵敏、朱茂云(2011：135)描写墨江哈尼族卡多话时也设了连动短语的小节，分为并列关系和补充关系两类，其中并列关系中表示连续动作的小类是比较典型的连动。并列关系中表示同时发生的小类和表示补充关系小类都要在前面的 VP 后加话题标记，这就不是真正的连动。基诺语连动式似比卡多话发达，蒋光友(2010：233－236)举了大量例句，基本都符合典型的连动句，一个单句中可由 2—4 个动词出现。Matisoff(1991)分析了拉祜语连动式在语法化中的重要作用。

缅语支语言的形态介于分析性的彝语支和综合性较强的羌语支、藏语支之间。缅语支的景颇语存在连动式。戴庆厦(2012：346) 3.6 节专讲景颇语的连动式。戴著指出连动式“大多是由两个动词连用的，其次是三个动词连用的，也有少数是四个动词连用的”。戴著主要分析中间不插入成分(多指语法连接标记)的连动句，因为“对插入式的连动算不算连动式，看法不太一致”。这一处理是合理的。按类型学的定位和本文的标准，插入连接性成分的动词短语连用就不再是连动式。不过戴著承认很多连动式同时有并列、修饰、补充等关系，甚至并列关系的连动式也总有一个动词是主要的。这样，从实例来看，戴著收录的部分例句按本文标准是否属于连动还不容易确定。(51)是比较典型的连动式：

(54) ʃi^{33}ko^{31} sum^{33}pji wa^{31}ʃoʔ^{31} tum^{31}ʃā^{31} ʒoŋ^{31}to^{33}ŋa^{31} ai^{33}他回去吹响了笛子

他 话题标记 笛子 回 抽吹 使响 在 貌标记 句尾词

属于缅语支的梁河阿昌语也有连动式，(时建 2009：237)不过其所举例句中有少数是前面的动词后带有后置连词的，带连接成分的都不应归入连动句。

在形态比较丰富的羌语支，未见有连动式的明显迹象。LaPolla with Huang(2003)、黄成龙(2006)、刘光坤(1998)诸部羌语方言描写专著，都没有提及连动式。LaPolla with Huang(2003)有一次提及一种连动结构，是指羌语中“好看”这类形容词修饰动词的复合词，不是真正的连动式。语料中偶见意义上相当于连动句、有两个 VP 构成的小句，在蒲溪羌语中都在 VP_1 后加状语标记[ȵi]，如

(55) ŋa kue-ʐo ʂe-to ȵi ə^{r}-guadi-ua. la-laque a-gu ʂe-to ȵi tʂentɕi a-gu ə^{r}-guadi-i

我 你-给 (趋)摘(状)(趋)扔(进行)(最)先 一(量)摘(状)真的 一(量)(趋)扔(状态变化)

我摘了扔给你。开始摘了一个真梨扔下来。(黄成龙 2006：252)

上例两句中表示摘取的动词后都带了状语标记，只有表示扔的 VP 才是谓语核心。在麻窝羌语的例子中，有个别带来去义动词的句子出现了来去义动词和其他动词不带标记连用的情况，这与上古汉语连动式主要限于“来/往”动词象似，如：

(56) qa tianjin ɕi ma tsi kə mapts^{h}i　　我不去看电影不行(刘广坤 1998：195)

我 电影 (助) 不 看 去 不行

白马语被认为可归属藏语支，但其丰富发达的趋向范畴很像羌语支。白马语也没有关于连动式的明确描写，我们仅在白马语语料中看到个别带来去义动词的动词连用例：

(57) mdʑi^{53} m ɛ̃^{13}！ti ɛ̃^{35} ĩ^{53}ta^{13}ndʑi^{53}走，看电影去(孙宏开、齐卡佳、刘广坤 2007：132)

走(语气) 电影 看去！

其他藏语支语言没有看到连动式的明确描写。王志敬(1994)《拉萨藏语口语语法》列有“连谓结构”的专章，

但其中所谈的主要是相当于兼语式的致使结构，而且大多是要在两个 VP 间加标记的，不是真正的连动句。看起来稍微更像连动式一些的是 ȵam^{51} p^{h}e^{51}（拿去）、ȶ^{h}eː^{55}tuʔ^{132}（拿走）、p^{h}əp^{132}p^{h}e^{51}（下来）、sim^{13}jəŋ^{13}（抓来）等动词带“来/去”义动词的结构，但是这些组合从形式到内容都很像是动趋式，而不是典型的连动式。因此，藏语看来难以列为连动型语言。

从汉藏语系的情况可以看出，连动式的入库和显赫情况，与其分析性成正比，与综合性成反比，连动式并不是汉藏语系的普遍特征，尤其稀见于形态较丰富的羌、藏语支。

形态比羌、藏语支更丰富的阿尔泰语系，更是普遍没有连动式。从最东边的鄂伦春语（胡增益 2001）到西边的西部裕固语（陈宗振 2004），再到对阿尔泰语言的总体概论（力提甫主编 2002），都没有连动式的痕迹。对于连动的语义域，阿尔泰语言主要表现为副动词结构（相当于分词结构）＋定式动词的主从结构。如鄂伦春语：（胡增益 2001：177）

(58) minŋi ammɪw ulukijə wakʃa　　　əmərgitʃəə　　　我父亲打了松鼠回来了

我　父亲　松鼠杀（顺序式副动）回来（过去陈述式）

(59) taril əmərgikʃə　　　məənməənŋi dʒəəktəwəl dʒəbtʃəə 他们回来以后各吃各的饭

他们回来（顺序式副动）　自己　饭　吃（过去陈述式）

原书例句未加语法标注，引者查阅该书相关部分可知，(57)表回来的动词加了过去陈述式过去时附加成分 tʃəə，是谓语动词；表示杀的动词加了顺序式副动词后缀 kʃa。(58)同样是表回来的动词，表示在前的动作时，就要加顺序式副动词标记 kʃə，只有在后的表示吃的动词加了限定式的时式标记。可见，即使是相继进行的动作，在阿尔泰语言中也要分出主从关系，让前面的动词取副动词形式做状语。(59)由语义有主次关系的动词连用，自然也用副动词形式：（胡增益 2001：178。语法标注为引者据该书其他部分补加）

(60) bii tarɪ mʊrm-dʊ　ujdaawɪ　　　ŋəntʃəw　　　我为了骑那匹马才去的

我　那　马-与格骑（目的式副动-反身领属）　去（陈述式过去时-第 1 人称）

原作者的汉译文照顾到了原句的语法标注。假如换用更地道的汉语翻译，似可说成“我骑那匹马去了”，在相继行为中兼表了目的关系。

南亚语系是构形形态不发达的语言，可以推想有连动式。佤语就有“构成连动式的复杂谓语”，如：（颜其香、周植志 1995：449）

(61) kiʔ　hu ma vɔk ŋhoʔ　　　他们下地割稻子

他们去　地　割　稻子

(62) nɔh hɔik　　hoik　tin　sok maiʔ nuʔ　　　他们刚才来这里找你了

他　已经…了　来　这里找　你　刚才

李云兵（2005：168）的《布庚语研究》列举了 4 例“连谓短语”，是比较典型的表达相继行为的连动式，如：

(63) ʑau^{31}mbei^{31}bi^{44}　　　(64) tu^{31}ʑau^{31}da^{31}ʑɯ^{55}i^{44}

去　买　衣服　　　出去　看见　他

由以上情况可见，连动式算不上本区域的一个地域性特征，而更像是一种与形态类型相关的句法特征。连动式主要存在于形态稀少、语法标记偏少的语言中。在连动式存在而不显赫的语言中，最可能有的类型是“来/去”动词和其他动词连用的连动式。我们在东亚东南亚的语言调查研究中，未必都能找出连动式。从东亚地区连动式的显赫度与形态的高度负相关，上古汉语连动式很不发达的事实倒是有利于上古汉语形态较为丰富的假说。

从现有成果看，有些民族语言的描写对连动式的标准掌握不够一致。今后描写连动式首先要排除使用连接性标记的动词连用结构，其次要谨慎处理含虚化成分的动词连用结构，已经虚化的成分不必再看做连动式中连用的动词，也不宜将动结式、动补式等已经由连动式中裂变出来的结构看做连动式。

四　结　　语

连动式是一种存在于部分语言、独立于其他句法结构的结构（构式）库藏，是一种带有类型特异性的句法结构，不同于偏正、并列、主谓、动宾等更普遍的结构库藏。

连动式中的各个动词或动词短语在一个小句中按时间顺序象似性连用而不依靠形态、虚词或停顿来连接。汉语连动式在时体、论元共享都方面都符合连动式的类型共性。总体上，连动式要有统一的时态（语义上的），但是可以有不同的体。当几个 VP 有一致的体时，常常只用一个体标记覆盖所有 VP 的体。连动式不但共享主语，而且常常共享宾语。这些表现使连动式显著不同于被停顿隔开的分句所构成的复句。

连动式的原型语义是相继发生的行为作为一个个微事件合起来构成一个宏事件。连动式的语义域位于非连动语言的并列和主从邻接处。连动式拥有一个总体论元结构，不同的 VP 在充当微事件谓语的同时也常对整体论元结构具有一定的题元角色，不同的题元间常有语义上相互修饰的功能，例如方式-目的连动式。

汉语这种连动式显赫的语言，连动式会向并列和主从两个方向扩展，形成更接近并列或更接近主从的语义关系。这是显赫范畴扩展的正常现象，只要句法上没有发生可验证的裂变，它们仍然属于连动式而非改属并列或主从结构。有些来源于连动式的结构因其中有动词发生深度语法化而不再具有谓语属性，这时语法库藏会发生裂变，形成不同于连动式的结构库藏，例如汉语的动结式、动趋式、介词短语等。通过句法测试可以确定已裂变的结构，应当从连动式中剔除出去，而不像现在很多类型学著述那样仍然归入连动式中。

连动式在东亚、东南亚地区常见而并非普遍，它作为一种语法库藏的存在与否及显赫度，主要跟语言的形态和句法标记显赫程度有关。连动式主要存在于形态稀少、句法标记不丰富的语言中，包括壮侗语、苗瑶语、藏缅语中的彝语支及景颇语支、南亚语系，而羌语支和藏语支等形态丰富的藏缅语基本不存在连动式，或只有少量由“来/去”动词和其他成分连用的连动式。形态更丰富的阿尔泰语系不存在连动式。类似连动式的语义域在阿尔泰语言中主要以副动词结构加谓语动词来表达。

参考文献

陈宗振：《西部裕固语研究》，中国民族摄影艺术出版社，2004 年。

戴庆厦：《景颇语参考语法》，中国社会科学出版社，2012 年。

邓思颖：《形式汉语句法学》，上海教育出版社，2010 年。

丁椿寿：《彝语通论》，贵州民族出版社，1993 年。

方　梅：《从“V 着”看汉语不完全体的功能特征》，《语法研究和探索（9）》，商务印书馆，2000 年。

方　梅：《由背景化触发的两种句法结构——主语零形反指和描写性关系从句》，《中国语文》2008 年第 4 期。

高增霞：《现代汉语连动式的语法化视角》，中国档案出版社，2006 年。

何彦诚：《红丰仡佬语参考语法》，中国社会科学院语言研究所博士后出站报告，2012 年。

黄成龙：《蒲溪羌语研究》，民族出版社，2006 年。

黄正德、李艳惠、李亚非著，张和友译：《汉语句法学》，世界图书出版公司，2013 年。

胡增益：《鄂伦春语研究》，民族出版社，2001 年。

蒋光友：《基诺语参考语法》，中国社会科学出版社，2010 年。

力提甫·托乎提主编：《阿尔泰语言学导论》，山西教育出版社，2002 年。

刘光坤：《麻窝羌语研究》，四川民族出版社，1998 年。

李亚非：《形式句法、象似性理论与汉语研究》，《中国语文》2014 年第 6 期。

李云兵：《布庚语研究》，民族出版社，2005 年。

刘丹青：《重新分析的无标化解释》，《世界汉语教学》2005 年第 1 期。

刘丹青：《语言库藏类型学构想》，《当代语言学》2011 年第 4 期。

刘丹青：《汉语的若干显赫范畴：语法库藏类型学视角》，《世界汉语教学》2012 年第 2 期。

刘丹青：《古今汉语的句法类型演变：跨方言的库藏类型学视角》，载郑秋豫主编：《语言资讯和语言类型（第四届国际汉学会议论文集）》，台湾中研院，2013 年。

刘叔新：《连山壮语述要》，高等教育出版社，1998 年。

吕冀平：《复杂谓语》，新知识出版社，1958 年。

毛宗武、李云兵：《优诺语研究》，民族出版社，2007年。
时 建：《梁河阿昌语参考语法》，中国社会科学出版社，2009年。
孙宏开、齐卡佳、刘光坤：《白马语研究》，民族出版社，2007年。
王 力：《汉语语法史》，商务印书馆，1985年。
王志敬：《拉萨藏语口语语法》，中央民族大学出版社，1994年。
颜其香、周植志：《中国孟高棉语族语言与南亚语系》，中央民族大学出版社，1995年。
张会森主编(黑龙江大学俄语系编)：《现代俄语语法新编》(上下册)，商务印书馆，1979年。
张 敏、李予湘：《先秦两汉汉语趋向动词结构的类型学地位及其变迁》，“汉语‘趋向词’之历史与方言类型研讨会暨第六届海峡两岸汉语史研讨会”论文，台北，2009年。
赵 敏、朱茂云：《墨江哈尼族卡多话参考语法》，中国社会科学出版社，2011年。
Aikhenvald, Alexandra Y. & Dixon, R. M. W., (eds.). 2006. *Serial Verb Constructions: A Cross-Linguistic Typology*. Oxford: Oxford University Press.
Aikhenvald, Alexandra Y. 2006. Serial Verb Constructions in Typological Perspective. In Aikhenvald, Alexandra Y. & R. M. W. Dixon, (eds.) *Serial Verb Constructions: A Cross-Linguistic Typology*. Oxford: Oxford University Press. pp. 1 - 68.
Can Xue 残雪, Translated by Karen Gernant and Chen Zeping 陈泽平. 2006. *Blue Light in the Sky & Other Stories*. New York: New Directions Books.
Enfield, N. J. 2007. *A Grammar of Lao*. Berlin: Mouton de Gruyter.
Matthews, Stephen 2006. On Serial Verb Constructions in Cantonese. In Aikhenvald, Alexandra Y. & R. M. W. Dixon, (eds.) *Serial Verb Constructions: A Cross-Linguistic Typology*. Oxford: Oxford Univeristy Press, pp. 69 - 87.
Matisoff, J. 1991. Areal and universal dimensions of grammaticalization in Lahu. In: Traugott, E. C. and Heine, B., (eds.). 1991. *Approaches to Grammaticalization, vol. II*. Amsterdam: Benjamins. pp. 383 - 454.
LaPolla, Randy J., with Chenglong Huang. 2003. *A Grammar of Qiang with Annotated Texts and Glossary*. Berliny: Mouton de Gruyter.

[Abstract] In the framework of Linguistic Inventory Typology, this paper examines the syntactic status and mightiness of serial verb constructions (SVCs) in Chinese, and then makes a survey of SVCs in the neighboring languages. Following the temporal ordering iconicity, the VPs in an SVC present themselves serially without taking any overt markings such as morphological devices or function words. An SVC prototypically denotes a macro-event consisting of a number of successive micro-events, with its semantic domain settled in between what coordination and subordination may respectively convey. Further, as a mighty category the SVCs in Chinese make semantic expansions into the domains of coordination and subordination. This step naturally results in a bidirectional semantic affinity of SVCs either to coordination or to subordination. From a syntactic perspective, however, they remain SVCs in nature rather than becoming integrated into the coordinate or subordinate constructions, unless certain syntactically verified new constructions emerge and split from original SVCs, such as the well-established resultative and directional constructions in Chinese. SVCs exist in many but not all languages in East and Southeast Asia, mainly attested in languages with limited morphology, such as Kam-Tai languages, Hmong-Mien languages, languages of the Yi and Jingpho groups of the Tibeto-Burman branch (TB), and the Austroasiatic languages. In languages with rich morphology such as the Qiang and Tibetan groups of TB as well as the Altaic languages, SVCs rarely occur or are absent.

[Keywords] serial verb construction inventory typology expansion of mighty categories Chinese and neighboring languages

刘丹青，中国社会科学院语言研究所

(原载《民族语文》2015年第3期)

状态补语是汉语的显赫句法成分[*]

陆丙甫　应学凤　张国华

提　要　从类型学的角度看，状态补语的原型虽然是焦点化的方式表达，但其功能已经远超出方式状语的范围，具有强大的能产性和扩展能力。它的语法化程度极高；就其编码形式的凸显程度而言，可说是汉语句法成分中最容易识别的。因此，它不仅该看作现代汉语句法中一个独立的成分，而且该看作一个显赫范畴，不宜取消或合并到其他成分中。状态补语的性质特点，是汉语尾焦点凸显这一信息结构特点的又一个明显表现。本文也讨论了有关的汉语句法编码的基本特点以及语法编码的一些一般共性规律。

关键词　显赫范畴　状态补语　语言类型学

0. “语言库藏类型学”和“显赫范畴”

语言库藏类型学(Linguistic Inventory Typology)是刘丹青(2011)创设的一个语言类型学分支或一种研究视角，它首先研究哪些语义、语用范畴更容易语法化而进入语言的库存手段。例如，有关指称的以下几个范畴中，最容易语法化的是有定，最不容易语法化的是类指。因此许多语言有专门表示有定的定冠词，但极少有语言会有专门表示类指的类指冠词。

(1) 跨语言的入库能力等级：有定＞无定＞实指＞类指

根据上面这个等级，也可以推理出有不定冠词的语言必然有定冠词，但是反过来不一定。德国 Konstanz 大学共性档案库(The Universals Archive，Plank 2009)[①]第 1167 条就指出：

(2) 共性 1167 条：

如果一种语言有语法化的不定冠词，那么它很可能也有定冠词，反之则不必然。

其次，更重要的是，库藏类型学关注某个具体的库藏条目，即已经语法化的某个形式手段，能用于哪些语义、语用范畴。这也就是对形式和语义、语用范畴之间双向互动的强调。

“显赫范畴”(mighty category)是用以观察语法形式对语义、语用范畴反作用的核心概念之一。同样的语法范畴，在不同语言中的使用情况会很不相同。一个范畴如果在某语言中既凸显(特征明显)又强势(使用广泛)，就是该语言中的显赫范畴。各种语言中的显赫范畴是不同的，如比较级在英语里是显赫范畴，英语中下面这些比较级的用法就是汉语的比较级所不具备的(刘丹青，2011)：no longer（不再)、earlier/later than X（在 X 之前/之后)、higher wage！shorter working time！(提高工资！缩短工时！)。这些表达在汉语中都不是由比较级所表达的。

库藏类型学和显赫范畴的提出，为语言比较研究提供了一个新的视角。刘丹青(2012)指出汉语的显赫范畴有话题、量词、连动结构、主次复句(相对于并列复句和主从复句)等。

---

* 本文写作过程中，在跟金立鑫、王珏、徐采霞、李占炳、郭中、王芳等先生的讨论中受到很大启发。初稿曾在首届语言类型学国际学术研讨会(2013. 11. 30—12. 2，常熟理工学院)上宣读，与会者给予不少重要反馈。修改过程还得益于《中国语文》匿名审稿者的宝贵意见。本项研究受国家社科基金项目(12BYY090)资助。对以上帮助，在此一并致以衷心感谢。

① 参看 http：//typo. uni-konstanz. de/archive/ intro/。

本文在刘丹青列举的汉语显赫范畴之外，再补充一个，那就是汉语的状态补语。

1. “状态补语”是汉语中最具特色的一个句法范畴

汉语的“补语”这一句法术语，为汉语及某些周边语言的语法描写体系所特有。虽然一般外语学界或汉语生成语法学界也把传统英语语法的 complement 或较少用的 complementation 翻译为“补语”或“补足语”，但实际上所指大不相同(吕叔湘，1979：47 - 49；刘丹青，2005)。在生成语法中，则主要指宾语。而这两类成分都不是汉语语法中一般所说的补语。只有黎锦熙的“补足语”跟传统英语语法中的 complement 一致(刘丹青，2010)。

为了避免误会以及其他一些原因，不少学者主张在汉语语法中取消“补语”这一术语，将所谓“补语”，特别是“走得很快”中的补语所属的这一类，跟其他句法成分加以归并。较早的有 Chao(1968) 和 Li & Thompson (1981)，认为“走得很快”中的补语实际上是主要谓语。近年来有金立鑫(2009，2011)和邵菁、金立鑫(2011)，认为语义上描述主语和宾语的补语可分析为“次级谓词”(secondary predicate)，而修饰动作行为的补语该看作“后置状语”。而沈家煊(2010)则认为可以跟宾语合并为一个大“补语”(实际上就是把补语看作“大宾语”的一种，接近生成语法的 complement)。三种处理的本质都是取消通常意义的“补语”，但是归并的方向不同，大致上分三个方向：谓语、状语和宾语。

刘丹青(2005)的看法比较中立，认为先秦汉语中已经存在的所谓“补语”可以取消，而后来发展起来的补语就不一定了。刘文把现代汉语中的补语概括成 11 类：

1) 结果补语：打死、喝醉、拉长、说明白、打扫干净

2) 趋向补语：走来、躺下、开过去、提上去、爬起来、滚下去

3) 可能补语：走得远、跳不高、吃不下、说得清楚、洗不干净、装不了、填不满

4) 带“得”的副词性程度补语：好得很

5) 带“得”的谓词性情状-状态补语：唱得很动听、走得很慢、恨得要命、累得慌

6) 带“得”的谓词性结果补语：唱得哑了嗓子、累得倒在田里、漂亮得眩目

7) 带“得”的小句补语：说得大家都笑了、重得两个人也抬不动①

8) 不带“得”的副词性程度补语：好极了(忙透了、累坏了)

9) 动量补语：打了一记、说了五次、跑了两趟、输了三回

10) 时量补语：飘了三天、聊了半个钟头、住了半年

11) 介词结构补语：走在大路上、住在农村、关到监狱中、取自民间、来源于生活

刘文认为以上第 1—9 类补语，在先秦汉语中都不存在。他的结论是，“即使在现代汉语中存在暂时难以简单取消‘补语’的理由，这些理由对古代汉语(主要指先秦汉语)来说也并不成立。在古代汉语中使用‘补语’这个特设的概念，是有弊无利的做法。”刘文也指出，“现代汉语所说的‘补语’类型，绝大部分在先秦汉语中尚不存在，光这一点，就使得古代汉语设立补语的必要性大打折扣。”但是他并没有否认现代汉语中使用“补语”这一术语的必要性。上述观点刘丹青(2008：72 - 78)有更明确的表述。

本文主要讨论刘文所列举的第 5、6、7 三类补语。这三类补语的界限不是很明显(刘勋宁，2006)，可以合并成一大类，一般称为“状态补语”或“程度补语”。如徐枢(1985：155 - 166)的八类补语中，就把这三类合并为“状态补语”一大类。本文也采用这一比较流行的术语。

其实就其本身而言，称为“结果补语”更合适。跟前置的方式状语相比，后置的状态补语大部分带有明显的结

---

① 其实，“说得大家都笑了”和“重得两个人也抬不动”的结构不尽相同。前者的“大家”可分析为“说(得)”的宾语，全句可转换为“把大家说得都笑了”；即全句可看作类似致使结构的“动-宾-补”句型。而后者的“两个人”不能看作“重得”的宾语，不能转换成“把”字宾语；因此，全句应该看作小句作宾语的“动-小句补语”句型。这两种结构还能合并成“动-宾-小句补语”，如“说得大家眼泪都流出来了”。此外，下面的对比也表明了这一点：不可说“* 说得任何人都笑了”但可说“重得任何人都抬不动”，因为汉语的“任何 N”不能在现实句(相对非现实句，包括否定句)中做宾语。

果性质，或多或少可以解读为某种结果，如“唱得听众都跑了”、“唱得不错”等。这是很自然的，因为符合“先因后果”的时序象似性。像“唱得很慢”这样表示状态的反而是少数。传统上一般不把这类补语称为“结果补语”，主要原因恐怕是考虑到术语体系的问题，为了区别于黏合性“动结式”中的“结果补语”。在后者暂没有更好术语去命名的情况下，本文暂时把前者称为“状态补语”①。

各种“补语”中，状态补语也的确是最能反映现代汉语特点的补语，关于补语是不是一个独立成分的讨论，主要也是指状态补语。刘文所提其余9类中，第1—3小类都是“黏合结构”，即复合词的内部成分。第4、8小类如“好得很”、“好极了”等，能产性很小，可看作特殊的熟语性表达。第9小类即动量补语，如“打了一记、说了五次、跑了两趟、输了三回”和第10类时量补语，如“飘了三天、聊了半个钟头、住了半年”，在人类语言中普遍存在；从跨语言比较的对等性原则出发，完全没有必要独树一帜地把它们称为“补语”，尤其是不应该跟“状态补语”一起归入“补语”这一上位范畴(见3.1节)。第11类，即介词结构补语，可以重新分析为“[走在][大路上]”，并且后面的处所表达是体词性的，似可处理为“动宾”结构②。

状态补语不宜看作主要谓语，除学界已经提到的种种理由之外(如Huang，1988)，这里再补充一条理由：它是一个可以无限递归的成分：

(3) a. 骂得 他 哭得 眼泪 流得 手帕 都 湿得 ……

b. 计划经济下，错误决策往往比正确决策 多得 多得 多得 多 ……

陆丙甫(1983)曾指出只有从属语才能无限递归，如定语里带定语的无限递归“……老师的老师的老师的老师”，宾语中带宾语的无限递归“张三知道李四认为王五主张……”。既然状态补语可以无限递归，就不宜如Chao(1968)和Li & Thompson(1981)那样处理为主要谓语。可无限递归这一特点也是状态补语跟“好得很”中的补语根本的不同之处。

处理为谓语，不管是主要谓语还是次级谓语，还牵涉到“谓语部分”和“谓语核心”的纠缠问题(陆丙甫，2008)。若把谓语理解为谓语部分，则其中可包含状语和宾语，在逻辑上就不应该把谓语和状语、宾语等同看待；而等同看待正是“是谓语还是宾语、状语”这一讨论的基础。若把谓语理解为谓语核心(词)，则状态补语显然不是词，而是短语。

归并进“广义宾语”的好处是好歹也算是核心“V得”的一个必要成分，多少具有点广义“题元argument”③的性质。归并进“状语”的好处是其来源是后置化、焦点化的方式状语，并且分布上的确跟方式状语对立互补，两者不能同现。两种处理的利弊不相上下。不过，这个两难处境本身就启示我们：还不如将它看作一个独立的句法成分。

2. “状态补语”作为显赫范畴的基本特征

刘丹青(2012)曾提5条鉴别显赫范畴的特征，其中最重要的是以下第1、2两条。我们看看状态补语是否符合这些标准。

1) 语法化程度高，包含形式“凸显”这一点。状态补语必须带明显的引出标志“得”，必须出现在所属小句的句末，语法的形式特征相当明显，甚至比主语、宾语的形式特征都明确得多，实际上是汉语中特征最明显、最显赫、最容易识别的一个句法成分。关于主、宾语的定义和范围，汉语语法学界至今无法统一。主语跟话题和处所、时位(如定指的时间表达，如“这三天”等，相对不定指的“时量”，如“三天”等而言)有纠缠。宾语首先跟主要动词后的其他体词性成分之间划界不清，有些学者认为不定指的时量、动量(合起来是“事件量”，如“看了这本书三天/三

① 感谢《中国语文》匿名审稿者对这一术语问题提出的质疑。

② 这种分析也就是把虚化、轻声化的“在”看作一个已经语法化的applicative标志。Applicative根据词义可翻译成“施用”，但根据实际用法可以翻译为“变元”，即“改变题元结构”，通常是增加题元数。这里是把一个通常编码为状语的处所表达升级为题元“宾语”了。

③ argument一般译为“论元”，这似乎是个误译，因为argument跟argue(争论)看似同源。其实，译为“题元”更好，因为意义上，它表示组成“命题”的“元素”；语音上，也跟形式学派的对等术语thematic role中的thematic比较接近。

次”中的“三天、三次”)也是宾语,有些学者认为不是,也有折衷地处理为“准宾语”的[①]。相对而言,自成一个范畴的状态补语,其范围相当明确。

2) 能用来表达与其原型范畴相关而又不同的语义语用范畴,即“强势”。它们在其他很多语言中通常编码为其他语法范畴。

例如,它的表达功能可以相当于英语中系动词后面的谓语部分。

(4) a. 他　死得　年轻。

b. He died young.

(5) a. 他　退休得　早。

b. He retired young.

(6) a. 他长得/出落得又高又英俊。

b. He grew tall and handsome.

状态补语也可以表达其他一些语言中的被动句:

(7) a. 这些内容组织得很好。

b. These contents are organized very well.

或者可表达其他一些语言中的“中动句”:

(8) a. 这把刀　　切得 很快。

b. This knife cute fast.

特别值得注意的是,还可以表达其他很多语言中的“致使句+结果从句”这一复杂结构:

(9) a. 我 气得 他　两手发抖。

b. I　made him so angry that his two hands were shaking.

以上两条标准实际上就反映了显赫范畴的定义“既凸显(特征明显)又强势(使用广泛)”。此外,刘丹青的5条标准还包括以下3条:

3) 显赫范畴必须是在该形式所表达的语义中占据原型地位或核心地位的范畴。

4) 能产性(类推性)强。

5) 显赫范畴意味着它们在心理层面是易被激活的、可及性高的范畴。

以上3条,跟前面所谈两条定义性标准密切相关,都不难理解。例如第4条,跟第2条“强势”相通;第5条,实际上是显赫范畴的认知基础,本身可以作为显赫范畴其他特征的认知解释。

除以上这些特征之外,我们还可以补充另一个衡量显赫范畴的辅助标准,即对整个语法体系或者其他结构的影响程度(金立鑫,个人交流)。例如,汉语中很活跃和显赫的“把”字句,跟谓词性补语(不包含动量补语等)的使用有关,对汉语整个语法体系有重大影响。状态补语也是如此,如它的存在排除了句子中方式状语的出现。

最后,显赫范畴通常跟显赫构式相关,而显赫构式能赋予构式中某些成分通常不具备的功能。如讨论英语构式语法的经典例句:

(10) Pat sneezed the napkin off the table.

这个句子中的 sneeze,在英语词典中均标注为不及物动词,但在这个构式中,却具有了通常不具备的及物动词的功能。

汉语的例子有:

(11) 高(过) 他 三寸。

“高”为形容词,通常不能带宾语,但在这个构式中却带了一个宾语,并且这个宾语的存在取决于后面数量表达的存在。

---

① 以上的纠缠都发生在句法位置和语义范畴基本相同的情况下,即同样前置于或后置于主要动词,并且都是体词性成分。如果不限位置,那纠缠就更多了。如一个后置宾语如果移动到动词前,是否还是宾语?一般认为不带“把”等介词就成了话题,如果带“把”呢?早期的结构主义分析认为已经是状语;也有学者认为还是宾语,“把”是一种“宾格标志”而已;还有学者认为是“次话题”。

(12) 买/拿 他 一本书。

“买、拿”为二价动词，但是在这个构式中，增加了一个表示“所从来源”这一题元性很强的成分。这表明汉语表示“索取”意义的双宾语构式也是比较显赫的。

状态补语在这方面也有明显表现，如可以增加动词的价数：

(13) 这瓶酒 喝得 我 晕头转向。

“喝”原为二价动词，现在增加了一个表示结果状态的补语。若把状态补语看作题元（构式的必要成分），则“喝”从二价变成三价。

(14) 这瓶酒 醉得 我 晕头转向。

“醉”原为一价动词，但“醉得”可带一个宾语加一个补语，从一价变成了三价。

例(13)、(14)表明显赫成分状态补语跟显赫的“动得—补”构式密切相关。

3. 状态补语是汉语自然焦点后置这一特点的集中表现

不少学者认为汉语句法形式更偏重于对语用功能的编码，即汉语语法反映了更多语用功能的规律。程度补语也是如此；虽然其核心和来源是焦点化的方式表达，但是高度语法化的结果，使其功能大大超越了方式表达，以致主要谓语动词之外的许多陈述性表达都可以编码为状态补语而达到焦点化的效果。为了更好说明这一点，以下 3.1 节先介绍一下汉语中句法成分更具语用基础的一般情况，3.2 节再回到状态补语问题。

3.1 汉语主语和宾语的语用特征

类型学中一般认为原型主语是施事和话题的结合。但是汉语主语的特点是语用性比多数语言的主语更强。因此许多学者认为汉语的主语就是话题，如赵元任(1968)。

吕叔湘(1979)曾经举一个例子说明汉语主语的特点：主语是委员会（题元集合）中挑选出来的主席。主语是否施事并不重要，只要是题元就行。这个说法凸显了主语的话题性，与其说适用于主语，还不如说更适用于话题。

汉语主语的话题性超过一般语言的主语，表现之一是汉语主语很难容纳不定指成分，而多数语言对不定指成分充当主语则宽容得多。

汉语主语的话题性超过其他多数语言的主语这一点，还可以解释汉语中语义角度的“非典主语”（non-canonical subjects）特别多这一现象，如“这个萝卜切丝”“一锅饭吃五个人”[①]等。

不仅主语如此，如果说原型宾语是受事和（自然）焦点的结合（陆丙甫，2004），那么汉语宾语的焦点性强于多数语言的宾语；表现之一是“非典宾语”（non-canonical objects）特别多，如“吃馆子/大碗/父母/马屁”、“跑关系/博士点/项目/工程”、“写毛笔/红墨水/魏碑/大字”以及“考大学/100 分/数学/学生”等。这些非受事之所以能充当宾语，就是因为具有较强焦点性。这从下面的比较可以看出：

(15) 教 大学/中学/这个学校 // *学校

(16) 写 毛笔/钢笔/圆珠笔/铅笔 // *笔

“教学校”和“写笔”之所以不说，是因为信息量太小而不足以看作焦点，既然多数老师都在学校里教书，“教学校”中的“学校”就是冗余信息。同样，“写”的默认工具当然是“笔”，“笔”做宾语也没有多少信息量可言。同样的例子还有“吃食堂/饭店/*厨房”（“吃餐厅”中的“餐厅”如果指家庭餐厅、吃饭间，也不合格；若指营业性餐厅，则合格）、“教红楼梦/相对论/*教科书”、“洗热水/冷水// *水”、“喝小杯/*杯子/小碗/*碗”等等[②]。

上述基于信息量的分析，似乎有一个反例：大量存在的双音节动宾结构“读书、写字”，其中宾语都是信息量

---

① 这里的“一锅饭”表面上看来是不定指的，其实不然，其所指重在数量，从这个意义上看，可以说其所指是定指的数量。文献中有把这类“数量-名”结构称为“数量短语”的，如 Li(1998)。话题的一个特点是必须是定指的。对“一锅饭”的定指解释可以维持汉语主语具有高度话题性的结论。

② 但是，为何“用树枝写”就不能说“写树枝”呢？因为在我们的认知中，“树枝”跟各种“笔”不同，跟“写”无直接关系。因此，虽然非典宾语必须有提供新信息，是句子的自然焦点，但也不能新得过分。这符合交际的“适量原则”。

很小的类指成分，也能成立。这一反例可以根据它们都是“虚化”宾语而加以排除。“读书、写字”翻译成英语就是 read 和 write，其中的宾语不必出现。又如，“教书”中的“书”，比“教科书”信息量更小，但也已经虚化了，整个“教书”表示“从事教育”的意思。汉语这类虚化宾语，往往已经成为复合词一部分，至少是“离合词”中的宾语。宾语虚化的原因之一，就是因“太典型”而成为可默认、无需提及的内容。原因之二是往往出于节律的需要。看来，带有“非典宾语”的动宾结构是否成立，至少是信息量限制和宾语典型性两个因素互动的结果。

邢福义(1991)指出，可以说“听耳机”但不能说“听耳朵”，因为听总是用耳朵，没有提供新信息。邢文认为“写字”中的“字”是目标宾语，是“写”的结果，属于常规宾语。他的结论是，“如果不提供新信息，一个可以成立的动宾结构里的宾语肯定不是代体宾语”。这里所谓“代体宾语”也就是非常规宾语。提供了“新信息”，也就是具备了更多焦点性。

汉语存现句的特点也反映了汉语的主、宾语的语用性更强这一总倾向。存现句在很多语言中，主要特点是作为存现物的主语后置于处所状语，一般并不改变主语和状语的形态标志和句法身份，如日语例子：

(17)	教室-に-(は)	たくさん-の	学生-が	座ている
	教室-处所-话题	许多-领格	学生-主格	坐着
	‘教室里坐着许多学生。’			

其中处所和存现物分别用处所格(或加上话题标志)和主格，只是位置颠倒而已。俄语中这个句子的最对等的翻译是：

(18)	В	классе	сидят	мнотие	студенты.
	处所介词	教室. 处所格	坐着. 复数. 现在时	许多. 多数. 主格	学生. 多数. 主格

韩语中的对等翻译，情况完全跟日语一样：

(19)	韩语	교실에(는)	많은	학생들이	앉아있다
	拉丁拼写	gyosil-e-neun	manh-eun	haksaeng-deul-i	anj-a-issda.
		教室-处所助词-话题	许多-定语	学生-多数-主格	坐-持续态

但是在汉语中，一般把存现句中前面的处所成分分析为主语，可算是非典主语，同时把存现物分析为宾语，可算是非典宾语[1]。这是汉语中无论主语还是宾语其语用性都更强的一个集中表现[2]。

此外，汉语形容词后可以带“当事”宾语，如“白了头发、绿了江南、坏了良心、腐败了官场”。这些在其他很多语言中通常编码为主语的“当事”，之所以能在汉语中做宾语，就是因为它们跟存现句中表示出现和消失的主体一样，是经历了谓词所表达的变化，跟没有变化前的原状不同了。在存现句方面是位置的移动[3]，在形容词谓语中是性质的变化。由于“变化”包含了新信息这一自然焦点的特征，因此可说这类宾语跟存现句的宾语一样，都反映了汉语宾语具有超过一般语言中宾语的焦点性。

不仅主语、宾语如此，汉语其他一些句法成分也往往如此，如汉语中焦点性强的定语也通常居于句末而“谓语

---

① 当然也可以有不同的分析，如把处所和存现物分别看作话题和主语。金立鑫、王红卫(2014)把存现句中的存现物，不管出现在动词前还是动词后，都统一看作“通语”，这跟其他语言中不管位置前后都看作“主语”的处理方法就比较接近了。

② 存现句的跨语言编码表现显示：1) 语序主要编码语用功能，反映更多语言共性；2) 形态主要表现语义关系；3) 汉语句法成分编码了更多语用因素。英语存现句的情况介于汉语和上述语言之间，“教室里坐着许多学生”的对等表达是“There are many students sitting in the classroom”。其中处所表达 in the classroom 虽然后置，但可以看作其先行语的 there 仍然是前置的。此外，虽然根据主谓一致关系，many students 是主语，但是根据其他一些句法表现，如一般疑问句中主谓颠倒的生成方式(Are there many students sitting in the classroom?)等，there 有很大的主语性(Comrie 1989：105、106)。口语形式“There's many students sit in the classroom”(Quirk 等，1985：1250、1407)中，则连跟动词 to be 一致的成分也是 there 了。

③ 表示“存在”的“存现物”，并没有发生状态变化，似乎没有理由出现在后置位置。原因可能是：既然“出现-存在-消失”构成一个语义连续统，那么，根据“语义地图”理论(功能表达连续性跟形式表达连续性的一致性原理)，它们也应该采取相同的形式编码。王芳先生提供了另一个动因：存在是一种广义领有，“领有者-领有对象”的语序也更具有象似性。有趣的是，英语的存现句没有表示“消失”的这一类。其原因，可能是消失物是原先已经存在的，而原先存在的东西比较有定，因此较难成为新信息焦点。这一点可以从“来了客人/*走了客人”和“下雨了/*停雨了”的对比中看出来。但沈家煊(1999：198－217)指出，汉语中表消失的存现句相对于表出现的存现句还是占优势的。原因可能是因为汉语把“消失”看作一种“受影响”(affectedness)，而“受影响”是编码为受事或宾语的一个重要因素。也就是说，汉语的宾语在编进更多无定性和新信息的语用因素的同时，还编进了更多包括“受影响”在内的“移情”这一语用因素。

化”(陆丙甫,2004)。再如汉语的时间表达中,“时位”①表达一般前置于动词而编码为状语,可“时量”表达则后置于动词,这就引起了后置时量表达是宾语还是补语的无穷争论。其实,时位和时量的本质差别是定指和不定指的区分。不定指的时量表达必须后置于动词,这跟汉语非特指的不定指名词必须后置于动词是一样的,都受到语用上可别度领先动因的影响。这两类成分在许多语言中通常都编码为状语。但是汉语因为它们的语序编码不同,导致分布上的明显区分,仍然处理为同一类成分范畴就显得太勉强。有趣的是,时量表达在编码形式上跟宾语接近的语言还不在少数。

Haspelmath(1997)调查了 49 种研究得比较充分的语言,其中时量表达使用宾格标记的语言有 11 种,其中包括一些大语种,如俄语、德语、阿拉伯语等等。下面是一个德语的例子。

(20) Seine Krankheit dauerte einen Monat.

他的 病 持续了 一个.宾格 月.宾格

“他的病持续了一个月。”

如果不仅看宾语,还把受事的各种形式编码都考虑进去,包括作格结构中的“通格”,那么,时量表达采取跟受事同样的形式编码的语言,在 Hespelimth 的 49 种语言样本中,竟有 24 种。因此,宾格是时量表达最主要的形式标记。使用第二多的是“受益格”(如英语中的 for)标记,有 6 种语言(Haspelmath,1997: 161、162)。

这样看来,时量在编码形式上表现出某种“宾语性”的情况,在其他语言中的这种“宾语性”主要表现在形态上,而汉语中则表现为语序上。由于语序是各种编码形式中最容易被感知因而也是最凸显的(Culicover & Jackendoff,2005: 52),汉语中时量成分的“宾语性”似乎更突出,也就更容易导致是状语还是宾语这一两难处境。

以上分析表明,如果句法成分是兼顾语义、语用表达功能的编码形式,那么汉语的主语和宾语都比一般语言体现了更多的语用性。“话题-自然焦点”这一基本语序符合语用的信息流方向原理。因此,汉语更凸显语用功能。下面让我们看看状态补语的语用焦点性。

3.2 汉语状态补语的焦点性

刘丹青(1995)认为“状语和补语在句法方面性质一致。状语和补语的根本对立是语用对立。状语是谓核的附属信息,而补语通常是句子的焦点所在”。其实,在状语既可以前置又可以后置的语言中,后置状语也普遍带有更大的焦点性。这一点在英语中就很明显(Lu & Wu,2009)。英语中方式状语虽然可以前置也可以后置,但是只有后置的才能回答问题而成为自然焦点、新信息。

(21) a. How did he answer the question?

b. He answered the question foolishly.

c. * He foolishly answered the question.

离开语境孤立地看,b、c 两个句子都成立。但是作为问句 a 的回答,只能用状语后置的 b 句,因为只有后置状语才代表回答的新信息。换言之,前置方式状语不能单独回答问题,不能单独构成焦点新信息。当然,He foolishly answered the question 可以回答 What did he do 这样的问题,但此时的新信息是整个谓语部分。

此外,离开语境独自成立的 b、c 两个句子,解读也不同,前者的第一解读有结果性,即“回答的结果错误”,后者的第一解读则是“根本不应该回答”的意思。

英语许多句式中的后置状语还有一个特点,即往往能用形容词形式的副词性词语(在副词性词缀-ly 产生以前,这一类词在历史上兼有形容词和副词词性)。如:

(22) a. *He drives slow(ly).*

b. *He slow *(ly) drives.*

c. *He drives his car slow?(ly)*

d. *He drives his car slow *(ly) into the garage.*

① 一般分别称为“时点”和“时段”。这首先跟“点”“段”的区别是大小的区别这一语感不符,并且也跟“黄金时段”是定指的这一事实不符。

(22a)可解读为“系动词＋补语/谓语”结构(如 He grew tall),因此 slowly 可省略副词标志而采用形容词形式。这符合后置形容词多少具有一些谓语性质(陆丙甫、应学凤,2013)这一特点。(22c)是边缘性句子,其可接受性可以解释为句末的 slow 多少具有一些补足语性质,整个结构类似于致使结构 VOC 里的 C。(22d)则表明上面这个分析因为后面多了一个成分而超出了 VOC 构式的范围,因此不再成立。整个(22)显示,后置状语有较大可能感知、释解为谓语,有谓语通常具备的较强的焦点性。

汉语的状态补语跟前置方式状语相比,也有这个特点,如下面(23)(24)所示。

(23) a. 他 回答得 怎么样?

b. *他 愚蠢地 回答 了。

c. 他 回答得 很愚蠢。

(24) a. 他 怎么样/怎么 回答的?

b. *他 愚蠢地 回答了。

c. 他 回答“不想去”。

如果状语“愚蠢地”不作为自然焦点回答问题,“他愚蠢地回答了”是合格的,但是其中“愚蠢地”不能回答问题,所以不是自然焦点。(23)则显示汉语中,如果用前置的“怎么样”去提问,回答所指必须不是方式,而是具体的内容(并且也同样在句末)。注意,这里即使用疑问副词“怎么”去提问,回答仍然不能是前置的状语。方式比起内容,具有更多新信息的性质,因为内容是题元,是动词次范畴分类的标准,虽然具体内容无法预测,但这个成分的出现具有更大可预测性。所回答的内容和方式,虽然都后置,但是“怎么样”提问内容时必须前置,而提问方式时必须后置。这也间接地反映了方式比内容有更多新信息的性质。此外,这跟方式表达通常是谓词而内容表达往往有体词性也有关,因为体词比谓词可别度高,有更大前置倾向。

不过,虽然英语中的方式状语前置时和后置时也有这样的语用差别,但是汉语的方式状语和状态补语的编码形式有明确区分,后者必须在动词后带个词缀“得”。这是其高度语法化的标志之一。在其他形式方面,状态补语也跟英语的后置方式状语大不相同。英语后置状语,形式上除了重度的限制比前置状语小,其他方面并无明确区分。

实际上,大部分状态补语,不能搬到前面做状语,刘丹青的第 6、7 小类补语都不能前置。而其中第 5 小类所举“唱得很动听、走得很慢、恨得要命、累得慌”中,只有“动听、很慢”可以前置而说成“很动听地唱、很慢地走”。

状态补语可以包容的内容远超过方式表达这一点,还可以从下面例子中看出①:

(25) a. 衣服穿旧了。

b. * 衣服穿新了。

c. 衣服居然让他给穿得越来越新了。

总之,状态补语的原型虽然来自焦点化的方式状语,但因为高度焦点化,内容和形式都远远超出了方式状语的范围。

据郭中(2013)调查,我国境内有至少还有 14 种民族语言(阿眉斯语、布嫩语、排湾语、毛难语、拉珈语、京语、畲语、苗语、傣语、佤语、勉语、布努语、黎语、壮语)有类似汉语补语标志“得”那样的补语标志以及类似汉语状态补语这样的成分。这些语言都是状语主要前置的 VO 语言。如果这些语言中对应于“得”的语素不是受汉语影响而发生的,那么,就可进一步显示:状态补语的发展,某种程度上是对状语只能前置这一限制的弥补。

4. 余　　言

以上我们主要讨论了状态补语作为汉语中一个显赫范畴的一些理由。当然,这不是唯一的处理方法。如果取消补语,那么这些作为显赫范畴的特点还是存在,就要把所归并的成分看作显赫成分。例如,我们也可以把谓

① 感谢徐采霞先生提供这个例子。

词短语充当的状态补语结构，如“他长得很高”“他气得说不出话来”中的“X得”看作系动词，后面的谓词短语看作系动词的宾语(陆丙甫、谢天蔚，2002)，并且把后面跟一个宾语和一个谓词短语的补语结构看作致使结构，如“他气得张三说不出话来”可以对照“他使(得)张三说不出话来”，把“气得”看作致使动词。这样的话，汉语中几乎任何动词都可以派生出一个系动词和一个致使动词，那么，就可以说汉语的系动词结构和致使结构是显赫范畴了。同样，如果把状态补语看作“次级谓语”，那么，汉语的次级谓语就是个显赫范畴。名称可以改变，但作为显赫范畴的特点不会因此消失。重要的是我们需要注意如何把“名词术语之争”提升为“实质性问题的讨论”，这就需要透过名词术语看到问题的功能本质。

陆丙甫(2004)曾说过：如果我们承认“客人”在“来了客人“中是宾语而在“客人来了”中是主语，那就没有理由把形式上区分更明显的前置和后置的方式表达看作同一类成分。前述状态补语作为显赫范畴的一系列特征，进一步支持了保留状态补语的必要性。

最后回到汉语语法术语体系中的“补语”这一术语上来。英语传统语法中的 complement 主要指致使结构 VOC 中的 C 和系动词后的 complement。这两个成分正好是状态补语引申、扩展所及范围。因此，我们更有理由说，汉语的“状态补语”不仅是个独立的成分，而且是个显赫成分，显赫的标志之一就是覆盖了英语的补语并且超越了其范围，具有极大的类推力和能产性；而这一切跟其明确的语法化标志是不可分割的。这一分析也表明汉语的状态补语不完全是个汉语及中国境内某些民族语言所特有的句法范畴，它还具有一定的跨语言性质。这一视角提升了状态补语的跨语言可比性。

参考文献

郭　中　2013　《OV/VO语序与状语的位置关系》，《民族语文》第1期。

金立鑫　2009　《解决汉语补语问题的一个可行性方案》，《中国语文》第5期。

金立鑫　2011　《从普通语言学和语言类型角度看汉语补语问题》，《世界汉语教学》第4期。

金立鑫　王红卫　2014　《动词分类和施格、通格及施语、通语》，《外语教学与研究》第1期。

刘丹青　1995　《语义优先还是语用优先：汉语语法学体系建设断想》，《语文研究》第2期。

刘丹青　2005　《从所谓“补语”谈古代汉语语法学体系的参照系》，《汉语史学报》第五辑，上海教育出版社。

刘丹青　2008　《语法研究调查手册》，上海教育出版社。

刘丹青　2010　《重温几个黎氏语法学术语》，《北京师范大学学报(社会科学版)》第5期。

刘丹青　2011　《语言库藏类型学构想》，《当代语言学》第4期。

刘丹青　2012　《汉语的若干显赫范畴：语言库藏类型学视角》，《世界汉语教学》第3期。

刘勋宁　2006　《“得”的性质及其后所带成分》，《中国語の补語》(日本)139-208，东京：白帝社。

陆丙甫　1983　《无限递归的条件和有限切分》，《汉语学习》第3期。

陆丙甫　2004　《汉语语序的总体特点及其功能解释：从话题突出到焦点突出》，《庆祝〈中国语文〉创刊50周年学术论文集》，商务印书馆。

陆丙甫　2008　《直系成分分析法：论结构分析中确保成分完整性的问题》，《中国语文》第2期。

陆丙甫　谢天蔚　2002　《英汉语法比较的范围的扩大》，*Journal of the Chinese language Teachers Association*，1：111-130。

陆丙甫　应学凤　2013　《节律和形态里的前后不对称》，《中国语文》第5期。

吕叔湘　1979　《汉语语法分析问题》，商务印书馆。

邵　菁　金立鑫　2011　《补语和 complement》，《外语教学与研究》第1期。

沈家煊　1999　《不对称和标记论》，江西教育出版社。

沈家煊　2010　《如何解决补语问题》，《世界汉语教学》第4期。

邢福义　1991　《汉语里宾语代入现象之研究》，《世界汉语教学》第2期。

徐　枢　1985　《宾语和补语》，黑龙江人民出版社。

Chao, Yuen Ren　1968/1970　*A Grammar of Spoken Chinese*, Berkeley and Los Angeles: University of California Press.

Comrie, Bernard　1989　*Language Universals and Linguistic Typology* (2nd. ed.). Chicago: The University of Chicago Press.

Culicover, Peter W. and Ray Jackendoff 2005 *Simpler Syntax*, Oxford: Oxford University Press.

Haspelmath, Martin 1997 *From Space to Time: Temporal Adverbials in the World's Languages*. München, Newcastle: Lincom Europa.

Huang, C.-T. James 1988 'Wo pao de kuai' and Chinese phrase structure, *Language* 64: 274 - 311.

Li, Charles N. and Sandra A. Thompson 1981 *Mandarin Chinese: A functional reference grammar*, Berkeley and Los Angeles, California: University of California Press.

Li, Yen-Hui Audrey 1998 Argument determiner and number phrases, *Linguistic Inquiry* 29: 693 - 702.

Lu, Bingfu and Xiaozhou Wu 2009 The placement of Chinese adverbial revisited: what differentiates Chinese word order from other SVO languages. In Xing, Janet (ed.) *Studies of Chinese Linguistics: Functional Approaches*, Hong Kong: Hong Kong University Press, 23 - 44.

Quirk, Randolph, Sidney Greenbaum, Geoffrey Leech and Jan Svartvik 1985 *A Comprehensive Grammar of the English Language*. London/Harlow: Longman.

陆丙甫，南昌大学语言类型学研究所 lubingfu@yahoo.com；

应学凤，浙江外国语学院中国语言文化学院 yingxf@163.com；

张国华，中南财经政法大学外国语学院 hunterghccnu@126.com

（原载《中国语文》2015年第3期）

汉语词类的特点到底是什么?

陆俭明

提 要 文章扼要评述了汉语学界高名凯、吕叔湘、朱德熙、沈家煊等四位学者有代表性的关于汉语词类特点的观点,在此基础上以汉语事实分析说明了汉语词类的真正特点,明确指出:汉语词类与句法成分一对多对应,动词、形容词能做主宾语,这都不是汉语词类的特点,而只是一种表面现象;汉语词类的特点不表现在动词、形容词能做主宾语这一点上,而是表现在:(一)大量的零派生;(二)由于可以大量省略,造成动词、形容词可以在主宾语位置上落单。

关键词 汉语词类 零派生 省略

一

现在对汉语词类问题的认识,应该说比早期大大深化了——(一)词类的分别是客观存在的,词类问题是汉语语法研究中不可回避的问题;(二)词类是指概括词的语法分类;(三)词类系统是个层级系统;(四)划分词类或者说词的归类,有一定的相对性,这包括划类标准的确定、类的多少;(五)类与类之间具有既相区别又有联系的"连续统"性质。以上五点已成为学界的共识。但是,对于汉语词类的特点,至今未取得一致的看法,大家还需进一步探索,彼此需要更好的交流,不同的观点需要碰撞。

在汉语学界,明确谈到汉语词类特点的学者有高名凯、吕叔湘、朱德熙、沈家煊四位。他们四位对汉语词类的认识,有一点是共同的,那就是都认为汉语不具有如屈折语那样的可以借以划分汉语词类的词的形态标志和形态变化。其中,吕叔湘先生只是指出"汉语没有严格意义的形态变化",所以主张按词的句法功能等给词分类,对汉语词类特点没有再说更多的话。高名凯先生主要强调"汉语的词并没有词类的分别"(一般将之简称为"汉语无词类论"),给大家留下了深深的印象。在汉语词类特点的论述方面,谈得比较多的并给大家留下深刻印象的是朱德熙先生和沈家煊先生。下面我们仅对高名凯、沈家煊、朱德熙三位的词类特点观进行简要的评介。

二

高名凯先生是我国杰出的才华横溢、富于雄辩的语言学家,他对我国语言学的发展,特别是对我国语法学和理论语言学的发展,做出了重要的贡献,是我国理论语言学的奠基者之一。在高先生的学术生涯中,留给学界印象最深的莫过于他关于汉语词类问题的观点——"汉语的词并没有词类的分别"。学界简称为"高名凯先生的汉语无词类论"。高先生的这一汉语词类观是怎么产生的?

大家都知道,20世纪50年代汉语学界开展了一场汉语词类问题的大讨论。这场争论其实首先是由外国学者引发的。早期法国语言学家马伯乐、瑞典汉学家高本汉等学者认为,汉语无语法范畴和词类,因为没有形态。苏联汉学家康拉德认为,说汉语没有形态那是一种"错误的观念";汉语有丰富的形态,因此汉语有语法范畴,有词类。高名凯先生于1953年在《中国语文》10月号上发表《关于汉语的词类分别》一文,具体驳斥康拉德的观点,认为康拉德所说之汉语形态并非真正的形态,就一个个词来说,"汉语的词并没有词类的分别"。高先生在那篇文章里论证他观点所用的三段论是:

词类分别根据的是词的形态；

汉语实词没有足以分词类的形态；

所以汉语实词没有词类的分别。

高先生的文章引起了汉语学界对汉语词类问题的热烈讨论。高先生对康拉德的文章持否定意见，并不是因为自己是马伯乐的学生，得支持、维护自己老师的观点，而是出于自己的汉语词类观。当时，完全支持高先生的观点的居极少数，多数持反对或保留意见。但高先生在这场讨论中，可以说是舌战群儒，先后撰写发表了七篇文章，充分论述自己的观点，批驳“汉语有形态”“汉语实词能分类”的观点，同时高先生也很注意吸取他人的合理意见。

我先前曾认为，高先生是在用印欧语的眼光来观察汉语，因而高先生得出了“汉语实词没有词类分别”的结论。现在回过头来冷静思考，应该说，高先生的上述观点是符合汉语的语言实际的。高先生在 20 世纪 50 年代呼吁：研究汉语语法，就不应仿效西洋的语法；研究汉语语法，必须依照汉语的特点，走上独立的创造的道路。（参见高名凯《关于汉语的词类分别》，《中国语文》1953 年 10 月号）高先生的呼吁是正确的。

高先生也没有认死汉语实词不需要和不能分类，他只是强调汉语没有印欧语那样的语法范畴和词类分别。要说高先生的整个论述有遗憾之处，我认为那就是三段论中的最后那句结论性的表述，应该明确修改为：“所以汉语实词没有印欧语那样的词类分别。”

属于屈折语的语言，可以依据词的形态来划分词类；汉语属于孤立语，确实不存在可以依据词的形态划分得到的词类。可是，按照“没有分类就没有科学”这一最基本的道理，要研究汉语语法，不能不对汉语的词分类。那么在研究汉语语法时该怎么给汉语的词分类？这是不能回避的问题。当初高先生如果能向人们进一步说明划分汉语词类的出路，可能就不会引起众多学者对高先生观点的误解。不过我们今天不能这样来要求高先生。高先生没能进一步向人们指明划分汉语词类的出路，那是受当时整个语言学学科水平的限制所致。我们可喜地看到，半个多世纪后的今天，人们对汉语词类问题的认识，远比上个世纪 50 年代要深刻得多。

三

沈家煊先生自 2007 年以来连续发表了九篇文章，陈述他关于汉语词类的观点。[①] 沈先生最核心的观点是：英语的名词、动词、形容词彼此是分立关系；而汉语的名词、动词、形容词彼此是层层包含关系——汉语的形容词也是动词，汉语的动词也是名词；换句话说，形容词是动词的一个次类，动词是名词的一个次类。印欧语和汉语里名词、动词、形容词的关系图示如下（引自沈家煊（2009））：

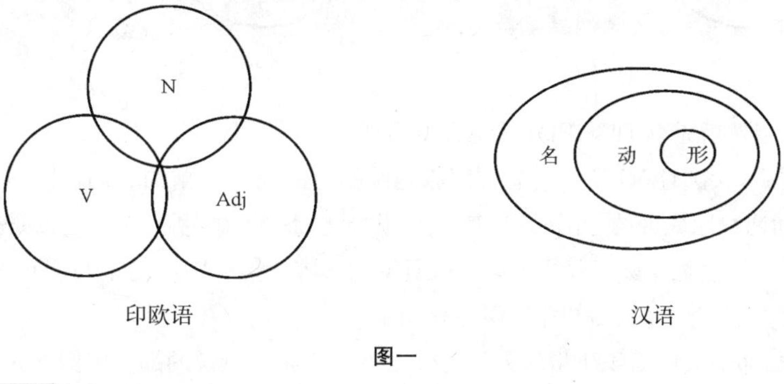

印欧语　　汉语

图一

① 沈家煊先生论述汉语词类问题的九篇文章如下：1.《汉语里的名词和动词》，《汉藏语学报》2007 年第 1 期，北京：商务印书馆；2.《我看汉语的词类》，“国际中国语言学学会第 16 届年会”（北京）论文，《语言科学》2009 年第 1 期；3.《我只是接着向前跨了半步——再谈汉语里的名词和动词》，《语言学论丛》第四十辑，北京：商务印书馆，2009 年；4.《英汉否定词的分合和名动分合》，《中国语文》2010 年第 5 期；5.《朱德熙先生最重要的学术遗产》，在 2010 年北大举行的“走向当代前沿科学的现代汉语语法研究国际学术研讨会——纪念朱德熙先生诞辰 90 周年和庆祝陆俭明教授从教 50 周年”会议上发表，后收录在沈阳主编《走向当代前沿科学的现代汉语语法研究》，北京：商务印书馆，2013 年；6.《朱德熙先生最重要的学术遗产》，《语言教学与研究》2011 年第 4 期；7.《语法六讲》第一讲：《汉语语法研究摆脱印欧语的眼光》，北京：商务印书馆，2011 年；后该文又在日本《中国语文法研究》2012 年卷（朋友书店）发表；8.《名动词的反思：问题和对策》，《世界汉语教学》2012 年第 1 期；9.《词类的实验研究呼唤语法理论的更新》（与乐耀合写），《当代语言学》2013 年第 2 期。

沈先生这个观点怎么来的呢？他举了这样三个例子：

(1) 他开飞机。　　(2) 他开飞机。　　(3) 开飞机很容易。

* He fly a plane.　　* He flies plane.　　* Fly a plane is easy.

He flies a plane.　　He flies a plane.　　Flying a plane is easy.

据此，沈先生获得如下的前提：

A. 汉语的动词(如“他开飞机”里的“开”)入句做陈述语(谓语)的时候不像印欧语那样有一个“陈述化”的过程(如英语中 fly 要变为 flies)。从这个意义上讲，汉语的动词就是陈述语。

B. 汉语的名词(如“他开飞机”里的“飞机”)入句充当指称语(主宾语)的时候不像印欧语那样有一个“指称化”的过程(譬如英语中的 plane 要变为 a plane，the plane(s)，或 planes)。从这个意义上讲，汉语的名词就是指称语。

C. 汉语的动词(如“开飞机很容易”里的“开”)当作名词用(做主宾语)的时候不像印欧语那样有一个“名词化”或“名物化”的过程(如英语 fly 要变为 flying 或者 to fly)。

沈先生根据上面所说的前提得出了如下结论：

“汉语的动词(陈述语)也是名词(指称语)，动词是名词的一个次类。”“汉语的动词其实都是‘动态名词’，兼有名词和动词两种性质。”这也就是“名动包含”。

沈先生接着指出，采用“名动包含”的观点，汉语语法中过去有许多不好解决的老大难问题就可以得到合理的解决。譬如说，学界曾经就“这本书的出版”里的“出版”这个词“到底依然是动词呢还是转成名词了”展开为时不短的争论。沈先生说，这种争论“没有必要也无意义”，因为“出版”本来就是名词，这里就凸显它的名词语法功能；而在“这本书刚出版”里，凸显它的动词语法功能。

沈家煊先生的意见怎么样？对汉语词类的特点我们到底该怎么认识？下面说说我的看法。我们认为，沈先生的论述中，似忽略了一个问题，那就是(见图二、图三)：

(一) 大圆面积名词挖掉动词(即“动态名词”)这一中圆面积后，所剩下的大圆环部分(即 R1)是什么词？

(二) 中圆面积动词，挖掉形容词这一小圆面积后，所剩下的小圆环部分(即 R2)是什么词？

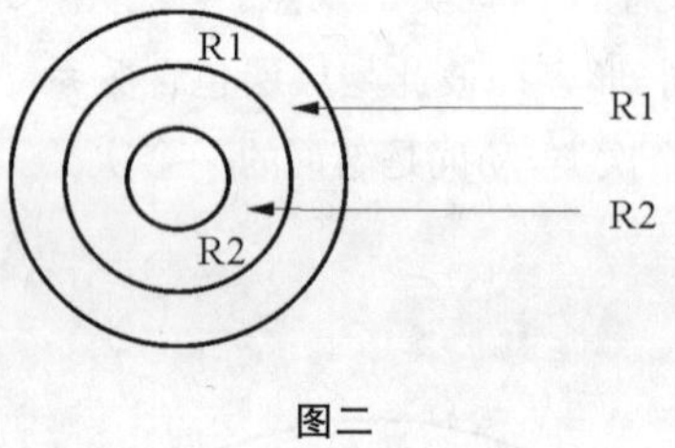

图二

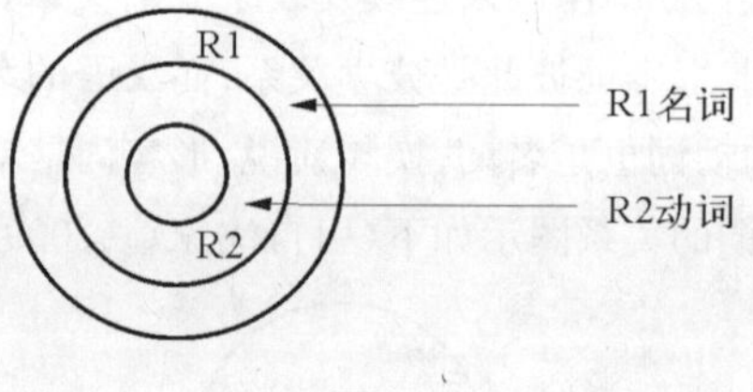

图三

有人可能会说，R1 当然就是名词喽，R2 当然就是动词喽。即：(见图三)

然而必须清醒地看到，大圆环 R1 所指的名词跟原先说的大圆面积所指的名词，其外延、内涵都不一样了；同样，小圆环 R2 所指的动词跟原先说的中圆面积，其外延、内涵也都不一样了。事实上，原先学界一般所说的名词实际只是指 R1，一般所说的动词实际只是指 R2，一般所说的形容词是那中心的小圆面积所指的形容词。这样看来，汉语的名、动、形彼此也是分立的，而并非层层包含关系。

那么，沈先生所说的那个大圆面积所指的名词是什么呢？沈先生所说的那个中圆面积所指的动词是什么呢？实际上沈先生所说的那个大圆面积的名词就是学界一般所说的实词，实词就包含名、动、形三类词；沈先生所说的那个中圆面积所指的动词就是学界一般所说的谓词，谓词就包含动词和形容词。

再说，大家对“这本书的出版”中的“出版”词性的争论，并不是如沈先生所以为的那样是大圆面积所指的名词(即一般所说的实词)与中圆面积所指的动词(即一般所说的谓词)之争，而是大圆环 R1 所指的名词与小圆环 R2 所指的动词之争。因此，沈先生的“名动包含”论无助于学界对“出版”词性的争论。

附带说明，沈先生为论证他的“名动形层层包含”说，还以汉语的“男人”与“女人”的对立跟英语 man 与

woman 的对立之不同作为比喻来加以说明。其实，这个比喻是很不恰当的。限于篇幅这里不加分析说明了。

四

现在来评说朱德熙先生的汉语词类特点观。

朱先生早在 20 世纪五六十年代就坚决反对出现在主宾语位置上的动词、形容词“名词化”了的说法。[①] 而到 80 年代更坚定地坚持动词、形容词出现在主宾语位置上仍然是动词、形容词的看法。[②] 由此可推导出这样的结论：汉语词类与句法成分是一对多的对应。具体图示如下（虚线表示有少数词也具备那句法功能）：

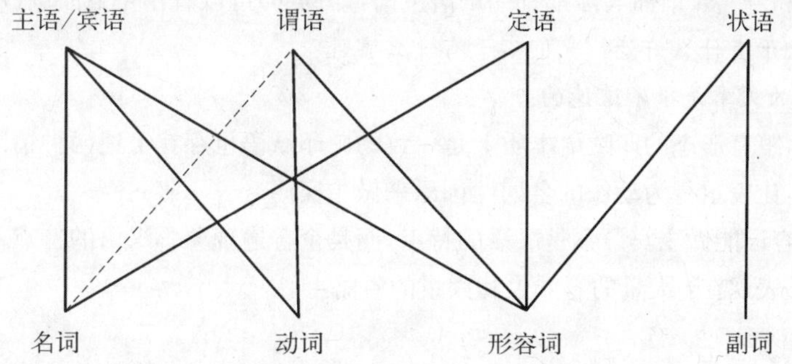

图四

基于这样的观点，所以朱先生认为出现在主宾语位置上的动词、形容词依然是动词、形容词。

一直以来我都遵循朱先生的这一观点。但进入 21 世纪后，我在国内外对外国学生和外国汉语教师所做的询问式调查，逐渐改变了我的观点。我举了这样一个例子：

(4) a. 参观是必要的。　　　　　　　　【做主语】

b. 那展览会？我同意参观。　　　　【做宾语】

我问过不同母语背景的学生（41 人）和不同专业背景的外国汉语教师（14 人）这样一个问题：

动词“参观”出现在主宾语位置上，你们喜欢接受下面哪一种说法：

A. 出现在主宾语位置上的动词“参观”转成名词了。

B. 出现在主语位置上的动词“参观”还是动词，这是汉语不同于西方语言的一个特点。

结果是，30 个学生（占 73%）、9 位教员（占 64%）回答说，愿意接受 A 的说法。这不能不引起我们深思。

其实，从理论上来说，A、B 两种观点都是允许的。但这两种观点有本质差异：

按照 A 观点，意味着句法成分跟词类相对应——做主语的是名词性词语，做谓语的是动词性词语，做定语的是形容性词语，做状语的是副词性词语。这一来，句法规则相对说来简单了，但大量的词就要兼类。

按照 B 观点，意味着句法成分跟词类不一一对应——做主语的不限于名词性词语，动词、形容词也能做主语；做谓语的不限于动词性词语，形容词、名词性词语也可以做谓语；做定语的不限于形容词性词语，名词、动词性词语也可以做定语。这一来，词的兼类现象将大大减少，但句法规则相对说来会变得复杂些。

我们到底应该怎么看待处于主语、宾语位置上的“参观”的词性呢？

对于汉语里出现在主语宾语位置上的动词、形容词，现在我觉得不能简单地采用 A 观点，也不能简单地采用 B 观点。实际上还得细分为甲、乙两种情况，下面以动词为例来加以说明：情况甲：出现在主语位置上的动词确实名词化了。例如：

(5) a. 游泳对身体有好处。

b. 偷盗是一种违法的行为。

---

① 朱德熙、卢甲文、马真：《关于动词形容词“名物化”的问题》，《北京大学学报》（人文科学版）1961 年第 4 期。

② 朱德熙：《语法答问》，北京：商务印书馆，1985 年。

这里的“游泳”实际上已经不是指游泳这一具体的动态的行为动作，而是指一种活动项目，指一种行为或一个事件的名称；这里的“偷盗”实际上也已经不是指某个具体的行为，而是指一种违法行为。例(5)a、b句子里的“游泳”“偷盗”可以看作属于零派生的名词化。

情况乙：出现在主语位置上的动词还是动词。例如：

(6) a. 你说吧，干有什么好处？不干有什么害处？

b. 抄袭是很不道德的。

例(6)a、b两句，表面看是动词性词语“干”“不干”和“抄袭”做主语，但实际上或者说从本质上说，是小句做主语，只是因为省略的缘故，在句子表面只剩下“干”“不干”和“抄袭”这样的动词性词语了。换句话说，例(6)处于主语位置上的“干”“不干”和“抄袭”前面实际都有一个潜主语，即例(6)可以看作是下面例(7)的一种省略形式：

(7) a. 你说吧，我们干有什么好处？我们不干有什么害处？

b. 你抄袭别人的文章是很不道德的。

上述汉语中的情况，跟有形态的印欧语本质上是一致的。印欧语也存在上述两种情况，只是印欧语可以采用改变形态的方式来实现，让表示行为动作的名词性词语来做主宾语。

这样看来，动词、形容词能做主宾语不是汉语的特点，而是个普遍现象。汉语的特点不表现在动词、形容词能做主宾语这一点上，而是表现在：大量的零派生和大量的省略上。

五

如果大家同意我们上面的看法，即汉语在词类上的真正特点：一是大量的零派生；二是由于可以大量省略，造成动词、形容词可以在主宾语位置上落单，那就给我们带来新的研究课题：

(一) 以往所谓的“动词、形容词出现在主宾语位置上”，什么情况下那动词、形容词已通过零派生转化为名词了？什么情况下那动词、形容词还是动词、形容词，它们实际是做小句的谓语，只是由于省略，那小句只剩下那动词、形容词了？

(二) 同样，“NP的VP”(如：这本书的出版|狐狸的狡猾)里的VP(出版|狡猾)，什么情况下已通过零派生转化为名词了(如：大米的出口|陈校长的报告)？什么情况下那动词、形容词还是动词、形容词，它跟前面的NP构成主谓关系，那“的”是插入那主谓结构之间所形成的另一种名词性“的”字结构(如：春天的到来|狐狸的狡猾)？

同时也告诉我们，对前人与时贤的研究成果，我们首先要虚心地学，同时要用自己的脑子思考。绝不能认为对前人与时贤的研究成果不能说一个“不”字。前人也好，时贤也好，他们毕竟是人，而非神。他们处于一定的历史条件和研究环境，不可避免地会受到这样那样的限制，更何况难免会有疏漏与思考不周之处。

陆俭明，北京大学中文系

(原载《汉语学报》2015年第3期)

汉语的逻辑这个样，汉语是这样的*

——为赵元任先生诞辰120周年而作之二

沈家煊

提　要　赵元任先生对汉语逻辑的特点有十分精辟的论述，汉语逻辑的特点是由汉语语法的特点决定的。本文"照着说"，对赵先生的论述作全面如实的介绍，"接着说"，结合笔者的"名动包含说"和"用体包含说"，对赵先生的观点进一步加以综合和阐释。

关键词　赵元任　汉语逻辑　名动包含　用体包含

零　解　题

题目的意思是"汉语的逻辑之所以这个样，是因为汉语是这样的"。汉语就是这样，经常用两个句段的并置来表达意义上的各种关联，比如"你不去，我去"，"因为、但是、如果"之类的关联词都可以不用。尽管某些语法学家指责这样的说法含糊不清，这仍然是老百姓经常采用的口头表达方式，交流中一般不会引起误解。大导演比利·怀尔德提出过著名的"编剧十大原则"，第七条叫"刘别谦定理"：给出二加二，让观众自己去得到等于四的答案。刘别谦(Ernst Lubitsch)是二十世纪初好莱坞最出名的喜剧大师，他的编剧原则就是尊重观众的智力。比如在他拍摄的《风流寡妇》里，丹尼洛上校溜进索尼娅夫人家里向夫人求爱，翻墙出来的时候，看院子的狗爬到墙头冲他叫，他回头说了句"没有意大利腊肠了"。一句话就让观众明白，这家伙之前是怎么绕过凶恶的大狗靠近夫人的，而不需要专门拍出用腊肠引诱狗的戏，不然就是低估观众的智力，因为大家都知道二加二等于四。（张明 2009）"善删者字去而意留"（《文心雕龙·熔裁》），汉语就是一种遵循"刘别谦定理"的语言，简单明了，从不多余，让听者自己得到答案。

赵元任先生有两篇讲"汉语的逻辑"的文章，分别是发表于1955年的《汉语语法与逻辑杂谈》(Chao，1955)和1959年的《汉语的逻辑如何运作》(Chao，1959)，后收录在《赵元任社会语言学论文集》(Dil ed. 1976)和《赵元任语言学论文集》（吴宗济、赵新那主编2002）里。本文是研读赵先生的《中国话的文法》和这两篇文章的心得，结合笔者近来对汉语词类和流水句的研究，进一步阐释"汉语的逻辑这个样，汉语是这样的"。

一　什么是"汉语的逻辑"？

"汉语的逻辑"指什么？赵先生解释说，是指汉语中与句子真值(truth value)的运作有关的那个方面，探讨汉语的逻辑就是探讨那些基本的逻辑概念——"and"，"or"，"all"，"if…then"，"not"等——在汉语里是如何表达的，特别是如何用语法形式表达的。赵先生又说，汉语的逻辑其运作必定受制于汉语内身允许的运作范围，换言之，因为汉语是这样的，所以汉语的逻辑是这样的。因此"要找出汉语逻辑运作的方式，实际是找出逻辑在汉语里的运作方式"。

---

* "之一"为《"零句"和"流水句"》一文，载《中国语文》2012年第5期。本文初稿曾在第六届汉语方言语法国际学术研讨会(2012年10月，四川绵阳)上宣读。

二　汉语是这样的

赵先生在《中国话的文法》里说:"在所有汉语方言之间最大程度的一致性是在语法方面。我们可以说,除了某些小差别,例如在吴语方言和广州方言中把间接宾语放在直接宾语后边(官话方言里次序相反),某些南方方言中否定式可能补语的词序稍微不同,等等之外,汉语语法实际上是一致的。甚至连文言和白话之间唯一重要的差别也只是文言里有较多的单音节词,较少的复合词,以及表示所在和所从来的介词短语可以放在动词之后而不是一概放在动词之前。此外,文言的语法结构基本上和现代汉语相同。"(吕译本《汉语口语语法》第 13 页)在懂得很多种汉语方言的赵先生眼中,方言的语法大同小异。当前我们大力提倡方言语法的研究,是以研究方言之间的差异为主,而且差异的程度比我们想象的要大一些,这对于推进汉语语法的研究无疑十分重要,但是我们仍然不可忽视赵先生"汉语语法大体上一致"这个基本判断,从总体上把握汉语语法有别于其他语言特别是印欧语的特点,仍然是更加重要的。也只有更好地把握汉语的总体特点,方言语法的研究才会进行得更加有效。

在赵先生的眼中,跟其他语言特别是印欧语比较,汉语是怎样的呢？是这样的:

1. 汉语语法依靠四个要素:虚词,词序,层次结构,超音段成分。关于词序,主语一律位于谓语之前,修饰语一律位于被修饰语之前。[①] 超音段成分,它是汉语语法的要素之一。四个要素没有一个是单单为逻辑运作服务的,它们都还有逻辑以外的功能。

2. 整句由两个零句(没有主语或没有谓语的句子)组成,零句是根本,零句可以独立,不是只有主谓齐全的句子才是正常的句子。

3. 主语和谓语的关系是话题和说明的关系,主语就是话题,谓语就是说明,因此主谓联系可以是松弛的,联系紧密的主谓关系只是话题—说明关系的一个特例。主谓结构可以做谓语,句子可以有多重主语。

4. 整句中主语和谓语可能的结构形式多种多样、没有限制。主语可以是动词性词语和主谓短语,谓语可以是名词性词语和主谓短语。从形式着眼谓语不宜区分为名词性谓语和动词性谓语,适合的区分是分"肯定性(assertive)谓语"和"叙述性(narrative)谓语"。

以上四点都是在《中国话的文法》里论述的,第一点总述,后三点分说,沈家煊(2012b)将其概括为赵先生的"零句说"、"主语话题说"、"谓语类型说",并且论证从这个"三说"可自然地推导出"名动包含说"(沈家煊 2007,2009,2010a,2012a):汉语的名词包含动词,动词是名词的一个次类"动态名词",这意味着汉语的动词和动词短语以及句子的谓语都不仅有陈述性而且有指称性。沈文还说明,这"三说"能解释汉语为何"特多流水句",流水句除了有"指称性"还具有本文开头所说的"并置性",即不用任何关联词语,并置的句段就能表达意义上的各种关联。

三　汉语的逻辑是这样的

因为汉语的整句由两个零句组成,零句是根本,所以探讨句子的真值就必须探讨零句(动词性零句如"有人",名词性零句如"飞机!")的真值。在这一概括说明之后,赵先生就以下一些方面来谈汉语逻辑的运作方式。

3.1　Φ(a)和 R(a,b,c)

汉语主语和谓语的联系是松散的,主谓结构的含义并非像大多数印欧语言那样是动作者与动作的关系,而是话题与说明的关系。作为一个特例,动作者与动作的关系也含于其中。赵先生说,这种主谓关系跟逻辑函项式 Φ(a)十分接近,a 不一定是某个动作 Φ 的动作者。当谓语动词为"是"时也是如此,如"我是两毛钱",这不太符合亚里士多德的逻辑,如英语必须说"The thing I bought was priced at twenty cents"。笔者还想到一个例子,英语如果说"Many people have all come"也不合乎亚里士多德的逻辑,"all"和"many"发生矛盾,所以不合英语语法,而汉

① 赵元任(1970)甚至认为,广东话"俾啲水我添"(再给我添点水)里后置于动词的"添"在句法上"最好是当作并列结构的第二项","你去先"也可分析为"你去的是先(一件事)"。

语却可以说“很多人都来了”(现在很多讨论“都”的逻辑含义的文章都回避这一说法),原因也是汉语的主谓联系是松散的话题说明关系,接近现代逻辑形式 Φ(a)。

关心形式逻辑的人都注意到所谓的“实质蕴含怪论”:任何命题都蕴含真命题,而假命题则蕴含任何命题。赵先生说,貌似怪论的实质蕴含在汉语里有家喻户晓的表达形式,这个怪论在汉语的逻辑里显得并不怎么“怪”。如汉语常说“假如 p 是真的,我就不姓王”。一个对言者来说为假的命题蕴含了随便什么事情,甚至包括他“不姓王”这样的事情;又如“除非太阳从西边出来,这种事情才会发生”,不可能的事情要是发生了,什么事情都可能发生,包括“太阳从西边出来”这样的事情。之所以在汉语里怪论不怪,还是因为汉语的主语就是话题,跟谓语的联系松散。按赵先生的分析,条件小句在汉语里是话题也是主语,“假如 p 是真的”和“除非太阳从西边出来”都是主语,“我就不姓王”和“这种事情才会发生”都是谓语,主谓关系也接近 Φ(a)。

汉语里主谓结构可做谓语,所以句子可有多重主语,形成多个主语带一个谓语 R 的形式,其中 S-P 作为一个整体做 S’-P’中的 P’,而这个 S’-P’再作为一个整体用作 S‘-P’中的 P”,如“华盛顿 十一月二十一日 美国人类学会 开会”。赵先生说,这与现代西方逻辑中形式为 R(a,b,c)的分析法相容,按照这种逻辑,可以有任何多个“变目”(arguments)跟函项 R 发生关系。

另一方面,汉语只由谓语构成的句子也是一种常见的句型,如“有人”和“下雨了”。这种句子翻译成英语后容易使人产生误解,好像它们不过是一种易位的主谓结构,但是赵先生说这种理解不适用于汉语的实际情况,“下雨了”“走了水了”是典型的动宾结构,从语法的角度看,汉语的主—谓语序是没有例外的。

总之,汉语的主语就是话题,相当于西方语言里“主语”的东西在汉语里只是话题的一个“特例”而已。这就意味着汉语里主语和话题的关系不是分立的关系,而是“话题包含主语”的包含关系。我们将汉语和印欧语的这一差别图示如下:

换言之,印欧语的“主语”已经从语用范畴“话题”里分离出来成为一个独立的、与“话题”对立的句法范畴,而汉语的“主语”还没有从语用范畴“话题”里分离出来成为一个独立的句法范畴,它还只是“话题”的一个特例。正是汉语的这个特点决定了汉语的主谓关系跟现代逻辑形式 Φ(a)和 R(a,b,c)更加接近,也使得貌似怪论的实质蕴含在汉语的逻辑里显得并不怎么“怪”。

3.2 肯定和否定

赵先生说,印欧语的逻辑靠“肯定和否定”来运作,而汉语的逻辑是靠“真(True)和假(False)”来运作,用“同意不同意”的方式来表述。汉语里如果同意“咱们没有香蕉”,就说“是的,咱们没有香蕉”,如果不同意“你一点没教养”,就说“不是,我有教养”,“是的”表示“你说的是真的,我同意”,“不是”表示“你说的是假的,我不同意”。而英语表示同意说“No,we have no bananas”,表示不同意说“Yes,I am a gentleman”,“yes”和“no”分别表示肯定和否定。

类型学家调查语言,首先调查句类,陈述句、疑问句、祈使句等,疑问句首先调查是非问,对于是非问的应答有两种类型:“答句定位型”和“问答关系型”,两者的差别表现在是非问否定式的应答上。英语是答句定位型,针对否定式问句“Didn’t John go there?”,如果实际他去了,用“yes”应答,因为答句是肯定句“he did”,如果实际他没去,用“no”应答,因为答句是否定句“he didn’t”。汉语是问答关系型,针对否定式问句“老张没有去吗?”,如果实际他去了,用“不(不是,不对)”应答,因为答句“他去了”跟问句命题不一致,如果实际他没去,用“是(是的,对,对的)”应答,因为答句“他没去”跟问句命题一致。这方面日语的逻辑跟汉语型一样,俄语两种类型都用,但是答句定位型是基本的、无标记的型式。(刘丹青 2008:26-27)

大家都有经验,中国人学英语和外国人学汉语在这个上面都常常搞错,引起误解,造成汉语和英语这一重要差异的深层原因是什么呢？赵先生虽然没有说明，但是可以从他描述的“汉语是这样的”找到答案。答案是，英语是一种“句法型”语言，而汉语是一种“语用型”语言。句法型语言区分句法范畴：句子（sentence）、主谓和谓语、名词和动词，等等；语用型语言区分语用范畴：话段（utterance）、话题和说明、指称语和陈述语，等等。同样，肯定和否定是句法范畴和句法手段，同意和不同意是语用范畴和语用手段。汉语的应答词“是的”和“不是”既是对命题的真假判断，又是对言语行为“你说”所作的是非判断，实际上应答语“是的”经常说成“（你）说的是”，“不是”经常说成“（你）说的不是”：

（1）a.（你）说的是，咱们没有香蕉。

b.（你）说的不是，我有教养。

“答句定位型”是句法型，只跟答句的肯定否定有关，“问答关系型”是语用型，不仅跟答句的肯定否定有关，还跟是否同意问句的命题有关。用“语法化”（grammaticalization）的理论来讲，表示同意不同意的手段在英语里已经语法化，成为谓语的肯定否定形式，而在汉语里这种语法化还没有实现，还仍然采用语用的手段。这跟赵先生指出的“汉语的主语就是话题”（话题还没有“语法化”而成为主语）是一致的，跟赵先生指出的“汉语的句子以零句为根本”（这意味着“汉语的句子就是话段”，话段还没有“语法化”而成为句子）是一致的，跟笔者指出的“汉语的名词就是指称语、动词就是陈述语（指称语、陈述语还没有“语法化”而成为名词动词）的现象也是一致的。总之，句法和语用的关系，汉语和印欧语是不同的，区别可以图示如下：

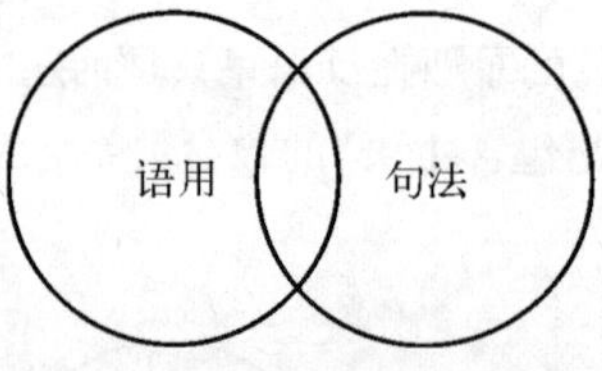

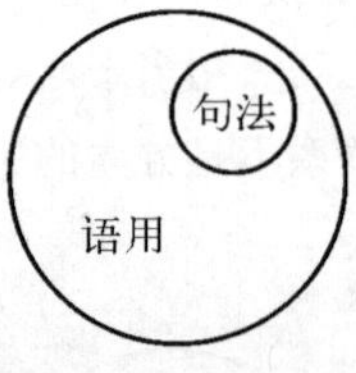

正因为汉语的句法还包含在语用法之内，所以我们说，汉语离开了语用法就没有办法讲句法，或者没有多少句法可讲。沈家煊（2012c）将汉语这种句法和语用的关系概括为“用体包含”，作为语言结构之“体”的句法包含在语用法之内。

汉语的逻辑靠真和假来运作，这个特点还跟汉语谓语有指称性有关系。汉语里的“零句”一律具有指称性，这可以从赵先生的“零句说”推导出来：

∵ 零句能做整句的主语。

∵ 主语是指称性的话题。

∴ 零句具有指称性。

谓语也是零句，所以谓语（一般为动词性的）也有指称性。汉语的谓语有指称性，这也是汉语的逻辑注重“真和假”的一个原因。判断真假既对陈述的“事”（这件事情是真是假?）也对指称的“物”（这样东西是真是假?），归根结底是对指称的“物”，因为“事”也可视为抽象的“物”。我们判断“这样东西是真还是假”，但是一般不会判断“这样东西是肯定还是否定”，肯定否定一般只是对“事”不对“物”。英语和汉语的差别在于，英语表示肯定否定的“yes”和“no”是针对句子的陈述性谓语的应答，汉语表示真和假的“是的”和“不是”是针对指称性话段（包括名词性零句和动词性零句）的应答。

3.3 “There is”

赵先生说，“‘There is’无法直译成汉语，汉语里只有‘有’。‘There is a man’译成‘有人’。……碰巧的是，‘There is’与‘has’都译作‘有’，而‘有’字与作‘是’字解的‘is’没有任何关系。所以，西方哲学中有关‘存在’（being）的问题很难用汉语说清楚，除非特别切断‘存在’与‘是’的联系，把它与‘有’挂钩。”①为什么汉语的逻辑里没有“there is”这个概念呢？沈家煊（2010b）给“是”、“存有”、“拥有”三个概念画出一张“语义地图”，英语和汉语在

① 汉语很难说清楚西方哲学中的“存在”（being）问题，可以从宋继杰（2011）主编的论集中看出。

地图上的划分方式是不一样的：

<table>
<tr><th>概念</th><th>英语</th><th>汉语</th></tr>
<tr><td>是</td><td rowspan="2">be</td><td>“是”</td></tr>
<tr><td>存有</td><td rowspan="2">“有”</td></tr>
<tr><td>拥有</td><td>have</td></tr>
</table>

汉语里“有”是“有”，“是”是“是”，“有”和“是”是两个分立的概念，各有各的表达词。否定形式也不一样，否定“有”有否定“有”的否定词“没”，否定“是”有否定“是”的否定词“不”。英语表达“是”的概念用“be”，表达“存有”的概念用“there be”，仍然离不开“be”。否定“be”用“not”，否定“there be”还是用“not”，可见英语里“是”和“有”是不怎么分的，“there be”(有)也是一种“be”(是)。英语“have”表“拥有”，“(there)be”表“存有”，这两个概念倒是分开的。从上图可以看出，英语“be”是一大块，包括“是”和“存有”两个概念，汉语“有”是一大块，包括“存有”和“拥有”两个概念。由此也可以说，英语注重“是”(be)而汉语注重“有”。“是”的注意点在“做不做这件事”，“做不做这件事”跟“是不是这件事”一样是个“是非”问题，而“有”的注意点在“有没有这件事”，不是“是非”问题而是个“有无”问题。有无问题属于直陈的语气，是非问题是主观判断，属于非直陈语气。汉语“是”字的源头跟“指示”有关，引申义跟“是非”有关，都有主观性和非直陈性。汉语的“有”字三千年来同时表“拥有”和“存有”，在中国人的心目中，“拥有”和“存在”有紧密的联系，可以互相转化，“X 拥有 Y”意味着“X 那儿存在着 Y”，请比较：

(2) a. 你还有多少钱？

b. 你手里还有多少钱？

中国人学英语，老师首先告诉他“there is”的用法，提醒不要把“公园里有很多游人”说成“The park has many people”，要说“There are many people in the park”。西方人学汉语，经常听到他们该说“山上有座庙”的时候犹豫不决，说成“山上是座庙”。对西方人来说，“to be”还是“not to be”，这是个首要问题；对中国人来说，“有”还是“无”，这是个首要问题。

汉语的名词和动词倒是都能用同一个否定词“没”来否定，对中国人来说“有没有这样东西”和“有没有这件事情”的区分并不重要：

(3) a. 有车　没有车/没车　有没有车

b. 有去　没有去/没去　有没有去

“有去”在普通话里不怎么说，但是现在受南方方言的影响这样说的人越来越多，这也很自然，古代汉语就能这么说么！汉语历史上否定词在更替，但是不管哪个时期总是有一个否定词既否定名词又否定动词。汉语的名词和动词也都能用“是”来肯定和否定，对中国人来说，“是不是这样东西”和“是不是这件事情”的区分也不重要：

(4) a. 是学生　不是学生　是不是学生

b. 是上学　不是上学　是不是上学

跟汉语相反，英语里“是”(be)和“有”(there be)不怎么区分，注重的是“有没有或是不是这样东西”(没有或不是用“no”)和“有没有或是不是这件事情”(没有或不是用“not”)的区分，所以首先区分的是“否定名词”和“否定动词”。

总之，我们得出的结论是，印欧语“名动分立”而“是有包含”，“有”(there be)也是一种“是”(be)，汉语“是有分立”而“名动包含”，动词也是一种名词。这就是汉语逻辑里没有“there is”这个概念的深层原因。要着重指出的是，这个解释跟赵先生关于汉语谓语类型的观点互相吻合，即“汉语是这样的”，它的谓语在形式上无法区分名词性谓语和动词性谓语，从形式上能区分的是“肯定性谓语”(可带“是”)和“叙述性谓语”(可带“有/了”)，这种区分“横贯”(cut across)名词和动词两类(沈家煊 2012b)。关于汉语的“名动包含说”请参看沈家煊(2007，2009，2010a，2012a)诸文的论证。

3.4　“Not”，“all”，“some”

赵先生说，汉语否定一个陈述用否定词“不”，遵循修饰语先于被修饰语的一般原则，位于谓语前。他又说汉语没有相当于英语“no”的形容词，“No one comes”用汉语来说是“没有人来”，因此西方关于“nothing”、“nobody”等等的那些哲学问题或者笑话很难翻译成汉语(现在有一首很火的韩语流行歌，反复吟唱“I'm nobody”)，因为形容词“no”是用“副词＋动词”的形式“没有”(there is not 或 have not)来表达的。

赵先生还指出，汉语里也没有一个一般的形容词或代词与英语的“all”对应，“all”的概念与“not”一样在汉语里是用副词来表达的，一般是在主语和谓语之间插进“都”、“全”或文言的“皆”。西方人初学汉语时的通病就是把“都”放在主语前。“凡”(或“凡是”)貌似形容词，经常被翻译家用来与“all”对应，如“凡人皆有死”，“凡是发亮的都是金子”，其实这些都是乔装打扮的 “if…then”句式，汉语里“if”的成分经常省略，相当于“then”的成分在后头有另一个副词(如“皆”和“都”)的情形下也可以省略。这样一来“凡是发亮的都是金子”按逻辑结构译成英语就成了：Generally being|glittering ‖ things ‖ |in all cases|are ‖ gold。逻辑学教材经常花大量篇幅来讨论西方语言里“All that glitters is not gold”这种有歧义的表达方式(有“发亮的不都是金子”和“发亮的都不是金子”两种意思)，而在汉语里“all”都是用副词来表达，而且修饰语总是先于被修饰语，所以区分“不都”和“都不”的逻辑含义是件轻而易举的事情。

在汉语里也没有与“some”相当的形容词，正如没有与“all”相当的形容词。“Some men tell truth”的正常汉语是“有的人说真话”。“有”相当于“has”或“there is”，“的”是一个表从属关系的后缀词，“有的人”意为“men that there are”。换言之，“some men tell truth”用汉语表达就是“有(的)人说真话”，赵先生说这正好是现代逻辑($\exists x$)■ $\Phi(x)$的直接解读，而用英语来解读这个公式通常是“There is an x such that…”这种较为复杂的说法。赵先生还解释说，汉语的逻辑之所以如此，是由于“人”兼为前面动词“有”的宾语和后面谓语“说真话”的主语，这跟汉语造句法的精神——谓语总是跟在主语后面——是完全一致的。我们想补充，这也跟汉语主语和谓语的关系就是话题和说明的关系是一致的，说明如下。

汉语多“兼语式”，如“我们派他做代表”，“他请你帮忙”，“有人说真话”，“兼语”既是前面动词的宾语又是后面动词的主语。兼语式跟宾语小句不同，兼语不能挪到前头去，但是兼语拷贝的话就可以前挪：

(5) a. 你想我怎么办呐？→我怎么办呐，你想？(宾语小句)

b. 你叫我怎么办呐？→＊我怎么办呐，你叫？(兼语式)

c. 我怎么办呐，你叫我？(兼语“我”拷贝)

赵先生用这个例子证明兼语既不是单纯的主语也不是单纯的宾语，确实是“兼”主语和宾语，所以吕叔湘(1979：84)指出兼语式不适合层次分析和“二分法”。英语“saw him run”中的“him run”要是像叶斯帕森在《分析句法》里那样分析成主谓关系就比较勉强，因为 him 明明是宾格，而在汉语里这样分析就再自然不过，因为没有主格宾格的形式区别。前面说过，汉语的主谓关系就是话题和说明的关系，在“链式的”话题—说明结构中，前一个结构的说明或说明的一部分无需任何形态标识就可以直接成为后一个结构的话题(沈家煊 2012b)，兼语式“我们派他做代表”只不过是“我们派他，他做代表”这种链式话题结构的紧缩形式。这是造成汉语多兼语式的一个原因，因此也是汉语“有(的)人说真话”直接解读逻辑公式($\exists x$)■ $\Phi(x)$的原因。

汉语里没有相当于英语“no，all，some”的形容词，这还跟汉语是“名动包含”有关系。按照“名动包含说”，汉语的实词天然的具有名词性，这就容易理解为什么汉语的名词本身不受否定(吕叔湘 1942/1982：234)。汉语的名词都是物质名词(mass noun)，没有可数不可数的区分，在中国人的心目中事物的存在天然是物质存在，所以名词本身也不受全称量和部分量的限定。汉语是用否定和量化跟“物”牵连的“事”的办法来否定和量化“物”，“事”也是“物”，一种“动态的物”、“事物”。也正因为汉语的动词也是一种名词，所以汉语的形容词既修饰名词也修饰动词，如“快车”和“快跑”是同一个“快”，不同于英语的形容词只修饰名词不修饰动词。

3.5 “And”，“or”

赵先生说，汉语没有与英语“and”对应的真正的合取词，表达并列关系靠的只是词语的并置(juxtaposition)。看似相当于“and”的“跟、同、和”和文言的“及、与”，以及“又…又…，并且、而且、也”和文言的“而”，它们主要是一个接续助词(resumptive word)，而且都可以不出现，如“先生太太不在家”，“他老打人骂人”，而逻辑上合取的简化表示就是并置。Morris Swadesh 编过一个“与文化无关的二百词”词表，供调查语言之用。按字母顺序排列的前 5

个词为：all，and，animal，ashes，at。赵先生说其中“all，and，at”三个就很难在汉语里找到对等词，可见它们根本就不是与文化无关的，至多是印欧语的特征。

关于“or”，赵先生说，怀特海和罗素把“not”和“or”（记为$\vee$）当作原始概念，把“if…then”（记做…$\supset$…）当作派生概念。即：

$$p \vee q = \sim p \supset q$$

汉语语法里情形刚好相反，通常不说“p或者q”，喜欢说“不是p，就q”，例如“你不来我就去”、“不是你来就是我去”，“if…then”是原始概念，“or”是派生概念：

$$\sim p \supset q = p \vee q$$

汉语的逻辑之所以这样，是因为“if…then”句式在汉语里其实属于最常见的“话题—说明”句，而“or”表示的选择关系汉语习惯用“并置式”表达。赵先生指出，英语“Will you eat rice or noodles?”之类的疑问句有歧义，可靠语调来消歧。如果用的是升调，表示“你吃这两样中的一样吗?”，期望得到的是一个“yes-no”型的回答，这里的“or”是逻辑析取词，用汉语表达就是“你吃饭或是吃面吗?”或者“你不是吃饭就是吃面吗?”。如果在“rice”处用升调，在“noodles”用降调，就成了要求听者进行选择的选择问句，汉语对应的提问方式在语法上是两个并列项的合取，最简单常用的格式还是“并置”：“你吃饭吃面?”赵先生说，这简直就是在朗读菜谱了。

总之，汉语多采用并置的方式和松散的话题说明句，“and”、“or”、“if…then”等意思都靠语境和语调来判断，而不是像西方语言那样要靠关联词。汉语中许多有表达力和生命力、大众喜闻乐见的熟语，如“一寸光阴一寸金”，“一日夫妻百日恩”，“三个女人一台戏”，“一个好汉三个帮”，“一分耕耘，一分收获”，“人前一笑，背后一刀”等等，都是两个指称性词语的并置，主谓关系的地位远不如印欧语里那么重要。沈家煊（2012b）论述，汉语“零句是根本”是汉语“特多流水句”的原因，而流水句具有“并置性”和“指称性”两大特性。所以汉语逻辑的这个特点还是跟“零句是根本”有千丝万缕的联系。

汉语疑问句的类别也体现汉语注重“并置”这一特点。英语选择问采用的是跟是非问同样的句法手段（主—谓换位等），差别只在于选择问列举不止一个选择项供选择，所以选择问是是非问的一个小类。汉语的情形不同，是非问用句尾“吗”，选择问不能用“吗”，却可以跟特指问一样用“呢”，如“你吃米饭还是面条呢?”“你吃什么呢?”，所以选择问是独立的一类。汉语还有反复问（也叫正反问），是选择问的一个小类即“正反选择问”。（刘丹青2008：2）选择问（包括反复问）在汉语里地位重要，单独成为一类，这还是因为选择问本质上是“并置问”，如“你吃饭吃面?”是“吃饭”和“吃面”并置，“你吃不吃?”是“吃”和“不吃”并置，而“并置”在汉语里具有极其重要的地位。

最后要提一提汉语里名词性成分和动词性成分可以并列。例如：

（6）a. 我并非为了利益和出名。

b. 昨晚梦见蛇和被抓。

c. 这是力与美的体现。

d. 我爱你的条件与不争。

e. 兄弟之间感情和出名哪个重要?

中国人并不觉得有什么特别之处，要是翻译成英文，里面的动词和形容词就都非得转化成名词不可，例如“罪与罚”必须是“sins and punishment”，不能是“sins and punish”，“傲慢与偏见”必须是“pride and prejudice”，不能是“proud and prejudice”。这显然是因为汉语是“名动包含”，动词也是名词，动词和名词都具有指称性。也正因为汉语里动词性词语跟名词性词语一样很容易并置，所以汉语多反复问，如“你去不去”，而从历时上看汉语的是非问也是从反复问演变而来的（你去不去>你去不>你去吗）。（刘丹青2008：3）

四 为什么一定要在汉语里寻找别的语言里有的东西呢?

赵先生（Chao 1976）说过，“研究现代语言学的学者都同意，对于所研究的语言，不应该刻意去寻找在我们从前就碰巧会说的那种语言中十分熟悉的那些东西，而应该确定我们实际上碰到了什么，并给它们以适当的名称”。

汉语的动词本来就可以做主宾语，具有指称性，做主宾语的时候并没有发生什么“名词化”或“指称化”，为什么我们一定要在汉语里假设一个“隐性的”名词化或指称化呢？汉语本来没有跟“名词类”完全对立的“动词类”，所谓的“动词”都是“动态名词”，为什么我们一定要在汉语里把名词和动词完全对立起来呢？

汉语的主语和谓语的关系本来就可以是松弛的，是话题和说明的关系，主语不一定是谓语动词的主目，为什么我们一定要在汉语里为关系松弛的句子（如“我是两毛钱”）假设一个“空主语”呢？汉语本来没有跟“话题”完全对立的“主语”，所谓的“主语”就是话题的一个特例，为什么我们一定要在汉语里把“话题”和“主语”完全对立起来呢？

汉语本来没有一个“there is”既表“有”又表“是”，“有”是“有”，“是”是“是”，“有”和“是”是两个分立的概念，为什么我们一定要在汉语里也将“有”和“是”混为一谈呢？

汉语本来没有与英语“no，all，some”相当的形容词，相应的逻辑概念都是用副词、动词（兼语式）来表达的，为什么一定要在汉语里找出对应的形容词来呢？逻辑概念“and”和“or”本来在汉语里不一定要用有形的词来表达，靠“并置”加推理就能理解，为什么一定要采用欧化句式把“和”、“或”说出来呢？

没有主语的句子在汉语里是正常的句子，如“有人、下雨了、起雾了、着火了、退烧了”等。有人说，汉语中不存在英语里“It rains”（德语“Es regnet”、法语“Il pleut”相仿）中的抽象体词性主语“it”，思维上也就缺少了客观地考察实体物质的能力，这也许是中国人没能在西方科学传入以前发展出一套自然科学体系的真正原因。对这种议论赵先生回应说：一，现代西方科学只是近三、四百年的事，在整个人类文化史中占的比重极小。二，实体物质的概念只是西方科学思想的某一发展阶段的产物，二十世纪的现代物理学理论中，恰恰出现了没有物质就可以产生的场，没有物质的振动就可以产生的波。就逻辑学而言，赵先生也已经指出汉语的逻辑恰恰在许多方面跟现代逻辑的表达形式相一致。所以赵先生最后说：“作为一个以汉语为母语的人，我很想说：瞧，这就是汉语在科学上优于西方语言的例证。然而作为一个研究语言的学者必需尽量做到不偏不倚，对语言和科学的最好的概括，就是不要去做任何概括。”

为什么一定要在汉语里寻找别的语言里有的或注重的东西呢？重要的是找出汉语自身有的和注重的东西。只有重视语言的多样性，语言共性的研究才能更加有效。赵先生对汉语逻辑的特点的论述对我们今天的汉语语法和语法理论的研究仍然具有重要的指导意义。

参考文献

刘丹青　2008　《语法调查研究手册》，上海教育出版社。

吕叔湘　1942/1982　《中国文法要略》，商务印书馆。

吕叔湘　1979　《汉语语法分析问题》，商务印书馆。

沈家煊　2007　汉语里的名词和动词，《汉藏语学报》第1期。

沈家煊　2009　我看汉语的词类，《语言科学》第1期。

沈家煊　2010a　我只是接着向前跨了半步——再谈汉语的名词和动词，《语言学论丛》第40辑。

沈家煊　2010b　英汉否定词的分合和名动分合，《中国语文》第5期。

沈家煊　2012a　“名动词”的反思：问题和对策，《世界汉语教学》第1期。

沈家煊　2012b　“零句”和“流水句”——为赵元任先生诞辰120周年而作，《中国语文》第5期。

沈家煊　2012c　如何解决状语问题，第十七次现代汉语语法学术讨论会（2012年10月13—17日，上海）论文。

宋继杰主编　2011　《BEING与西方哲学传统》，广东人民出版社。

张　明　2009　刘别谦式触动，载张立宪编《读库0902》，新星出版社。

赵元任　1968　《中国话的文法》（英），中译本《汉语口语语法》，吕叔湘译，商务印书馆1979。

赵元任　1970　国语统一中方言对比的各方面，《中央研究院民族学研究所集刊》第29期，又载吴宗济、赵新那主编《赵元任语言学论文集》，商务印书馆2002。

Chao, Yuen Ren 1955 Notes on Chinese grammar and logic. *Philosophy East and West* V(1): 31 - 41. Also in A. S. Dil(ed.) (1976)237 - 249.

Chao, Yuen Ren 1959 How Chinese logic operates. *Anthropological Linguistics* 1(1): 1 - 8. Also in A. S. Dil(ed.)(1976) 250 - 259.

Chao, Yuen Ren 1976 Rhythm and structure in Chinese word conceptions. *Journal of Archeology and Anthropology* vols. XXXVII and XXXVIII. Also in A. S. Dil (ed.)(1976)275 - 292.

Dil, A. S. 1976 *Aspects of Chinese Sociolinguistics — Essays by Yuen Ren Chao*. Stanford: Stanford University Press.

沈家煊,中国社会科学院语言研究所

(原载《语言教学与研究》2014年第2期)

作为后置介词的“的”

完　权

提　要　“的”和英语介词 of 表现出较多的句法语义平行性，据此可以把“的”归类于后置介词。根据一种把词汇性和功能性视为两个维度的语类理论来看，“的”属于功能介词。基于历时材料，“的”是从方位领格介词发展而来，可归属于可以表达广义领格中的大多数语法意义的一级介词。如果采纳汉语词类包含模式，则“的”的前后均为名词性成分。那么，和“of -插入”规则一样，“的”给其补足语赋领格，构成介词短语共同修饰名词短语的中心语。

关键词　“的”　后置介词　中心语问题　功能语类　词类包含模式

1. “的”和-’s 的差异

前贤对“的”的研究呈现出一个有趣的现象，常拿“的”和英语的-’s 来类比：

(1) Zhangsan’s　book

　　张三　　的 书

这似乎符合一般语感：“的”和-’s 同样具有附缀(clitic)性，附着于“张三”后面表示“张三”对“书”的领有关系。但是，这是不是就决定了它必须被分析为-’s 那样的领格(genitive)标记(继而在 DP 理论框架下被分析为 D)呢？

“的”常归为助词(particle)，但助词并不是一个有准确句法定位的独立词类(吕叔湘 1979：38；邓思颖 2010：39)。而附缀性，是就其形态属性而言，并不表达其所反映的句法结构和句法关系的性质。所以，仅仅从-’s 来看“的”，就显得局限了些。就世界范围来看，表达广义领属关系的语法手段有很多，最常用的就有领格标记、介词、指代词、领属形容词等。因此，即使依然是拿英语来比较的话，至少也还可以这样：

(2) 张三的书

　　book of Zhangsan

把“的”看成 of 比较容易引起反对意见：语序相反。不过，语序并不影响把“的”分析为介词(adposition，附置词)。从语序来看，英语 of 是前置介词，汉语“的”可以是后置介词；但就其语法功能而言，都是介词：

(3) 英语：$[_{NP}\text{Y}[_{PP}\text{of X}]]$

(4) 汉语：$[_{NP}[_{PosP}\text{X 的}]\text{Y}]$

语序仅仅是 X’普遍原则中的参数之一，使用后置介词的语言有很多，比如日语、芬兰语等。此外，要确定一个语言单位的性质，相关的句法语义特征还有很多。实际上，英语中-’s 领格的句法分布和“的”有很大不同：

(5) * blue’s field	青色的田野
(6) * pretty’s clothes	漂亮的衣服
(7) * here’s party	这里的聚会
(8) * now’s party	现在的聚会
(9) * your choosing’s book	你选择的书
(10) * Zhangsan’s yesterday’s newspaper	张三的昨天的报纸

(11) * Mike's envious　　(对)麦克的嫉妒

(12) * money's desirous　　(对)金钱的渴求

具体来说,英语中-'s 仅用于名词后,且一般用于有生名词,这可能和它的来源是 his 有关。-'s 除了表示所有关系外,也表示主谓和动宾关系,其他通常限于时间、地点、度量衡,除此而外就是行业和文艺活动等,且作用主要在于分类(章振邦 1997: 148 - 50)。所以,-'s 本质上是一个领格标记,主要表达狭义的领属关系。而汉语中"的"却不一样,它适用的句法语义环境更为复杂。但偏偏相反的是,在表达狭义的领属关系时却不一定使用"的",直接并置(juxtaposition)也是常用的语法手段:

(13) 放在张三桌子上。(可让渡)

(14) 这是他叔叔。(不可让渡)

把"的"分析成介词早有先驱。黎锦熙(1924)即将"的"视为介词。吕叔湘(1982[1942]: 20)也将"的"与介词等一起归入表示组合关系的关系词。刘丹青(2003: 180)更明确地提出把定语后的"的"视为纯联系项的一级介词(primary adposition)。Tsai(2003)则选择了一个较为微观的角度,论证了"有的人"中的"的"应当分析为介词。这些研究都启发本文对"的"作为介词的可能性做进一步探讨。

2. "的"和 of 的共性

2.1 "的"和 of 的句法平行性

(一)"的"和 of 都表现出比-'s 更强的组合能力,二者对定语词类的要求更为包容:

(15) 绿绿的田野　　field of blue

(16) 你选择的书　　book of your choosing

(17) 这里的故事　　the story of here

(18) 现在的领导　　the leaders of now

(19) 清盘公司的董事的职责　　duties of directors of a wound-up company

(20) 漂亮的卷须　　tendrils of pretty

(21) (对)麦克的嫉妒　　envious of Mike

(22) (对)金钱的渴求　　desirous of money

对于(21 - 22)这样的类型,在实际语料中常常出现省略了"对"的用例,比如朱德的名篇《母亲的回忆》实际是"对母亲的回忆"。这样就和 of 更加相似了。

(二)"的"和 of 都可用于同位语(apposition)结构:

(23) 十岁的年纪　　age of ten

(24) 白痴的司机　　that idiot of a driver

汉语和英语的这种同位语结构都可以将定语和中心语做出判断句的变换式:年纪是十岁,the age is ten。

(三) of 介词短语用于修饰名词,比如 a matter of importance;"的"也是如此,比如"重要的事情"。而平行的是,be of 句式也如同"是……的"句,是表达具有某种性质的名词性谓语句,比如:

(25) 这房子是石头的。　　The house is of stone.

(26) 这会议是很重要的。　　The meeting is of great importance.

(27) 这药是无效的。　　This medicine is of no use.

(28) 这事儿是无关紧要的。　　This matter is of no significance.

(29) 对学英语是有很大帮助的。　　They are of great help to learners of English.

(30) 这书对学历史是很有用的。　　The book will be of great value to students of history.

汉语中做动词"是"的补足语(宾语)的是名词性的"的"字结构(袁毓林 2003),英语作为动词 be 的补足语的 of 短语也是名词性的。为了满足格过滤式(case filter),"类似英语那样采用介词而不是各种屈折的格系统的语言的一种典型手段是插入一个没有语义内容的虚介词，以此作为允许各种名词性补足语的格标记。”“of-插入规则是一条形成 NP[$_{NP}$ of NP]的附加规则”(Chomsky 1981：50-1)。所以，在名词前插入 of 是为了给这个名词赋格，[of NP]作为整体是一个有格的 NP，依然具有名词性。另外，对系动词 be 的补足语的指称性的论述可参看沈家煊(2013)。

以上英语例句中 of 的补足语都是 NP，而对应的汉语例句则可以是 NP 或 VP、AP。这是很耐人寻味的。Larson(2009)也曾注意到类似的现象，提出汉语“大名词”类的观点。本文将在 5.1 小节加以讨论。还有一个值得注意的现象是，以上例句中的 of 介词短语可以转换为相应的形容词，比如 a matter of importance 可以说成 an important matter。但事实不限于此，也有不能转换的例子，因此更像汉语“是……的”句。

(31) The two rooms are of a size. ……是大小一样的。

(32) He is of the same weight as his brother. ……是一样重的。

(33) The productive forces were of a very low level. ……是非常低水平的。

(34) City Lights and Modern Times were of this kind. ……是这种的。

(四) of 跟“的”一样，既可用于定语，也可用于副词性领格结构(adverbial genitive)，即做状语(的$_1$)。定语用例不烦赘举，下例是状语：

(35) People seem to have drunk far too much, present company excepted of course.

今晚大家似乎喝酒喝得太多了，当然的$_1$啰，在座各位除外。

(五)“的”字结构常常会出现“省略”中心语的情况，比如“开车的”一般理解为“开车的人”。of 介词短语也有独立于中心语而单独使用的情况：

(36) Of course I can! 当然的$_1$，我能。

(37) We gave generously of our own accord. 我们自愿的$_1$慷慨解囊。

(38) Be more like the girl he married and love him as you did of yore.

……如你从前般的$_1$爱他。

这三例是副词性领格语。形容词性领格语也有例子：

(39) Of all the students in this class, Tom is the best.

Li 和 Thompson(1981)以及黄正德(1988)曾论证汉语不允许介词没有可见补足语(宾语)，即介词悬空(adposition stranding)的现象。如果“的”是后置介词，那么“的”字结构的“省略”，就不是介词悬空。以“开车的(人)”为例，“的”的补足语“开车”在前面，省略的“人”是整个后置介词短语修饰的对象中心语，而不是介词补足语。更像介词悬空的是这样的例子：

(40) 因为从那里面，看见了被压迫者的善良，的灵魂，的酸辛，的挣扎；还和四十年代的作品一同烧起希望，和六十年代的作品一同感到悲哀。(鲁迅《热风·祝中俄文字之交》)

类似的例子曾经在个别作家笔下出现，却最终不为大众所用，这其中倒是可能有介词悬空的因素。

(六) 常用于组合成复杂介词，有的框式介词(circumposition)做定语时必须有“的”参与，比如“在……上”：

(41) 在操场上的同学　　　*在操场上同学①

of 也常常是英语复杂介词中的必备成分：

(42) by means of, by way of, for the sake of, in the event of, on the point of, irrespective of, ...

2.2 “的”和 of 的语义平行性

(一) 二者都可以表达比-'s 更广泛的领属意义：

(43) book of Lu-xun 鲁迅写的/拥有的/借的/拿的……书

(二) 二者都可以表达比-'s 更广泛的格关系。即使是在主、宾格的情况下，也比-'s 受到更少的限制。比如：

---

① “在操场上”修饰“同学”时需要“的”的帮助，但是“操场上”修饰“同学”就可以不需要借助于“的”，下面这个例子来自于“糗事百科”网站：“可看到操场上同学们的表情，我瞬间石化了。”(不能切分为“操场上|同学们的表情”)这说明居中的方位词有接近“的”的联系项功能(详见 4.2 节)，而复杂的框式介词则没有，这可能是因为框式介词并非整体上居于两个需要联系的词汇项中间的原因。

主格：

(44) arrival of the next bus　　下一班汽车的到来

宾格：

(45) shooting of animals　　对动物的射击

(46) use of solar energy　　(对)太阳能的利用

部分格(partitive)：

(47) a portion of the food　　食物的一部分

(48) the youngest of the children　　孩子中的老幺

来源(source)：

(49) The Timon of Athens　　雅典的泰门

(50) a man of Rome　　罗马的人

和"的" 一样，of 也会因为有时用于表达兼有主宾格关系的囫囵领格(plenary genitive)意义而导致歧义：

(51) shooting of the police　　警察做的射击/对警察的射击

(52) 母亲的回忆　　母亲做的回忆/对母亲的回忆

(三) 表示描写性语义。陆丙甫(2003)论证了描写性是"的"字定语的基本功能，of 也可用于表达对中心语描写，如：

(53) man of integrity　　正直的人

描写和限定是定语的两个主要功能，但这二者存在着功能上的不对称。描写可以导致限定，而限定不能导致描写，这有其认知上的原因(完权 2012)。of 和"的"可充当描写性定语，而-'s 不可以，这是二者分野的大界。

(四) 当然，尽管"的"和 of 基本能覆盖并远远超出用-'s 表达的语义，但"的"和 of 也还都有互相不能覆盖的地方：

(54) 他唱歌的声音　　* the sound of he sings/his singing

(55) We haven't seen her of late.　　我们最近(*的)没见到过她。

(56) a cup of tea＝ 一杯茶 ≠ 一杯的茶

这很可能是二者不同的历史来源造成的，详见后文 5.2 小节。但同样作为领格标记，"的"和 of 具有更多的共性，因此更有理由用生成语法处理 of 的办法来处理"的"——把"的"视为介词，尽管 of 是前置介词而"的"是后置介词。

3. 语类理论新进展

3.1 介词的语类特征

根据生成语法关于语类的经典理论(Chomsky 1981：48)，介词不属于词汇语类，其语类特征为[－N，－V]。汉语学界通常也把介词归为功能词(邓思颖 2010：41)。尽管传统上确实把语类二分为词汇语类和功能语类，但是自 Corver 和 Riemsdijk(2001)起，半词汇语类的问题就引发了深入的讨论。越来越多的语言学家从语言事实出发，认识到词汇语类和功能语类的二分失之粗疏，试图用增加句法特征的方法来论证介于二者之间的半词汇语类的句法问题。就涉及介词的理论而言，可以 Littlefield(2006)和 Mardale(2011)为代表。他们都提出应该把介词划分为更接近词汇语类的介词和更接近功能语类的介词。

这一理论体系和以往对词汇性和功能性的认识并不一样。在此前各家的理论中，尽管使用[±N]和[±V]这两个特征给不同语类所下的具体定义不一样，但都认为词汇性和功能性是同一个维度的两端，亦即，有词汇性则无功能性，而有功能性则无词汇性。然而，Littlefield(2006：62)提出，[±Lexical]([±L])和[±Functional]([±F])是两个不同维度上的特征，前者着眼于语义，后者着眼于句法。词汇核心和功能核心被分别定义为：

(57) 词汇核心：[＋L，－F]

　　功能核心：[－L，＋F]

功能特征的本质，是提供短语或者句子之间的连接性。从这个角度来看，不仅 DP、IP、CP 等的功能核心具有

[＋F]特征，而且能够赋格的动词和介词也都具有[＋F]特征。词汇核心的本质，是提供实在的概念内容。介词的情况据此一分为二。有些介词 in，on，under，with，for 等可以提供方位、伴随、目的等实在的语义，那么它们就具有[＋L]特征。兼有词汇性和功能性的语类，被定义为半词汇核心：

(58) 半词汇核心：[＋L，＋F]

而有的介词，仅仅作用于句法而不能提供实在的词汇意义，就具有[－L]特征。据此，可以把介词分为两类，扩展后的特征描写如下：

(59) 半词汇介词：[－N，－V，＋L，＋F]

功能介词：[－N，－V，－L，＋F]

引入[±L]和[±F]这两对特征后，一个完整投射的 X'结构可以表达如下：

(60)

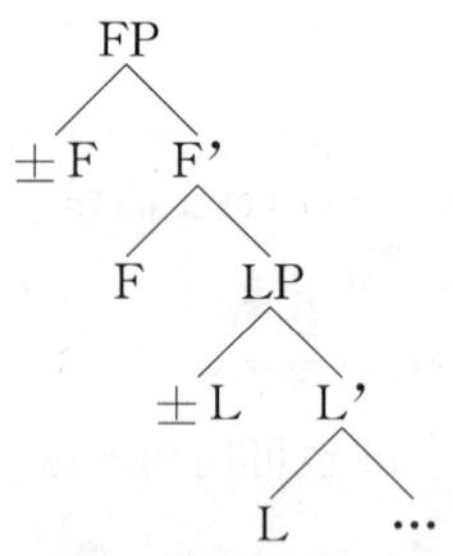

(引自 Littlefield 2006：69)

其中，F 和 L 的关系还是和经典的生成语法的认识一样，功能范畴高于词汇范畴。

3.2 “的”是功能介词

Littlefield(2006：71)根据上述语类新理论把 of 定性为功能介词。基于前文的认识，“的”和 of 的句法语义本质类似，因此也可以定性为功能介词。虽然，“的”和 of 在语序上的表现正相反，但是语序参数并不会影响到它们的语类特征。“的”倾向于后附的附缀性只是对其形态特征的描述，却不是对其句法意义的定性。因此，本文不赞同因为“的”和-'s 都具有这样的形态特征而确定“的”具有和-'s 一样的功能语类特性。在这个语类描写新体系中，助词被描述为[－L，－F]。而“的”因其具有提供句法联系的功能，所以不应划归为助词，而应该划归为功能介词。

4. “的”满足中心语的语义要求

4.1 “的”的语义

不过，仅仅认识到“的”是功能介词还不能回答“的”的中心语问题。因为，根据最简方案，只表示语法关系而缺乏任何实质意义的功能词，不能作为中心语(Chomsky 1995)。因此邓思颖(2006)质疑：“只基于表示偏正关系这一点而把‘的’当作一个中心语，恐怕仍未算妥当。”但该文也指出，如果能证明“的”的语义不是空的，“的”作为中心语也是可行的。所谓“‘的’的语义不空”，根据前述语类理论，也就是可以描写为[＋F]。该文还引用了熊仲儒(2005)根据石毓智(2000)归纳出来的“‘的’只是一个具有限定作用的功能范畴 D”，但并未真正接受这一看法。笔者也不赞同石毓智(2000)提出的“的”的基本功能是从“一个认知域中确立出成员(一个或多个)”的观点。关键一点在于，“从一个认知域中确立出成员”的逻辑前提是首先要存在一个认知域 Y；但“X 的”是可以独立存在的，并且能够代替 Y。既然被当作有待确认成员的认知域 Y 都不存在，那就更谈不上从中确认成员了。对此质疑的一个可能回答是，认知域 Y 被省略了。但实际上，有很多例子可以证明，Y 常常并不明确，只能补出“东西”这样最笼统的词，甚至无法补出。如裘荣棠(1992)所举：

(61) 有的[?]是学校，少的[?]是教育。

(62) 木匠用的[?]是自己的心思，自己的力气，一点儿也不靠傍别人。(叶圣陶《倪焕之》)

赵元任(Chao 1968：296)也指出表示整个的情况，意思是“事情就是这样”，“就是这样的情形”的“的”的后面补不出名词。比如：

(63) 你不能走了就算完事的[?]。

黄国营(1982)也指出宾语位置上的一些近乎熟语的“名＋的”不能在后面补出名词：

(64) 您歇着您的[?]吧。(侯宝林)

(65) 搁着你的[?]，放着我的[?]，咱们走对了劲儿再瞧。(老舍)

既然不是省略，那么从“一个认知域中确立出成员”的说法也就不成立了。

那么，“的”充当中心语还有没有可能的语义依据呢？有。其实，“的”像 of 一样，表示参照体与目标体的关系(Langacker 1993；沈家煊、王冬梅 2000)，这已为认知语言学界公认。此不赘述。这种关系可以涵盖领格的多种语法意义，详见后文 5.3 小节。

从显著度的差异来看，参照体突显而目标体不突显，目标体甚至可能没有合适的词语表征。无法补出中心语的“的”字结构即言在此而意在彼，那个无形的“中心语”本来就是在言语“在线”产生的过程中生发的没有现成词语表征的概念。这似乎可以为李艳惠(2008)提出的真空语类找到一个认知语言学的解释。该文提出“的”和连词类似，而连词和介词的共性是都具有联系两个词语的功能。不过，本文认为“的”不只是能把词语联系起来，而且具有赋格的功能。详见后文 5.2 小节。

4.2 历史

of 和“的”都表达物与物之间的相关性，同归但却殊途。

根据《牛津英语大词典》(*Oxford English Dictionary*)，of 和 off 同源，都来自原始日耳曼语的 af-，也就是现代英语的 ab-，基本的语义是“分离”。由此看来，X of Y 的核心语义就是 X 从 Y 中分离出来，X 来自于 Y，Y 是 X 的参照体。因此，Abney(1987：78)提出，of 和-’s 不一样，是部分格标记，这是有一定道理的。

把“的”视作表达参照体关系的介词的历史语言学依据是“的”来源于后置的方位名词“底(下)”，其前身又是处所名词“底(部)”。可作比较的是，汉语中还有一些方位词，也虚化出具有类似联系项功能，但还没达到“的”的程度：

(66) 楼<u>下</u>小店　　　心<u>中</u>怒火　　　天<u>上</u>白云　　　山<u>间</u>竹笋①

Li 和 Thompson(1974)把这些词也看作后置介词。刘丹青(2003：158)也认为“就普通话而言，最虚化的后置介词除‘的’以外就是‘上、里’，其次是‘前、后、中、外、下、内、间、旁’等单音节方位词”。Hopper 和 Traugott(1993：107)勾勒了从关系名词到语义较实的二级介词、再到语义极虚的一级介词的语法化路线，这正是“底”发展到“的”的历程。

相比较而言，英语中的萨克森式领格(Saxon genitive)标记-’s 来自于中古英语的指代词领格(his genitive)标记 his 的附缀化(Allen 2003)。“之”最终成为领格标记的道路倒是与-’s 相似，所以如果拿“之”来看“的”会进入相反的道路。

4.3 领格的语法意义

不同的来源导致-’s、of、“之”、“的”形成了各具特色的句法分布、语义和功能，而它们的共性就是采用语法性质不同的形式表达名词和名词间的各种语义关系，亦即广义的领格意义中的某些方面。

从对世界上多种语言的调查结果来看，广义的领格意义非常丰富，最常见的就包括狭义的领属领格(possessive genitive)、属性领格(attributive genitive)、部分或整体领格、同位领格、描写领格、主领格(subjective genitive)、宾领格(objective genitive)、方位领格、来源领格、目的(地)领格、副词性领格等等②。一个语法标记越是

① 无方位词殿后的处所词也可以不用“的”而直接修饰名词，如“底层店铺、内心怒火、高空白云、深山竹笋”等。这些名名组合的实质是复合名词(Chao 1968：Ch. 7；完权 2014)。在朱德熙的语法体系中，组合式偏正名词短语和粘合式偏正名词短语也有本质不同。有“的”无“的”大不一样(吕叔湘 1979)。因此，这些用例不宜和作为短语的“楼下小店”等直接比较。

② 拉丁语传统语法分领格为 8(Bennett 1895：134)或 10(Nikiforidou 1991：153)类，它们更多对应于 of 而非-’s 领格。希腊语领格意义甚至可以分为 12 类(http：//www. ntgreek. org/pdf/genitive_case. pdf)乃至 33 类(Wallace 1996：72)。对派生于动词的名词或者具有活动意义的名词而言，重要的是主领格和宾领格，以领格形态表达动名之间的施事或受事关系。主领格如拉丁语 adventus Caesaris(the arrival of Caesar，凯撒的到来)，希腊语 η παρουσία του Χριστού(the coming of Christ，基督的到来)；宾领格如拉丁语 causam itineris(the cause of the journey，旅行的原因)，希腊语 μια επί δειξη της δικαιοσύνης του (a demonstration of his righteousness，公义的伸张)。当施受关系都能表达视语境而定时，称为囫囵领格，如希腊语 την αγάπη του Χριστού(the love of Christ，基督的爱，基督赋予的爱/赋予基督的爱)。这三种领格意义统称为动词性领格(verbal genitive)，还有其他多种领格意义和动词无关。

囊括更多的语义，其语法意义也就不得不越来越抽象化，最终虚化成为物-物关系本身的标志。

of从部分格介词发展为可以表达广义领格中的大多数语法意义的一级介词。Langacker(1993)认为of代表了两个实体之间的内在关系，包括关于部分整体的结构，构成物体的材料和结构实体，与另一个实体有关系的实体的描述，或者是事件和它的主要参与者之间的关系等等。作为最抽象的一级介词，of可以弥补意义较为实在的二级介词在表达物与物的相关性上的不足，与之组合，成为复合介词的必有成分：

(67) out *(of) the house

(68) ahead *(of) us

如前文(41)所示，“的”也是如此。“的”是从方位领格介词发展而来表达广义领格意义中的大多数语法意义的一级介词。这就决定了of与“的”的句法语义共性。

而-'s从领格指示代词his发展而来，也能表达广义领格意义中相近的其他语法意义，但主要是表达狭义的领属意义。所以把-'s和“之”分析为DP核心都可行，因为它们作为功能范畴限定词D在DP中实现了指称特征的允准(胡建华、石定栩 2005)。而of和“的”却都不能。这是“的”的中心语问题的各种DP方案最终都遇到困难的原因。

5. 后置介词方案

5.1 汉语词类包含模式

要认清“的”的句法地位，还需要引入对汉语词类的新认识——词类包含模式。沈家煊(2007)以来的一系列论文，论证了这一名动包含模式。汉语里的名词和动词不是像印欧语那样是两个分立的类，而是名词包含动词。再加上公认的形容词是动词的次类，那么，所有的汉语动词、性质形容词其实都具有名词的本性，是名词这个大类里面的特殊次类。这一词类格局，影响到了汉语句法的多个方面：名动的不对称、名动词、形容词、否定词、补语、系词句、零句和流水句等等。

Larson(2009)也从生成语法的研究中独立得出汉语名动形是一个“超级名词类”的观点。他提出，“的”的右边是一个名词，左边也是一个[+N]的语类。根据格过滤式，句子中的每个名词都必须取得格，所以就有必要确定它们之间的关系——到底是谁领属谁，因而汉语“的”的本性是一个和格有关的现象(Larson 2009：59；Li 1985)。超级名词说和沈家煊(2009)的汉语词类包含模式及汉语里没有名词化的论证是相通的。尽管这个观点在目前的生成语法学界还没有得到应有的重视，但是我们不应忽视采纳大名词观的理论优势，即可以使理论“最简化”。

5.2 赋格

确定了“的”的后置介词地位以及汉语词类包含模式，回答“的”的中心语问题就水到渠成了。介词“的”插入两个名词之间，这和“of插入”规则本质上是一样的，目的都是为了给名词赋格。如果句中的名词必须有格，那么组合式偏正短语中两个名词在一起，要确定领格关系，必须依靠介词，因为一个名词不能给另外一个名词赋格。而靠动词来赋格，就成为主谓或者动宾关系了。所以必须依靠介词来给它的补足语赋领格，才能通过格过滤式①。

汉语中两个实词在一起，是否都表现为名词，没有形式标志。如果都是名词，就都需要得到格指派。“马的毛”可以说成复合名词“马毛”，但是“马的奔跑”、“马的快”不能说成“*[$_{NP}$马奔跑]”、“*[$_{NP}$马快]”，因为这时没有介词，只能由具有[+V]特征的“奔跑”和“快”给只有名词性的“马”赋主格，短语被优先处理成主谓关系。同样，“[$_{NP}$放养的马]”一般不说成“*[$_{NP}$放养马]”，否则会被优先处理成动宾短语②。

单双音节有时能奏效。“出租汽车”的句法关系分不清，不过“出租车”(2+1)是名词性偏正结构，“租汽车”(1+2)是动宾短语。但仅仅靠单双音节，也会有歧解。“炒鸡蛋”就无法确定是动宾关系还是偏正关系。只有插入介词“的”，给“炒”赋领格，才能确定整个短语是偏正名词短语。所以，“的”出现的频率那么高，重要原因之一就

① 至于粘合式偏正名词短语，如前注所述，其句法本质是复合名词，词内成分关系应另当别论。

② 承蒙匿名审稿人指出，不排除在一定的语境中被处理成复合名词，如“圈养马比放养马驯顺”。不过，VN复合名词中的V和N不存在句子层面上的格关系。

是汉语名动形是一个大名词类，常常需要给定语中的名词赋格并确认两者的关系。

在英语的"Y of X"结构中，X 以名词充当为主。动词和形容词需要转变为名词形式，比如(26)中要把 important 变成 importance(of 不是名词化标记)。遇到像 a sky of blue 等少数用例，可以说是形容词 blue 不加标记就名词化了(of 也不是名词化标记)。不过汉语"X 的 Y"里动词、形容词加"的"(也不是名词化标记)充当名词的定语却是广泛现象，如果说所有 X 都名词化了，还不如说它们本来就具有名词特征。因为"凡是相同的条件下，同类的词都可以这样用的，不算词类转变"(吕叔湘 1979：46)。

5.3　光杆名词短语

至此，一个带"的"的汉语光杆名词短语"X 的 Y"的基本结构可以如(69a)所示，而(69b)则是对应的英语"Y of X"的 X'结构图。两者除了分支方向相反外，更加值得注意的是，汉语中的 N 是大名词类，包含动词、形容词，而英语中的 N 是分立的名词类，和动词、形容词相互对立。

(69) a. b.

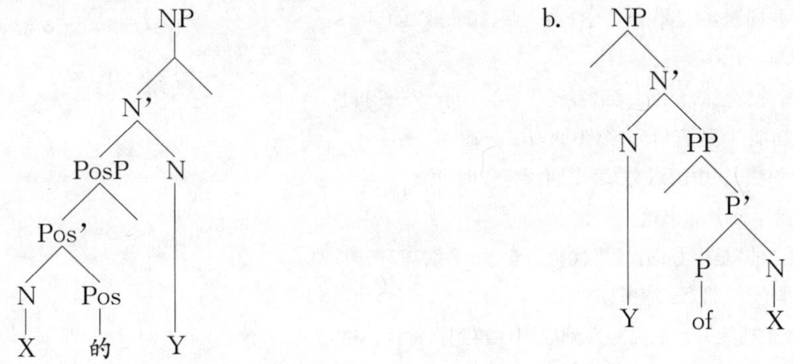

5.4　"这本书的出版"

"这本书的出版"，是一个老大难问题。如果后置介词说可以成立，并且承认汉语动词是名词的一个次类，那么"这本书的出版"中的"出版"本来就有名词性，没有"名词化"；"这本书"也没有"名词化"，避免了名词也需要名词化的悖论。"这本书的出版"中"书"和"出版"并不存在实质上的小句关系，"出版"并不给"书"赋主格。实际上，是"的"给"书"赋领格，而"书"和"出版"之间是主领格关系。"出版的书"和"书的出版"的结构也一样，但"出版"和"书"之间是宾领格关系。

(70) [$_{NP}$[$_{Pos}$出版的]书]　　　　[$_{NP}$[$_{PosP}$书的]出版]

这样的分析更为简化，并且可以获得和附接语说(邓思颖 2006)相同甚至更广泛的解释力。广义领格意义的分析似乎比修饰意义的附接语分析更适用于"马连良的诸葛亮"和"蚊子咬的包"之类的用例。

参考文献

Abney, S. 1987. The English noun phrase in its sentential aspect. Ph. D. diss., MIT, Cambridge, MA.

Allen, C. 2003. The early English '*his* genitives' from a Germanic perspective. In P. Collins and M. Amberber, eds.' *Proceedings of the* 2002 *Conference of the Australian Linguistic Society*, http://www.als.asn.au [accessed 30, Apr. 2014]

Bennett, C. E. 1895. *A Latin Grammar*. Boston, MA/Chicago, IL: Allyn and Bacon.

Chao, Y. -R.(赵元任). 1968. *A Grammar of Spoken Chinese*. Berkeley: University of California Press.

Chomsky, N. 1981. *Lectures on Government and Binding: The Pisa Lectures*. Holland: Foris Publications.

——. 1995. *The Minimalist Program*. Cambridge: The MIT Press.

Corver, N. and H. van Riemsdijk. 2001. *Semi-Lexical Categories: The Function of Content Words and the Content of Function Words*, Berlin and NY: Mouton de Gruyter.

Hopper, P. and E. Traugott. 1993. *Grammaticalization*. Cambridge: Cambridge University Press.

Langacker, R. 1993. Reference-point construction. *Cognitive Linguistics* 4, 1: 1－38.

Larson, R. 2009. Chinese as a reverse Ezafe language. *Yuyanxue Luncong*《语言学论丛》39: 30－85.

Li, Y.-H. A.(李艳惠). 1985. Abstract case in Chinese. Ph. D. diss., University of Southern California, Los Angeles.

Li, C. N. (李纳) and S. Thompson. 1974. An explanation of word order change SVO → SOV. *Foundations of Language* 12, 201－14.

——. 1981. *Mandarin Chinese: A Functional Reference Grammar*. Berkeley, CA: University of California Press.

Littlefield, H. 2006. Syntax and acquisition in the prepositional domain: Evidence from English for fine-grained syntactic categories. Ph. D. diss., Boston University, Boston, MA.

Mardale, A. 2011. Prepositions as a semilexical category. *Bucharest Working Papers in Linguistics* 13,2,35－50.

Nikiforidou, K. 1991. The meanings of the genitive: A case study in semantic structure and semantic change. *Cognitive Linguistics* 2, 2: 149－208.

Tsai, W.-T. D. (蔡维天). 2003. Three types of existential quantification in Chinese, In Y.-H. A. Li and A. Simpson, eds., *Form, Interpretation and Functional Structure: Perspectives from Asian Languages*. London: Curzon/Routledge. pp. 161－79.

Wallace, D. B. 1996. *Greek Grammar Beyond the Basics: An Exegetical Syntax of the New Testament*. Michigan: Zondervan.

邓思颖，2006，以“的”为中心语的一些问题。《当代语言学》第3期，205—12页。

——，2010，《形式汉语句法学》。上海：上海教育出版社。

胡建华、石定栩，2005，完句条件与指称特征的允准。《语言科学》第5期，42—9页。

黄国营，1982，“的”字的句法、语义功能。《语言研究》第1期，101—29页。

黄正德，1988，汉语正反问句的模块句法。《中国语文》第4期，247—64页。

黎锦熙，1924，《新著国语文法》。北京：商务印书馆。

李艳惠，2008，短语结构与语类标记：“的”是中心词？《当代语言学》第2期，97—108页。

刘丹青，2003，《语序类型学与介词理论》。北京：商务印书馆。

陆丙甫，2003，“的”的基本功能和派生功能——从描写性到区别性再到指称性。《世界汉语教学》第1期，14—29页。

吕叔湘，1979，《汉语语法分析问题》。北京：商务印书馆。

——，1982[1942]，《中国文法要略》。北京：商务印书馆。

裘荣棠，1992，谈“动＋的”短语的几个问题。《中国语文》第3期，182—90页。

沈家煊，2007，汉语里的名词和动词。《汉藏语学报》第1期，27—47页。

——，2009，我只是接着向前跨了半步——再谈汉语的名词和动词。《语言学论丛》(第四十辑)。北京：商务印书馆。3—22页。

——，2013，谓语的指称性。《外文研究》第1期，1—13页。

沈家煊、王冬梅，2000，“N的V”和“参照体-目标”构式。《世界汉语教学》第4期，25—32页。

石毓智，2000，论“的”的语法功能的同一性。《世界汉语教学》第1期，16—27页。

完权，2012，超越区别与描写之争：“的”的认知入场作用。《世界汉语教学》第2期，175—87页。

——，2014，从“复合词连续统”看“的”的隐现。《语法研究和探索》(十七)，北京：商务印书馆，199—223页。

熊仲儒，2005，以“的”为核心的DP结构。《当代语言学》第2期，148—65页。

袁毓林，2003，从焦点理论看句尾“的”的句法语义功能。《中国语文》第1期，3—16页。

章振邦，1997，《新编英语语法》(第三版)。上海：上海外语教育出版社。

完权，中国社会科学院语言研究所 wanquan@cass.org.cn

(原载《当代语言学》2015年第1期)

论汉语语篇的基本单位和流水句的成因[*]

王洪君 李 榕

提 要 1. 确定汉语语篇基本单位的必要性。2. 已有的各家观点。3. 本文对语篇单位的定义：语篇中承载了说话交际时间和说话人交际意图/角色/语气/情态等语用范畴的小单位，并分别用“逗”和“句断”来命名汉语语篇的两级小单位。4. 逗、句断的韵律边界分别是：末位韵母的平拖型延宕 *vs.* 末位韵母敛落型缩短加无声停顿段。5. 逗、句断在书面标点上的表现是：逗号类都对应逗，而句号类分为准句号、真句号两类。准句号跟逗号类一样是逗的体现，其句号则是句断的体现，两者的韵律边界不同，与话题转换的关系也不同。6. 逗、句断在语法构成上的特点是，逗的语法构成是短语，句断的语法构成却相当于英语的句群。汉英韩的对比说明，汉语流水句的成因，一是汉语没有仅由主谓结构占用的小句这一级语法单位，二是对各类短语的直接成分没有语法类的限制。

关键词 汉语语篇基本单位 韵律边界 真句号 准句号 流水句

一 确定汉语语篇基本单位的必要性

语篇的结构有两类，一类是宏观的结构，另一类是微观的结构。

语篇的宏观结构，指的是与一个完整语篇所表达的主旨相关联的直接组成部分及其彼此关系。这方面的研究目前还比较薄弱，一般是借用文章学(包括现代的和中国古典的)术语进行分析，大体停留在文章的起承转合结构上。本文的讨论不涉及语篇宏观结构。

语篇的微观结构，指的是由大小不同的层级性的语篇单位构成的成分结构体系。比如，一般认为，英语语篇可分为“小句(clause)—句子 (sentence)—句群 (sentence group)—语篇 (text)”。本文所讨论的汉语语篇的基本单位，属于语篇微观结构最底层的小组块，它到底是个什么样子，对于语篇分析非常重要。比如说，如何定义该单元在语篇中的分界，会直接影响到前指强度或话题链长短的数据，而这些数据又是确定语篇中心人物、分析前景背景及其前景事件进展线索的重要基础。

汉语语篇的最小单位和次小单位，有许多不同于英语小句和句子的特点，这使得汉语语篇这两级单位的定义和命名，以及何者更为基本，都成为需要讨论的问题。比如：

(1) 那辆车$_i$ 价钱太贵，$ø_i$ 颜色也不好，我$_j$ 不喜欢 $ø_i$，$ø_j$ 也不想买 $ø_i$。

That car is too expensive. The color is not good either. I_i don't like it and $ø_i$ don't want to buy it. (转引自 Li & W. 2004)

从书面标点来看，例(1)的汉文是一个由四个逗号句构成的一个句号句。句中共有四个零形前指(ø)，其中三个指向第一逗号段段首的“车”($ø_i$)，一个指向第三逗号段段首的“我”(j)。而相应的英文却是由三个句号句组成

* 本文为教育部《现代汉语语篇的结构和范畴研究》(2009JJD740001)项目的研究成果。初稿曾于 2013 年 3 月在香港中文大学举办的“汉语韵律语法研讨会”上报告过。感谢与会同行提出的问题和《语言学论丛》匿名审稿专家提出的修改意见。文中仍存问题由笔者负责。

的一个句群，其中前两个句号段均由一个主语和一个含有定式动词的谓语构成，末一个句号段则由一个主语和由并列连词 and 连接的两个含有定式动词的双谓语构成。句群中只有一个零形前指，出现于 and 之后，用零形指代表示并列后项谓语的主语与前项谓语的主语同指。总之，英文用由定式动词标示出的主谓结构小单元和明确的零形指代规则展示出，该语段是由四个主谓结构组成的三个句子构成的一个句群。

英语者大多感到奇怪：汉语怎么可以把这么多的信息放到一个句号段中？或者，像例(1)这样的句号段，看去与英语的 sentence 如此地不同，是否还适合于用“句子(sentence)”这个术语？而对于汉语母语者来说，“一逗到底”十分常见，逗号与句号的使用常常因人而异，但彼此交流却又完全不是问题，这是怎么回事？

所有这些都说明，汉语语篇的最小、次小单位的定义和特点，以及两级单位中哪一个更加基本，都需要专门的讨论。

二　汉语语篇基本单位已有研究回顾

国内外对汉语语篇基本单位的讨论已有不少，但意见较为分歧。而学界对于英语语篇的基本单位却已基本达到共识，可用作参考。因此下面我们先看英语，再及汉语。

2.1　英语语篇的基本单位

英语语篇的基本单位是“语篇小句”。英语“小句”的定义主要有两种，都有明确的形式标准。一种定义是“由一个定式动词(包括功能相当于一个定式动词的并列的多个定式动词)参与构成的主谓结构”，而另一种的形式定义是“由一个动词(包括功能相当于一个动词的并列的多个动词)参与构成的结构”。两者的区别主要在于动词是否加“定式”的限制。

如果按照第一种定义，加上了“定式”限制的小句(即加上了体现为英语动词过去时现在时变化的时范畴、体现为不同情态助词的情态范畴)，具备了以语篇成篇时说话人定位的交际语境和交际意图等语用层面的动态要素，因此可以单独构成句子甚至语篇，也称“基础的动态语法单位”，或“基础的使用性语法单位”[①]。语篇研究中所用的“小句”这个术语，均特指带定式动词的小句，也可特称“语篇小句”。

如果按照第二种定义，不加“定式”的限制，则不定式小句也包括在其中。不定式小句在语篇中是降一级的单位(Halliday 1985)，在句子中大多做定语、状语、主语、宾语等不与言语交际的具体时空或说话人立场、意图直接相关的成分，在语篇中的作用相当于短语。第二种定义的“小句”是体现动词与论元之句法语义关系的基本单位，可特称“语法小句”。

本文中所说的小句，如不加特别说明，均指语篇小句。

2.2　汉语语篇的基本单位

虽然少有论著明确地提出“汉语语篇的基本单位”这个术语，但与之相关的研究却不少。下面仅简单评介 5 种观点，虽然他们所讨论的并不全是语篇的基本单位，但所论都对该问题的研究有较大的影响。

2.2.1　零句本位说

该说由 Chao(赵元任 1968/1979/1981)提出。“零句”是吕先生的中译。赵的原文是 mimor sentense，译为“零”，取其“畸零、零碎”的义项。赵认为句子是两头被停顿限定的一截话语。句子分为整句和零句，整句有主语、谓语两部分(或称话题、说明)，而零句只有主语或只有谓语。赵先生还指出，汉语中一个整句是由两个零句组成的复杂句，汉语日常话语中零句是根本，是常规形式。

需要特别说明的是，赵先生并没有“所有整句都是由两个零句组成的复杂句”的意思。如果主语的后面(同时也是谓语的前面)没有停顿，就不把这些主和谓分别分析为零句，就把整个主谓结构只分析为一个简单整句而不是一个复杂句。[②] 比如：

---

① 这两个术语都是指语用层面的基本单位。

② 这一点是沈家煊先生提醒笔者的。

(2a) 饭啊，还没得呐！

(2b) 饭还没得呐，等等再走。

例(2a)的主语"饭啊"和谓语"还没得呐"之间有较大停顿(还有语气词"啊")，则主谓分别是零句，整体是复杂句。而例(2b)的画线部分虽然也是主谓结构，但主谓之间没有停顿，则主和谓均不是零句，两者只构成一个简单整句。

Chao(赵 1968)十分重要。它首次提出的"日常话语的根本"概念，其实是点明了零句是言语的、进入交际的、语用层面的单位而非语法层面的单位。本文所论的"语篇基本单位"正是遵循了这一思路。该说还关联到其他不少重要问题(可参考沈家煊 2012)，本文将在第五节专门讨论。

另外，吸取半个世纪来语言学的新进展，我们认为 Chao(赵 1968)的以上观点有两点或可再进一步。首先是命名。既然说主谓不全的语段(限两端有停顿的)是汉语日常话语的根本，其命名似乎就应避免以主谓俱全的、非常规的"句"作为中心语。"零句"的命名恐怕是出于语言共性的考虑，如果仅从汉语自身特点来看，实在是应该有个自具足的命名才更加合理。而如果从语言共性考虑，我们认为，现代语言学中的"小句(clause)"要比"句(sentense)"更加适合作为语篇分析的最小单位。其次是关于零句的韵律形式。"两头被停顿限定"是个基于主观听感的粗略说法，近年来的实验语音研究已经提供了其中更多的细节，本文的第四节将在这些新研究的基础上更准确地定义汉语语篇最小、次小两级单位所对应的两类韵律形式(两类停延)。

2.2.2 词组本位说

该说的代表学者是朱德熙先生(可参看朱 1985)。其主要论点是：主谓结构在汉语中并不是高于词组的句子结构。也即汉语中主谓、偏正、述宾、述补、并列等各种短语都可以彼此嵌套形成更大的结构，也都可以加上句调而成为句子。因此，词组/短语就是汉语语法的最大单位，是否成句则是语言使用层面上的问题。可以看出，朱的词组本位，说的是语法层面上最大单位的问题，而非语篇层面上的最小单位问题。该说的突出价值是强调了从语法层面看汉语的句子没有专用的结构(主谓结构)的限制。

2.2.3 小句本位说

该说的代表学者是邢福义(1996)。他强调短语与小句的性质完全不同，对小句的定义是"最小的具有表述性和独立性的语法单位"。并解释说，"有表述性"是指"能够表明说话的一个意旨，体现一个特定的意图，每个小句都带有特定的语气"。"有独立性"是指小句不被包含在另一个小句之中。该说的突出优点是，定义中的定语部分和其后的解释，其实是明确地把该说的"小句"定义为了语用层面的单位。他还明确指出过，句调其实是一个语段成为语用层面单位的标记。可惜他对小句定义中的中心语却用了"语法单位"一词，这就与定义中的定语和其他解释发生了矛盾。

陆镜光(2006)敏锐地发现了上述矛盾。他主张小句是语法单位，一个小句是一个主谓结构，允许省略其中的主语或谓语。他还主张一个主谓结构对应于一个事件，可以以动词为中心联系论元讨论事件；而小句之上才可以讨论事件之间的语用关系，所以小句上面的单位才是语用单位。他还指出，小句可以单独成句，也可以彼此组合而成句群。陆说的突出优点是严格区分了语法单位和语用单位，并明确了"语法小句"只根据动词及其论元关系来确定，也即不定式小句将被包括在其中。但他认为小句不是语用单位的论点我们却不能同意。如前所述，我们认为，英语中增加了定式动词限制的语篇小句就是语用层面的单位。下一节我们还将更详细地阐述我们对于什么是语用层面单位的看法。另外，我们还认为，汉语语篇的最小单位，即使去除与语用语境相关的专用成分，其语法构成也不是主谓结构专用的小句，对此我们将在第六节中专门讨论。

2.2.4 标点句说

该说由宋柔(1992)等提出。宋(2008)更是从计算机处理汉语书面文本的角度明确提出，语言学界语篇分析常用的小句、复句、句群等术语难以给出一致公认的、可操作的定义，而书面文本中单位分界的主要形式标记是标点，所以为了便于操作，把"标点句"作为词和词组以上的语篇单位。其实，语言学界研究语篇的许多论文也是同样处理的，比如陈平(1987)对语篇分析中小句的定义是："本文一般以标点符号为标记，把用逗号、句号、问号等断开的语段算作小句。"第五节中我们将会论证，汉语书面文本中标点的这些分界，其实与口语中的停延大致对应，的确可作为汉语语篇最小单位的书面标记。

2.2.5 小结

以上各家观点看似对立，其实不乏共同之处。比如零句本位说和邢的小句本位说是从语用层次上说的，词组本位说和陆的小句本位说是从语法层面上说的，标点句是从书面文本的形式标记上说的。除陆之外，以上各家其实都强调了汉语的句没有语法上的限制，不要求一定是主谓结构。下面我们的立论对以上各说都有所吸收，特别是 Chao（赵 1968）。

三　语篇最小单位根本属性的定义

3.1 定义

我们把对汉语语篇最小单位的定义分为根本属性的、形式表现的两个方面。

我们认为，从根本属性上看，语篇最小单位是语用层面的最小单位，也即是进入具体言语交际（包括书面形式）的、承载了以具体交际的说话人定位的时间、说话人交际角色/立场/意图/语气/口气等语用范畴的最小单位。

3.2 跨层面单位

我们同意语法单位、语用单位有性质的不同，属于不同的层面。但我们又认为，不同层面的单位并非截然判分而是彼此有关联的。比如高一层面最小单位的形式方面一定要由低层面单位的组合来体现。也即高一层面上的最小线性单位，其形式上的构型一定大于低层面的最小线性单位，但可以与低层面上的较大单位大致重合，从而形成与两层面都有关联的接口单位。这些有跨层面关联的接口单位，一定是语言系统中重要的枢纽性单位。

比如，语法层面单位的性质是音义结合体，音系层面的小单位则本身没有意义，两者的性质完全不同。但高一层面的语法层面上的最小和次小线性单位（语素和词），其形式构型一定大于音系层面的最小线性单位（音段），但语素音形和词音形一定由音系小单位的组合而构成，从而通常会与音系层面较大的单位形成常规关联：汉语的语素音形与音系层的音节大致重合，英语的词音形与音系层的韵律词大致重合。这些有跨层面关联的单位——汉语的音节语素、英语的韵律词-语法词，正是各自语言系统中音系、语法两层面上都特别重要的枢纽性单位。

我们认为，语法单位与语用单位的关系也与之有平行性：(1) 语篇最小单位属于语用层面的最小单位，所以必定是语用范畴的承载体，这是与语法层面单位所不同的本质属性。(2) 语篇单位必定会在其层面之下的语法层面或更下面的音系层面、书写层面上有形式的体现，从而语篇单位的形式方面会与这些低层面上的某级单位大致交汇。(3) 也即，语法单位或音系单位、书写单位的性质不同于语用单位，但它们作为语用单位的形式方面或再低一层的语法单位的形式方面，可与语用单位形成跨层面的接口单位，这些跨层面的接口单位正是一个语言枢纽性的单位。

王洪君（2010①，2011）提出，现代汉语没有形态，无法从语法上定义“定式动词”，因此只能从更加基本的“与以语篇话主定位的交际角色或话主的立场/意图/语气”等语用范畴出发，观察承负有这些语用范畴的语篇单位在更低层面上的形式体现，如韵律上的体现、文字文本上的体现、语法虚词或语法结构上的体现，等等，找出其中的跨层面的关联规律，要特别注意是否有跨层面的单位交汇点。然后以这些跨层面规则性关联的形式方面，也即韵律、书写符号或语法标记，作为定义现代汉语语篇基本单位的形式标准。

王洪君（2000，2011）还特别强调，具有跨层面关联的语篇单位，特别是那些与低层面单位形成交汇关联的语篇单位，由于形式上的边界明确，具有封闭性，所以会形成母语者心理上的自然单位。比如，语篇单位如果同时与韵律上语调单元（IU，intonation unit），或书面上的逗号、句号，或语法上的主谓结构等重合，就更有可能与母语者心理上的单位对应。同时，这些低层面的形式特征，对于计算机自动切分来说，也是方便操作的依据。

---

① 2010 年 3 月 25 日北京大学计算语言学研究所“汉语处理相关问题研讨会”上王洪君的报告《现代汉语语篇的最小单位及其与英语小句的比较》。

3.3 命名

赵元任(1975/1999)曾经指出:“研究现代语言学的学者都同意,对于所研究的对象语言,不应该刻意去寻找我们从前就碰巧会说的那种语言中十分熟悉的东西,而应该努力确定我们实际上碰到了什么,并给它们以适当的名称。”前面我们也已经提到,赵、朱等先生早已指出,汉语日常口语常规的最小单位在句子结构方面与英语小句的巨大差异。因此,为了研究的方便,下面我们先用汉语传统所用的“逗(原用‘读’字)”和“句断”来称说汉语语篇的最小和次小两级单位,在搞清汉语这两级单位在韵律、书面、语法三层次上的反映形式并与英语简单比较之后,再最终确定它们的命名。

四 逗、句断两级语篇单位的韵律边界

4.1 汉语较大的韵律单位边界有两种不同的表现

近 20 年来,由于社会上对文字文本自动转换为语音的实际需求,关于普通话有声语篇中韵律单元的层级及韵律表现的声学和感知的研究有了长足的进展(曹剑芬 1995;王蓓、杨玉芳、吕士楠 2001;王蓓 2002;郑秋豫 2005)。

王蓓(2002)指出:“韵律边界等级是三种声学线索综合作用的结果,即边界前音节的时长、音高变化(音高不连续和音高重置)和无声段。线索越多,韵律边界等级越高。边界前音节的延长和音高的不连续是弱韵律边界的声学线索,而音高重置和无声段是强韵律边界的声学线索。”

这里的“音高重置”是指各级韵律单元(韵律词、韵律短语、语调短语等)的内部都有声调低音线音高的逐渐下降;同时下一个韵律单元的开始处,声调低音线的音高又会在比前一个韵律单元的末尾处提高(只用低音线可排除与节奏边界无关的、强调重音的影响)。如图 1 所示:

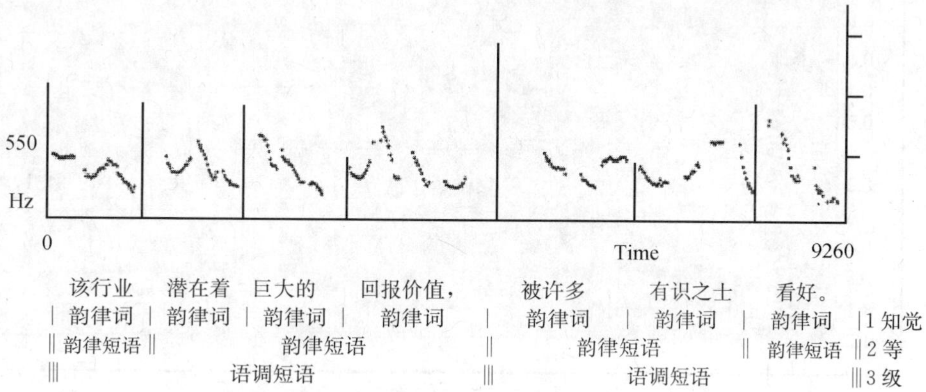

图 1 音高重置示意图(王蓓 2002)

还要特别注意的是,王(2002)上面的话还说明,除音高重置之外,感知上的韵律边界有两种对应物——“(韵律单元末尾)音节的延长”和“无声段(物理上真正的停顿)”。而这两类韵律特征可标记出韵律单元的大小——“韵母延长”与较小、较弱的韵律单元对应,而“无声段”与较大的韵律单元对应。从图 1 可以大致看出,虽然作者把该复句的两个小句都处理为语调短语,但前一个语调短语的末尾是平拖延宕,后一个是急降后加较长的无声段。

“音高重置”在郑(2005)经大量统计和归一化处理后的图 2 中表示得更加清晰:

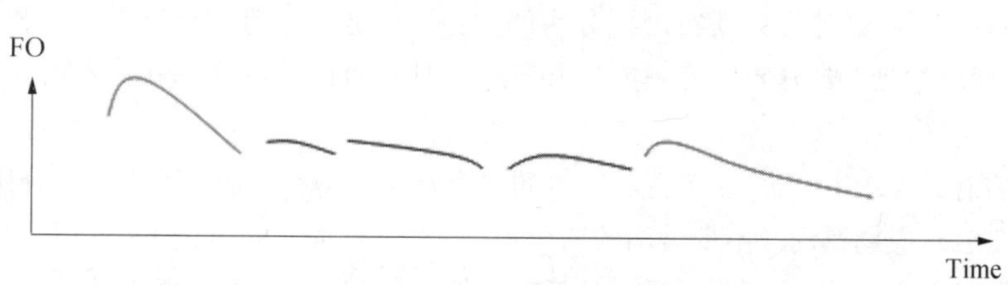

图 2 音高重置示意图(郑秋豫 2005)

郑秋豫(2005)根据台湾语音数据库语料的统计得到的图 3 和图 4,直接显示出汉语语篇的较小韵律单元和较大韵律单元分别对应于“末尾韵母延宕”(图 3)和“末尾韵母缩短 ＋ 无声段”(图 4)。

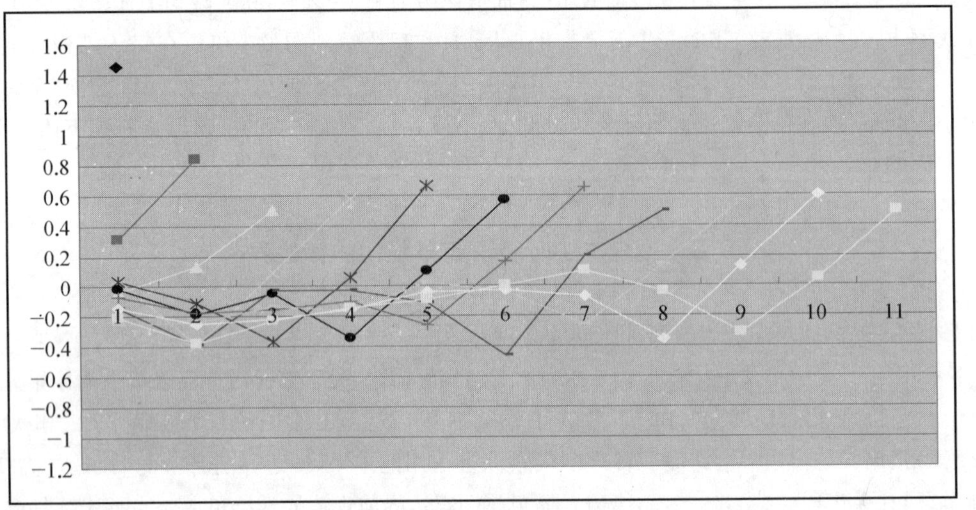

图 3　韵律短语(PPh)模块之音节时长规整系数(郑 2005)

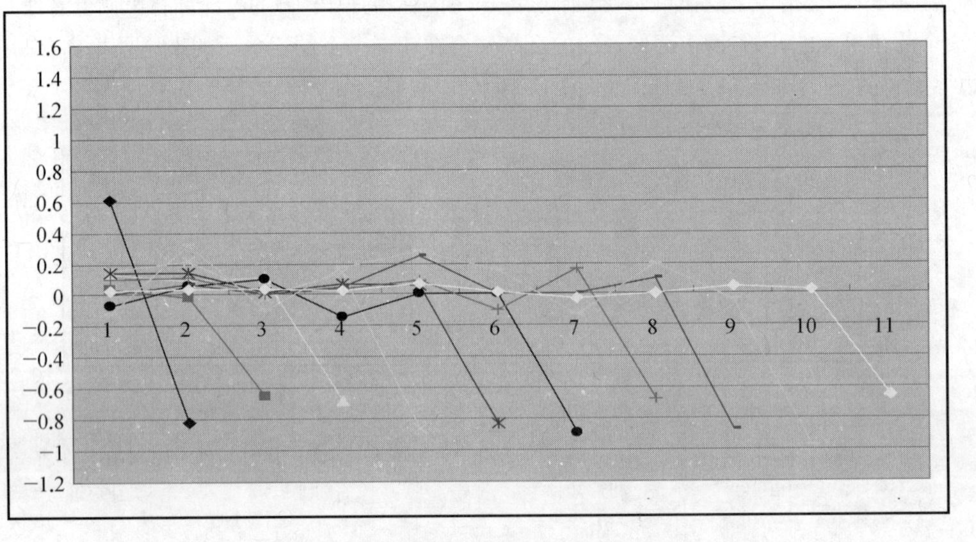

图 4　呼吸群(BG)模块的末尾短语之音节时长规整系数(郑 2005)

图 3、图 4 的纵轴均为各个音节归一化后的时长比例。图 3 是听觉感知到的较小的语篇韵律单元(郑称为“韵律短语”),该图显示,无论该级单元的音节数目是多还是少,末音节的时长均长于单元内的其他音节(表现为末音节总是在纵轴的最高点上);图 4 是听觉感知到的较大的语篇韵律单元(郑称为“呼吸群”),其末音节的时长均短于单元内的其他音节(表现为末音节总是小纵轴的最低点上)。

总之,根据不同的语料、不同的理论框架、不同的术语所做感知韵律分级及其声学体现都说明,感知上同为强度较大的韵律边界(一般所说的“停顿”)其实可再分为两类:一类是末字韵母有较大的延长,但没有无声段或只有很短的无声段,下面简称“延”或“延宕”;另一类是末字韵母缩短加长无声段,下面简称“停”或“停断”。两者合称“停延”。

要说明的是,延宕有大小级别的不同,王蓓(2002)的研究指出,韵母延长时间的长短分别对应听觉上的三个级别,最短和次短的延宕对应韵律词或不带语调的韵律短语,它们与本文的讨论无关;而最长的第三级延宕往往对应于某些语调短语,是本文讨论的对象。另外,除延宕之外还有大小不同的停断,它们都是本文讨论的对象,比如郑(2005)的呼吸群和王蓓(2002)的另一些语调短语。“停断”实际上是比“延宕”更大的韵律单位:在郑(2005)

的模型中，韵律表现为停断的被定义为“呼吸群”，呼吸群是比韵律表现为延宕的韵律短语更大的单元，她有时也称之为“短语群”；王蓓(2002)则是在讨论更大的信息单元时触及语调短语两种韵律表现的层级性。

4.2　延宕、停断与王蓓(2002)所说语法、语用单位的对应

先看与语法单位的对应。她所说的语法单位指她所说的“小句”以下的单位。她给出的语法单位与停延的关联数据如下：

表1　语法成分对应的知觉等级次数

知觉等级	语法词	语法短语	小句
1　韵律词	1 225	—	—
2　韵律短语	239	415	—
3　语调短语	113	103	344

王指出，韵律(知觉的)单位等级与语法单位等级有同级占优的对应关系，体现为对角线上的数据是同行中最高的；但对应又不是绝对的，体现在：较小的语法单元可以与较大的韵律单元对应。比如，语篇中的单个词或一个短语也可以对应一个语调短语。但表中的“小句”只对应最大级别的停延(语调短语)。后面我们将说明，表中的“小句”指对应于汉语语篇中逗号的单位。

再看与语篇单位(王称之为“信息单元”)的对应。下面是王(2002)的相关数据：

表2　五种大尺度信息单元边界前音节(ms)

	平均值	次数	标准差
小句	238	386	70.54
单句	215	43	50.51
复句	203	114	71.53
段落	190	38	66.41
节	183	11	56.48

表3　五种信息单元边界处无声段的长度(ms)

	次数	平均值	标准差
小句	378	413	251.78
单句	41	965	393.40
复句	115	1 169	377.83
段落	38	2 000	406.97
节	11	2 396	435.65

作者指出，前一个表的等级方差分析(Kruskal and Wallis 方差分析)结果是，五种大尺度的信息单元间边界前音节的时长差异显著，$H=49.53^{***}$，$P<0.001$。通过多重比较，小句与单句相比，边界前音节时长差异显著；而单句、复句、段落和节之间，边界前音节时长差异不显著。也即小句的边界是边界前音节的时长最长(属延宕型)，其他更大的信息单元间边界前音节的时长较短且长度没有显著差异(均属缩短型)。

后一表的等级方差分析(Kruskal and Wallis)结果是，五种信息单元边界处无声段的长度间差异显著，$H=349.56^{***}$，边界等级越高，无声段越长。

需要说明的是，表中的术语“小句”、“单句”、“复句”是在房玉清(1992)的基础上修改确定的，与房所说的“半停顿”和“全停顿”有关，而“半停顿”是指“最后一个音节带拖腔，或带‘啊、呢、吧’等表示停顿的语气助词，书面上用逗号、顿号来表示”。“全停顿”是指“较长的静默，或者最后几个音节加快速度，书面上往往用句号、分号、问号

和叹号来表示”。可以看出，定义中前者的韵律表现相当于本文的“延宕”，后者韵律表现相当于本文的“停断”。但王(2002)的上述研究却说明，这两种韵律边界与标点的对应并不那么简单。

总之，王蓓所说的、知觉上同为最高级(三级)停延的韵律边界又可分为“延宕”和“停断”两种类型，它们具有区分语篇不同层级单位的作用——语篇最小单位(“逗”，或称“语篇小句”)右边界的韵律特征是“延宕”，而次小(“句断”)及其更大单位右边界的韵律特征是“停断”。但两者与标点上的逗号、句号或“小句”以上语用单位的关系比较复杂，这些问题我们将在下节详细讨论。

4.3　延宕与基于语用范畴的语篇单位的关系

不少学者认为，汉语口语中同样的一段意思，停延的位置和大小往往各人各样，书面上的逗号、句号的使用也是如此；因此停延和标点，都不宜作为判断语篇单位分界的形式标准。我们的意见却不同。

汉文文本的逗号基本上都体现为口语中的“延”，下面一并讨论。

我们认为，如果仅从语法、语义着眼，是否放置延宕或逗号确实好像没有别义的作用；但对于基于语用范畴表达的语篇单位层级来说，却是有明显区别的。比如：

(3a) 张三战战兢兢 de 敲了敲那扇木门。

(3b) 张三，战战兢兢 de，敲了敲那扇木门。

(3a)在书面上没有逗号只有一个句号，韵律上是仅在末尾处出现一个停断型边界，共一个语调短语；(3b)则是书面上有两个逗号一个句号，韵律上是中间有两个延宕型边界，末尾有一个停断型边界，共三个语调短语。逗号的数量与延宕型边界的数量是一致的。

两例的语法语义的确差别不大，但从语用角度看，话主想要向受话传达的语用信息是不一样的：(3a)话主想告诉受话的是一个“话题—说明”，“战战兢兢”只是作为张三敲门时的伴随状态，而(3b)话主想告诉受话的却是关于话题“张三”的两个说明：一个是张三处于“战战兢兢”的状态，另一个是张三敲了门。也即张三在敲门前就处于“战战兢兢 de”的状态了，敲门时仍保持着。话主用增加平拖型延宕语调或逗号的分段来表达上述区别，而受话也根据平拖型延宕语调和逗号的分界来获取话主想要表达的上述区别。

4.4　停断与基于语用范畴的语篇单位的关系

平拖型语调只用在话主认为对一个话题的多个说明还没有结束的位置上，如果所有的说明都已经给出，就要用停断型语调了。比如上面(3a)(3b)两例的末尾用的都是停断型语调，而(3b)中间的两个边界都是平拖延宕型的。

韵律上的停断型语调与书面上的标点的对应却比较复杂，我们将在下节专门讨论。

4.5　两类停延对应于汉语语气语调的下级分类

沈炯(1994)指出，汉语四种语气所关联的语调表现为句子的调尾部分的语调走向，而其走向可以分析为两对韵律特征。比如陈述语气的语调表现为：① 调尾开始处有高音线骤降，② 调尾开始至句末的整个段落的低音线逐渐下降。与陈述语气相对立，疑问语气则表现为：③ 调尾开始处的高音线只有不明显的渐降，④ 调尾开始至句末的整个段落的低音线逐渐上敛。比如在单说的“赵发庆半夜去了教育部”之中，①③的语气对比体现在“去”字上：陈述语气的“去”的 51 调的 5 会较前一韵律单元中“半”或“夜”的 5 突然降低许多，而疑问语气的“去”的高音点 5 较前一韵律单元的 5 只有很小的下降；②④的语气对比集中体现在句末的“部”字上：陈述语气时句末“部”字声调的 5 和 1 之间的音高差距大，1 的下降很充分；而疑问语气时句末“部”字的声调却好像压扁了似的，1 的音高上敛因而与 5 的距离变近。

本文讨论的**“延宕”与“停断”的区别，并不改变陈述/疑问等主要语气的对立，而只是在每个主要语气之下又分出结句和不结句两项下位对立。**比如上面所举的陈述或疑问的“赵发庆半夜去了教育部”，都可以有单说和不单说两种情况。在非单说的陈述中，比如“赵发庆半夜去了教育部，才把问题解决了”，逗号前的“部”比起单独结句时的“部”，韵母有明显延长，下降的坡度有明显降缓。而疑问语气则如果是自问自答型的非单说疑问中，句末延宕也会长一些。比如“赵发庆半夜去了教育部？他这个人，不太可能呀!”前一半虽然也用问号，但这种自问的疑问强度较弱，“部”字低音线的上敛明显不如典型的疑问，韵母也明显地长一些。

总之，延宕型韵律边界和书面上的逗号，都是汉语语篇的最小单位“逗”的韵律标记，放置或不放置较大的延宕型韵律边界，对于语篇话主意图的表达是有区别的。而“停断”或书面上的逗号、句号、问号、感叹号，则与语篇单位的关系更加复杂一些，我们将在下节专门讨论。

五　逗、句断两级语篇单位的标点形式

如前所述，房(1992)认为，“半停顿”是指“最后一个音节带拖腔，或带‘啊、呢、吧’等表示停顿的语气助词，书面上用逗号、顿号来表示”，而“全停顿”是指“较长的静默，或者最后几个音节加快速度，书面上往往用句号、分号、问号和叹号来表示”。

书面上的逗号、顿号确实与房(1992)提出的“半停顿”相对应，其声学相关物的具体表现“延宕”以及在语用范畴表达方面的作用，上节已经做了充分的讨论，本节不再赘述。

问题在“全停顿”。韵律上的“全停顿”，也即本文说的“停断”，上节也已做过详细介绍，但它与标点符号、语气及语篇单位的关系却复杂得多，所以房的说明中对全停顿与句号等的关系加了“往往”的限制。上节已简单提及，书面上的句号、问号在具体上下文中会有单说、非单说两种情况，两种情况中的非单说那类不对应于全停顿。

5.1　汉语句号与语篇单位的复杂对应

如上节所论，话主放置或不放置书面上的逗号，是有语用表达上和韵律上的区别的。那么，更大的单位层级上，放置句号还是放置逗号，是否也有语用表达和韵律上的不同呢？我们初步考察的结果是，在有的位置上，用逗号还是用句号确实有语用表达和韵律上的不同；但在另一些位置上，用逗号还是用句号只是作者习惯的不同。也即，即使在语用、韵律都相同的情况下，母语者也会出现逗号、句号使用分歧的情况。究其原因，这一是由于汉语逗、句两级单位的组合模式有不同于英语的特点，二是由于汉语句号的用法标准有不明确之处。两个原因中的第一个是主要的。

先介绍有关汉语者“滥用”中文逗号的两项调查。

5.1.1　英文逗号句号的确定性与中文逗号句号的两可性

曹逢甫(2003)请台湾师范大学英文高级写作班 18 名学生(母语均为汉语)为一些英文短文和中文短文加上标点[①]。比如：

(4) 曾经是历史最光辉的拳王阿里，近年来胜利以后，总是说要退休，但总未退休，结果败在初出道的史宾斯科手下，本来可以光荣退休，却想不到落下这一个下场。

(5) It seldom rains. The geography books credit this portion of Utah nine to ten inches of precipitation. Actual rainfall and snowfall vary widely from year to year. There are a few perennial springs hidden in secret places knows only to the deer and coyotes, to myself and a few friends, but the water does not flow far before vanishings into the air and under the ground. Even the rain when it comes does not always fall to the ground, but can be seen evaporating halfway down-curtain of blur rain dangling out or reach torture by tantalizing.

这两段的调查结果见下表：

表 4　中英文语篇加标点的实验数据(曹逢甫 2003)

	中　文	英　文
原文的句子数	1	5
学生确定句子数的平均值	2.53	4.94
学生确定的最少-最多句子数	1—4	3—6
与原文标点相同的学生数	1	6

① 下面给出的是原作者的标点，实验时去掉原文的标点，请学生加上标点。另外，原实验数据是中、英文各两段，我们只从中各取了一段。

尽管 18 个被测者的母语都是汉语，但是他们所标的标点与原作者的差异十分明显，彼此之间的差异也相当明显。尽管他们对英语的掌握不如英语母语者，但是他们对英文的标点却与原作者的差异很小。曹逢甫（1979/1995）曾指出，这是因为，在像英语这样的句子取向的语言中，句子是结构完整（主谓结构）的句法单位，主语，宾语的语法关系有明确的标记，句边界很清楚；而在像汉语这样以语段为取向的语言中，句子无法从句法上界定，句边界模糊。

5.1.2 真句号与准句号

其实，汉语者也并非在语篇中间的任何位置都可以用逗号。杜艳冰（2006）对 50 个母语者的问卷调查表明，汉语书面文本的句号、问号、感叹号可以分为两类，她称之为"真句号"和"准句号"。真句号的位置上，50 个被调查人几乎一致地标注为句号、问号、感叹号；而准句号的位置上，30%至 90%的被调查人标注为逗号。比如：

(6) 雪莱对大海情有独钟，却不会游泳。有一次，他和友人在意大利中部的亚诺里河沐浴，不小心滑进了深水里，像一条鳗鱼似的沉了下去[a。]但他却并不紧张，仿佛压根儿就不打算再从水里浮出来。

(7) 他憧憬和呼唤着一个爱与美的未来世界[b。]他渴望并且礼赞那博爱众生的心灵与热诚[c。]或者说，他本身就是一个爱与美的精灵。

(8) 他说："你可以去钓鱼。"钓鱼[d?]对我来说，那只是徒劳地举着一根拴着长线的棍子而已。

(9) 白天过了就是黑夜，人生之后就是死亡，你怎能忘了生命与白天同样短促[e?]你怎能忘了死亡与黑夜终于会来临？

(10) 我好悔[f!]对音乐爱好来得太迟[g!]

上例中的标点均为所引原文的标点。未加方框的标点，表明 50 个被调查人的填写与原文一致。可以看出，这种情况也有相当的比例。带方框中的标点是原文的，但被调查人的标点有与之不一致的情况。具体来说，带方框各处 50 个被调查人所用的标点及人次比例为：

[a。]逗号 80%　[b。]逗号 96%　[c。]逗号 86%

[d?] 逗号 48% 破折号 20% 不用标点 6%　[e?] 逗号 62%

[f!] 逗号 70% 破折号 16% 不用标点 2%　[g!] 句号 78%

根据以上调查，杜（2006）指出的几点很值得注意：① 真句号的位置上都是有小话题转换的地方，而准句号的位置上没有小话题的替换。② 疑问语气在自问自答的设问（如[d?]）或对同一话题的并列疑问的前句（如[e?]）时，多可换用逗号。这两种情况也是没有小话题转换的，与陈述语气的准句号有平行性。而真正的向受话的询问且不是同一话题的并列疑问的前句，则所有人都标为问号，如(9)的结束之处。③ 感叹语气要表达的内容其实跟陈述相同，差别仅在语气的强烈程度。而抹去了标点，读者就失去了判断语气强烈程度的依据。调查结果表明，后面没有小话题转换的感叹号可替换为逗号（如[f!]），应归为"准句号"，后面有小话题转换的感叹号只可替换为句号（如[g!]），应归为"真句号"。

5.2 逗号、句号与语篇单位的关联

杜（2006）的研究十分重要，她论证了汉语文本上的句号、问号、感叹号实际上都可以分成两类，一类是大多数汉语者一致标为句号类标点的"真句号"，一类是汉语者多换用逗号类标点的"准句号"。更重要的是，她还指出了"真句号"与话题转换有很好的对应关系，"准句号"却没有。由于话题转换是判断语篇单位的语言学标准，所以这也就是说，与书面文本中句号、问号、感叹号不尽一致的**"真句号"，才是语篇中真正大于逗的上一级单位！**

正由于汉语书面上有相当比例的句号并不总是大于逗的语篇单位，所以句号对于汉语语篇分析的作用有限。这也可以说明为什么实际上汉语语篇的分析者往往以逗号单位为基础，再根据话题、指代等其他与语篇范畴相关的因素来确定逗之上的那级单位。

句号常常是可替换为逗号的准句号，对于逗号在语篇分析中的作用却没有大的影响；这是因为，所有层级单位体系在组合的线列中都有同样的特点——上级单位的边界必然与某个下级单位的某个边界重合。如果是做语篇的单位切分，则大单位的某个边界必定也是下级某个小单位的边界。比如，由单逗构成单个句断，则句断的左右两边界都与逗重合；由两个逗构成的复杂句断，复杂句断的左右边界分别跟前逗的左边界和后逗的右边界重合。宋柔等学者所依据的"标点句"包括由逗号、句号、问号、感叹号等多种标点分隔开的语段，就是这个道理。其实它们都相当于文字语篇最小的单元——逗。

也就是说，句边界的模棱两可，对汉语语篇分析中"句断"这级较大语篇单位的切分有重要影响，但对语篇最小单位"逗"的切分却影响不大。

5.3　逗号、句号与韵律停延的关联

上节中我们已经指出，书面上的逗号（还有顿号）几乎都与韵律上较大的平拖型延宕对应，下面只讨论句号。

我们还没有看到专门针对这一问题的系统性研究，王蓓（2002）给出了小句、单句、复句所对应的末尾韵母长度和无声段长短的平均值，但她区分小句/单句/复句的依据只是书面标点，并非真正的语篇单位。郑秋豫（2005）两类韵律边界的依据则只是韵律，没有进一步考察是否与涉及语篇话题转换的真正的语篇单位有关。

我们的语感是：逗号和杜（2006）所定义的准句号与平拖型延宕的韵律边界相关联；而真句号则与韵母缩短加无声段的韵律边界相关联。也就是说，笔者个人的语感是汉语语篇的最小、次小两级单位逗和句断是分别与两类韵律停延对应的，而与书面标点的逗号或句号均并非完全一一对应。我们希望，语音语料库的资料能够进一步人工标注涉及话题转换的语篇单位（真句号单位），这样，我们"真句号对应于停断而准句号对应于延宕"的语感是否能够成立，就可以用语音语料库的统计分析来验证了。进一步地，韵律上的延宕和停断与真正的语篇单位（逗与句断）的对应也就会显示出来，这种对应应该不会像以标点为单位的统计（如上节中的表 1—表 3）那么复杂。

5.4　中文句号的边界应该如何确定

我们想，汉语者句号使用的不一致应该主要与汉语逗句两级单位的句法构成特点有关，我们将在下节集中讨论。这里想说的是还有个因素需要考虑，这就是对中文句号用法的说明是否合理，是否反映了汉语语篇单位的特点。

中文句号用法的说明往往是"用于陈述句句末"，或"用于表示一个完整意思的完了"。前一个用法说明等于什么也没有说，后一个仅从意义表达来限制，可伸缩性太大。我们以为，韵律上的"延宕"和"停断"（房（1992）提出的术语"半停顿"与"全停顿"更加易懂），可以用来作为逗号、句号用法的标准。这是因为，如前所述，中文的逗号和句号表示的是汉语语篇单位的边界而非语法单位的边界，与之直接关联的形式表现应该是韵律特征。下一节我们还将论述，汉语语篇的最小、次小两级单位，其语法形式方面与英语的小句、句子差别甚大。因此，汉语逗号、句号的使用规范，应该依据汉语的事实，而不宜比照英语一类的语言。以更有利于非专业人士理解"半停顿"、"全停顿"作为术语，再稍加以"延宕"、"停断"的解释，不但学理上更加合理，且相信非专业人士也能够掌握，由此可望使汉语句号的使用少一些分歧。

六　逗、句断两级语篇单位的语法形式

我们认为，汉语语篇最小单位"逗"的语法形式是短语，而次小单位"句断"的语法形式则相当于英语的语段（也称"句群"）；这已经是不少学者论证过的观点，只是他们用的术语不同，似乎影响了体系上的完整。

6.1　汉语语篇最小单位"逗"的语法形式

6.1.1　汉语语篇最小单位"逗"的语法形式是短语而非主谓结构

在英语等许多语言中，定中、述宾等是短语结构，而主谓是小句的专用结构，从而构成了小句和短语两级大小不同的语法单位。同时，在无标记的情况下，只有主谓结构才可以承载语气及其表现形式句调而成为作为语篇单位的小句。汉语却不然。

如 2.2 所评介的，Chao（赵 1968）的零句说、朱（1985）的"汉语的任何短语加上句调就是句子"说，其实都已经指出了汉语语篇最小单位的这一突出特点：汉语中任何短语都可以加上句调成为语篇单位。比如沈（2012）举的例子：

1. 老王$_i$呢？　2. $ø_i$又生病了吧！　3. $ø_i$也该请个假呀！　4. $ø_i$走不动了嘿！　5. 儿子女儿$_j$呢？　6. $ø_j$上班忙吧？　7. $ø_{i/j}$请个保姆嘿！　8. $ø_{i/j}$工资低呀！　9. $ø_{i/j}$先借点呢？　10. $ø_i$犟脾气一个呀！

该例的各个标点段都有语调和段末语气词，因此每个标点段都是语用层面的一个单位不成问题。从逻辑关系看，各标点段之间的关系是设问-答问、假设/条件/让步-结果，结果-原因，现象-评论等其他语言中语篇小句之间的衔接关系，因此每个标点段都属于语用层面的一个单位也不成问题。

但仅从语法上看，除去语气词之后，这些标点段多数都是主谓不俱全的各种类型的短语：1. 单个 N 构成的 NP；2. Adv. ＋V 组成的状中结构；3. Adv. ＋[Aux＋VP]组成的状中结构；4. V＋ 不 ＋Vi 组成的可能式述补结构；5. N＋N 组成的并列 NP 结构；6. V＋A 组成的主谓结构；7. V＋[量＋N]组成的述宾结构；8. N＋A 组成的主谓结构；9. Adv. ＋[V＋量]组成的状中结构；10. N＋ 数量组成的特殊主谓结构。

这 10 个语法上的各类短语结构(7 个非主谓结构，3 个主谓结构且一个结构的主语不是名词、一个结构的谓语不是谓词)，由于有语调和语气词的标记，毫无疑问是独立的语用单位。由此可以看出，语法上的主谓结构在汉语中并没有构成语篇单位的特权，各类结构均可承负语用范畴而成为语用单位是汉语中的“常规现象”。

6.1.2　汉语语篇最小单位“逗”的功能不是语法上的主语或谓语而是语用上的话题或说明

在英语等其他许多语言中，主语和谓语是语法关系。主谓是语法小句内部的两个直接成分，在句法语义上，主语则总是谓动词的一个论元。成对的因果、让步等关系则要用两个主谓小句的衔接来表示。以上说法十分适合于英语，却不太适合于汉语。

沈(2012)阐发了 Chao(赵 1968)零句说的另一重要价值是，论证了汉语中所谓的主语就是话题，所谓谓语就是说明。话题-说明关系的特点是联系松散，并常常是同一语段既担任前面语段的说明，也同时担任后面语段的话题，形成环环相扣式的衔接。比如，上小节中沈(2012)的那个例子的前三句，补全主语谓语及主谓结构之间的逻辑关系应该是：

[[老王$_{i}$ $_{主语}$ 呢$_{语气词,询问所在}$]—[ø]$_{语境谓语——没在}$]$_{果因前件}$— [2. ø$_{i}$ $_{主语}$ 又生病了$_{谓语}$ 吧$_{语气词}$]$_{果因后件/表推测让步前件}$—[3. ø$_{i}$ $_{主语}$ 也该请个假呀！]$_{让步后件}$

上例用语法上的三个短语加上语用要素后形成三个逗。其中的逗 1 含有话题“老王”，逗 2、逗 3 可以看作是对逗 1 话题的说明。但问题并不这么简单。逗 2 不仅是对逗 1 话题的说明，还跟逗 1 一起构成话题，被逗 3 说明。同时，逗 3 既是对逗 1 的说明，也是对(1＋2)两逗组合体的说明，与(1＋2)形成让步条件关系。以上关系在英语中属于小句之间甚至复句之间的关系。

6.1.3　汉语语篇最小单位“逗”没有语法类别的限制，没有名动的形态标记

沈(2012)还特别强调了 Chao(赵 1968)零句说的另一个重要价值是，可以由零句说而推导出汉语的如下特点：汉语中所谓主语(实为话题)不要求是名词性的，所谓谓语(实为说明)也不要求是谓词性的。也即汉语语篇最小单位逗没有名、动等语法类的限制，没有名、动等语法类别的形态标记。这也是朱(1985)的强调重点。

6.2　汉语语篇次小单位“句断”的语法形式

汉语语篇最小单位的语法形式小于英语，而次小语篇单位的语法形式却大于英语，虽然学界常按照中国传统称它为“句”，但它实际上却相当于英语的“句群”。对此，曹逢甫(1979/1995)有充分的论证和说明。我们所介绍的杜(2006)的真句号和准句号的研究也说明，多数汉语者公认的真句号，其实大多相当于英语的数个复句。比如前面的例(6)：

有一次，他和友人在意大利中部的亚诺里河沐浴，不小心滑进了深水里，像一条鳗鱼似的沉了下去[80%，20%。]但他却并不紧张，仿佛压根儿就不打算再从水里浮出来[100%。]

6.3　汉语流水句的主要成因

不少学者都曾指出汉语语篇多流水句，而流水句许多是“链式话题结构”。比如董(2012)所讨论的古汉语中的“逸则淫，淫则忘善，忘善则恶心生”(《国语·鲁语下》)和前引沈(2012)的自造句“老王呢？又生病了吧？也该请个假呀……”。

流水句的主要成因是什么呢？沈(2012)提出如下原因：① 汉语的所谓主语谓语就是话题说明，② 汉语的话题、说明与名词性、动词性没有关联，它们其实都是并置的指称性成分。

下面介绍一下我们有过的一些思考和研究。我们曾经考虑，汉语流水句的成因可能有：① 话题型语言而非

主语型语言；② 无标记情况下主谓结构的主语可以省略；③ 语法上不是仅由主谓结构占用的小句这一级单位，也即在语法单位层级体系中，汉语的主谓结构与其他短语结构地位平等，均属短语这一级；④ 主谓结构的直接成分没有语法形式类的要求，也即主语（或说话题）不要求一定是名性的，谓语（或说说明）也不要求一定是动性的；也不要求谓语动词要有与说话时间相关的定式变化。

如果仅仅对比汉语与英语，我们曾认为上述四点都是汉语流水句的主要成因。因为在这四条标准上，汉语与英语都是截然相反的。

但是后来我们又考察了韩语，发现以上四点中只有③④才是汉语流水句的主要成因。因为，韩语也像英语一样完全没有流水句，但以上四点中的前两点，韩语却与英语不同而与汉语比较相似：① 韩语一般被认为是话题与主语并重型语言：韩语中有明确的话题标记和主语标记，且话题标记远比主语标记更常用，如果话题与主语重合，通常只使用话题标记。② 仅从表层看，韩语的语篇小句的话题或主语都可以不出现，所以主谓不全的零句在韩语中也十分常见。根据姜贞爱（2006）的统计，韩语的主语中省略的占 28%，而汉语只占 16%；也即韩语主谓不全的小句要比汉语多出相近一倍！金贤姬（2012）对汉文本《骆驼祥子》（第一章）与韩译本的对比研究也发现，韩译本比汉文原本的话题省略多出 68 个，而比汉文本少的话题省略却仅有 9 个。她的研究还发现，韩文的话题省略常常可以跨七、八、十来个标点句甚至跨出书面上的段落，还可以在中间出现其他话题之后再继续省略与位于这些话题之前的主话题有同指关系的话题。

韩语在③④两项上则与汉语完全不同：③ 韩语的小句和复句的结构都是封闭的，小句虽然可以不出现主语，但谓语要有时等定式变化却是必须的。又由于句中所出现的其他名词短语都有明确的格标记，因而做主语的名词短语即使被省略，也不难判定其身份是动词的主语（在具体的上下文中往往也是话题）。复句则一般由两个小句按并列、因果、让步等两两相对的逻辑关系组成，且大多由明确的连词、副词或后助词来标明这些逻辑关系。④ 韩语的名词、动词有形式上明确的区分，动词如果要出现在主语（或话题）宾语位置上必须要加上动名词的标记（作用类似英语的 -ing），而要出现在主要动词的位置上则必须有时、语态等由语用要素决定的形态变化。更有，韩语叙述语篇中主动句的主语，在有生性上的要求也相当严格（金 2012），这些都是与汉语不同而与英语相同的。

总之，中韩语篇的对比使我们认识到，重视话题、话题省略多从而导致语篇表层的最小单位主谓不全，并不是流水句、链式话题句或句子边界模棱两可的原因。除韩语外，意大利等典型的屈折语，由于形态丰富，动词与主语有人称一致的变化，也像韩语一样经常省略主语，但也不出现流水句或句子边界不清的问题，更支持了上述认识。看来，语法上不是仅由主谓结构占用的小句这一级单位（也即没有“小句”这一级单位），名、动没有句法形态上的区分标记且没有跟小句成分或短语成分的对应，才是汉语流水句的根本成因。

七 余　论

前面从韵律、书面标点、语法构成等三个方面讨论了汉语最小、次小两级语篇单位的形式表现，最后我们再返回头来看看汉语这两级语篇单位的命名问题。

韵律上，汉语与英语的差别不太明显。汉语的语篇最小单位对应于“末位韵母平拖型延宕”，语篇次小单位则对应于“末位韵母降敛型缩短 ＋ 无声段”。而英语的语篇最小单位在非单用时（如较长主语与谓语之间，有标记话题主语与其他成分之间，复句的前一小句与后一小句之间），一般是用“平拖型” 非结句语调；与之不同，英语的语篇次小单位（如单用的小句末、复句末）一般是用“强升降型”结句语调。

书面标点上，汉文与英文有相当大的差别。汉语最小次小两级语篇单位与标点的对应较差：虽然逗号类标点基本跟汉语语篇最小单位的右边界对应，但句号类标点却仅有一部分跟语篇次小单位句断的右边界对应（是为真句号），另一部分则跟语篇最小单位逗的右边界对应（是为“准句号”）。后一对应是汉语者标点的分歧之处。英语的语篇单位则与标点对应得相当好：语篇最小单位（小句）的右边界一般对应于逗号，语篇次小单位的右边界一般对应于句号。

语法上，汉语与英语的差异十分显著。汉语语篇最小单位的语法形式是各类短语(加语调均可成语篇单位)，并且对短语的直接成分的语法类别没有限制；语篇次小单位的语法形式则是由数量不限的短语构成的短语群，并且短语之间常常是链式衔接关系，因此边界常常是开放性的；而英语的语篇最小单位(语篇小句)的语法形式在无标记情况下只限主谓结构(有定式动词和语调)，且主语谓语有语法类别(有语法上的形态标记)的限制，语篇次小单位(句子)的语法形式则是由一个或成对的小句组成的封闭性较强的复句。

总体来看，由于语篇单位的形式方面直接由下一层的语法形式构成，而如果语法形式不同则更下面的音系层的形式就肯定不同，书面上的文字形式也肯定不同；所以，汉语最小、次小两级语篇单位与英语的小句、句子的差异是十分显著的，也可以说其实际所指的对象是完全不同的。

当然汉语的这两级小单位与英语的小句、句子从某个角度看也有相同之处——在各自语言中它们都是语篇的最小单位和次小单位，研究各自语言的语篇时，都必须以其中的最小单位作为语篇微观结构分析的起点。

所以，如果着眼于系统的整体性和实际所指的差异，前面我们赋予汉语最小、次小语篇单位的暂时命名**“逗”**和**“句断”**是术语很好的选择。如果仅着眼于单位在层级体系中的大小，或为了在同一术语之下显示它们在不同语言中的实际差异，则汉语的语篇最小、次小单位也可以用与英语术语相同的“小句”、“句子”来称说。只是，在使用这些术语时万万不可忘记，**此小句并非彼小句，此句子并非彼句子**，使用相同术语的目的是要揭示它们在不同语言中的实际表现，是要显示它们在不同语言中所指的差异，而不是要勉强证明它们相同。

参考文献

曹剑芬 (1995) 汉语普通话语句时长分布的基本格局，《中国语言学报》第7期，商务印书馆，北京，180—186页。

陈　平 (1987) 汉语零形回指的话语分析，《中国语文》第5期，北京，363—378页。

房玉清 (1992) 《实用汉语语法》，北京语言学院出版社，北京。

金贤姬 (2012) 《汉语篇章回指特点的考察——以话题省略和话题生命度等级的汉韩对比为例》，第14届中国当代语言学国际研讨会会议论文，西安。

李　榕 (2012) 《现代汉语语篇主题性第三人称代词回指的多学科研究》，北京大学博士论文。

陆镜光 (2006) 论小句在汉语语法中的地位，《汉语学报》第6期，武汉，2—14页。

沈家煊 (2007) 汉语里的名词和动词，《汉藏语学报》第1期，商务印书馆，北京，27—47页。

—— (2012) “零句”和“流水句”——为赵元任先生诞辰120周年而作，《中国语文》第5期，北京，403—415页。

沈　炯 (1994) 汉语语调构造和语调类型，《方言》第3期，北京，221—228页。

宋　柔 (2008) 现代汉语跨标点句句法关系的性质研究，《世界汉语教学》第2期，北京，26—44页。

王　蓓 (2002) 《汉语韵律知觉的研究》，中国科学院心理研究所博士论文。

王蓓、杨玉芳、吕士楠 (2001) 汉语韵律层级边界的声学相关物，《新世纪的现代语音学——第五届全国现代语音学学术会议论文集》，清华大学出版社，北京，161—165页。

王洪君 (2000) 汉语语法的基本单位与研究策略，《语言教学与研究》第2期，北京，10—18页。

—— (2011) 汉语语法的基本单位与研究策略(文后补记，414—420页)，《基于单字的汉语词法研究》，商务印书馆，北京。

王　静 (2000) 论语篇性质与话题的关系，《世界汉语教学》第4期，北京，42—47页。

邢福义 (1996) 《汉语语法学》，东北师范大学出版社，长春。

赵元任 (1975英文本/1992中译) 汉语词的概念及其结构和节奏，王洪君中译，《中国现代语言学的开拓和发展——赵元任语言学论文选》，清华文丛之四，清华大学出版社，1992，北京。

郑秋豫 (2005) 北京大学系列讲座《汉语口语语流韵律架构与组织——基于语料库的研究》。

朱德熙 (1985) 《语法答问》，商务印书馆，北京。又收在《朱德熙文集(第一卷)》，商务印书馆，1999。

Chao, Yuen Ren (赵元任 1968/1979/1980) *A Grammar of Spoken Chinese*, Berkeley and Los Angeress University of California Press. 吕叔湘节译本《汉语口语语法》，商务印书馆(1979)，丁邦新全译本《中国话的文法》，香港中文大学出版社(1980)。

Halliday, M. A. K. (1985) *An Introduction to Functional Grammar*, London: Edward Arnold.

Li Rong & Wang Hongjun (2012) What are the Basic Units of Mandarin Chinese Discourse? *International Journal of Knowledge and Language Processing*, Volume 3, no. 4: 1 - 17.

Li Wendan (2004) Topic Chains in Chinese Discourse, *Discourse processing*, Vol. 37, no. 1: 25 - 45.

Tsao F. (曹逢甫,1979 原/1995 中译) A Functional Study of Topic in Chinese: The First Step towards Discourse Analysis. Taipei, *Linguistics*, no. 2: 65 - 93,1979;《主题在汉语中的功能研究——迈向语段分析的第一步》,谢天蔚译,1995,语文出版社。

—— (1990 原/2005 中译) *Sentence and Clause Structure in Chinese: a functional perspective*. Taipei, student book;《汉语的句子和子句结构》,王静译,北京语言大学出版社。

王洪君,北京大学中文系/中国语言学研究中心/教育部计算语言学重点实验室

李榕,西安外国语大学 汉学院

(原载《语言学论丛》第四十九辑)

汉语语义演变研究的回顾与前瞻*

吴福祥

提　要　本文从历史语义学角度对两汉以来与汉语语义演变相关的研究进行回顾和述评，并在此基础上对当前和今后的汉语语义演变研究提出若干思考和建议。

关键词　语义演变　汉语史　历史语义学

一　引　言

语义演变是语言演变的一个重要方面，也是历史语言学的一个重要研究领域。[①] 众所周知，汉语的语义演变研究具有悠久的历史和优良的传统，两千余年来积累了很多宝贵经验和大量重要成果。但毋庸讳言，相较于语法演变和音韵演变，语义演变长期以来一直是汉语史研究的一个极为薄弱的领域，以致在很多方面存在大量的研究空白。本文从历史语义学角度对两汉以来与汉语语义演变相关的研究进行初步的回顾，并在此基础上对当前和今后的汉语语义演变研究提出若干思考，目的是希望有更多的学者来关注和从事汉语语义演变的研究，从而将汉语语义演变的研究不断引向深入。

二　汉语语义演变研究的回顾

汉语学界，与语义演变相关的研究渊源有自，成果丰硕。秦汉以降的历代训诂家特别是清代小学家所做的词语训诂和词义分析，留下了大量珍贵的资料和很多宝贵的经验；建国以后特别是上个世纪70年代末以来，当代语言学者所做的词语考释、词义分析和词义演变的研究，积累了丰富的成果和宝贵的思路。这些成果为我们今天的语义演变研究奠定了坚实的基础。下面，我们将以往与汉语语义演变有关的研究分为五个阶段来加以梳理和综述。

2.1　传统训诂学对汉语语义演变的研究

训诂学是“中国语言文字学中一门传统的解释语词和研究语义的学科”（周祖谟 1988）。传统训诂学虽旨在“明经”，但由于聚焦于文献语言词义的训释和研究，客观上为汉语语义的历时研究积累了很多重要的资料和成果。大致说来，这些资料和成果集中体现在以下几个方面。

（1）本义的考索和分析。本义是词义引申的出发点，抓住了本义就可以提纲挈领地把握一个词的各种引申义。所以传统训诂学对词的本义的探求和分析非常重视。（蒋绍愚 1989a：2）被誉为“前古未有之书”的《说文解字》就是通过字形分析来阐释字的本义的，汉语历史文献中许多词语的本义因此书而得以保存。（蒋绍愚 1989a：2）此后历代《说文》系列的字书，不同程度上为本义的考索和分析做出了贡献。

* **基金项目：**国家社科基金重大招标项目“功能—类型学取向的汉语语义演变研究”（14ZDB098）。写作中得到陈练军和徐朝红两位的帮助，谨此致谢。

① 历史语言学有历史音系学（Historical Phonology）、历史形态学（Historical Morphology）、历史句法学（Historical Syntax）和历史语义学（Historical Semantics）等四个分支，其中历史语义学就是以语义演变为研究对象。

(2) 文献词义的训释。这是传统训诂学成果最为丰硕的方面。《尔雅》"释古今之异言,通方俗之殊语"(郭璞《尔雅注》),是中国最早的一部解释文献词义的词典,保留了很多重要的语义训释的资料。此后,历代"雅学"系列辞书,踵事增华,成果不断扩大。另一方面,毛亨、郑玄、赵岐、高诱、王逸、何休、何晏等汉魏训诂家所做的文献训诂,孔颖达、贾公彦、颜师古、李贤、李善等唐代学者所做的经籍疏解,以及孙诒让、王先谦等清儒所做的古书注释,更是保存了大量的历史语义的资料。这些资料和成果,集中搜罗于清人阮元主纂的《经籍籑诂》以及今人编纂的《故训汇纂》(宗福邦等 2003)和《续经籍纂诂》(吴孟复 2012)。

(3) 词源意义的探求。探求词的语源意义有助于认识词义系统,了解词义流变,准确理解词义。汉代刘熙的《释名》"是中国语言学史上第一部词源性质的专著"(何九盈 2000),旨在探求常用名物词语的"得名之由",开创了汉语语源研究的先河。其后宋代的"右文说",特别是清代王念孙、程瑶田、黄生以及近人刘赜、沈兼士、杨树达、姜亮夫、刘师培等学者的著作,将汉语的语源学研究不断引向深入。

(4) 词义引申的理论探讨。词义引申问题的讨论,"南唐徐锴已发其例"(陆宗达 1980),"南唐徐锴首次提出词义引申的问题,从字形所提供的本义出发,来研究引申的方向、层次和结果"(陆宗达、王宁 1983)。不过,对词义引申以及词义衍生全面系统的探讨,则始于清儒。段玉裁《说文解字注》、王念孙《广雅疏证》和朱骏声《说文通训定声》运用形音义"三者互相求"的方法,探求词的本义和引申义,并在此基础上阐发词义引申的模式和规则,有很多深入的观察和精彩的抉发。当代学者对这些观察和成果已有较好的归纳和提炼,例如冯胜利 (1982)、吕朋林(1989)、马景仑 (1997)、宋永培 (2001)、徐前师 (2002)、安兰朋 (2005)、何书 (2006)、彭慧 (2007)和盛林 (2008)等。

(5) 虚词语法意义来源和演变的研究。汉语缺乏形态变化,语序和虚词就成了语法的重要手段。准确地理解虚词的意义和用法,对阅读古代典籍至关重要。因此,我国古代很早就有对虚词的研究。(蒋绍愚 1989a：8)古代把虚词称为"词"。《说文》:"曰,词也。"徐锴注:"凡称词者虚也,语气之助也。"《说文》对一些重要虚词的特点和用法做了简要说明。例如:"矣,语已词也。""者,别事词也。""各,异词也。""皆,俱词也。""宁,愿词也。"(高名凯 2011[1948]：19;蒋绍愚 1989a：8)降至元代,产生了我国古代研究虚词最早的专著,即卢以纬的《助语辞》,是书搜罗虚词或固定结构百余条,阐释其意义,分析其用法,开创了系统研究汉语虚词的先河。[①] 清代虚词研究的专著不断增多,如袁仁林《虚字说》、王引之《经传释词》、刘淇《助字辨略》等,这类虚词研究的专著,或剖析虚词的意义,或探讨虚词的语源,为汉语的语义演变研究提供了重要参照。

2.2　基于传统语义学的汉语语义演变研究

上个世纪 50—80 年代,与汉语语义演变相关的研究主要是在传统语义学框架下进行的,研究成果集中体现在常用词语义演变的探讨、方俗词语的考释以及词义引申和衍生的理论研究等方面。上个世纪 50—60 年代,常用词的语义演变研究曾一度引起关注。代表性成果是关于"闻"词义演变的一组文章,如张永言《词义演变二例》(1960)和《再谈"闻"的词义问题》(1962),殷孟伦《"闻"的转义用法时代还要早》(1960)和《"闻"的词义问题》(1962),傅东华《关于"闻"的词义》(1962)等。除了对"闻"词义演变的讨论之外,张永言在这一时期还发表了《李贺诗词义杂记》《词语琐记》《"为…所见"和"'香''臭'对举"出现时代的商榷》《论上古汉语的"五色之名"兼及汉语和台语的关系》等论文,讨论了若干常用词的词义演变,研究方法上注重从汉藏语语源的比较寻找词义演变的线索,为后学者拓宽了古汉语词义研究的思路。此外,这个时期讨论常用词词义演变的成果还有郑奠的《汉语词汇史随笔》(《中国语文》1959 年第 6、7、8、9、11、12 期,1960 年第 3 期,1961 年第 3、4、6 期连载)、张志公 (笔名向超)《关于新词和新义》(1952)、玄常《词义的变迁》(1953)和孙良明《词的多义性跟词义演变的关系和区别》(1958)等。

汉魏六朝以降的方俗语词是汉语词汇史研究以及汉语语义演变研究的极好材料,但传统训诂学历来对此不甚措意。张相的《诗词曲语辞汇释》(1953)广泛搜集"唐宋元明间流行于诗词曲"而其意义"非雅古旧义所能赅,亦非八家派古文所习见的""特殊语辞",运用"体会声韵""辨认字形""玩绎章法""揣摩情节""比照意义"等方法,诠释其意义,辨析其用法,胜义纷纭,多所发明。此后,蒋礼鸿的《敦煌变文字义通释》(1959)、王锳的《诗词曲语词例释》(1997)和郭在贻的《训诂丛稿》(1985)、《训诂学》(1986)等,步武前彦而后出转精,在材料搜罗、范围拓展、方法

① 《助语辞》最初称作《语助》,收录于《奚囊广要丛书》。

运用和成果分量上均有显著突破。

上个世纪 80—90 年代，在继续关注常用词语义演变历时考察的同时，词义演变的理论研究特别是词义引申和衍生的研究也开始受到重视，成果不断涌现。在词义引申方面，讨论最多的是词义引申的方式、途径、类型、规律、动因和结果等问题，代表性论文有高庆赐《试论汉语一词多义的内部联系》(1978)，蒋绍愚《关于古汉语词义的一些问题》(1979)，陆宗达、王宁《古汉语词义研究——关于古代书面汉语词义引申的规律》(1981)，高守纲《试论词义引申的两种相反趋势》(1984)，张绍滔《词义引申方式初探》(1985)，马文熙《词义裂变试论》(1987)，罗正坚《词义引申和修辞借代》(1994)，董秀芳《词义的相背引申》(1995)，王兴业《引申义的演变规律初探》(1996)，邓开初《关于古汉语词义引申机制的探讨》(1998)。专著中罗正坚《汉语词义引申导论》(1996)是国内较早系统研究词义引申问题的著作，该著从修辞、语法、音韵、文字等方面对词义引申和演变做了比较深入的研究。此外，何九盈、蒋绍愚《古汉语词汇讲话》(1980)，张永言《词汇学简论》(1982)，朱星《汉语词义简析》(1985)，洪成玉《古汉语词义分析》(1985)，苏宝荣、宋永培《古汉语词义学简论》(1987)，蒋绍愚《古汉语词汇纲要》(1989a)，周光庆《古汉语词汇学简论》(1989)，赵克勤《古代汉语词汇学》(1994)，高守纲《古代汉语词义通论》(1994)以及后来的董为光《汉语词义发展基本类型》(2004)、魏慧萍《汉语词义发展演变研究》(2006)等也从不同角度对汉语词义引申和演变的规律进行探讨。

词义衍生和发展的途径也是上个世纪八九十年代汉语语义演变研究的重点。蒋绍愚的《古汉语词汇纲要》(1989a)将词义发展的主要途径概括为引申、相因生义、虚化、语法影响、修辞影响、简缩和社会原因等七端。其中"相因生义"所指称的词义衍生过程中的相互影响和类推演化，是学者们关注的一个热点。按照蒋先生的说法，相因生义是指这样一种词义衍生过程：A 词原来只和 B 词的一个义位 B_1 相通。由于类推作用，A 词又取得了 B 词的另一个义位的意义 B_2，甚至取得了 B 这个字的假借意义 B_2'(蒋绍愚 1989a)。除了蒋绍愚的"相因生义"外，对于词义衍生的模式和规律，较有影响的概括还有孙雍长 (1985)的"词义渗透"、李宗江 (1989)的"聚合类推"、许嘉璐 (1987)的"同步引申"、江蓝生 (2000)的"类同引申"、张博 (1995)的"相应引申"、伍铁平 (1984)的"词义感染"、朱庆之 (1992)的"词义沾染"以及肖贤彬 (1993)的"词义浸润"等。另一方面，与上述学者强调词因"聚合同化"而生新义不同，张博 (1999)提出"组合同化"这一词义衍生模式，即在线性组合关系中，一个词因受到另一个常与其搭配共现的词的影响，而在语义上与之趋同，衍生出新的意义。这些讨论在不同程度上揭示了汉语词义衍生、发展的机制和动因，增加了我们对汉语词义演变规律的认识。此外，朱庆之 (2000)和汪维辉、顾军 (2012)发现，汉语史上词由于"误解误用"也会产生新义，他们认为这是汉语词义演变的一种特殊的方式。

2.3 基于结构主义语义学的汉语语义演变研究

跟传统语义学不同，结构主义语义学将词和词义视为具有层级性的系统，着重从系统内部成员之间相互关联、彼此对立中研究词义结构、词义关系和词义演变，而不是像传统语义学那样对词义进行孤立的、原子主义的研究。上个世纪 80 年代以后，随着结构主义语义学理论和方法 (如词汇场/语义场理论和义素分析方法)的引进，很多学者已不再满足文献词语的考释、词义关系的分析以及词义演变方式的静态描写，而是致力于运用结构主义语义学的理论和方法进行词义系统演变的考察和词义演变规律的探索，从而大大加深了我们对汉语语义演变的认识和了解。这方面的成果集中体现在以下两个方面：

(1) "语义场"理论与汉语词义演变研究

蒋绍愚先生是较早将语义场理论引入古汉语词汇研究和词义演变研究的学者。蒋先生《关于汉语词汇系统及其发展变化的几点想法》(1989b)一文从"义位的有无和结合关系""词的聚合关系""词的组合关系"和"词的亲属关系"等方面探讨汉语语义和词汇系统在不同历史时期的发展变化，令人信服地证明"语义场"理论在汉语语义演变研究中的运用价值。蒋文的研究无疑为汉语词汇史和语义演变的研究开辟了新的天地。上个世纪 90 年代以后，运用语义场理论探讨汉语词汇和语义演变的论文不断涌现。解海江、张志毅《汉语面部语义场历史演变——兼论汉语词汇史方法论的转折》(1993)通过详细描写面部母场及其四个子场"额""颊""腮""颏"的历史演变过程，揭示了面部语义场发展演变的一些规律。吕东兰《从〈史记〉、〈金瓶梅〉等看汉语"观看"语义场的历史演变》(1998)选择各历史时期的代表性文献，分别描写其中的“观看”语义场并加以比较、探讨“观看”语义场在汉语中的历史演变。进入 21 世纪以来，语义场演变研究成为汉语史界颇受关注的课题之一，有关古汉语语义场研究的论著数量明显增加。专著有谭代龙的《义净译经身体运动概念场词汇系统及其演变研究》(2008)，论文有崔宰荣《汉语“吃喝”语义场的历史演变》(2001)，汪维辉《汉语“说类词”的历时演变与共时分布》(2003)，王建喜《“陆地水”语义场的演变及其同义语素的叠置》(2003)，吴宝安、黄树先《先秦“皮”的语义场研究》(2006)，谭代龙《汉语起立概念场词汇系统及其演变研究》(2007)，王枫《“语告”类动词语义场的历史演变》(2008)，等等。近年来，一大批学位论文以某一典型语义场的历史演变作为研究对象，例如郭晓妮博士论文《古汉语物体位移概念场词汇系统及其发展演变研究》(2010)、李娟博士论文《〈汉书〉司法语义场研究》(2006)、焦毓梅博士论文《〈十诵律〉常用动作语义场词汇研究》(2007)、杜翔博士论文《支谦译经动作语义场及其演变研究》(2002)，等等。

(2) 义素分析法在汉语词义演变中的运用

上个世纪 80 年代以来，运用义素分析法研究汉语的历史词汇和语义演变，最引人瞩目的成果当属蒋绍愚先生的系列论著。蒋绍愚《关于古汉语词义的一些问题》(1981)首次运用义素分析法讨论古汉语词义演变的问题，作者从义位、义素数量的增减和组合的变化来讨论词义的发展、词义的引申以及词义的扩大、缩小和转移，对词义的发展和演变做了精到的分析。蒋绍愚《词义的发展和变化》(1985)进一步运用“义素”等概念对词义历时的发展变化规律作了更加系统深入的探讨。该文运用“义素分析法”分析古汉语的词义，对传统训诂学中的“反训”“同训”“浑言”“析言”等问题重新作了精确的阐释，对古汉语词义演变中的扩大、缩小和转移进行了深入细致的描写和分析，从而解决了当时对词义扩大、缩小、转移以及反训等问题的纷争。张联荣的《古汉语词义论》(2000)是全面运用义素分析法研究古汉语词义的重要著作，对古汉语各类词义的历时变化进行了细致、深入的分析和描写。相关的研究还有蒋绍愚《古汉语词汇纲要》(1989a)、赵克勤《古代汉语词汇学》(1994)、高守纲《古代汉语词义通论》(1994)，以及张联荣《引申义中的遗传义素》(1992)、孟广道《对词义引申的义素分析》(1996)、张福德《谈词义引申中的义素遗传和突破》(1997)、苏艺彬《动词引申中的义素传承》(2003)、何书和马景仑《古汉语动词词义引申的义素运动模式研究》(2007)，等等。

2.4　基于功能主义 (认知和语用)的汉语语义演变研究

进入本世纪以来，随着国外功能主义语言学理论和方法的引入，国内的汉语语义演变研究呈现出多元化趋势，特别是近年来，汉语学界已开始出现基于认知语义学、历史语用学的思路来探讨语义演变的新尝试。

(1) 基于认知的语义演变研究

近年来基于认知的语义演变研究，主要体现在三个方面，第一，分析特定语义演变过程中的认知机制，揭示特定语义演变的认知动因。如吴福祥《汉语方所词语“後”的语义演变》(2007)基于汉语的历史文献资料讨论汉语方所词语“後”的来源和演变，指出汉语“後”各种意义的产生是“有动因的”，导致其语义演变的最基本的机制是概念转喻。李明《试谈言说动词向认知动词的引申》(2003)主要从“叙实性”(factivity)的角度讨论言说动词向认知动词的引申问题，证明言说义到认知义的引申是由“以身喻心”的“隐喻”驱动的，这种隐喻符合人类认知的一般规律。类似的成果还有赵倩《汉语人体名词词义演变规律及认知动因》(2013)，张雁《从物理行为到言语行为：嘱咐类动词的产生》(2012)，冯海霞《从物到人的词义演变研究》(2006)和《从身体行为到言说行为的词义演变》(2012)，董正存《词义演变中手部动作到口部动作的转移》(2009)等。第二，从概念结构、概念场以及概念要素等角度考察词汇和语义演变的过程。蒋绍愚先生近年来借鉴 Tamly 的概念要素分析法，着力从概念场与词汇场对应关系的历史变化来考察词汇系统和词汇语义的演变，发表了一系列富有影响的重要论文，如《汉语词义和词汇系统的历史演变初探——以“投”为例》(2006)和《打击义动词的词义分析》(2007a)。这些文章展示了概念场、概念结构和概念要素分析法在词汇系统和词汇语义演变研究中的使用价值。第三，运用“行知言”认知三域的分析框架研究不同语义之间的内在关联和演变路径。如肖治野、沈家煊《“了$_2$”的行、知、言三域》(2009)运用“行知言”三域将“了$_2$”的语义刻画为表示“新行态的出现”、“新知态的出现”和“新言态的出现”，清晰地阐明“了$_2$”各种意义和用法之间的联系、区别及其演变路径。

(2) 基于语用的语义演变研究

这类研究主要表现在运用语用学特别是历史语用学的一些原则、方法和成果来研究汉语的语义演变。在这方面,沈家煊先生的研究令人瞩目。如《语用原则、语用推理和语义演变》(2004a)认为当今历史语义学的主流是探讨语义演变的动因和机制,这种探讨的一个重要方面是借鉴和采用语用学的研究成果,初步的结论是,交谈双方遵循一定的语用原则(特别是"适量准则"),是语义演变的重要动因;语用推理和推导义的"固化"是语义演变的主要机制。《说"不过"》(2004b)运用历史语用学的方法讨论"不过"如何由一个"词的组连"发生词汇化并进而发生语法化,以及与之相关的语义演变。沈文证明,"不过"所发生的形式和语义演变,其动因是言谈的"省力原则"(包含"足量准则"和"不过量准则"),而演变的机制是"语用推理"及推导义的"固化"。《也谈能性述补结构"V得C"和"V不C"的不对称》(2005)从历史语用学角度解释汉语的能性述补结构"V不C"(如"拿不动""上不去")的语义何以由"实现"义变成"可能"义,作者的主要结论是:导致"V不C"的语义由"没有实现"到"不可能实现"演变的语用动因是"不过量准则"和"回溯推理"。运用普遍适用的语用原则和语用法来解释语义演变及由此驱动的形态句法演变的语用动因和机制,是近年来兴起的"历史语用学"的一个主要目标。上述沈文对述补结构"不过"、"V不C"语义演变动因的解释就是历史语用学研究范式的一个成功个案。类似的研究成果还有李明《从言语到言语行为——试谈一类词义演变》(2004)、李子玲《〈论语〉第一人称的指示义》(2014)、陈师瑶《"博士"的历史语用学探析》(2010)、李宗江《语用因素对词义演变的影响——从"亏"的词义演变说起》(2009)和蒋绍愚《从助动词"解"、"会"、"识"的形成看语义的演变》(2007b),等等。

2.5 小结

从上面的梳理可以看出,两千多年来,汉语的语义演变研究积累了很多重要成果和宝贵经验,值得我们认真汲取和充分利用。析而言之:1. 两汉以降的历代训诂家和传统语言文字学研究者所做的词语训诂和词义分析,积累了大量弥足珍贵的资料和经验,为我们今天的语义演变研究奠定了坚实基础。2. 上个世纪50年代以来,传统语义学有关汉语语义演变的事实描写和理论探讨,以及上个世纪80代以来,结构主义语义学有关汉语词汇系统和语义演变的研究,是我们继续开展汉语语义演变研究的重要凭借。3. 近年来基于认知和语用的汉语语义演变的研究,拓展了汉语语义演变的研究视野,提升了汉语语义演变研究的学术层次,为我们今天的汉语语义演变研究提供了宝贵参照。

但毋庸讳言,以往的汉语语义演变研究也存在很多问题和不足:

(1) 研究范围过窄。汉代以来的训诂学和古汉语词汇学,主要的工作和成果是词语训诂、词汇考释和词义分析;而语义演变(过程)的描写和研究则异常薄弱,成果颇为少见。这种状况导致的一个直接后果是,汉语的语义演变研究两千多年来一直是作为训诂学和古汉语词汇研究的一个附庸,本身一直未能获得作为独立研究对象的地位,更遑论成为汉语史学科的一个独立分支。①

(2) 研究框架失当。语义演变有两种基本类型:词汇语义演变和语法意义演变(包括语素、虚词、结构式和句式的意义演变)。但以往的汉语语义演变研究主要是在词汇学和训诂学框架内进行的,研究的对象主要是词汇语义;另一方面,汉语语法词(代词、副词、介词、连词、助词、量词、助动词、体助词、语气词)的产生和演变,属于典型的语义演变现象,但我们以往大多是置于句法学框架内来研究的。换言之,我们以往在进行语义演变研究时,很大程度上是将语义演变等同于词义演变。这种状况的后果之一是,汉语的语义演变至今仍存在很多研究空白。

(3) 理论探讨不足。以往的汉语语义演变研究,主要是对语义演变事实的罗列和描写,而对"特定的语义演变为何发生以及如何发生"这样的理论问题极少探讨。尽管也有一些文献讨论语义演变方式(如"扩大、缩小、转移"),但这类研究并不能回答"特定的词义为什么会扩大、缩小或转移"这样的问题。换言之,以往的汉语语义演变研究,最重要的缺陷之一是不能揭示语义演变的规律、机制和动因,缺乏系统性、概括性和理论性。

(4) 跨语言视角欠缺。整体而言,以往的汉语语义演变研究主要是在汉语语言学背景下进行的,跨语言视角

① 这里的"汉语史学科",概念上相当于"汉语历史语言学"。

相对欠缺。这种状况会在很大程度上影响我们对汉语语义演变的个性特征或类型变异的认识。譬如汉语中哪些语义演变模式或路径体现的是人类语言的共性特征,哪些语义演变的模式或路径表征的是汉语的类型变异或个性特征,其背后的动因和制约是什么,假如缺少跨语言视角和类型学视野,这类问题我们是无法回答的。

由此可见,以往的汉语语义演变研究在研究范围、研究框架以及理论、方法和视角等方面还存在不同程度上的不足。汉语的语义演变研究,如何在继承和弘扬汉语史优良传统的基础上转变学术理念、调整研究框架、拓展研究思路、更新研究方法,不断将研究引向深入,这是汉语史学界亟需认真思考和深入研究的问题。

三　汉语语义演变研究的前瞻

语义演变是历史语义学的研究对象。历史语义学作为历史语言学的一个重要分支,聚焦于语义演变的描述和解释,探讨语义演变的模式、机制和动因。最近20余年来,国外的历史语义学获得空前的发展。特别是基于功能主义的语义演变研究,借鉴认知语义学和语用学的方法和成果,运用普遍适用的认知模式和语用原则来探讨语义演变的动因、机制和模式,总结出很多重要的语义演变的模型和理论框架。比如Sweetser (1990)的"历时隐喻模式"(The diachronic metaphor model)、Geeraerts(1997)的"历时原型语义学"(The diachronic prototype semantics)、Heine(Heine et al. 1991)的"转喻-隐喻模式"(The metonymic-metaphorical model)、Traugott (Traugott 1999a, 1999b, 2000; Traugott & Dasher 2002)的"语义演变的诱使性推理理论"(The invited Inferencing theory of semantic change)。其中Traugott的"语义演变的诱使性推理理论"影响最大。其基本观点是:1. 语义演变导源于话语过程中的"诱使性推理"(invited inferencing),即说话人在使用一个语言成分时,有意识地将其语用含义传递给受话人,受话人利用R原则(指Grice(1975)"适量准则"中的"不过量准则")推导出"语句例意义"(utteranc-token meaning);然后该语句例意义通过规约化变成"语句型意义"(utterance-type meaning),最后语句型意义通过"语义化"(semanticizating)变成这个语言成分新的编码意义(new coded meaning)。"诱使性推理"包含说话人的策略性行为("诱使")和听话人的反应("推理")两个方面,它是言谈事件中说听双方互动的产物。2. 语义演变的机制主要有(a)类推(隐喻与之相关)、(b)重新分析(转喻与之相关)、(c)主观化(元语篇意义的产生以及褒化、贬化与之相关)。传统上所说的隐喻与转喻,泛化与特化,褒化与贬化并不是演变的动因或机制,而是上述三个演变机制的结果。3. 语义演变最基本的机制是主观化。主观化过程通常体现为下面这个互相关联的单向性路径:

真值条件的		>		非真值条件的
内容的	>	内容的/程序的	>	程序的
以命题内成分为辖域	>	以命题为辖域	>	以话语为辖域
非主观性的	>	主观性的	>	交互主观性的

另一方面,语言类型学(历时类型学)、语义图模型和语法化研究的一些重要成果(如Haspelmath 1997, 2003; Bybee et al. 1994, Hopper and Traugott 2003, Heine and Kuteva 2002)深刻揭示了人类语言的语义演变既有强烈的共性特征又有显著的类型制约,强有力地证明了人类语言的语义演变特别是其中的语法意义的演变,的确具有清晰可辨的规律性。此外,近年来接触引发的语法演变和语义演变的研究也取得长足的进步,特别是Heine和Kuteva (Heine and Kuteva 2003, 2005, 2006, 2007, 2008)的"语法复制"(Grammatical Replication)是近年来历史语言学一项重要的理论创获。这个理论模型揭示了语法意义和语法结构跨语言迁移和扩散的内在过程,尤其是比较深入地解释了一种语言如何从另一语言中获得语法意义或语法结构。

毫无疑问,上述理论模型和研究框架都是值得我们深入了解和大力借鉴的。

立足于汉语语义演变研究的实际,参照和借鉴国外历史语义学最近20余年来的成果和进展,我们认为,汉语语义演变研究当务之急是关注和思考下述问题:汉语的语义演变有哪些规律性的模式和路径?引发汉语语义演变的动因有哪些?汉语语义演变的基本机制有哪些?汉语语义演变有哪些共相和殊相?换言之,当前和未来汉语语义演变研究的重心应是语义演变的模式、机制、动因和类型学蕴含。下面略作说明。

3.1　概括汉语语义演变的模式和路径

历史语义学的主要目标是对语义演变进行解释，而要解释语义演变，前提是需要发掘和总结出语义演变的模式。这里所说的“语义演变的模式”是指语义演变中规律性的过程，即跨语言常见或同一语言不同阶段反复出现的语义演变的路径，譬如李明（2003）发现，汉语史上“谓、呼、言、云、道”等言说动词经历了“言说动词＞‘认为’义（非叙实义）＞‘以为’义（反叙实义）”这样的语义演变。董正存（2009）注意到，汉语中的一些手部动作动词，譬如“提、扯、拉、批、拌、拍、扛、抢、举”等，意义由手部转移到口部动作，进而发展成言说动词，经历了“手部动作 ＞ 口部动作 ＞ 言说”这样的语义演变过程。这确实是一个非常有意思的发现。后来的研究表明，具有上述语义演变过程的手部动作动词还有很多，如“倾、抒、抽、指、操、抬、扬、招、攀、排”等（马云霞 2012，谢书颖 2013）。这类反复出现的语义演变过程，以往文献涉及的还有：“上、下、起、过、去、来”趋向动词的“位移过程 ＞ 位移方向 ＞ 结果 ＞ 动态”（梁银峰、吴福祥、贝罗贝 2008），“与、及、将、共、和、同、跟”等“和”类虚词的“伴随动词 ＞ 伴随介词 ＞ 并列连词”（吴福祥 2003）等。这类语义演变模式的发掘和概括是语义演变研究最重要的基础，鉴于以往汉语史学界对此关注不够，我们主张，未来的汉语语义演变研究亟需选择有代表性的语义演变过程作为研究对象，通过广泛、深入的个案研究和专题研究，尽量系统、全面地整理出在汉语中反复出现的语义演变的路径和模式，初步呈现汉语语义演变的基本面貌。

3.2　解释汉语语义演变的机制和动因

关于语义演变的动因，不同的语言学流派看法有不同：传统语言学将语义演变的动因归结为转喻和隐喻[①]；生成语言学派则倾向于认为语义演变导源于儿童语言习得过程中的句法重新分析；接触语言学派则认为语言接触是语义演变的基本动因；话语语言学和语用学派则主张语义演变的主要动因是话语交际中言谈双方的互动和协商。

语义演变到底有哪些动因？语义演变的动因是否有不同的观察和表述层次？语义演变的动因与语义演变的机制是什么关系，如何有效地区分？上述动因中哪些适合汉语的语义演变？汉语的语义演变是否还有其他动因？这些问题都需要我们基于汉语语义演变的研究来作出回答。

对于语义演变的机制，不同的语言学家也持有不同的主张。例如 Bybee 等（1994）一书专设一章讨论语义演变的机制，主张语义演变的基本机制有五种，即隐喻、推理、泛化、和谐和语境吸收。而 Traugott（Traugott 1999，2000；Traugott & Dasher 2002）认为语义演变的机制主要有三种，即类推、重新分析和主观化。

语义演变到底有哪些可能的机制？不同的演变机制是否具有相同的作用对象、地位和效应？换句话说，上述演变机制是否都能适用于所有的语义演变或者同一演变过程的不同阶段？这些演变机制之间是怎样的关系，哪个或哪些是最基本的机制？上述机制中哪些适合汉语的语义演变？汉语的语义演变是否还有其他机制？这些问题非常值得我们深入思考和研究。我们期望，未来的汉语语义演变研究应该运用功能主义语言学（认知语言学、历史语用学和语法化理论）和接触语言学的理论和方法，结合具体个案和专题的讨论，研究汉语语义演变的动因和机制，揭示出汉语语义演变中的认知操作、语用策略和接触动因。

3.3　揭示汉语语义演变的共相和殊相

“语义演变的共相”是指人类语言普遍可见的语义演变的模式或路径，体现的是一种历时共性（diachronic universal）。“语义演变的殊相”是某种语言独有或某些语言特有的语义演变的模式或路径，体现的是一种历时变异类型。揭示汉语语义演变的共相和殊相就是利用历时类型学和语义图模型的理论、方法和成果来研究汉语语义演变的类型学蕴含，弄清已知的汉语语义演变模式中，哪些表征的是语言的普遍特征，哪些体现的是汉语的类型特征，哪些反映的是“华文所独”的特点。譬如前面提到的汉语中一些手部动作动词经历的“手部动作 ＞ 口部动作 ＞ 言说”这样的语义演变，我们需要进一步探究，这种演变体现的是汉语独具的个性还是人类语言常见的共性，董正存（2009）的考察表明，这种演变也见于英语等西方语言，实则是一种跨语言可见的历时演变。揭示汉语语义演变的共相和殊相，说到底就是将汉语语义演变置于人类语言演变的大背景下来审视，探讨汉语语义演变路

① 在这一点上传统语言学和认知语言学颇有相通之处。

径和模式所体现的共性倾向和类型特点。我们认为,这是一个值得不懈努力的研究方向。

四 结 语

本文从历史语义学角度对两千余年来汉语历史语义研究进行了初步的回顾和评述,并在此基础上对当前和今后的汉语语义演变研究提出粗浅的思考和建议。

本文认为,汉语的语义演变研究尽管取得了很多重要成果,但毋庸讳言,在研究范围、研究框架以及理论、方法和视角等方面还存在不同程度的不足和缺陷。有鉴于此,当前和未来的汉语语义演变研究,应该着力于汉语语义演变模式和路径的发掘,机制和动因的解释以及共相和殊相的探讨,充分揭示汉语语义演变的规律性。

参考文献

安兰朋 2005 《〈说文通训定声〉词义引申研究》,安徽大学博士学位论文。

崔宰荣 2001 《汉语"吃喝"语义场的历史演变》,北京大学硕士学位论文。

陈师瑶 2010 《"博士"的历史语用学探析》,《重庆交通大学学报》第2期。

邓开初 1998 《关于古汉语词义引申机制的探讨》,《吉首大学学报》第2期。

董为光 2004 《汉语词义发展基本类型》,武汉:华中科技大学出版社。

董秀芳 1995 《词义的相背引申》,《汉语学习》第3期。

董秀芳 2005 《语义演变的规律性及语义演变中保留义素的选择》,《汉语史学报》第五辑,上海:上海教育出版社。

董正存 2009 《词义演变中手部动作到口部动作的转移》,《中国语文》第2期。

杜 翔 2002 《支谦译经动作语义场及其演变研究》,北京大学博士学位论文。

冯海霞 2006 《从物到人的词义演变研究》,《南开语言学刊》第2期。

冯海霞 2012 《从身体行为到言说行为的词义演变》,《语言教学与研究》第4期。

冯胜利 1982 《论段玉裁对汉语词义引申的研究》,北京师范大学硕士学位论文。

傅东华 1962 《关于"闻"的词义》,《中国语文》10月号。

高名凯 2011[1948] 《汉语语法论》,北京:商务印书馆。

高庆赐 1978 《试论汉语一词多义的内部联系》,《中国语文》第3期。

高守纲 1984 《试论词义引申的两种相反趋势》,《天津师范大学学报》第5期。

高守纲 1994 《古代汉语词义通论》,北京:语文出版社。

郭晓妮 2010 《古汉语物体位移概念场词汇系统及其发展演变研究》,浙江大学博士学位论文。

郭在贻 1985 《训诂丛稿》,上海:上海古籍出版社。

郭在贻 1986 《训诂学》,长沙:湖南人民出版社。

何九盈 2000 《中国古代语言学史》,广州:广东教育出版社。

何九盈、蒋绍愚 1980 《古汉语词汇讲话》,北京:北京出版社。

何 书 2006 《〈说文通训定声〉的词义研究》,南京师范大学博士学位论文。

何 书、马景仑 2007 《古汉语动词词义引申的义素运动模式研究》,《扬州大学学报》第3期。

洪成玉 1985 《古汉语词义分析》,天津:天津人民出版社。

江蓝生 2000 《相关词语的类同引申》,《近代汉语探源》,北京:商务印书馆。

蒋礼鸿 1950/1997 《敦煌变文字义通释》,上海:上海古籍出版社。

蒋绍愚 1981 《关于古汉语词义的一些问题》,《语言学论丛》第七辑,北京:商务印书馆。

蒋绍愚 1985 《词义的发展和变化》,《语文研究》第2期。

蒋绍愚 1989a 《古汉语词汇纲要》,北京:北京大学出版社。

蒋绍愚 1989b 《关于汉语词汇系统及其发展变化的几点想法》,《中国语文》第1期。

蒋绍愚 2006 《汉语词义和词汇系统的历史演变初探——以"投"为例》,《北京大学学报》第4期。

蒋绍愚 2007a 《打击义动词的词义分析》,《中国语文》第5期。

蒋绍愚　2007b 《从助动词“解”、“会”、“识”的形成看语义的演变》,《汉语学报》第 1 期。

焦毓梅　2007 《〈十诵律〉常用动作语义场词汇研究》,四川大学博士学位论文。

李　娟　2006《〈汉书〉司法语义场研究》,四川大学博士学位论文。

李　明　2003 《试谈言说动词向认知动词的引申》,《语法化与语法研究》(一),北京：商务印书馆。

李　明　2004 《从言语到言语行为——试谈一类词义演变》,《中国语文》第 5 期。

李子玲　2014 《〈论语〉第一人称的指示义》,《当代语言学》第 2 期。

李宗江　1989 《汉语常用词演变研究》,上海：汉语大词典出版社。

李宗江　2009 《语用因素对词义演变的影响——从“亏”的词义演变说起》,《汉语史学报》第 8 辑,上海教育出版社。

梁银峰、吴福祥、贝罗贝　2008 《汉语趋向补语结构的产生与演变》,《历史语言学研究》(第一辑),北京：商务印书馆。

陆宗达　1980 《训诂简论》,北京：北京出版社。

陆宗达、王宁　1981 《古汉语词义研究——关于古代书面汉语词义引申的规律》,《辞书研究》第 2 期。

陆宗达、王宁　1983 《训诂方法论》,北京：中国社会科学出版社。

罗正坚　1994 《词义引申和修辞借代》,《南京大学学报》第 4 期。

罗正坚　1996 《汉语词义引申导论》,南京：南京大学出版社。

吕东兰　1998 《从〈史记〉、〈金瓶梅〉等看汉语“观看”语义场的历史演变》,《语言学论丛》第 21 辑,北京：商务印书馆。

吕朋林　1989 《〈说文解字注〉词义引申研究》,北京大学博士学位论文。

马景仑　1997 《段注训诂研究》,南京：江苏教育出版社。

马文熙　1987 《词义裂变试论》,《西南师范大学学报》第 2 期。

马云霞　2012 《从身体行为到言说行为的词义演变》,《语言教学与研究》第 4 期。

孟广道　1996 《对词义引申的义素分析》,《贵阳师专学报》第 2 期。

彭　慧　2007 《〈广雅疏证〉汉语语义学研究》,四川大学博士学位论文。

沈家煊　2004a《语用原则、语用推理和语义演变》,《外语教学与研究》第 4 期。

沈家煊　2004b 《说“不过”》,《清华大学学报》第 5 期。

沈家煊　2005 《也谈能性述补结构“V 得 C”和“V 不 C”的不对称》,《语法化与语法研究》(二),北京：商务印书馆。

盛　林　2008 《〈广雅疏证〉中的语义学研究》,上海：上海人民出版社。

宋永培　2001 《〈说文〉与上古汉语词义研究》,成都：巴蜀书社。

孙良明　1958 《词的多义性跟词义演变的关系和区别》,《中国语文》第 5 期。

孙雍长　1985 《古汉语的词义渗透》,《中国语文》第 3 期。

苏宝荣、宋永培　1987 《古汉语词义学简论》,石家庄：河北教育出版社。

苏艺彬　2003 《动词引申中的义素传承》,《求实》第 12 期。

谭代龙　2007 《汉语起立概念场词汇系统及其演变研究》,《西南民族大学学报》第 10 期。

谭代龙　2008 《义净译经身体运动概念场词汇系统及其演变研究》,北京：语文出版社。

汪维辉　2003 《汉语“说类词”的历时演变与共时分布》,《中国语文》第 4 期。

汪维辉、顾　军　2012 《论词的“误解误用义”》,《语言研究》第 3 期。

王　枫　2008 《“语告”类动词语义场的历史演变》,《内蒙古大学学报》第 5 期。

王建喜　2003 《“陆地水”语义场的演变及其同义语素的叠置》,《语文研究》第 1 期。

王兴业　1996 《引申义的演变规律初探》,《古汉语研究》(第一辑),北京：中华书局。

王　锳　1986/1997 《诗词曲语辞例释》,北京：中华书局。

魏慧萍　2006 《汉语词义发展演变研究》,呼和浩特：内蒙古人民出版社。

吴宝安、黄树先　2006 《先秦“皮”的语义场研究》,《古汉语研究》第 2 期。

吴福祥　2003 《汉语伴随介词语法化的类型学研究》,《中国语文》第 1 期。

吴福祥　2007 《汉语方所词语“後”的语义演变》,《中国语文》第 6 期。

吴孟复总纂　2012 《续经籍纂诂》,合肥：安徽教育出版社。

伍铁平　1984 《词义的感染》,《语文研究》第 3 期。

肖贤彬　1993 《词义浸润：一种词义演变的方式》,《中国语言与中国文化论集》,香港亚太教育局。

肖治野、沈家煊　2009 《“了$_2$”的行、知、言三域》,《中国语文》第 6 期。

解海江、张志毅　1993　《汉语面部语义场历史演变——兼论汉语词汇史方法论的转折》，《古汉语研究》第4期。

谢书颖　2013　《从手部动词到口部动词的历时演变研究》，江西师范大学硕士学位论文。

玄　常　1953　《词义的变迁》，《语文学习》第10期。

徐前师　2002　《说文段注词义引申研究》，复旦大学博士学位论文。

许嘉璐　1987　《论同步引申》，《中国语文》第1期。

殷孟伦　1960　《"闻"的转义用法时代还要早》，《中国语文》5月号。

殷孟伦　1962　《"闻"的词义问题》，《中国语文》11月号。

张　博　1995　《词的相应分化与义分同族词系列》，《古汉语研究》第4期。

张　博　1999　《"组合同化"——词义衍生的一种途径》，《中国语文》第2期。

张福德　1997　《谈词义引申中的义素遗传和突破》，《中国人民大学学报》第3期。

张联荣　1992　《词义引申中的遗传义素》，《北京大学学报》第4期。

张联荣　2000　《古汉语词义论》，北京：北京大学出版社。

张绍滔　1985　《词义引申方式初探》，《厦门大学学报》第2期。

张　相　1953　《诗词曲语辞汇释》，北京：中华书局。

张　雁　2012　《从物理行为到言语行为：嘱咐类动词的产生》，《中国语文》第1期。

张永言　1960　《词义演变二例》，《中国语文》第1期。

张永言　1962　《再谈"闻"的词义问题》，《中国语文》5月号。

张永言　1982　《词汇学简论》，武汉：华中工学院出版社。

张志公(笔名向超)　1952　《关于新词和新义》，《语文学习》第1期。

赵克勤　1994　《古代汉语词汇学》，北京：商务印书馆。

赵　倩　2013　《汉语人体名词词义演变规律及认知动因》，北京：中国社科出版社。

周光庆　1989　《古汉语词汇学简论》，武汉：华中师范大学出版社。

周祖谟　1988　《中国大百科全书·语言文字·汉语训诂学》，北京：中国大百科全书出版社。

朱庆之　1992　《佛典与中古汉语词汇研究》，台北：文津出版社。

朱庆之　2000　《论"误用"在汉语历史演变中的作用——社会语言学理论与汉语史研究札记之一》，国际中国语言学学会第18届年会(IACL-18，哈佛大学，2010.05)论文。

朱　星　1985　《汉语词义简析》，武汉：湖北人民出版社。

宗福邦、陈世铙、萧海波主编　2003　《故训汇纂》，北京：商务印书馆。

Bybee, Joan, R. Perkins & W. Pagliuca. 1994. *The evolution of grammar——tense, aspect, and modality in the languages of the world*. Chicago: University of Chicago Press.

Geeraerts, Dirk. 1997. *Diachronic prototype semantics: A contribution to historical lexicology*. Oxford: Oxford University Press.

Grice, Paul. 1975. Logic and conversation. In P. Cole & J. Morgan (eds.) *Syntax and Semantics 3:* Speech Acts. New York: cademic Press: 41-58.

Haspelmath, Martin. 1997. *Indefinite pronouns*. Oxford: Clarendon Press.

Haspelmath, Martin. 2003. The geometry of grammatical meaning: Semantic maps and cross-linguistic comparison. In Michael Tomasello(ed.), *The new psychology of language*, vol. 2, 211-242. Mahwah, NJ: Lawrence Erlbaum.

Heine, Bernd & Tania Kuteva. 2002. *World lexicon of grammaticalization*. Cambridge: Cambridge University Press.

Heine, Bernd and Tania Kuteva. 2003. On contact-induced grammaticalization. *Studies in Language* 27, 3: 529-572.

Heine, Bernd and Tania Kutava. 2005. *Language contact and grammatical change*. Cambridge: Cambridge University Press.

Heine, Bernd and Tania Kuteva. 2006. *The changing languages of Europe*. Oxford: Oxford University Press.

Heine, Bernd and Tania Kuteva. 2007. Identifying instances of contact-induced grammatical replication, paper presented at the Symposium on Language Contact and the Dynamics of Language: Theory and Implications.

Heine, Bernd and Tania Kuteva. 2008. Constraints on contact-induced linguistic change. *Journal of language contact* — THEMA 2 (2008): 57-90.

Heine, Bernd, Ulrike Claudi and Friederike Hünnemeyer. 1991. *Grammaticalization: A conceptual framework*. Chicago: University of Chicago Press.

Hopper, Paul J. & Elizabeth Traugott C. 2003. *Grammaticalization*, 2nd edition. Cambridge: Cambridge University Press.

Sweetser, Eve E. 1990. *From etymology to Pragmatics: Metaphorical and cultural aspects of semantic structure*. Cambridge: Cambridge University Press.

Traugott, Elizabeth C. 1999a. The rhetoric of counter-expectation in semantic change: A study in subjectification. In A. Blank and P. Koch (eds.), *Historical semantics and cognition*, 177－196. Berlin/New York: Mouton de Gruyter.

Traugott, Elizabeth C. 1999b. The role of pragmatics in semantic change. In Jef Verschueren (ed.), *Pragmatics in 1998: Selected Papers from the 6th International Pragmatics Conference*, vol. Ⅱ, 93－102. Antwerp: International Pragmatics Association.

Traugott, Elizabeth C. 2000. From etymology to historical pragmatics. Paper presented at the Conference on Studies in English Historical Linguistics, UCLA, May 27th 2000.

Traugott, Elizabeth Closs & Richard B. Dasher. 2002. *Regularity in Semantic* Change. Cambridge: Cambridge University Press.

吴福祥，中国社科院语言所、重庆师范大学文学院

（原载《古汉语研究》2015 年第 4 期）

强势层级扩张与词语概念整合的互补效应*

吴为善

提　要　汉语的句法层面有两个“强势层级”：一个是“有意义的单字”，相当于“语素”；另一个是由它们构成的“复合字组”，属于“粘合短语”。其中属于粘合短语的“复合字组”是汉语单位层级系统的“枢纽”。一方面它扩张并覆盖到“复合词”层面，另一方面它通过扩展手段（添加虚词或结构递归）产生了各类组合型短语，成为实现句子的基础。这两个过程具有互补效应，本文主要论证强势层级扩张与词语概念整合的互补效应，并以具体实例分析了词语整合的理据性与层级性。

关键词　强势层级　复合字组　概念整合　理据性　层级性

汉语学界历来形成了一种感觉，即汉语中“词”的面目不清楚，尤其是双音形式难以区分词和短语的界限（如“吃鱼、吃饭、吃醋、吃货、吃惊、吃亏”），这是毋庸置疑的事实；同时，一个复合字组内部不同质，从“粘合短语”到“复合词”又呈现出一种非离散性的连续统。这种现象是汉语自身特点导致的必然现象，我们必须对此作出合理的解释。本文立足汉语特点，论述汉语中强势层级扩张与词语概念整合的互补效应，下面分别加以论述和解释。

一、强势层级的扩张效应：复合字组句法化

1.1　吕叔湘（1979）早就指出：“讲西方语言的语法，词和句子是主要的单位，语素、短语、小句是次要的。讲汉语的语法，由于历史的原因，语素和短语的重要性不亚于词，小句的重要性不亚于句子。”吕叔湘的意思是，作为语言都有语素、词、短语、小句、句子这些层级单位，但不同语言中这些层级单位的相对重要性表现不一样。笔者认为这是对汉语单位层级序列中“强势层级”（mighty level）的解读，是汉语缺乏“形态”、注重“意合”的必然结果。

1.2　作为语言的基本单元，都是形式和意义匹配的最小单位，但从韵律句法的角度来看，必须具备两个条件。其一，形式上必须有显著的韵律特征加以控制，是一个独立的韵律单元；其二，意义上除了语义自足之外，还必须是一个独立的句法单元。印欧语中语言的基本单元是 word，形式上由重音模式控制，句法上附载形态变化功能以作为语法手段。因此在印欧语里 word 的面目相对清晰，书面上实行分词连写，词典编撰中“词”的身份比较稳定。相对而言，印欧语中的 morpheme 不太稳定，只是构成 word 的元素。

汉语中语言的基本单元是形音义三位一体的“有意义的单字”，形式上代表一个音节，由声调模式控制。在古汉语单音词时代，一个“有意义的单字”就是一个词，是独立的语法单元；在现代汉语双音词时代，双音节形式是两个“有意义的单字”的组合。一个“有意义的单字”相当于印欧语的 morpheme，但属性不完全相同；而与印欧语 word 相应的单位在汉语中是模糊不清的，记录汉语的汉字不实行分词连写，是词的界限模糊不清的一个印证。吕叔湘所说的“历史原因”，大概就是指的这种状态，而“语素和短语的重要性不亚于词”就是这种状态导致的结果，其中“粘合短语”表现尤为突出。因此，在现代汉语中最基本的复合形式是“复合字组”（两字组），只能从韵律

* 本文曾在 2013 年香港中文大学举办的汉语韵律语法研讨会上作过报告，陆丙甫、端木三、冯胜利、王洪君诸位教授提出了不少中肯的意见和建议，在此特致谢忱！

上加以控制，属于“韵律词”（参见冯胜利 1996），就属性来看属于“句法词”（即“粘合短语”）。这个层级的扩张覆盖到“复合词”这个层级，所以汉语中词与短语的界限是难以区分的。这可以从共时和历时两个层面得到印证。

1.3 就共时平面的现状来考察，汉语中如何确认一个复合字组是词还是短语，历来困扰着学界，学者们曾为此进行了不懈的努力，但收效甚微。吕叔湘（1979）将汉语中词和短语的纠葛归结为五个因素：

(1) 这个组合能不能单用，这个组合的成分能不能单用；

(2) 这个组合能不能拆开，也就是这个组合的成分能不能变换位置或者让别的语素隔开；

(3) 这个组合的成分能不能扩展；

(4) 这个组合的意义是不是等于它的成分的意义的总和；

(5) 这个组合包含多少个语素，也就是它有多长。

综合考察这五个因素，可以看出汉语中词和短语的界限是难以界定的。

王洪君的论文“从字和字组看词和短语”（1994）有效地揭示了这种现状。虽然文章的出发点还是从句法、语义的种种特征来分析汉语两字组内部的区别，但与以往的研究相比有明显的突破：第一，作者的研究不是举例性的，而是从各类结构中选择了几百个有代表性的两字组作为研究对象，考察的范围比较全面；第二，更重要的是，作者没有简单地列举句法、语义的某些特征作就事论事的分析，而是立足“有意义的单字”，去发现“两字组”在句法、语义方面差异的典型特征，并进一步加以系统排序，形成一系列两字复合短语规则，然后对所选取的“样本”进行层层甄别和分析，因此方法比较科学。王洪君所归纳的两字复合短语规则分别包含两项对立的区别性特征，从“成词性”的强弱来看，前项大于后项。下面是作者列举的主要特征（“/”表示前后对立的区别性特征）：

(1) 字组义 ≠ 字义 + 结构义/字组义 = 字义 + 结构义；

(2) 规则不能全类推/规则能全类推；

(3) 不能自由扩展/能自由扩展；

(4) 非向心/向心（并进一步考察是否有附加词汇意义或语法转指意义）；

(5) 两字组结构和整体功能不合/两字组结构和整体功能合（并进一步考察可替换字的多少、使用频率的高低）。

根据这样的操作程序和规则，作者揭示了这样一个结果：所有两字组从“成词性”的强弱来看，形成一个非离散性的序列。一端成词性弱，都是一些松散形式，如“马跑”、“拔草”、“气病”、“进出”“活鸡”等，是多数人不认为是“词”的形式；另一端成词性强，都是一些凝固形式，如“霜降”、“动员”、“立正”、“矛盾”、“小鞋”等，是大家所公认的“词”；而两端之间存在大量的中间过渡状态的形式，很难一刀切出词和短语的界限（详见该文所列词表）。笔者认为，看起来好像并没有解决问题，其实不然，正因为作者采用了比较科学的方法，考察了比较全面的对象，所以得出的结论比较可靠。这说明在汉语中一个两字复合形式从松散到凝固形成一个连续体，本无可供切分的痕迹，因此希望从中一刀切出词和短语是不现实的。

汉语中词和短语的纠葛还表现在使用中，即所谓的“离合”现象。“述宾”可以有限扩展，如“理发 → 理了发”；“述补”可以插入能性标记，如“看清 → 看得清/看不清”；“偏正”可以插入结构标记，如“大树 → 大的树”；“动趋”可插入宾语，如“回去 → 回老家去”。此外，词语可以分裂使用，存在大量“短语”和“复合词”的同形现象，如“东西、是非、煎饼、打手、大车、小人、气死、头疼”。词语在使用中的分分合合，充分说明它们顽固地保留着原型性的“粘合短语”属性。

1.4 就历时平面的演变来考察，现代汉语共时平面短语和词的界限不清，根源在于汉语双音词衍生和发展的主流来源。王力（2004［1980］）在论述汉语构词法的发展时明确指出：“仂语凝固化”是汉语构词法中最主要的方式。按照王力的说法，这些形式原先是“短语”（粘合形式），后来逐渐凝固成“复合词”。董秀芳（2011）较为全面地考察了汉语双音词的衍生和发展，以大量的实例证明了由短语或句法结构词汇化而凝固成复合词的历史事实。她认为汉语双音词的历史源头大多是理据性非常直观的短语或句法结构，在发展过程中词与词之间的界限逐渐变得模糊，理据性也就相应地弱化甚至消失了。她还借鉴陆丙甫（1986）关于“心理组块”的观点来解释双音词产生的动因，认为句法单位变为复合词的过程实际上可以看作是一个由心理组块造成的重新分析过程。当构成一个句法单位的线性顺序上邻接的两个词由于某种原因经常在一起出现时，语言使用者就有可能把它们看作一体来加以整体处理，而不再对其内部结构做分析，这样就使得二者之间原有的语法距离缩短或消失，最终导致双音词从旧有的句法构造中脱胎出来。而在此过程中，紧邻共现和高频率使用是句法结构演变为双音词的一个先决条件。

事实上历史文献中此类实例相当丰富。例如“鼓舞”原是由两个不及物动词组成的动词性并列短语，义为“击鼓跳舞”，其后不能带宾语，如《墨子·非儒下》“孔某盛容修饰以蛊世，弦歌鼓舞以聚徒。”而后发生了隐喻引申，词汇化为一个及物动词，其后带上了宾语，义为“激发、鼓动、使振作”，如杨雄《法言·先知》“鼓舞万物者，雷风乎？鼓舞万民者，号令乎？”又如“提纲”原是一个动宾短语，义为“提起渔网上的大绳”，如《南齐书·顾欢传》“臣闻举网提纲，振裘持领，纲领既理，毛目自张。”后来“提纲”整合成一个动词，义为“领导全局、掌握大要”，如《晋书·刑法志》“欲令提纲而大道清，举略而王法齐。”最后“提纲”进一步整合成一个名词，指“文章、书籍等的概要”。（例引自董志翘、张意馨 1992）。

当然就现代汉语的词汇层面来看，不可能所有的复合词都经过“仿语凝固化”这个过程，我们无法排除现代汉语的某些复合词也可能是在线构成的，即直接产生于复合构词法（参见黄月圆 1996）。但诚如董秀芳所认为的，从历时角度看，汉语最早的复合词是来源于句法的，在那时还没有复合构词法；当复合词不断地从句法中衍生出来之后，复合构词法就产生了，这以后复合词就可以不通过句法而被语言使用者独立地创造出来了。而笔者认为，复合构词法本身就是“句法构词”的类推构式，复合词的构成归根结底还是源于句法的。赵元任（1979 [1968]）早就指出，在汉语中依据语音形式（无论轻重还是声调）是不足以区别词和非词的，他所列举的实例包含了各种结构类型的复合形式。朱德熙（1982）也明确指出，汉语复合词的组成成分之间的结构关系基本上是和句法结构关系一致的。

需要说明的是，汉语中除了少量古代书面语保留下来的“连绵词”（属于“语音构词”）以及来自外族语的“借词”之外，还存在部分所谓的“派生词”，这不得不有所交代。在笔者看来，汉语的“派生”现象只是“复合”形式的一个变体，同样是复合形式“整合”的结果。（参见吴为善 2011）。吕叔湘（1962）指出，在汉语的构词法里，很难区分“复合”和“派生”。其实道理很简单，汉语中极少数“真词缀”（如“老-、-子、-头、-然”等）都是从双音复合形式的前置或后置成分虚化而来的（参见王力 2004 [1980]）。虽然从表面上看此类形式很像印欧语的“派生词”，但实际上汉语的所谓的“词缀”与印欧语的“词缀”有本质区别，语法化相当不彻底，董秀芳（2011）曾对此作了较为深入的阐述。而事实上，汉语中的“派生词”也极其有限，笔者对《现代汉语词典》（第 6 版）收入的“派生词”作了粗略的统计，上述列举的几个“真词缀”中，排除一些冷僻的方言词、古语词，带前缀“老”21 个，带后缀“子”502 个，“头”71 个，“然”124 个，总共 700 多个，对于收入将近 7 万词条的词典来说，只占百分之一。总之，学界公认的汉语构词以“复合”为主，印欧语构词以“派生”为常，这是符合语言事实的。

1.5 综上所述，汉语的句法层面有两个“强势层级”：一个是“有意义的单字”，可以说是汉语中的“语素”；另一个是由它们构成“复合字组”，属于“粘合短语”。这种倾向与汉语韵律层面的“强势层级”具有对应关系。按照通常音系学的分类，“缩附组”以下的韵律层级依次为“韵素 → 音节 → 音步 → 韵律词”（参见王洪君 2008）。与句法层级的情形相仿，不同语言中这些韵律层级的相对重要性也是不一样的。张洪明（2012）指出，由于汉语不属于“重音语言”，而属于“声调语言”，所以汉语中的“韵素”（mora，作为判定词重音的依据）是不凸显的；同样道理，汉语没有词重音，所以也不存在严格的音系学意义上的“音步”（foot，以轻重音的抑扬为基础），所以“音步”是不凸显的。笔者认为张洪明的考察是符合汉语事实的。首先，汉语音节中 mora 的多少往往是忽略不计的，在我们的语感中“八”[pa^{55}]和“掰”[pai^{55}]的音长几乎等值；而音节都有声调控制，是基本语义的载体，所以“音节”（syllable）这个层级是凸显的。同时，王洪君（2004）指出，与西方语言“音步”相当的汉语的节奏单元类型表现为基于音长、音高的“顿挫”，属于“松紧型”。笔者在考察汉语“韵律词”的界定时发现，汉语中的“韵律词”一般是一个节奏单元，而一个节奏单元未必是一个“韵律词”，这也证明了汉语中“音步”这个层级是不凸显的（参见吴为善 2003）。而“韵律词”这个层级是非常重要的，它从韵律层面统摄了汉语从粘合短语到复合词的“集合”，因而是凸显的。由此可见，从韵律层级与句法层级的对应关系来看，在汉语中“有意义的单字”对应于“音节”（相当于“语素")，"复合字组"对应于"韵律词"(相当于"粘合短语")，这是汉语层级系统中的两个相对凸显的"强势层级"。

二、词语概念的整合效应：粘合短语词汇化

2.1　依据上文分析，汉语中"有意义的单字"的组合形式是"复合字组"，复合字组句法化为"粘合短语"，这个强势层级扩张并覆盖到"复合词"层面。也就是说，"粘合短语"一经"整合"就可能有词化倾向，其中凝固度高的形式就成了"复合词"，这是汉语中构成并满足词汇量的一种互补效应。在汉语发展过程中，一个"粘合短语"凝固成"复合词"，是汉语词汇构成的主流，笔者认为这个现象本质上是一个概念整合的过程。

近些年来随着认知语言学的兴起与发展，Fauconnier Gilles & Mark Turner(1994，1998)等学者提出了概念整合理论。"整合"强调"整体大于部分之和"，是对长期以来科学研究中"分析"的一种反思，已成为当代科学研究的主流倾向，概念整合理论就是在这样的背景下在语言学研究中的体现。所谓概念整合(conceptual blending)指的是对两个来自不同认知域的概念有选择地提取部分意义整合起来进而形成一个复合概念结构的过程。概念整合是一种极为普遍的认知过程，在自然语言的意义建构过程中具有重要的作用，事实上语言的意义不是通过组合而是通过整合获得的(参见沈家煊 2006)。

概念整合理论有两个要点很显著。其一，概念整合具有理据性。语言成分的整合效应依赖于两个因素：一个是整合的"框架"，即各类句法语义关系及其韵律模式；另一个是输入的"元素"，即参与整合的语言成分。在"框架"的作用下"元素"产生整合效应，浮现新的意义(emergent meaning)。其二，概念整合具有层级性。语言成分的整合是一种意义融合过程，按照张云秋、王馥芳(2003)的观点，如果两个概念在其本义或基本义的基础上进行整合，是一种相对低级的整合；如果两个概念在其引申义(包括隐喻义或转喻义)的基础上进行整合，是一种相对高级的整合。事实表明，两个语言成分一旦组合就有可能产生程度不等的整合效应；两个有意义的单字组合成一个复合字组，句法语义属性就可能发生变化。下面我们将以典型实例(1＋1 和 2＋1)对上述两个要点分别加以阐述。

2.1　概念整合的层级性

概念整合的基础是语义融合，融合度有高有低，导致词语整合度也有高有低。但是整合度的高低及其层级确认固然要依据参与整合的成分的语义分析，更要有句法表现的佐证，这是考察汉语复合字组整合度高低的有效途径。笔者(2007)曾选择部分常用的单音动词及其可能组合的"述宾两字组"为对象，以汉语结构标记"的"的各种句法功能为依据，考察这些述宾两字组在句法表现上的差异，鉴定内部成员的整合度高低及其层级分布。下面是考察结果(具体论证过程略去)：

"的"的功能 整合层级	1. 通过名词提取操作插入"的"转化为定中结构，可以充当主宾语	2. 插入"的"构成不自由形式，确认主体行为时地、方式等背景信息	3. 后加"的"构成"的"字结构转指行为动作的主体，可以充当主语	4. 后加"的"作为修饰性定语，对中心语加以领属性的分类
A级：低整合度	**洗菜　写信 吃鱼　买车**	洗菜　写信 吃鱼　买车	洗菜　写信 吃鱼　买车	洗菜　写信 吃鱼　买车
B级：次低整合度	—	**洗钱　唱票 说媒　讲学**	洗钱　唱票 说媒　讲学	洗钱　唱票 说媒　讲学
C级：次高整合度	—	—	**洗盘　插足 卖座　吃力**	洗盘　插足 卖座　吃力
D级：高整合度	—	—	—	**提纲　拉面 插图　盖碗**

上述表中"的"的句法功能依次表现为四种分布(框架 1—4)。其中 A 级"洗菜、写信、吃鱼、买车"能进入所有句法框架，整合度最低；B 级"洗钱、唱票、说媒、讲学"不能进入框架 1，但能进入框架 2、3、4，整合度较高；C 级"洗盘、插足、卖座、吃力"不能进入框架 1、2，但能进入框架 3、4，整合度更高；D 级"提纲、拉面、插图、盖碗"不能进入

框架1、2、3，只能进入框架4，整合度最高。下面分别显示这些不同整合等级词语的句法表现（每个等级列举一组实例，其余用例可以类推）：

框架1：（他）洗菜→他洗的菜：他洗的菜很干净。

（他）写信→他写的信：我喜欢看他写的信。

（他）吃鱼→他吃的鱼：他吃的鱼很新鲜。

（他）买车→他买的车：我没开过他买的车。

框架2：洗钱→洗的钱：他是通过关系洗的钱。

唱票→唱的票：他们是请公证人员唱的票。

说媒→说的媒：他是18岁那年说的媒。

讲学→讲的学：他是在澳洲讲的学。

框架3：洗盘→洗盘的：洗盘的是某些庄家。

插足→插足的：插足的是他当年的同学。

卖座→卖座的：卖座的都是韩国剧。

吃力→吃力的：吃力的是那些偏远地区来的学生。

框架4：提纲→提纲的N：提纲的内容很详尽。

拉面→拉面的N：拉面的味道不错。

插图→插图的N：插图的设计很新颖。

盖碗→盖碗的N：盖碗的花纹挺好看。

上表有两点值得关注：其一，整合度的提升与动名两字的语义有直接关系，比如A级的“洗菜”参与整合的“洗”和“菜”都是本意，整合度最低，实际上是一个自由组合的短语。B级的“洗钱”中“钱”还是本意，但“洗”的意义发生了改变，是一种隐喻，指“非法得来的钱款，通过各种手段掩饰、隐瞒其来源和性质，使其在形式上合法化”，“洗钱”的整合度就比较高。C级的“洗盘”中不但“洗”的意义发生了改变，“盘”的意义也发生了改变，“洗盘”整体是一种隐喻，特指“股市庄家的一种操纵手段，在拉高股价的过程中有意让股价上下震荡，让先前买进股票的投资者卖出股票”，因而“洗盘”的整合度更高。

其二，随着词语整合度的提升，词语的整体功能也会发生转化。上表中A级、B级都还是动词，C级中除了动词，已有部分词语的整体功能转化为形容词，如“卖座”、“吃力”（前边能加“很”），而D级词语的整体功能都已经转化为名词了，如“提纲、拉面、插图、盖碗”都已经是纯粹的名词，不具备谓词性功能了。这里似乎显示了一种倾向，动性成分或含有动性成分的复合字组的整合终点趋向名词化，不但述宾组合是这样，其他类型组合也一样。例如联合式的“抱负、餐饮、报酬”，状中式的“版刻、彩绘、边防”，主谓式的“笔触、波折、政变”等等，都是典型的名词。这是值得关注的现象。

2.2　概念整合的理据性

概念整合效应的理据性需要考察两个方面：一个是整合框架的特征，另一个是整合元素的选择。笔者（2008）曾考察了复合字组“$V_{双}+N_{双}$”（2＋2）的词汇化及其整合效应，集中分析了概念整合的理据性问题。事实表明一个双音动词和一个双音名词直接组合，在我们的结构识别中有两种可能的结构模式：一种是述宾关系，另一种是偏正关系。识别的依据有两条：(1)动词能否带受事宾语，即动词和名词之间是否具有“动作”和“受事”的语义关系；(2)动词对名词是否具有分类的认知基础，即动词能否直接修饰名词表示名词在功能属性上的类别。如果具有(1)的特征而排斥(2)的特征，那么一定是述宾关系，如“制造汽车”；如果具有(2)的特征而排斥(1)的特征，那么一定是偏正关系，如“消防汽车”。如果同时可能具有(1)和(2)的特征，那么这个组合一定是一个同形异构体，如“出租汽车”既可以理解为述宾关系，也可以理解为偏正关系。韵律模式的整合能有效区别这两种结构类型，“租汽车”（1＋2）为述宾，“出租车”（2＋1）为偏正。

其中1＋2的动名组合倾向于述宾，理据较为显著，汉语单音动词大多为动作动词，语义比较具体，支配一个双音名词构成述宾短语，在我们的结构识别中是一种优选模式，无须赘述。而2＋1的动名组合能有效地突显偏正关系，就是概念整合的结果，体现为两种效应：其一是“复合”效应，后边的双音名词被压缩为单音形式，“出租车”在2＋1韵律框架的作用下“固化”为偏正式三音节复合词。其二是“隐退”效应，在句法结构关系上偏正关系突显，述宾关系隐退，“出租车”内部的关系被锁定为偏正关系，排斥了述宾关系的可能性。这种整合效应具有普遍性，值得关注，同类实例如下：

设计图纸 → 设计图　　译制影片 → 译制片

储备资金 → 储备金　　装修房屋 → 装修房

修改稿件 → 修改稿　　承包项目 → 承包项

测量仪器 → 测量仪　　检测车辆 → 检测车

搜查证件 → 搜查证　　选修课程 → 选修课

报销单据 → 报销单　　讨论题目 → 讨论题

筹备会议 → 筹备会　　传染疾病 → 传染病

上述实例表明，按照汉语语感，我们在理解右列的2＋1形式时，是以左列2＋2的偏正结构模式为判定依据的，这可以说是2＋1韵律模式的整合理据。

2.2.1　先考察整合框架的特征。笔者对此的解释是，汉语2＋1韵律模式与1＋2韵律模式形成对立，显示了一条规则：单音节与双音节组合“前松后紧”。即当一个单音节处于双音节之前(1＋2)结合比较松散，而处于双音节之后(2＋1)，结合比较紧密，可描写为：×//××，××/×。节律结构上的“松”和“紧”必然和句法结构上的“松”和“紧”相匹配，句法结构上述宾内部结构“松”而偏正内部结构“紧”，这是显而易见的。因此，节律层面的“松”、“紧”在句法层面的投射结果，是对不同等级的语言单位的选择：

韵律结构		语言单位
松：1＋2	→	短语
紧：2＋1	→	复合词

2＋1格式是一种典型的韵律句法模式，表现为节律上的紧密性和句法上的粘附性，是汉语三音节复合词的整合框架。(详见吴为善2006)

2.2.2　再考察整合元素的选择。“$V_{双}+N_{双}$”的句法组合在2＋1的韵律框架作用下，整合成偏正式复合词，表示某个范畴的类名。其中输入的整合元素有两个，一个是双音动词，另一个是双音名词。其中双音名词的韵律操作是压缩为单音形式，如上文所举的“图纸、影片、资金、房屋、稿件、项目、仪器、车辆、证件、课程、单据、题目、会议、疾病”分别被压缩为单音形式“纸、片、金、房、件、稿、项、仪、车、证、课、单、题、会、病”。由于这是韵律框架强制压缩的结果，上述单音节形式与原来的双音节形式属于同一“义位”，即语素意义没有改变。相对于名词而言，此类格式的整合显然对动词的选择性要求更高，因为它们必须能直接充当定语修饰名词性成分，这偏离了动词的典型功能，因此是整合理据考察的重点。上文所举实例中包含如下这些动词：

设计　译制　储备　装修　修改　承包　测量

检测　搜查　选修　报销　讨论　筹备　传染

分析这些双音动词的内部构成特征，一个明显的倾向是大都属于联合式复合词。王灿龙(2002)认为双音节动词跟单音节动词在基本层次范畴和原型性方面有较明显的对立。单音节动词具有典型的动词语法特征，而由这些单音节动词作为语素参与构成的双音节动词，其动词的语法特征都弱化或部分丧失了。从表义方面看，单音节动词通常表示的都是人或事物的基本动作，动作性都较强，动作义也很具体。在人们的认知范畴中有一个明晰的、有界的关于某一动作的意像与表示该动作的动词相对应。而双音节动词的情况则不同，由于它是两个语素的结合，无论其中的两个语素或某一语素的动作性多强，整个词的语义只能是两个语素义的最大公约数，这样，所得的语义就相对比较抽象、比较间接。张国宪(1997)的相关研究证明双音节动词的“动性”强度存在差异，这种差异与词的内部构造密切相关。他根据语料的概率分析将双音节动词的强度等级序列描述为：

前加/后附 ＞ 偏正 ＞ 补充 ＞ 陈述 ＞ 支配 ＞ 联合(强 → 弱)

上述等级序列表明联合式双音动词的动性最弱，而动作性的弱化必然导致实体性的强化，在句法功能上表现为述谓功能(充当谓语)向修饰功能(充当定语)“漂移”。联合式双音动词的这种特征为它直接修饰名词性成分,并从功能属性的角度对所修饰的名词产生一种分类效应提供了现实的可能性。因此这类双音动词直接做定语时,对中心语名词成分的概念内涵影响最大,整合度也最高。

值得指出的是,并不是所有的双音动词和单音名词都能实现“$V_{双}+N_{单}$”的整合,整合动因还取决于动词所表示的动作行为对名词所表示的事物范畴是否具有分类性,这种分类性取决于人们基于经验认知的规约性。例如(→表示“整合为”):

$V_{双}$+稿件→修改稿、校对稿、送审稿、讨论稿

$V_{双}$+房屋→装修房、租赁房、分配房、改建房

$V_{双}$+题目→讨论题、分析题、选择题、论述题

$V_{双}$+仪器→测量仪、观察仪、震动仪、分析仪

如果充当定语的动词所表示的动作行为对名词所表示的事物范畴不具有分类功能,即使是符合整合条件也不可能产生“$V_{双}+N_{单}$”的整合效应。比如“复印文件”是个同形异构体,可以整合为复合词“复印件”,因为从属性来看复印的“文件”通常有“原件”,这个类名具有区别性,可以成立;而“学习文件”也是个同形异构体,却不能整合为“学习件”,因为从功能来看下发的“文件”通常都是要学习的,分类缺乏基础。

三、余论

综上所述,汉语的句法层面有两个“强势层级”:一个是“有意义的单字”,相当于“语素”;另一个是由它们构成的“复合字组”,属于“粘合短语”。这两个强势层级导致汉语复合字组句法化,扩张并覆盖到“复合词”层面。其实前辈学者早已意识到这种状况,比如赵元任(1992[1975])就颇有见地地指出:“为什么非要在汉语里找出其他语言中存在的实体(如 word)呢?更有成效的进一步研究应该是确定介于‘音节词’和‘句子’之间的那级单位是什么类型的,至于把这些类型的单位叫做什么,应该是其次考虑的问题。”赵元任所说的“音节词”指“有意义的单字”,“句子”指能带上语调成为句子的短语(通常是组合型短语),而介于这两者之间的只能是由韵律控制的粘合形式(包括从粘合短语到复合词的“集合”)。从中可以窥见汉语强势层级导致的复合字组句法化现象,以及概念整合产生的粘合短语词汇化现象,这两种动因互补,使得汉语中从粘合短语到复合词的“集合”表现为非离散性的连续统,呈现出一种整合度高低不等的层级分布,这不能不说是汉语自身特点导致的必然现象。

也就是说,汉语强势层级导致的复合字组句法化现象,以及概念整合产生的粘合短语词汇化现象,充分说明属于粘合短语的“复合字组”是汉语单位层级系统的“枢纽”。一方面它扩张并覆盖到“复合词”层面,另一方面它通过扩展手段(添加虚词或结构递归)产生了各类组合型短语,成为实现句子的基础。关于这后一种扩展功能,学界的研究相当充分,自然不必赘述。如果事实确实是这样,那么汉语单位层级系统的面貌就很清楚了,除了形音义三位一体的“有意义的单字”作为汉语的基本单元之外,属于粘合短语的“复合字组”产生了双重效应:

复合词←复合字组(粘合短语)→组合短语

近年来,刘丹青(2012)基于语言类型学的研究视角,创立了“语言库藏类型学”(linguistic inventory typology)。其中显赫范畴(mighty category)是语言库藏类型学的核心概念之一,所谓显赫范畴是指用语法化程度高的形式手段表达的既凸显又强势(prominent and powerful)的范畴,具有常用、能产或可类推的特征。特定语言中的显赫范畴不但本身的原型语义或语用功能凭借语法手段得到充分表征和凸显,而且所用形式手段具有很强的扩张力,能用来表达与原型范畴有距离的在其他语言中可能属于其他语义语用范畴的功能,即用于扩展功能或边缘功能,从而使语言的形式和意义呈现出比通常更为复杂的关系。笔者认为,显赫范畴不但体现在句法语义范畴,也体现在语言单位的层级范畴,可以称之为“强势层级”。汉语的句法层面有两个“强势层级”:一个是“有意义的单字”,另一个是由它们构成的“复合字组”(粘合短语)。

参考文献

董秀芳 2011 《汉语双音词的衍生和发展》(修订本),北京:商务印书馆。

董志翘、张意馨 1992 《古今同形异义词语词典》,南京:江苏科学技术出版社。

冯胜利 1996 论汉语的韵律词,《中国社会科学》第1期。

黄月圆 1995 复合词研究,《国外语言学》第2期。

刘丹青 2012 汉语里的若干显赫范畴:语言库藏类型学视角,《世界汉语教学》第1期。

陆丙甫 1986 语句理解的同步组块过程及其数量描述,《中国语文》第2期。

吕叔湘 1962 说"自由"和"黏着",《中国语文》第1期。

吕叔湘 1979 《汉语语法分析问题》,北京:商务印书馆。

马庆株 1995 现代汉语词缀的性质、范围和分类,《中国语言学报》第6期,北京,商务印书馆。

沈家煊 2006 概念整合和"浮现意义",复旦大学望道论坛报告。

王灿龙 2002 句法组合中单双音节选择的认知解释,《语法研究和探索》(十一),北京:商务印书馆。

王洪君 1994 从字和字组看词和短语,《中国语文》第2期

王洪君 2004 试论汉语的节奏类型——松紧型,《语言科学》第3期。

王洪君 2008 《汉语非线性音系学》(增订版),北京:北京大学出版社。

王 力 2004 [1980]《汉语史稿》,北京:中华书局。

吴为善 2003 汉语"韵律词"的界定,《语言学论丛》(第二十八辑),北京:商务印书馆。

吴为善 2007 述宾两字组的整合度高低及其层级分布,《汉语学习》第5期。

吴为善 2006 《汉语韵律句法探索》,上海:学林出版社。

吴为善 2008 同形异构体 V + N 的复合化及其整合效应,《语法研究和探索》(十四),北京:商务印书馆。

吴为善 2011 《汉语韵律框架与词语整合效应》,上海:学林出版社。

张国宪 1997 "V双 + N双"短语的理解因素,《中国语文》第3期。

张洪明 2012 跟形态句法相关的韵律问题,中国语言学会第十六届学术年会报告。

张云秋、王馥芳 2003 概念整合的层级性与动宾结构的熟语化,《世界汉语教学》第3期。

赵元任 1979[1968] 《汉语口语语法》,北京:商务印书馆。

赵元任 1992[1975] 汉语词的概念及其结构及节奏,《中国现代语言学的开拓和发展》,清华文丛之四。

朱德熙 1982 《汉语讲义》,北京:商务印书馆。

Fauconnier, Gilles 1994. *Mental Spaces*. New York: Cambridge University Press.

Fauconnier, Gilles & Mark Turner 1998. *Conceptua lintegration net Works*. Cognitive Science.

吴为善,上海师范大学

(原载日本《中国语学》第260期)

汉语反事实表达及其思维特点*

袁敏林

提 要 国外学者关于汉语母语者难以进行反事实表达理解和相应推理的实验存在争论。事实上，古代汉语和现代汉语中都有大量语法化的反事实条件句式，只是汉语研究者对这种句式的反事实语义特点不敏感。究其原因在于，汉语反事实条件句一般都有强烈的情感倾向(表示庆幸或遗憾)，这强化了反事实思维的结果对比机制，弱化了其因果推理机制，最终掩盖了反事实思维在因果推理方面的逻辑力量，也在一定程度上遮蔽了其条件的反事实性。汉语的反事实表达及其背后的思维特点，反映了语言和思维之间的互相影响、互相塑造和互相推动。

关键词 汉语 反事实表达 情感倾向 语言和思维

引言：语言决定思维方式吗

语言学界影响广泛的"萨丕尔-沃尔夫假设"的大意是：语言结构在很大程度上决定了使用者感知世界和思考问题的方式。沃尔夫的许多文章，①均或明或暗地说明：语言决定某些非语言的认知过程，使用不同语言的人以不同的方式来思维，人们无意识地通过自己已经习得的语言对事物加以分类。语言和思维的关系问题，引起了哲学家、心理学家和语言学家的广泛兴趣，以至于有人非正式地断言：如果爱因斯坦说的是汉语，那么相对论将是另外一副模样。

在这样的认识背景上，甚至有人把中国没有产生欧洲那样的近代科学，怪罪于汉语，认为：汉语没有印欧语那样形态严格的语法结构，导致中国人无法用汉语进行严谨的逻辑思考和科学推导。当然，诸如此类的论断，大多是意气之论，似是而非，难以证伪。

现在，人们已经不再满足于哲学式的思辨和猜想，而且试图通过有关的实验和实证研究来证明或否定"萨丕尔-沃尔夫假设"。其中，一个有名的案例是关于英语和汉语中反事实表达与反事实推理能力之间关系的问题：一个语言中反事实表达有无专门的语法结构，跟使用这种语言的人的反事实推理能力的有无或强弱，是否具有显著的相关性？所谓反事实推理(reasoning counterfactually)，指根据跟已知事实相反的假设条件来进行推理；所谓反事实表达(counterfactual expressions)，指表达反事实推理的语句，通常是由反事实的假设条件小句和相应的结果小句组成的。②

基于对美国心理学家布鲁姆(Alfred H. Bloom)的实验及其结论和欧洁芳(Terry Kit-fang Au)、刘(Lisa Garbern Liu)的质疑的思考，我们将展开对于古代汉语和现代汉语中反事实表达的特点及其语法化程度的讨论，进而以汉语的反事实表达与推理为例，说明我们对于语言和思维关系的见解。

---

* 本课题的研究得到国家社科基金重大招标项目"汉语国际教育背景下的汉语意合特征研究与大型知识库和语料库建设"(批准号 12&ZD175)和国家重点基础研究计划(973 计划)项目课题"语言认知的神经机制"(2014CB340502)的资助，还承同事胡敕瑞教授和匿名审稿人指正，谨此致以诚挚的谢意。

① 参见《论语言、思维和现实——沃尔夫文集》，高一虹等译，长沙：湖南教育出版社，2001 年，第 44、59、80、120、135、148、206、208—209、211—212、220—221、237—238、255—256、261、274 页。

② 详见下文第二节对反事实条件句的讨论。

一、汉语母语者能够进行反事实推理吗

为了考察不同语言的语法范畴是否真的影响使用者对世界的知觉，布鲁姆[①]曾研究汉语和英语母语者如何进行反事实推理：根据和已知事实相反的假设条件(即反事实条件)，推出一种跟事实不同的、本来可能出现的结果(另一种可能性)。比如，假定有这样一个情境：几个人在等John看电影，结果他来迟了，导致大家都迟到。对此，英语有虚拟语气(subjunctive)，可以表达成：

(1) If John had come earlier, they would have arrived at the movies on time.(如果John来得早一点儿，他们本来是可以准时到达电影院的)

但是，汉语没有像虚拟式这样的特殊方式来表达反事实的意义。布鲁姆认为，因为汉语缺乏明显的反事实标记，所以说汉语的人进行反事实推理会有较大的困难。他在香港给汉语母语者呈现下面的句子：

(2) If the Hong Kong government were to pass a law requiring that all citizens born outside of Hong Kong make weekly reports of their activities to the police, how would you react?(如果香港政府通过了一项法案，要求所有在香港境外出生的居民每周向警方报告他们的活动，你将有什么意见)

结果，这些被调查者拒绝回答这个问题。他们的理由是：政府并没有提出这样的要求。当要求他们设想香港政府通过这项法案时，他们说这种思维是反常的，非中国式的。我们认为，这些被试的反应情有可原。因为(2)用的是虚拟语气，表明问话人知道事实上香港政府不会通过这样一项法案。于是，对于这些汉语母语者来说，(2)这个问句在语用上是不适宜的(infelicitous pragmatically)的傻问题(明知不会有，还问怎么办)，应该拒绝回答。

布鲁姆并不认为说汉语的人不能进行反事实推理，而是认为这样的推理对他们来说比较困难。按照他的观点，英语的虚拟式句法结构引导人们进行反事实推理；而"汉语没有明确的词汇、语法或语调手段，来标记所说的话已经进入反事实的领域；无法清楚地指明：所谈之事肯定没有发生，谈论这些事情只是为了推断可能出现的情况"，所以汉语母语者需要更多地依靠话语语境。据此，布鲁姆预期说汉语的人会比说英语的人，在反事实推理中犯更多的错误。他尝试通过一系列问卷调查实验来验证此假设。1975年的问卷中包含一个按照反事实假设和推理写成的故事，用英语和汉语两种版本，分别对母语是英语和汉语的两组被试进行测试。结果是：美国大学生作出反事实推理的达89%(25/28)，高于有一定英语水平的台湾大学生(69%，37/54)；而台湾大学生又明显高于没有学过英语的台湾旅馆员工(17%，6/36)。布鲁姆认为这一调查结果完全可以证实他的假设。

两年以后布鲁姆又设计了内容相似的故事二和故事三，用以比较语境因素对母语不同的被试的影响。这两个故事共同的内容是：18世纪欧洲哲学家毕尔(Bier)不懂汉语，如果他懂汉语，那么他会受到中国哲学关于自然现象的互相关系学说的影响，从而把中国哲学和西方哲学综合起来，创造一种新的哲学理论。两个故事的不同点在于：故事二说，当时的中国哲学著作很少(very few)被翻译为欧洲语言。因此，上面的情况既可以理解为反事实的(他不懂汉语，也没有读到中国哲学的译著，所以没有能够把中西哲学加以整合)，也可以理解为非反事实的(他有可能读到为数不多中国哲学的译著)。布鲁姆发现：98%的美国人(包括学生与非学生)把故事理解为反事实的，而只有6%—7%的中国人(包括香港的学生和台湾的学生与非学生)作了这样的理解。故事三说，当时的中国哲学著作没有(none)被翻译为欧洲语言。因此，上面的情况只能理解为反事实的(他不懂汉语，也读不到中国哲学的译著，所以没有能够把中西哲学加以整合)。结果，96%的美国人(包括学生与非学生)和50%—63%的中国人(包括香港的学生和台湾的学生与非学生)把它理解为反事实推理的。看来，语境线索对汉语被试理解反事实表达至关重要，而对英语被试则可有可无。布鲁姆的结论是："我们所观察到的英语和汉语在反事实标记上的不同，不仅仅是语言形式上的差别；而且，反映了操英语者跟操汉语者在划分与整理世界的认知方式上的不同"。也就是说，他证明了沃尔夫假设的弱式：语言影响和限制思维，操不同语言者的思维方式也不同。

---

① 参见A. H. Bloom, *The Linguistic Shaping of Thought: A Study in the Impact of Language on Thinking in China and the West*, Hillsdale, N. J.: Lawrence Erlbaum Associates, 1981.

根据这些实验结果，布鲁姆认为他的假设得到证实：汉语缺少虚拟语气，因此说汉语者不善于进行反事实推理。但是布鲁姆的结论引起了欧洁芳[1]和刘[2]的质疑。欧洁芳认为布鲁姆使用的故事不符合汉语习惯。欧洁芳用修改过的故事版本对中国学生进行测试，结果发现中国学生也能很好地识别其中的反事实推理。布鲁姆指出：虽然欧洁芳的研究以中国学生作为被试，但是这些学生已经将英语作为第二语言学习了12年。因此，这些被试实际上是双语者，不适合参加这个问题的研究。他还认为：欧洁芳的故事太具体、太简单，加工的差异更可能在抽象、复杂的材料中出现。

后来，刘[3]使用了一批很少接触英语的中国学生作为样本，而且她分别采用了抽象和具体两种故事作为实验材料。她发现反事实推理能力有明显的发展趋势：样本中最年轻的4年级学生的成绩很差（正确率低于20%），而年龄最大的11年级学生的成绩很好（正确率达80%）。此外，大部分学生对具体故事有比较好的成绩。刘认为，这种成绩差异，并不能归因于语法标记（虚拟式标记）。但是，她没有直接比较中国学生和英国学生，所以也不能直接推翻布鲁姆的结论。尽管这些实验对汉语和英语母语者在反事实推理能力上有无差异，还没有得到明确的结果；但是关于句法标记可能对认知方式产生影响的理论，还是具有一定的启发意义。[4]

二、汉语有无反事实条件句？

为了回答"汉语有无反事实条件句"，我们首先要定义什么是反事实条件句和反事实推理。根据一般的理解，假设性条件句有真实的（real）和非真实的（unreal）两种。[5] 前者的条件是开放的或中立的（可能是真的、也可能是假的），简称真实条件或事实条件；后者的条件是封闭的或有标记的（只能是假的），简称非真实（即虚拟）条件或非事实、反事实条件。[6] 例如：

（1）If she took the train, she will have arrived on time.（如果她坐火车，那么她就会准时到达）

（2）If she had taken the train, she would have arrived on time.（如果她真的坐了火车，那么她就不会迟到了）

（1）是真实的假设性条件句，是对尚未发生的事件进行条件—结果式因果推理。（2）是非真实的假设性条件句，是对已经发生的事件或既成的状态进行反事实的条件—结果式因果推理：假定条件与实际情况相反，那么随之而来的状态也一定与实际的结果相反。真实的假设性条件句，又叫直陈条件句（indicative conditional），它们的前件（protasis, antecedent）和后件（apodosis, consequent）都可以为真。非现实的假设性条件句，又叫虚拟条件句（subjunctive conditional）；它们的前件一定为假、后件一般为假，表达的是一种跟实际情形相反的虚拟状态（subjunctive mood）。由于这些原因，虚拟条件句被称为反事实条件句（counterfactual conditional），简称反事实句（counterfactual）。[7] 例如：

（3）If Nixon had won the 1960 elections, Kennedy would not have been assassinated.（如果尼克松赢得1960年的总统竞选，那么肯尼迪就不会被暗杀了）

（4）If kangaroos had no tails, they would topple over.（如果袋鼠没有尾巴，那么它们就会摔倒）

事实上，尼克松没有赢得1960年的总统竞选，并且获胜当选总统的肯尼迪被暗杀了。在我们生活的这个世界中，袋鼠有尾巴，并且它们因此不会摔倒。这些条件句都是用假的条件来推导出假的结果，所以是反事实的虚拟条件

---

① T. K. Au, "Chinese and English Counterfactuals: The Sapir-Whorf Hypothesis Revisited," *Cognition*, vol. 15, nos. 1-3, 1983, pp. 155-187; T. K. Au, "Counterfactuals: In Reply to Alfred Bloom," *Cognition*, vol. 17, no. 3, 1984, pp. 289-302.

②③ L. G. Liu, "Reasoning Counterfactually in Chinese: Are There Any Obstacle?" *Cognition*, vol. 21, no. 3, 1985, pp. 239-270.

④ 以上内容的中文介绍，参见邵京：《语言差别与思维差异——汉英反事实假设研究综述》，《外语教学与研究》1988年第1期；高一虹：《语言文化差异的认识与超越》，北京：外语教学与研究出版社，2000年，第29—46页。

⑤ 参见 David Crystal, *A Dictionary of Linguistics and Phonetics*, Hoboken: Blackwell Publishers Ltd., 1997. 中译参见《现代语言学词典》，沈家煊译，北京：商务印书馆，2000年，第92页。以下的例（1）（2）也引自该页。

⑥ 参见 R. Quirk et al., *A Comprehensive Grammar of the English Language*, Harlow: Longman World Publishing Corp, 1985, pp. 1088-1097.

⑦ 上述说明参见蒋严、潘海华：《形式语义学引论》，北京：中国社会科学出版社，1998年，第389页。以下的例（3）（4）也引自该页。

句。当然,虚拟语气并不一定表示反事实意义,其只是表示反事实的必要条件,而不是充分条件。根据夸克(Randolph Quirk)等人[①]的看法,英语虚拟语气中的谓语动词有现在时和过去时两种形式;前者主要有命令式(mandative)和惯用式(formulaic)两种,后者用于由 if、though 等连词引导的状语从句或用于 wish、suppose 等动词之后的名词性从句中,表示假设或非真实意义。例如:

(5) The committee proposes that Mr Day *be* elected.

(6) God *save* the Queen!

(7) If I *were* rich, I would buy you anything you wanted.

(8) I wish the journey *were* over.

其中,(5)是命令式;(6)是惯用式;(7)表示假设,属于反事实条件句;(8)表示非真实意义,但不是条件句。根据叶斯柏森(Otto Jesperson)[②]的看法,在古雅的文本中,用在从句中的虚拟式可以表示不确定、犹豫不决、信心不足等虚拟性语气。例如:

(9) I do not know if (whether) this rumour *be* true or not.

如果用上述"条件小句必须表示跟已经发生的事件或既成的状态相反的命题",作为反事实条件句的检验标准;那么,汉语中有没有真正的反事实条件句呢?答案是肯定的。比如,下面全中国人民差不多都唱过或听过的歌词:

(10) 没有共产党就没有新中国。

1943 年 3 月 10 日,蒋介石出版了《中国之命运》一书。其中,提出了"没有国民党,就没有中国"的口号。中国共产党于同年 8 月 25 日,在《解放日报》发表题为《没有共产党,就没有中国》的社论,批判了蒋介石的这本书,并在结尾说:"如果今日的中国,没有中国共产党,那就是没有了中国。"时年 19 岁的中共党员曹火星,由此创作了歌曲《没有共产党就没有中国》。1950 年,毛泽东建议添加上"新"字,指出"没有中国共产党的时候,中国依然是存在的"。显然,从 1950 年以后,条件小句"没有共产党"和结果小句"没有新中国"都是反事实的;其间的推理关系"有共产党,才有新中国",是一种充分必要性条件—结果关系。这说明,中国人可以用反事实条件句进行推论:如果汉语母语者真的缺乏反事实推理能力,那么他们就必定无法理解这句歌词的含义。

其实,在古代汉语中也充满着各种反事实表达。比如,只要是中等文化程度的汉语母语者,大概都熟知下列文句或诗句:

(11) 上邪!我欲与君相知,长命无绝衰。山无陵,江水为竭。冬雷震震,夏雨雪,天地合,乃敢与君绝。(汉·乐府民歌《饶歌·上邪》)

(12) 向吾不为斯役,则久已病矣。(唐·柳宗元《捕蛇者说》)

(13) 但使龙城飞将在,不教胡马度阴山。(唐·王昌龄《出塞》)

(14) 东风不与周郎便,铜雀春深锁二乔。(唐·杜牧《赤壁》)

(11)通过出人意料的逆向想象,用"山无陵、江水为竭、冬雷震震、夏雨雪、天地合"五个反事实的非常之事,作为条件小句,从反面设誓;再说出不可能的结果小句"乃敢与君绝"。清代张玉谷《古诗赏析》卷五,评此诗说:"首三,正说,意言已尽;后五,反面竭力申说。如此,然后敢绝,是终不可绝也。迭用五事,两就地维说,两就天时说,直说到天地混合,一气赶落,不见堆垛,局奇笔横。"可见,后世读者和学人对于前代歌者和诗人的反事实表达及其含义和韵致,深谙此中三昧。(12)—(14)通常入选中学语文课本,成为人人熟知的古语名句。

可见,汉语中不乏各种形式的反事实表达方式。因此,汉语母语者也未必真的就缺少反事实推理的能力。问题是,与英语等印欧语相比,汉语的反事实表达在语法形式和语义内容上到底有什么特点?这种特点会造成什么样的后果?

---

① 参见 R. Quirk et al., *A Comprehensive Grammar of the English Language*, pp. 155 - 158.

② 参见 Otto Jesperson, *Essentials of English Grammar*, London: George Allen & Unwin Ltd., 1933, p. 294.

三、古代汉语中反事实条件句的形式和意义特点

为了方便,我们以杨伯峻《古汉语虚词》[①]为语料样本,共检得真实的假设性条件句(简称:假设句)84例、90句;[②]非真实的假设性条件句(简称:反事实句)25例、26句。[③] 两者的比例大约为4∶1。假设句通常用假设连词(若、如、苟、倘、设、即、为、脱)、让步连词(虽、纵、即)和否定词(非、不)等来引导条件小句,举例从略。反事实句通常用假设连词(若、设使、假令、假设、设使、当试)、动词(怪、知)、时间副词(向、乡)和否定词(微)等来引导条件小句。例如:

(1) a. 楚灵王若能如是,岂其辱于乾溪?(《左传·昭公十二年》)

b. 设使亮保国祚,休不早死,则皓不得立。皓不得立,则吴不亡矣。(《三国志·吴志·孙权传注》)

c. 假令晏子而在,余虽为执鞭,是忻慕焉。(《史记·管晏列传》)

d. 惜乎!子不遇时!如令子当高帝时,万户侯岂足道哉!(《史记·李将军列传》)

e. 假设陛下居齐桓之处,将不合诸侯而匡天下乎?(汉·贾谊《治安策》)

(2) a. 又怪屈原以彼其材游诸侯,何国不容?而自令若是!(《史记·屈原列传》)

b. 早知诀汝,则予岂肯远游?即游,亦尚有几许心中言,要汝知闻,共汝筹划也。(袁枚《祭妹文》)

(3) a. 设使国家无有孤,不知当几人称帝,几人称王。(《三国志·魏志·武帝纪注引曹操已亥令》)

b. 当试虎豹失其爪牙,则人必制之矣。(《韩非子·人主》)

(4) a. 向不遭度,则郡早为丘墟,而民系于虏廷矣。(《三国志·魏志·公孙度传注引魏书》)

b. 向使婴有庸主之才,仅得中佐,山东虽乱,秦之地可全而有,宗庙之祀未当绝也。(贾谊《过秦论》)

c. 绍军之败也,土崩奔北,师徒略尽,军皆拊膺而泣曰:"向令田丰在此,不至于是也。"(《三国志·魏志·袁绍传注引先贤行状》)

d. 秦王与中期争论,不胜。秦王大怒,中期徐行而去。或为中期说秦王曰:"悍人也。中期适遇明君故也。向者遇桀、纣,必杀之矣。"秦王因不罪。(《战国策·秦策五》)

(5) a. 乡无桓公,星遂至地,中国其良绝矣。(《汉书·五行注》)

b. 乡使文王疏吕尚而不与深言,是周无天子之德,而文武无与成其王业也。(《史记·范雎蔡泽列传》)

(6) a. 微君之故,胡为乎中露?(《诗经·邶风·式微》)

b. 且垓下之会,微彭王,项氏不亡。(《史记·栾布列传》)

c. 吴王曰:"微子之言,吾亦疑之"。(《史记·伍子胥列传》)

(1)用假设连词"若、设使、假令、如令、假设"引导反事实条件小句,再推论在此条件下会有什么样的与事实相反的结果。其中(1)a、b对已经发生的事情作出相反的假设,(1)c假设已经逝去的贤相(晏子)还活着,(1)d假设现在(说话时)回到了从前的某个时代、某种政治状态,(1)e假设听话人(汉文帝)处于从前春秋时代五霸之首的齐桓公地位。(2)用叙实动词"怪(奇怪)、知"引导反事实条件小句,[④]再推论在此条件下会有什么样的与事实相反的结果。(3)用假设连词或动词"设使、当试"引导与目前或常规相反的条件小句,再推论在此条件下会有什么样的与事实相反的结果。(4)—(5)用假设连词"向(使、令、者)、乡(使)"对已经发生的事情作出反事实假设,再推论在此条件下会有什么样的与事实相反的结果。其中,(4)d比较特别,说话人(劝说秦昭王者)采用时光倒流的方式,假设现在(秦昭王时)是暴君夏桀、商纣统治之世,而中期竟然敢于跟君王争论取胜;那么,可以推出的结果是他必死(被杀)无疑。再通过反事实推理,得出会话蕴含(implicature):既然现在不是夏桀、商纣统治之世,那么结果就

---

① 杨伯峻:《古汉语虚词》,北京:中华书局,1981年。

② 因为一例之中可能有并列对举的几个假设句。

③ 因为一例之中可能有并列对举的几个反事实句。

④ 叙实动词(factive verbs)预设其宾语所表示的命题为真,即使在受否定时还如此。比如,从"我(不)知道/奇怪+他居然整天玩网游",可以推演出"他居然整天玩网游"。

是中期不应该被杀。(6)用否定词“微”引导表示反事实条件的名词短语,[①]再推论在此条件下会有什么样的与事实相反的结果。

四、现代汉语中反事实条件句的形式和意义特点

为了方便,我们以邢福义《汉语复句研究》[②]为语料样本,共检得真实的假设性条件句(简称:假设句)79 例;非真实的假设性条件句(简称:反事实句)52 例。两者的比例大约为 3∶2。假设句通常用假设连词(如果、要是、假使、倘若、设若)、假使助词(的话)和条件连词(只要、只有)等来引导条件小句,举例从略。反事实句通常用假设连词(如果[不是]、要[不]是[因为]、若[不]是[因为])、假使助词(的话),或者用否定性连词(否则、要不、不然、要不然)等来引导或表示条件小句。例如:

(1) a. 我想,在中国革命漫长的征途中,如果我们的领导人没有这种大无畏的胆量,中国革命是很难取得成功的。(佚名《说胆》)

b. 她原是可以救活的,如果及时送到医院的话。(向明《一曲遥寄》)

c. 如果我不是在气头上,也许会多看他们几眼。(汤保华《情感分析》)

(2) a. 要不是我在场,她那小拳头就捶在小涛身上了。(汤保华《情感分析》)

b. 白娘子要不是游湖遇雨,怎能碰见许仙?(刘绍棠《小荷才露尖尖角》)

c. 现在,要不是因为出了这场斗殴事件,人们也许早把他忘个一干二净了。(伊始《斗殴》)

d. 若不是因为李昕是一个胆小的姑娘,蒋合营肯定不会应声。(萧克凡《堡垒漂浮》)

从(1)a 可以看出,“如果”也可以引导反事实条件小句。不过,更多的情形是像(1)c 那样,在“如果”之后加“不是”来标志反事实意义。在这种反事实条件小句后面,再出现反事实的结果小句。至于像(1)b 那种条件小句与结果小句倒置的情形不多见。从(2)可以看出,比“如果不是”更加专门的反事实标记是“要不是”一类关联词语;并且,结果小句中还可以出现“怎能、肯定、也许”等语气副词来表述作者对于这种反事实的条件—结果关系的概率的认识。

此外,还有一种同时陈述事实性条件的反事实表达方式:先用“幸亏、幸好、[只]可惜”等语气副词或者“[只是]因为、[只是]由于、都是”等原因连词引导事实性条件小句,然后用“否则、若不、要不、不然”等否定性连词来引导或表示反事实条件小句。例如:

(3) a. 幸亏这家伙没吃,否则这笑话就闹大了。(余纯顺《走出阿里》)

b. 幸亏河水是污浊的,不然,映出她的脸一定很难看。(姜滇《清水湾,淡水湾》)

(4) a. 可惜师伯那时不在,否则令狐大哥也不会身受重伤了。(金庸《笑傲江湖》)

b. 只可惜天上没有神灵,若不,我得哀求神灵保佑你……(谢璞《寻找》)

(5) a. 她和沙马耳虎因为化了装,不然,进城难出城也难。(宇心《雾中鼓声》)

b. 只因[几个年轻人]还不了解昨晚发生在松毛林子中的事,不然他会挨一顿好打……(宇心《冷子司棋》)

c. 都是海棠那死丫头插一杠子,要不俺妹子和长锁是多好的一对呀!(赵新世《鸡为媒》)

可见,“否则、若不、要不、不然”一类否定性连词成了反事实表达的显性标记。

根据邢福义[③]的分类和小结,我们可以发现:他所谓“释因类”的“幸亏 p,否则 q”、“可惜 p,否则 q”、“因为 p,否则 q”三种格式都是反事实的条件句,它们都是陈述真实世界的事情及其反事实推理关系;[④]他所谓“推因类”的“想来 p,否则 q”、“条件类”的“除非 p,否则 q”、“选言类”的“要么 p,否则 q”、“祈使类”的“还是 p 吧,否则 q”、“能愿

① 汉语中有名词(和代词)代表动词短语的表达方式。(参见袁毓林:《名词代表动词短语和代词所指的波动》,《中国语文》2002 年第 2 期)

② 参见邢福义:《汉语复句研究》,北京:商务印书馆,2001 年。

③ 邢福义:《汉语复句研究》,第 330 页。

④ 这个认知域就是 Sweetser 所谓的社会物理领域(sociophysical domain),描写的是真实世界的行为、活动、事态等内容,即沈家煊所谓的行域。(参见 Eve E. Sweetser, *From Etymology to Pragmatics: Metaphorical and Cultural Aspects of Semantic Structure*, Cambridge: Cambridge University Press, 1990, p. 22;沈家煊:《复句三域“行、知、言”》,《中国语文》2003 年第 3 期)

类"的"不能 p,否则 q"和"不能不 p,否则 q"等六种格式都不是反事实的条件句,它们都是陈述认识世界的事情及其相反情形下的推理关系。①

五、汉语学者对反事实条件句的认识

通过上面两节中的例句,我们可以发现:汉语中不仅有反事实条件句,而且反事实条件句有专门的语法标记。拿古代汉语来说,一方面,反事实条件句可以借用一般的真实性假设句的假设连词"若、设使、假令、假设、设使、当试"等,来引导反事实条件小句;另一方面,还有自己比较专门的标记,包括表示过去的时间副词"向、乡"和否定词"微"来引导反事实条件小句。拿现代汉语来说,一方面,反事实条件句可以借用一般的真实性假设句的假设连词"如果、要(是)、若(是)"和假使助词(的话)等,来引导反事实条件小句;另一方面,还有自己比较专门的标记,包括假设连词和否定词的连用形式"如果[不是]、要[不]是[因为]、若[不]是[因为]"和否定性连词"否则、要不、不然、要不然"。那么,汉语研究者对古今汉语中的反事实条件句的认识怎么样呢?他们心目中有没有明确的反事实条件和推理的意识呢?为此,我们调查了有限的几部虚词词典或教材。

耐人寻思的是,在古代汉语虚词辞书和教材中,一般都能够明确说明"若、设使、假令、假设、向、乡、微"这些词语表示假设;但是,不一定会特意指出它们还具有引导反事实假设小句的功能。比如,杨树达《词诠》对"向"的解释是:"假设连词,与'假若'同",对"乡"的解释是:"假设连词,与'设若'义同";对"微"的解释是:"连词,无也",②尽管所举的 9 个例子都是反事实条件句。例如:

(1) a. 微管仲,吾其被发左衽矣!(《论语·宪问》)

b. 微二子者,楚不国矣。(《左传·哀公十六年》)

c. 是日,微樊哙奔入营诮让项羽,沛公事几殆。(《史记·樊哙传》)

d. 先人失国,微陛下,臣等当虫出。(《史记·田叔传》)

王力《古代汉语》说:"微,带有假设语气的否定副词,略同于'非',等于说'假如不是'。"③何乐士等《古代汉语虚词通释》说:"'向(嚮、乡)使''向令',有'当初假使'、'当初如果'的意思。"④举的例子如下:

(2) a. 乡使秦缓其刑罚,薄赋敛……则世世必安矣。(《史记·平津侯主父列传》)

b. 乡使听客之言,不费牛酒,终亡火患。(《汉书·霍光传》)

c. 向使四君却客而弗纳,疏士而弗用,是使国无富利之实,而秦无强大之名也。(《文选·上书秦始皇》)

尽管这 3 例都是反事实条件句,但是作者没有点明这一点。该书说:"'微'作连词,常用来表示一种否定的假设或条件,下面的分句表结果。可译为'假如没有'、'假使不是'或'即使没有'等。"⑤尽管后文所举的 5 例都是反事实条件句,但是作者还是没有点明这一点。

王克仲指出:"含有'微'字的分句,其表示假设语义的情形恰与'若'、'假'等字相反。'若'类字是说'出现某种情况',然后会怎样;而'微'类字是说'不出现某种情况',然后会怎样。在这种句式中,'微'是'无'的意思。与'微'字相类似的还有'非'字。"⑥可见,就差一层窗户纸没有捅破,依然没有揭示"微、非"表示反事实的功能(即:"微/非" +表示事实的短语=反事实小句)。

当然,也有学者对它们的反事实假设功能有比较明确的认识。比如,杨伯峻说:"微"是"假设连词,事实本这样,而假装不这样,便用'微'字表示。可以当'没有'讲,又可以当'不是'讲。"⑦这里的"事实本这样,而假装不这

---

① 这个认知域就是 Sweetser 所谓的认识领域(epistemic domain),描写的是认识世界中的主观推理、得出结论等关系,即沈家煊所谓的知域。(Eve E. Sweetser, *From Etymology to Pragmatics: Metaphorical and Cultural Aspects of Semantic Structure*, p. 22;沈家煊:《复句三域"行、知、言"》,《中国语文》2003 年第 3 期)

② 杨树达:《词诠》,北京:中华书局,1982 年,第 175、176、422 页。

③ 王力:《古代汉语》,北京:中华书局,1981 年,第 22 页。

④ 何乐士等:《古代汉语虚词通释》,北京:北京出版社,1985 年,第 623 页。

⑤ 何乐士等:《古代汉语虚词通释》,第 576—577 页。

⑥ 王克仲:《意合法对假设义类词形成的作用》,《中国语文》1990 年第 6 期。

⑦ 杨伯峻:《古汉语虚词》,第 178 页。

样”便是对“反事实”的准确阐释。

现代汉语学者大多也不太注意区分假设性条件句的真实和非真实两种类别，[1]特别是缺少对于反事实假设的敏感性。比如，吕叔湘主编的《现代汉语八百词》说明“不然、要不然、要不”的意义是：“如果不这样；否则”；用法是：“引进表示结果或结论的小句”；所用的3个例子，没有一个是反事实条件句。该书说明“否则”的意义是：“如果不是这样”；用法是：“连接小句，用在后一小句的头上。后句指出从前句推论的结果，或提供另一种选择”；所用的9个例子，也没有一个是反事实条件句。[2]

侯学超对于“不然、要不、要不然”的意义和用法的说明是：“表示假设的否定，用以引出下文的结论；如果不这样；否则”。他一共举了43个例子，扣除重复的，还有40个；其中，12个是反事实条件句。他对于“否则”的意义和用法的说明是：“表示假设的否定，并由此引出下文的结论；如果不这样。”[3]他一共举了24个例子，其中3个是反事实条件句。由于侯学超注意从真实文本（名家名篇）中采集例句，因而能够得到比较多的反事实条件句的实例。

张斌对于“不然、要不、要不然、否则”的意义和用法的说明是：“表示对前边文字作假设性的否定，引出否定以后可能出现的结果。”[4]一共举了16个例子，其中，6个是反事实条件句。举3例如下：

(3) a. 幸亏是皮底鞋，不然一定湿透。

b. 这些问题我现在不讲了，要不然三天三夜也讲不完。

(4) a. 命题作文，我最不擅长。否则，我在清朝不早进了秀才了么？

尽管反事实条件句与真实性条件句的比例是3∶5，但是词典编者还是没有点明这些词语具有引导或表示反事实条件的功能。

吕叔湘和侯学超没有为“要不是”立目。张斌对于“要不是”的意义和用法的说明是：“表示假设条件。用在前一小句，引出与事实相反的情况；[5]后一小句常用‘就’、‘也’与之搭配，表述由此产生的结果。”[6]一共举了7个例子，全部是反事实条件句。举3例如下：

(5) a. 要不是路远，我们早就去府上了。

b. 要不是他接济的话，我不可能读到大学毕业。

c. 要不是你，我能知道这么多事情吗？

这“引出与事实相反的情况”说的就是“要不是”表示反事实条件。能够点明这一点，实在难能可贵。如果把“表示假设条件”和“引出与事实相反的情况”整合成“表示假设的反事实条件”，那么就是对“要不是”的语义功能的比较完美的说明了。

邢福义以其现代语言学和逻辑学的修养，对现实性假设与反事实假设作了比较明确的区分。他说：“‘如果……就……’表示假设与结果的关系，是假设句的代表句式。……所谓假设，实际上是一种待实现的原因。”这“待实现”指明了真实的假设性条件句，是对尚未发生的事件进行条件—结果式因果推理。当然，也可以用“如果”来引导已经实现的反事实条件。他认为“‘要不是……就……’是一种比较特殊的假设句式。……形式上，‘要不是p就q’是假设句式；内容上，却表达了甲事与乙事之间的因果联系，跟‘……否则……’句式相通。”还说：“‘要不是p就q’句式的一个明显的作用是：反证释因，加强句子的容量和论证性。”在讨论“幸亏P，否则q”句式时，邢福义说：“前项P解释原因，指出已然的事实，后项q表示反事实的结果，逆原因的结果，不如意的结果。”只可惜，邢福义“偏重于从对前项的观察出发来讨论问题，并进而揭示前项与后项之间的种种联系，说明整个句式同其他句式的变换关系。”[7]这样，就没有对“否则”的反事实标记作用进行具体的说明。因此，他尽管说明了“后项q表示

---

① 吕叔湘、王力和赵元任等的少数著作，比较简略地提及了反事实假设句；但是，没有进行详细的分析。（参见陈国华：《英汉假设条件句比较》，《外语教学与研究》1988年第1期）

② 吕叔湘主编：《现代汉语八百词》，北京：商务印书馆，1980年，第102、211—212页。

③ 侯学超：《现代汉语虚词词典》，北京：北京大学出版社，1998年，第67、612—613、209—210页。

④ 张斌主编：《现代汉语虚词词典》，北京：商务印书馆，2001年，第76、583—584、185页。

⑤ 更加严格的说法是：“要”引导与事实相反的情况（由“不是”＋表示事实的短语构成）。简单一点的说法是：“要不是”表示假设的反事实条件。

⑥ 张斌主编：《现代汉语虚词词典》，第584—585页。

⑦ 邢福义：《汉语复句研究》，第83、89—90、121、310—311、307页。

反事实的结果”，但是没有能够说明：从“指出已然的事实”的前项P，怎么推出“表示反事实的结果”的后项q。

六、汉语反事实条件句的情感倾向及其后果

汉语学者对于汉语中的假设表达，一般不区分假设前提的真实与否。那么，为什么汉语研究者对汉语中的反事实条件句会如此不敏感呢？可能有多种原因，而比较重要的原因至少有两种。一种原因是，研究者既缺少分析这类反事实现象的语法学概念和眼光，又缺少理解这种反事实推理的逻辑学洞察力。这就像我国古代的前辈们，上自圣贤、下至平民，在思考问题时一般都具有逻辑性，也遵循形式逻辑的基本规律；但是，我国古代并没有发明真正意义上的形式逻辑学。同样，我国古人交际所用的语言、流传下来的典籍等书面文本上的语言，都遵循一定的语法规律；但是，我国古代并没有发明真正意义上的语法学，甚至在小学之风大兴的清朝乾嘉时期，也仍然不知在文字、音韵、训诂之外，还有语法这门学问。另外一种原因是：汉语的反事实条件句具有比较特别的个性，使得研究者不去关注或在意其条件的反事实特点，以及条件与结果之间的反事实推理关系。那么，这种“比较特别的个性”是什么呢？这可以从语法形式和语义内容两个方面来考察。从语法形式上看，正如上文所说，汉语没有虚拟语气等专门的语法范畴和形态标记；专用的反事实条件标记也不发达，许多反事实推理关系要从上下文语境中去意会和撮合。从语义内容上看，通过吟咏和体味古今汉语中的反事实条件句，我们猜想：也许就是附丽在汉语反事实条件句上面的丰富情感色彩，使得这种句子之中的反事实推理关系被遮蔽起来了；也许是我们国人重人事胜于重物理、重感性胜于重理性的思维方式使然。下面，笔者就汉语反事实条件句的情感色彩问题，略作讨论。

我们可以感觉到，汉语的反事实条件句大多数具有明显的情感倾向：或者表示庆幸（为人的出乎意料的成功或意外地避免不幸或得到好的结局而感到高兴），或者表示遗憾（对人的最终没有逃脱不幸遭遇或事物的最终还是不如人意表示同情或可惜）；少数是中性的，即无所谓庆幸还是遗憾。比如，上文第三节中所列古代汉语的反事实条件句一共18例，其中表示庆幸的有7例（3a，4a、d，5a、b，6b、c），表示遗憾的有8例（1a—d，2a、b，4b、c），表7示中中性的有3例（1e，3b，6a）。第五节中所列古代汉语的反事实条件句一共7例，其中表示庆幸的有5例（1a—d，2c），表示遗憾的有2例（2a，b）。

我们从邢福义《汉语复句研究》中共检得现代汉语反事实条件句51例，其中表示庆幸的有29例（如第四节中的1a，2a，3a、b，5a、b），表示遗憾的有16例（如第四节中的1b，4a、b，5c），表示中性的有6例（如第四节中的1c，2b—d）。第五节中所列现代汉语的反事实条件句一共6例，其中表示庆幸的有3例（3a，5b、c），表示中性的有3例（3b，4a，5a），没有表示遗憾的例子。我们调查了侯学超《现代汉语虚词词典》中用“不然、要不、要不然、否则”等的15个反事实条件句的感情色彩，发现其中表示庆幸的有11例（用“幸亏、好在”等引导条件小句），表示遗憾的有2例（用“可惜”等引导条件小句），表示中性的有2例。并且，这2例中性的都是反问句，带有强烈的感情色彩。

以上统计结果可以用下列表格来展示：

感情色彩 / 出处	庆幸	遗憾	中性	总数
杨伯峻（1981）（古代汉语）	9	9	8	26
杨树达（1954）（古代汉语）	14	2	1	17
邢福义（2001）（现代汉语）	29	16	6	51
张斌（2001）（现代汉语）	9	0	4	13
侯学超（1998）（现代汉语）	11	2	2	15
总计	72	29	21	122

从社会比较理论和社会心理学的角度看，由于表示庆幸的反事实条件句是从现实的、既成的好事态（有利的条件和/或理想的结果），来推想假设的、可能的坏事态（不利的条件和/或不幸的结果）；因而这是一种下行性（downward）条件假设和结果对比，即假设不具备某种条件就可能出现比事实更坏的结果（如：“要不是第三名最

后慢了一步，我恐怕连银牌也拿不到”)。一般来说，这种反事实句通常在条件假设方面采用“减法式”(subtractive，想象减去某个条件)，在结果对比方面采用“比下有余”式(和更差的结果比)。与此相对，由于表示遗憾的反事实条件句是从现实的、既成的坏事态(不利的条件和/或不幸的结果)，来推想假设的、可能的好事态(有利的条件和/或理想的结果)；因而这是一种上行性(upward)条件假设和结果对比，即假设如果满足某种条件原本可能出现比事实更好的结果(如：“如果起跑时速度再快一点，我就能拿到金牌了”)。一般来说，这种反事实句通常在条件假设方面采用“加法式”(additive，想象增加某个条件)，在结果对比方面采用“比上不足”式(和更好的结果比)。①

汉语反事实条件句的这种显著的情感色彩，透露出汉语使用者在反事实思维方面的一个隐秘的特点：充分利用反事实思维的结果对比(contrast effect)机制，而疏于利用反事实思维的因果推理(causal inference)机制。根据最近二十多年来社会心理学的研究，反事实思维会对人的情绪、态度、预期、因果判断等多种心理活动产生重要的影响。罗斯(Neal J. Roese)②把反事实思维的作用概括为两大类：情绪功能(affective function)和准备功能(preparative function)，并且提出产生上面两种影响作用的机制是结果对比和因果推理。结果对比以某种相反事件或结果作为标准进行判断，使得结论更加极端。比如，想象一种跟事实不同的正面结果会使人对现实结果更加不满意，产生遗憾、后悔、内疚、自责等负面情绪；反之，想象事情差一点儿更加糟糕会使人对现状比较满意，产生庆幸、知足、自满等正面情绪。这种机制促使反事实思维实现其情绪功能，通过对可能的两种或多种结果的比较和认知解释，影响人们对于事件的情绪和满意度。因果推理是在反事实条件句的前件与后件之间，构建前提与结论之类的因果联系；用类似“如果……，那么……”的形式，对原本如何(比如，上课外培训班)就能避免失败或获得成功(比如，通过英语四、六级考试)进行心理模拟(mental simulation)。这种机制促使反事实思维实现其准备功能，使人意识到出现问题的真正原因，从而为今后采取相应的行动以获得期望的结果奠定基础。不同的人群、不同的个体，对这两种反事实思维机制的使用是有偏好的。汉语使用者似乎更加热衷于使用结果对比，沉迷于庆幸、遗憾等情绪表达。这削弱了汉语反事实条件句在因果推理方面的逻辑力量，也在一定程度上遮蔽了其中条件的非真实性；并且，影响汉语使用者对于抽象性反事实条件句的理解。比如，布鲁姆的第四个实验是一个比较简单的是否判断，测试材料是：

(1) 英语：If all circles were large and this small triangle “△” were a circle, would it be large?

(2) 汉语：假如所有的圆圈都很大，如果这个小三角形是一个圆圈，那么这个三角形“△”是不是很大？

结果，在115个美国人被试中，95人(83%)作出了肯定回答。在175个台湾人被试中，只有44人(25%)作出了肯定回答；其他人有的表示不知道这句话问的是什么，多数人的反应是：“不对！这个小三角形怎么可能是一个圆圈呢？”③对于这种非情绪的、纯粹假设性的前提—结论式因果推论，我们一下子是不太适应的。这就难怪布鲁姆会有说汉语者不善于反事实推理的印象。

七、汉语母语者反事实推理能力研究有待深入

语言是人类思维和交际的工具。说语言是人类的思维工具，不仅是因为我们思维所用的基本概念都是用语言中的词汇来表达的、我们推理所用的基本命题都是用语言中的句子来表达的；而且是因为我们在进行思维时，在脑海里也在像跟人说话、论理或争辩那样，用语言进行默默的筹划、运算、假设、推理、证明、反驳或总结。说语言是人类的交际工具，意味着我们用语言作为传情达意的工具和媒介。因此，我们言谈所说的内容，都是经过思维的，也是可以思维的；我们思辨所想的内容，都是借助语言的，也是可以言说的。于是，语言和思维势必互相影响、互相塑造

① 参见杨红升、黄希庭：《关于反事实思维的研究》，《心理学动态》2000年第3期，第12—18页。

② 参见 N. J. Roese, “The Functional Basis of Counterfactual Thinking,” *Journal of Personality and Social Psychology*, vol. 66, no. 5, 1994, pp. 805 - 818.

③ 参见 A. H. Bloom, *The Linguistic Shaping of Thought: A Study in the Impact of Language on Thinking in China and the West*, p. 31.

和互相推动：一方面，语言为思维提供了大量现成的词汇和句式，规范着思维之水循着语言的河道奔流；另一方面，思维不断为语言创造新的词汇和句式，改变着语言的旧河道，有意无意之间冲刷出语言的新河道。

就反事实条件句和反事实推理能力而言，如泛泛而论，像英语之类有虚拟语气这种语法范畴的语言，自然有助于人们方便地用现成的虚拟语气来造成反事实条件句，进行反事实推理，从而形成强大的提出假设和进行演绎推理的能力。而像汉语这种没有虚拟语气之类语法范畴的语言，可能不便于人们用现成的虚拟语气来造成反事实条件句，在一定程度上影响了人们进行反事实推理，从而影响了人们提出假设和进行演绎推理的能力。但如果认真仔细地探究，那么可以发现情况并非如此对立。实际上，英汉两种语言在反事实表达方面有比较多的共同性。比如，蒋严指出，一般认为印欧语的反事实句子有时制后移(tense back-shift)和虚假体态(fake aspect)两个比较普遍的虚特征。前者指前件分句的时间比实际所指的后移一级；[①]比如，用过去时指现在，用前过去时指过去。相应地，后件所用的将来时也作相应的后移。比如，用过去将来时跟前件的过去时相匹配，如第一节的例(2)；用过去将来完成时跟前件的前过去时相匹配，如第一节的例(1)、第二节的例(2)—(4)。后者指尽管反事实语义蕴含了已然的体态意义，但是现代希腊语、希伯来语和某些罗曼语言在反事实条件句的前件用未完成体，而印地语、旁遮普语和孟加拉语等语言用表示惯常或类指的(habitual/generic)一般体。但是，正如蒋严所指出的，许多学者认为虚特征并不是反事实句独有的语法标记。比如，英语的事实和半事实条件句也可以时制后移。并且，即使是典型的反事实条件句，在特定语境中也可以有事实性解读。与此相反，不用虚拟语态和虚特征的事实条件句也可以表示反事实命题。例如：

(1) If you are the king, then I am the queen!

由于虚特征并不专门与反事实相伴，因而它不是反事实的语法标记。科姆里(Bernard Comrie)甚至认为：反事实条件句事实上并不是真正表示反事实，而一般的假设条件句也不是天生就不能表示反事实。[②] 这样的话，在反事实表达的形式与意义的关系方面，英语和汉语就差别不大了。

其实，汉语也有可以惯常性地触发反事实解读的词汇、语法形式。例如：[③]

(2) 他很后悔，早知道大夫的办法是这么简单，他自己就会治这个病，何必白花三十元钱呢？(老舍《四世同堂》)

(3) 他刚才不吃那只榴莲，嘴巴哪会这么臭？

(4) 货要是到了，我早就通知你了。

(5) 要是我真的会武功，就不会让他们欺负成这样。

(6) 妈妈是主心骨，没有她就没有我们。

(7) 他要是考得上博士生，太阳就会从西边出来。

(2)中的"早"虚指过去，是一种使时间后移的词汇虚特征。(3)中命题"他吃了那只榴莲"的时体应该是过去完成，相应的否定词应该是"没有"；但是，这里用一般体态的否定词"不"作为虚特征来助成反事实意义。(4)中的"了"、(5)中的"真的"也可以助成反事实意义。(6)的前件用否定命题，(7)的后件用否定命题来表达反事实意义。[④]

上面说得差不多是汉语标准语和普通话中的情况。其实，在汉语方言中也有丰富多彩的表示虚拟语气和反事实意义的手段。比如，邢向东[⑤]专门讨论了陕北晋语多个方言点的虚拟范畴，强星娜[⑥]讨论了吴语多个方言点的过去虚拟标记"蛮好"等。例如：[⑦]

---

① 蒋严：《汉语条件句的违实解释》，《语法研究和探索》(10)，北京：商务印书馆，2000年，第257—279页。

② 参见 Bernard Comrie, "Conditional: A Typologym," in E. C. Traugott et al., eds., *On Conditionals*, Cambridge: Cambridge University Press, 1986, pp. 77-102.

③ 例(4)转引自强星娜：《上海话过去虚拟标记"蛮好"——兼论汉语方言过去虚拟表达的类型》，《中国语文》2011年第2期；例(3)和(5)—(7)引自蒋严：《汉语条件句的违实解释》。

④ 详细讨论参见蒋严：《汉语条件句的违实解释》。

⑤ 邢向东：《陕北晋语语法比较研究》，北京：商务印书馆，2006年。

⑥ 强星娜：《上海话过去虚拟标记"蛮好"——兼论汉语方言过去虚拟表达的类型》，《中国语文》2011年第2期，第155—163页。

⑦ 例(8)、(9)及其说明，根据邢向东：《陕北晋语语法比较研究》，第155—157页；例(10)、(11)及其说明，根据强星娜：《上海话过去虚拟标记"蛮好"——兼论汉语方言过去虚拟表达的类型》，《中国语文》2011年第2期。

(8) 神木：我那会儿好好儿念书时价的话，早考上大学了。

(9) 绥德：这场雨要早下几天嗲(价)。这场雨要早下几天就好了。

(10) 上海：蛮好昨日勿要去庙会，皮夹子也勿会踵脱了。

(11) 龙游：忘记尔时我考个高中罢。要是那时我考个高中就好了。

(12) 昆山：蛮好倷昨日勿(要)去庙会嚜，皮夹子也勿会落脱勒。

便假倷昨日勿(要)去庙会嚜，皮夹子也勿会落脱勒。

便假倷昨日蛮好勿(要)去庙会嚜，皮夹子也勿会落脱勒。

不然假倷昨日勿(要)去庙会嚜，皮夹子也勿会落脱勒。

(13) 昆山：我要考得牢大学是，好日脚哉。……，[可以过上]好日子了。

倷要会得开汽车是，好日脚哉。

根据邢向东的看法，神木等沿河方言的“时价、嗲嗲”等是表示愿望的虚拟语气词；像(8)那样用于假设分句末尾，假设如果过去发生了该分句所述的事情，就会出现后分句叙述的结果，前分句是用遗憾的语气说出的；像(9)那样用于单句末尾，遗憾地希望曾经发生过句子所述事件。强星娜指出，上海话“蛮好”主要用于过去事件或业已存在状态的虚拟，对过去确定已经发生或没有发生的事件做相反的假设。“蛮好”中的“好”可以反映说话人的价值取向：希望没有发生的事件能够发生，或者已经发生的事件没有发生。因为既存事实跟说话人的希望相反，所以“蛮好”句常给人以后悔、遗憾的感觉。龙游话用言语行为动词“忘记”来以言行事，通过说“忘记”而想要忘记已经不可能发生的事情；常用之下，语法化为过去虚拟标记。笔者家乡的昆山话，既可以单用带有积极愿望的“蛮好”来表示过去虚拟，也可以用专门的反事实假设连词“便假”(即便、假如)和“不然假”，还可以兼用两者。昆山话还可以用惯用语性的后件分句“好日脚哉”来指明前件分句是反事实的虚拟条件，或者直接用“好日脚哉”来表示说话人认为某种事态是不可能的。

可见，汉语普通话和方言的虚拟和反事实表达及其标记丰富多样，并且经常伴有专门表示主观情绪的词汇或语法标记(如：“幸亏、可惜、蛮好”等)。这样，我们可以得出结论：汉语及其方言也有表示虚拟语气和反事实条件的语法手段，只是不像有形态的语言那么系统和严整；因此，有无虚拟语气这种语法范畴，并不是汉语说话人反事实推理能力不强的主要原因。我们倒是可以从汉语反事实条件句具有强烈的情感倾向上，发现说汉语者在进行反事实思维时，偏好采用结果对比机制：或者用跟事实相反的坏结果来庆幸实际的结果，或者用跟事实相反的好结果来抱憾实际的结果。其中，情绪因素掩盖和抑制了理智的因果推理机制及其逻辑力量。而跟汉语反事实表达相伴的词汇或语法标记，又固化和加强了汉语反事实表达及其背后思维的情绪功能，大大地张扬了语言的情感性评价功能，遮蔽和弱化了汉语反事实表达及其背后思维的准备功能。从中也大致可以看出，一个民族的思维特点，极大地滋养和培育了相应语言的有关语法结构和表达型式；而一种语言的有关词汇语法结构和表达格式特点，又在一定程度上限制和塑造了相应民族的思维特点。关于汉语语法结构特点与汉语母语反事实推理能力的关系，还有许多课题有待于我们去做进一步的研究和探讨。

袁毓林，北京大学中文系、中国语言学研究中心

（原载《中国社会科学》2015 年第 8 期）

汉语句式的跨语言观*

——“把”字句与逆被动态关系商榷

张伯江

提 要 文章针对叶狂和潘海华(2012b)试图证明“把”字句是平行于作格语言逆被动句的说法提出事实和理论两方面不同的意见。首先用事实说明汉语的“把”字句不一定是针对宾语的一种句法操作，然后分别从句法成分和论元角色两个角度论证“把”字的宾语也不一定是句法降级，从参与者、影响性、有定性等几个方面论证了“把”字句的高及物性。此后，文章在吕叔湘(1987)的基础上提出进一步的证据论述汉语不是作格语言，讨论了受格与作格选择的话语功能动因，揭示了被动式与逆被动在各自所处的语法系统中分别是一种什么性质的语法过程。与被动态和逆被动态进行全方位比较，汉语“把”字句各方面的句法语义特征都与这两种语法过程渺不相涉。通过汉语“把”字句的实际运用统计观察，得出“把”字句在汉语中系统性价值的结论。

关键词 “把”字句 逆被动 作格的话语动

1 引 言

汉语“把”字句一直受到研究者的重视，自上个世纪40年代以来，各种角度的研究成果层出不穷，基本都是在最初的研究结论(王力1943，1944；吕叔湘1948)基础上不断补正，对这一句式的句法语义特征的认识日益丰满。最近我们看到叶狂和潘海华(2012b，以下简称“叶、潘文”)的文章，第一次把汉语“把”字句全面比附于其他语言的一个常见句式，该文作者力图挑战“把”字句为汉语特有的成说，试图证明“把字句是平行于作格语言逆动句(antipassive)的一种句式，属于语态(voice)现象，可以归入跨语言共性行列”。我们认为，这个新看法的提出，不仅涉及如何认识汉语“把”字句相关的句法事实问题，更涉及如何系统地认识一个句式在本族语言中的地位以及句子表达功能的跨语言比较的理论问题。

本文首先讨论汉语“把”字句的事实认定问题，然后讨论逆被动所牵涉到的汉语与作格语言的功能异同问题。

2 汉语的“把”字句是不是针对宾语的一种句法操作

叶、潘文所有讨论的出发点是，认为“把”字句是“作用于及物句论元结构的宾语”的一种句法操作。什么是及物句论元结构的宾语？叶、潘文没有正面给出定义。在一个题注中，作者谈及受格语言与作格语言的A、O和S三个成分时，说“汉语没有格标记，只能从语序和位置上观察”，这个说法，与国内通行的以朱德熙(1982)为代表的语法体系宾语定义是一致的。在这样的语法体系里，“把”字的作用能否看成是针对宾语的句法操作呢？我们注意到，朱德熙(1982：187)曾明确地说：“过去有的语法著作认为‘把’字的作用在于把动词后头的宾语提前，……这种说法是有困难的，因为大量的‘把’字句是不能还原成‘主-动-宾’句式

* 文章曾在“汉语句式研究学术研讨会”(2013年5月，南昌)和“第四届两岸三地现代汉语句法语义小型研讨会”(2013年12月，香港)宣读，得到蔡维天、胡建华、黄正德、石定栩等先生的意见。投稿后得到《语言科学》审稿人的重要意见，修改过程中同事刘探宙的意见使我受益良多。谨对以上批评者致以感谢，文中所存错谬由作者本人负责。

的”。他举出的例子有：

(1) 把换洗衣服包了个包袱 (2) 把壁炉生上火

(3) 把铁块儿变成金子 (4) 把所有的东西都搬到新房子里去

(5) 把大门贴上封条 (6) 把画挂在墙上

(7) 把话说得婉转些 (8) 把一个南京城走了大半个

事实上，汉语“把”字句的研究，如果从王力(1943)算起，至少也已有了七十年的历史。从吕叔湘(1948)起，就对“提宾”的说法表示了质疑，提出很多“把”字宾语难以还原为其后动词的宾语的例子，如：“把细磁碗盏和银镶的杯盘逐件看了一遍”。吕叔湘(1965)进一步提出了多种不可“改成中性句”的“把”字句例子：

(9) 炸弹把教室楼炸坏了一个角 (10) 他随手把这本杂志翻了几页

(11) 我已经把这段唱词录下音来 (12) 请你今天就把这个报告起个草

(13) 我已经把大门上了闩 (14) 咱们一定要把这个工作搞出个名堂来

(15) 把这块地分成三小块 (16) 不能把节约叫做小气

这些例子共同的特点在于，句子里动词的后面都有一个宾语，如果把“把”字的宾语“还原”到动词之后，没有合理的句法位置。

句法理论上，自从 Thompson(1973)起直至 Huang et al. (2008)都曾想过各种办法解释这些例子，用所谓“外宾语”(受影响者)和“内宾语”(句法上的受事宾语)给不同的名词以句法安置，这是面对现成“把”字句的格局做出的解释，仍然无法证明“操作宾语”的句法过程。

以上事实数十年来得到汉语语法学界的共同认可，无须赘言。我们重新引述在这里，主要还是想强调，说“把”字句是针对宾语的句法操作，会遇到巨大的困难。除了以上事实外，我们进一步看到，有些例子里，与其说“把”字的句法变化是针对宾语的操作，毋宁说是针对主语。例如：

(17) 把你懒的横针不拈，竖线不动(《红楼梦》)

(18) 把你怕成那样？(引自詹开第 1983)

(19) 真把老太太乐坏了(引自詹开第 1983)

有的是针对领有者。例如：

(20) 他不服从命令，所以把他免了职

(21) 我把论文拟好了提纲

(22) 我把牛仔裤剪去裤脚

我们注意到有的句法学派处理上述部分事实的时候采用“小句(small clause)分析”的办法，如“炸弹把教室楼炸坏了一个角”这个例子，可以先把“教室楼坏一个角”分析为结果小句，然后让其中的小句主语提升为主动词“炸”的宾语，最后用“把”提升。即便如此，上面举出的很多例子，也很难推断出所谓“结果小句”是什么。例如：

(11’) *这段唱词下音来(< 我已经把这段唱词录下音来)

(12’) *这个报告一个草(<请你今天就把这个报告起个草)

(14’) *这个工作出个名堂来(<咱们一定要把这个工作搞出个名堂来)

(16’) *节约做小气(<不能把节约叫做小气)

(22’) *牛仔裤去裤脚(<我把牛仔裤剪去裤脚)

形态语言里判断一种句法操作是不是针对宾语的，大多有明确的形式标记可循；汉语尽管没有明确的宾语标记作为辨识依据，但是，如果断言某种句法成分是宾语句法操作的后果，那就至少应该能够给出操作过程的令人信服的展示。以上的讨论显示，不论按照传统语法“还原”为宾语常规句法位置的要求，还是按形式句法小句分析法来推导，都无法证明汉语“把”字句是针对宾语的一种系统性的句法操作。这说明，所谓“把”字句“作用于及物句论元结构的宾语”的说法，作为一种论证的前提，是面临很大困难的。

3 “把”字的宾语究竟是句法提升还是句法降级

叶、潘文另一个基本点是:“把”字的作用是使其后宾语实现句法降级:“把字句的句法派生……就是对动词的直接宾语进行降级或隐现操作,使其成为间接宾语”。这个问题的关键点是叶、潘文把汉语“把”字视同英语里那样的介词。汉语介词语法上的虚化并不像英语那么彻底,“把”字区别于一般介词的个性更鲜明些(如我们可以说“把不把我放在心里”),因此,是不是一旦做了“把”字的宾语就像英语里做介词宾语那样降级了,需要从更广的视野,综合考虑系统性的汉语事实,才能得出全面的认识。这一部分,我们将从句法成分的性质和论元角色角度分别摆一摆有关的事实。

3.1 从句法成分看提升还是降级

说“把”字的作用使其后的角色由原来的直接宾语而降级为低于直接宾语的句法成分,也会遇到困难。且不说有相当多的学者已经把“把”字后的成分看成次话题(次话题与直接宾语句法地位孰高孰低还未有定论)。例如:

(23) 剥了橘子皮>把橘子剥了皮

(24) 教练调整了林书豪场上位置>教练把林书豪调整了场上位置

(25) 他们终于找出了问题症结>他们终于把问题找出了症结

一般认为,右边的“把”字句是由左边的定中结构分裂生成。不管“把”后的“橘子”、“林书豪”、“问题”定性为什么,至少是独立的论元成分,而相应的非“把”字句里的“橘子”、“林书豪”、“问题”都是定语。从依附性的定语变成独立的论元成分,句法地位获得了提升,而不是降低。

3.2 从论元角色看

“把”字句的“操作宾语”和“句法降级”观是相关联的。当我们看到“把”字操作的对象并不限于宾语、“把”字的性质也并不简单等同于普通介词的时候,我们会看到汉语“把”字作用的另外一些重要事实。论元角色就是不容忽视的方面。语法理论中一直有“论元层级”和“论元选择次序”的说法,尽管理论细节尚有分歧(见徐烈炯和沈阳 1998),有些基本倾向是有共识的,如施事最高,受事、客体其次,其他角色低于这几个。“把”字的宾语是什么角色呢?过去一般认为是受事,徐烈炯(2000)对这一角色做了更为细致的辨析,主张定名为“置事”(Disposed-of)。这个角色与通常所说的“受事”(Affected,Patient)和“客体”(Theme)部分重叠。照徐的文义理解,置事的论元等级地位应该高于工具、处所和受使等角色。那么,我们看看以下现象:

(26) 把手捂在耳朵上(引自马真 1985)

(27) 把刀砍在了自己左手的大拇指上(同上)

(28) 何必把火烧到你身上去(同上)

以上这几个例子,可以说是工具成分做了“把”的宾语。

(29) 把一个红碗两个黑碗上贴了名字(引自詹开第 1983)

(30) 这地方人起乳名,常把前边加个“小”字(同上)

(31) 把牌子上写个数目(同上)

以上这几个例子,可以说是处所成分做了“把”的宾语。

(32) 把红鱼要一点不差的朝着他

(33) 山东话亮响而缠绵,把“腿儿”等字带上嘟噜(同上)

(34) 把壶嘴挨在唇边(同上)

以上这几个例子,可以说是受使(causee)成分做了“把”的宾语。

“工具”、“处所”和“受使”角色不仅句法上很难做宾语、总是实现为旁语,其论元角色身份也都是明显低于“置事”的角色。这些较低的角色,经过“把”字的处理,成为了置事,如果仅仅看作旁语之间的句法转换,就会忽略了“把”字使它们论元角色大幅提升的语法事实。

3.3 从及物性关系看

叶、潘文说："我们知道，宾语如果由旁格来实现，就意味着动词失去了直接宾语，就是去及物化，失去及物性，当然更不会有高及物性了。前面已经证明，'把'字句的把后 NP，都是来自动词后的宾语论元，说明动词已经失去宾语，去及物化了。"我们前边已经说明，"把"字作为一种句法操作，既不总是针对宾语，也不一定是句法角色的降级，那么这是不是像叶、潘文所说的"去及物化"，也就大可怀疑了。

及物性概念，涉及多项句法语义参数，如动词编码几个参与者、完全影响还是部分影响、"把"字宾语是有定还是无定的等(参看 Hopper & Thompson 1980)。这里我们简单讨论几个主要参项。

3.3.1 动词编码几个参与者？

谈及逆被动现象，所有句法论著都认同的一个看法是，逆被动句比起相应的常规句式，减少了一个主要论元角色，原来的及物句变成了不及物句，也就是说，相对于常规句子里动词编码两个参与者，逆被动句的动词只编码一个参与者。汉语的"把"字句也是这样的语法过程吗？前面的讨论已经显示，语言事实很难支持汉语"把"字是使常规宾语降级的说法，现在我们进一步要说明的是，"把"字的作用不仅不是降级，它的作用要重要得多，它至少是编码了动词的一个主要参与者。

许多语法研究论著在讨论到英语句子"loaded the hay…"的时候，习惯于用汉语"把"字句来对译：

(35) a. I loaded the hay onto the truck. b. I loaded the truck with the hay.

我把干草装卡车了。 我把卡车装了干草了。

讨论这一对例子都是为了说明 a 句里完全受影响的是 the hay"干草"，b 句里完全受影响的是 the truck"卡车"。英语的句法策略是，让完全受影响的做直接宾语，不完全受影响的使用介词，标记为旁语；汉语则使用"把"字来标记完全受影响者。英语的上述策略，只有在两个相关的名词都是有定形式时有明显的对比，如果 hay 是不带定冠词的光杆形式，也不一定有完全受影响的意义；汉语则不管名词是定指形式的(那些干草/那辆卡车)还是光杆形式的(干草/卡车)，"把"字赋予的完全受影响义同样明显。据李思旭(2012)对世界上属于不同语系的二十几种语言的调查，都是让不完全受影响的那个角色受贬抑——或用介词标记为旁语，或用格标记等其他手段。没有在完全受影响角色上加介词而不完全受影响角色不加标记的。

这个事实说明，首先，汉语"把"不是标记旁语的介词；其次，"把"在汉语里有更重要的句法作用，它是使完全受影响的成分得到语法编码的一种手段。

这样看来，"把"字不仅没有使动词减少了一个论元角色，反而更明确地标明了句子里受影响性最强的那个角色。

另外，叶、潘文强调使用"把"的句子"动词已经失去宾语，去及物化了"，"把橘子剥了皮"这样的句子，不仅没有失去宾语，而且，使得"剥了橘子皮"这样的单及物格式变成了双及物关系，不能算作去及物化，反而是增强了及物性。

大量事实证明，"把"字的宾语不仅不能省去不说(比较，"被"字的宾语常常可以省略)，而且负载着重要的句法和语义负担：语义上，它体现了更彻底的受影响性；句法上，它常常是体现为完成体。

3.3.2 完全影响和部分影响

Hopper & Thompson(1980)指出：在作格语言中逆被动结构常用于表达部分意义，该功能在作格语言的主要群体中都存在，包括澳大利亚语言、波利尼西亚语言、爱斯基摩语言及高加索语言。在汤加语中允许出现在作格小句中的动词在小句为作格时带完全 O，当小句为逆被动结构时带部分 O：

(36) a. Na'e kai-i 'a e ika 'e he tamasi'i.

PAST eat-TRANS ABS DEF fish ERG the boy

过去时 吃-及物 通格限定 鱼 作格 那 男孩

The boy ate the fish.

那孩子吃掉了鱼

b. Na'e kai 'a e tamasi'i 'i he ika.

PAST eat ABS DEF boy OBL the fish

过去时 吃 通格 限定 男孩 旁格 那 鱼

The boy ate some of the fish.

那孩子吃了一些鱼

关于汉语"把"字句体现的"完全影响性",张伯江(2000)有过讨论,举的例证是:

(37) a. 他把酒喝了。

b. 他喝了酒。

可以看出,与上面汤加语的例子比照的话,"把"字句恰恰不是相当于逆被动式。

我们关于"完全影响"的说法曾经受到这样的质疑:"但是有一些'把'字句动词后可以带吕叔湘(1948)所说的'偏称宾语',如'把一盏酒淹一半在阶基上','怎肯把军情泄露了一些儿',淹的显然不是全部的酒,泄漏的也不是全部军情。"(沈家煊 2002)这并不能说明"把"字编码的不是完全受影响的角色,否则为什么不说"把一盏酒的一半淹在阶基上"、"把一些儿军情泄露了"呢? 为显示这种差别,我们把原编号为(9)—(13)、(15)的例句作了改换,形成六组对比例句:

(9') a. 炸弹把教室楼炸坏了一个角。

b. ? 炸弹把教室楼的一个角炸坏了。

c. * 炸弹把一个角炸坏了教室楼。

(10') a. 他随手把这本杂志翻了几页。

b. ? 他随手把这本杂志的几页翻了。

c. * 他随手把几页翻了这本杂志。

(11') a. 我已经把这段唱词录下音来。

b. ? 我已经把这段唱词的音录下来。

c. * 我已经把这段音录下唱词来。

(12') a. 请你今天就把这个报告起个草。

b. ? 请你今天就把这个报告的草起了。

c. * 请你今天就把草起个报告。

(13') a. 我已经把大门上了闩。

b. ? 我已经把大门的闩上了。

c. * 我已经把闩上了大门。

(15') a. 把这块地分成三小块。

b. ? 把这块地的三小块分成了。

c. * 把三小块分成这块地。

以上对比清楚显示的事实是,"把"字并不用于编码部分受影响的成分。

3.3.3 "把"字宾语的有定性和无定性

叶、潘文为了附会逆被动态句子里被降级宾语的无定性,提出了汉语"把"字所带宾语也可以是无定性的事实:"'把'后 NP 通常为有定早已为学界共识,'把'后 NP 为无定的情况也有,宋玉柱(1981)、王还(1985)、陶红印和张伯江(2000)、Jiang et al.(1997)等都有这方面的论述,不再重复。另外,我们也注意到'把'后 NP 的有定性没有主语的有定性强。如'人没了'可以,'(一)个人没了'不好,但'把个人没了'却可以。同样,'个凤姐病了'不好,'把个凤姐病了'很好,似乎比'把凤姐病了'还要好一些。这些差别和逆动式的旁格宾语通常是无定可能有一定的关系。"事实上,陶红印和张伯江(2000)通过大量实例观察,明确得出结论是:"第一,各类无定把字格式在现代汉语中都是受限的,数量上远远少于近代汉语。第二,'把个+不及物动词'在近代汉语晚期为一常见格式,其功用是描写外在事物导致人物的心理情绪的变化。现代汉语中'把个+不及物动词'的格式基本上不存在。……在这样的句子的基础上讨论'把'字句的理论问题不能不说是十分危险的。"

汉语"把"字宾语以有定形式为压倒优势的事实是无法否定的。也就是说,逆被动句里那个降级的宾语以无定身份为绝对主流,汉语"把"字句里"把"的宾语以有定身份为绝对主流。这是明显的对立。

3.3.4 及物性:句法观还是语义观?

汉语"把"字句的高及物性本是多数学者都认可的事实,我们提出上述三点进一步的论证,为的是更充分地用汉语的句法事实说明:"把"字的使用,不仅不是降低及物性关系的句法手段,反而是增强及物性关系的手段。叶、潘文在讨论 Hopper & Thompson(1980)的例子"a. I drank up the milk."和"b. I drank some of the milk."的对比时不承认 a 句及物性高于 b 句,认为"如果我们只从句法上观察动词,就会发现 a 句中的 drink 其实是不及物的,因为其后带介词 up,b 句的 drink 则是及物的。"这样的判断显然违背了 Hopper & Thompson(1980)所说"及物性"的原意,拿汉语事实来看,如果说"我爬山了"及物性高于"我爬上山了"、"我推门了"高于"我推开门了",显然不符合我们对"及物性"的一般理解。

4 作格语言的语法标记理据以及语法过程的目的

4.1 汉语是作格语言吗?

所谓逆被动现象，一般认为是作格语言的主要句法操作，人们称之为“逆被动”就是因为它在作格语言里的地位大致相当于受格语言里的被动式。“作-通格语言”和“主-受格语言”(以下简称为作格语言和受格语言，译名据吕叔湘 1987)是人类语言的两个主要大类。一般说来，受格语言大多有被动化的句法手段，作格语言则大多有逆被动化句法手段。如果汉语在系统上属于作格语言，那么存在逆被动句法手段才比较自然。

汉语不是作格语言，至少有以下句法证据：

第一，受格语言与作格语言最主要的语法区别，“主要是看二成分句里的名词向三成分句里的主语看齐，还是向那里的宾语看齐”(吕叔湘 1987)，即，单论元句中的惟一论元(S)，在受格语言里是与双论元句的施事论元(A)取得一致，在作格语言里则是与受事论元(P)取得一致。吕叔湘(1987)明确地给予了辨析，他明确地否认了汉语动词倾向于进入作格语言那种句法格局里的可能。

他指出，除非是古汉语遗留的“使动用法”，现代汉语的不及物动词句“他立在树底下”、“他坐在床上”、“我饿了”都不采取“树底下立着他”、“在床上坐着他”、“饿了我”的说法。

第二，在吕先生论证的基础上，我们可以提供些进一步的句法证据，论证汉语的非作格性。从语法关系上说，受格语言最主要体现的是主格(包括 A 和 S)和受格(P)的对立，作格语言则主要体现的是通格(包括 P 和 S)与作格(A)的对立。和绝大多数受格语言一样，汉语是以主格语为句法主导的，而不是像作格语言那样的以通格语为句法主导。(Palmer 1994: Chpt. 4)

所谓“句法主导”，可以清楚地显现在如下句法事实中。

其一，在并置的连续小句之间，两个同指的主格语，不管是 A 还是 S，后面小句的可以省略(用方括号标示)：

(38) a. 宝玉$_S$没趣。宝玉$_A$只得又来找黛玉$_P$。

b. 宝玉$_S$没趣，[宝玉$_A$]只得又来找黛玉$_P$。

(39) a. 宝玉$_S$没趣。黛玉$_A$又来找宝玉$_P$。

b. *宝玉$_S$没趣，黛玉$_A$又来找[宝玉$_P$]。

(40) a. 宝玉$_A$来找黛玉$_P$，黛玉$_S$没在。

b. *宝玉$_A$来找黛玉$_P$，[黛玉$_S$]又没在。

例(38)b 句成立，表明汉语里 S 与 A 在句法身分上具有一致性，“宝玉 S”和“宝玉 A”可以实现同指，因此可以实现句法省略。例(39)b 句不成立，是因为两个小句的主语不同指，处于宾语位置的“宝玉 P”由于与同指的“宝玉 S”句法身分相对立，不能实现句法省略；例(40)b 句不成立，也是因为两个小句的主语不同指。需要特别指出的是，以上加星号的这两个句子，如果放在作格语言里，恰恰是合法的。这是因为作格语言一方面 S 和 P 标记为同一种句法角色——通格语，另一方面以通格语为主要句法角色，所以当 S 与 P 为同样位置并且同指时，就可以实现同指省略。

其二，在主句及其包孕的小句之间，也存在着 A 与 A 同指(或 S 与 A 同指)时从句里的主格语隐含的现象(例 42 也可以看做主句及其目的从句，这里姑且也跟包孕小句一起讨论；关于省略和隐含的差异，参看吕叔湘 1979)：

(41) a. 宝玉$_A$打算[宝玉$_A$]叫上黛玉$_P$。

b. *宝玉$_A$打算黛玉$_A$叫上[宝玉$_P$]。

(42) a. 宝玉$_S$闪开[宝玉$_A$]好让着黛玉$_P$。

b. *宝玉$_S$闪开黛玉$_A$好让着[宝玉$_P$]。

同样的道理，受格语言里指同的主格语之间可以实现句法同指隐含，作格语言里，则是像(41)b 和(42)b 那样，指同的通格语之间可以实现句法同指隐含。

以上这些句法证据的存在，正如吕叔湘(1987)所说：“这就很难把汉语推向作格语言的一边了。”

4.2 受格选择与作格选择的话语动因

世界上的人们之所以倾向于选择这两种语法角色排列形式，有其深刻的话语功能动因。Du Bois(1985,

1987)对此有很好的解释。句法形式往往是语用功能凝结的历史结果,“主语-谓语”这种句法关系,就是语用功能“话题-说明”关系固定化的结果。在及物动词句里,A 常常被选作句法上的主语,同时它也是语用上的话题,V+P是语用上的说明;在不及物动词句里,S 就是话题,V 是说明,把 S 视同为及物动词句里的 A,即处理为句法上的主语,是为了体现 S 与 A 在语用上相同的话题身份。这就是很多语言选择受格系统的原因。

那么,另外一些语言选择作格系统是什么原因呢?难道说这些语言的人们不遵从“话题-说明”这个语用原则么?研究发现,是另外的语用原则在这些语言中起了关键作用,那就是在句子里如何处理新信息的一条重要原则。一般来说,一个句子只引进一个新信息成分,及物动词句的 A 偏向于是个已知的信息成分,新信息成分放在 P 的位置上;不及物动词句新信息则是在 S 的位置上。这样看来,S 跟 P 在新信息这一点上性质相同,句法上作相同的处理,可以让这种信息分布格局有利于听话人自然地接受新信息。这是以通格为主导的作格系统形成的语用原因。可以这么说,受格系统的形成,是“话题-说明”这条语用原则在与新信息处理原则的竞争中取得了胜利,而作格系统的形成,则是后者战胜了前者。

这样的话语动因,也是理解这两大类语言基本句法格局的根本点。

4.3 逆被动是一种什么性质的语法过程

受格语言以“话题—说明”原则为主导,无标记句式体现这一原则,语法变化也体现这一原则。受格语言最常见的语法过程是被动化,被动化就是将非施事成分话题化的一种语法操作。如英语:

(43) a. We stole two Ming vases yesterday.

我们昨天偷了两个明代花瓶。

b. Two Ming vases were stolen(by us)yesterday.

两个明代花瓶昨天(被我们)偷了。

同时,也是将原话题成分降为非话题成分的操作,如威尔士语:

(44) a. Can-odd y côr neithiwr.

sing-PAST the choir last. night

单数-过去时 那 合唱团 昨晚

The choir sang last night.

合唱团昨晚做了演唱。

b. Can-wyd (gan y côr) neithiwr.

sing-PAST. PASSIVE by the choir last. night

单数-过去时. 被动 被 那 合唱团 昨晚

昨晚演唱的是合唱团。

作格语言以报道新信息原则为主导,无标记句式体现这一原则,语法变化也体现这一原则。作格语言最常见的语法过程是逆被动化,逆被动化就是将非受事成分焦点化的一种语法操作。例如:

(45) a. [ngumai yabu-nggu bura-n] [$Ø_i$ banaga-n^yu]

father:ABS_O mother-ERG_A see-PAST [ ]S return-PAST

爸爸:通格$_{宾格}$ 妈妈-作格$_{主格}$ 看见-过去时 [ ]$_{主语}$回来-过去时

Mother(A) saw father(O) and[he](S)returned.

妈妈看见了爸爸,[他]回来了。

b. [yabui bural-nga-n^yu nguma-gu] [$Ø_i$ banaga-n^yu]

mother:ABS_S see-ANTIPASSIVE-PAST father-DATIVE [ ]S return-PAST

妈妈:通格$_{主语}$ 看见-逆被动 -过去时 爸爸-与格 [ ]$_{主语}$回来-过去时

Mother(S) saw father and(S)returned.

妈妈看见了爸爸,[她]回来了。

普遍的语法调查表明,在主/受格语言里,宾格比主格更常见带有特殊的句法标记;在作/通格语言里,作格比通格更常见带有特殊的句法标记。这说明，主/受格语言里主格更基本、更重要，作/通格语言里通格更基本、更重要。明确地说是：

主/受格语言：S+A=Subject NPs，主语与谓语的关系是主要语法关系

作/通格语言：S+O=Absolutive NPs，通格语与谓语的关系是主要语法关系

有了这样的系统性认识之后，再回过头来看"作格性的 A→通格性的 S"的问题，就可以明白，这其实是一种句法提升，而不是句法降级了。系统地看，主/受格语言的被动态和作/通格语言的逆被动态这两个句法过程有很强的平行性：

主/受格语言：

主格 A→旁格（或删除）：句法降级，减少了一个主要语法关系

受格→主语 S：句法提升，新创了一个主要语法关系

作/通格语言：

通格 P→旁格（或删除）：句法降级，减少了一个主要语法关系

作格→通格 S：句法提升，新创了一个主要语法关系

我们对这两种类型做了个简单清楚的对比，并不意味着世界上的语言都可以简单归入这两种类型。事实上，纯粹的受格语言和纯粹的作格语言都不是很多，绝大多数语言都或多或少是混合型的。重要的是，混合的方式及其动因，正式基于上述话语原因的。如澳大利亚的 Dyirbal 语就是一种混合型的语言，但仔细观察就会发现，两种类型不是无规律混合的，明显的倾向性是：主语话题性强的（如人称代词）选用受格格局，新信息特征突出时选用作格格局（Du Bois 1985，1987）。恰恰证明了两种类型话语基础的普遍性。汉语总体上呈现受格语言的特征，有没有一定程度的作格性？即使有，是不是明显地体现了作格格局的话语动因？而"把"字句的使用场合是不是恰恰对应于体现这种话语功能的场合？我们的回答都是否定的。

5 "把"字句：句法操作还是语用操作？

5.1 "把"字句系统上无涉逆被动

根据第 4 节得出的对被动态和逆被动态的系统性认识，我们拿汉语"把"字句来做个简单的比较：

表 1 被动态、逆被动和汉语"把"字句的比较

	被动态	逆被动态	"把"字句
主要语法角色：降级（或删除）	+	+	−
次要语法角色：提升	+	+	（−）
谓语：去及物化	+	+	（−）
语义：低影响性	+	+	−

这个表格的内容详述如下：

被动态：施事成分降级为介词的宾语，成为旁语，或删除；受事成分提升为主语；谓语从及物性结构变为不及物性的；句子语义降低影响性。

逆被动态：受事成分降级为介词的宾语，成为旁语，或删除；施事成分提升为通格语；谓语从及物性结构变为不及物性的；句子语义降低影响性。

"把"字句：施事成分保持原来的句法地位，既没有降级也没有提升；受事成分得到一定程度的提升，用"把"标记出来；部分谓语从及物性结构变为不及物性的；句子语义增强影响性。

值得讨论的是"把"字句里的施事角色。上文我们说"施事成分保持原来的句法地位，既没有降级也没有提升"，这是因为没有观察到明显的句法证据。但是我们注意到"把"字句在实际运用中经常施事从缺的现象（见郭圣林 2004）：

表2 “把”字句主语隐含与否在不同语体中的分布

	文艺语体	科技语体	政论语体	事务语体
主语隐含句	72	175	202	12
非主语隐含句	1 540	60	666	3
隐含非隐含比数	0.047	4.25	0.303	4

我们知道，逆被动态的一个主要特点是：原来的双论元句经逆被动过程变为单论元句，施事成分变成句子的惟一论元。反观汉语“把”字句，如果按叶、潘文的观点，“把”字把原来的受事角色降级为旁语，那么“把”字句中的施事成分就成了单论元句的惟一论元，它就是不可或缺的了，这样的话，当施事从缺的时候，整个句子的结构如何看待呢？逆被动化最关键的一点就是新的句法关系的创生，主语从缺的“把”字句，除了使一个句法角色“降级”以外，新创的句法关系是什么呢？

如果按我们的解释，“把”字标记了一个重要的角色，施事从缺的“把”字句就是以“把”字宾语为主要角色（即，次话题）的单论元句。

这就可以明确得出结论：汉语“把”字句与逆被动句本质上是不同的。

5.2 “把”字句的句法动因和语义动因

“把”字句形成的句法和语义动因是什么？上个世纪中叶，以吕叔湘先生“谓语复杂性”的说法最具代表性。这是一种结构角度的解释。近年来延续这一说法的有张敏(2010)的“动后限制”说以及张伯江(2011)的“句末焦点竞争”说。都没有明确说过“把”字句是一种经历了句法操作的语法过程。

从语义角度的解释，有薛凤生(1989)、张伯江(2000)的“完全影响”说。这是侧重于对“把”字标记受影响者这一事实的解释。

从篇章的角度来看，“把”字句具有强烈的依赖上文的倾向（张伯江和方梅 1996：第一章）。根据郭圣林(2004)的统计（见表3），依赖上文的现象总计占到80%，这足以说明“把”字句是一种极度依赖篇章的句式。

表3 “把”字宾语与上文的联系情况

	与上文联系紧密的	与上文联系不明的
小　说	169/69.8%	73/30.2%
散　文	209/87.8%	29/12.2%
诗　歌	97/82.9%	20/17.1%
戏　剧	81/83.5%	16/16.5%
总　计	556/80%	138/20%

“把”字句的上述特点造成两方面的句法后果。

其一，“把”字句难以实现关系化，例如：

(46) 完成了任务的工人们　　(47) 攻下主峰的突击队

*把任务完成了的工人们　　*把主峰攻下的突击队

石毓智(2000)报告了他对《编辑部的故事》的一项统计：“把”字句出现在句子平面是370例，出现在从句平面的只有4例。

考察过“把”字句的篇章属性后，这个现象就不难解释了：强烈依赖上文语篇的“把”字句，当然很难独立地出现在从句里。

其二，“把”字后的宾语不能省略：

(48) 我把屋子收拾好了　　(49) 这件事你别把它放在心上

*我把收拾好了　　*这件事你别把放在心上

叶、潘文强调“把”字的作用是使宾语降级，这是比附逆被动态往往用一个介词使句中的受事成分实现句法降级的，而那些真正具有逆被动态的语言里受事不仅降级为旁语且往往能省略，就像被动态里被动标记往往能使被其操作的施事省略一样。汉语“被”字后的施事常常可以省略，确实是汉语“被”字句对应于其他语言被动式的一个特征；而“把”字句“把”后宾语的绝对不可省，不仅说明“把”字的作用不是让谁降级，而正如我们上面强调的，“把”字特别强调它所标记的那个宾语。

6　结语：“把”字句的价值与句式的跨语言比较问题

什么样的句式可以进行跨语言的比较？应该是在各自的语法系统中具有相当地位的。逆被动句在一般语法理论看，是与被动句相当的一种句式，是一种句法变换式。汉语里与被动/逆被动相当的可以说是“被”字句，无论从句中各个角色的价值看还是从语法过程看都是如此。

汉语的“被”字句是明显含有被动化过程的。早期的形式句法简单地把句首主语看成宾语移位造成的，新近有代表性的处理办法尽管不再认为主语是从宾语移位而来，仍然强制性地假定宾语移走，只不过是通过一个空算子移位实现的(详见 Huang et al. 2008：120－124)。这个方案仍然体现了我们上面描述的“施事成分降级，受事成分提升，及物句不及物化”的总体特征。与此同时，句法学者也观察到：“‘把’字结构的推导方式与‘被’字结构不同”，“‘把’不指派任何论旨角色：‘把’字句的主语和‘把’后 NP 都没从‘把’那里获得论旨角色。‘把’字结构不涉及算子移位”(Huang et al. 2008：154－174)。这说明他们也观察到“把”字句并不强制性地使施事和受事提升或降级。

以上是形式句法的理论假设。下面我们试图从功能语法的角度对“把”字句和“被”字句的实质差异做出解释。以下是引自郭圣林(2004)的一项统计(表中数字为每万字把/被句数)：

表 4　“把”字句和“被”字句在不同语体中的分布

	文艺语体	科技语体	事务语体	政论语体
“被”字句	9.69	4.84	2.43	4.78
“把”字句	13.66	12.36	0.36	7.82

这个统计说明，“把”字句对语体选择的倾向性是很强的，这种倾向就是由沈家煊(2002)所论证的“把”字句的主观性语义决定的。相比之下，“被”字句的倾向性就不那么悬殊，在不同语体里显示出一定的普适性。[①] 这说明，“被”字句是汉语里比较正常的句法现象，而“把”字句则是语用特征鲜明的一种句式。

叶、潘文提出的“把”字句跨语言观，引发我们对句式研究跨语言观察方法的思考。我们觉得，Croft (2001)的几句话值得深思：“是否存在一种普遍的、揭示语言共性的方法，可以证明个别语言中句法范畴与句法关系的存在？”“在某种意义上，不存在普遍语法。也就是说，没有普适性的句法模板，也没有普遍的句法范畴、关系或构式。”“语言共性不存在于句法结构中，而是在语义结构、象征结构中，即从语言功能到语言形式的映射中。”

“把”字句已有的多项研究表明，它是汉语语法系统中一种偏重主观化表达、具有特殊语用价值的句式，不与一般语法理论中所谓“句法过程”相关。它是与汉语注重主观性表达、注重话题结构、不重论元结构的总体语法特征相适应的。其他语言里有没有相应的句式可做对比，在对汉语之外某种语言做全面、系统的形式和语义、语用观察之前，目前我们还难以得出结论。

参考文献

Croft, William. 2001. *Radical Construction Grammar: Syntactic Theory in Typological Perspective*. Oxford and New York: Oxford University Press.

① 石毓智(2000)也对“被”字句出现在主句/从句里的情况做了统计，是 49/11，也与“把”字句的 370/4 形成鲜明对比。

Du Bois, John W. 1985. Competing motivations. *Iconicity in Syntax*, ed. by John Haiman, 343－365. Amsterdam: Benjamins.

Du Bois, John W. 1987. The discourse basis of ergativity. *Language* 63. 4: 805－855.

Guo, Shenglin(郭圣林). 2004. *Xiandai Hanyu Ruogan Jushi de Yupian Kaocha* 现代汉语若干句式的语篇考察［*A Textual Study of Several Unique Constructions in Chinese*］. Fudan Daxue Boshi Xuewei Lunwen 复旦大学博士学位论文［Ph. D. dissertation, Fudan University］.

Hopper, Paul J., & Sandra A. Thompson. 1980. Transitivity in grammar and discourse. *Language* 56. 2: 251－299.

Hsueh, Frank F.-S.(薛凤生). 1989. The structural meaning of "ba" and "bei" constructions in Mandarin Chinese: Do they really mean disposal and passive? ［"把"字句和"被"字句的结构意义——真的表示"处置"和"被动"?］*Functionalism and Chinese Grammar*, ed. by James H.-Y. Tai & Frank F.-S. Hsueh, 95－125. South Orange, NJ: Chinese Language Teachers Association, NJ. Also in James H-Y. Tai & Frank F.-S. Hsueh. 1994. Gongneng Zhuyi yu Hanyu Yufa(Zhongyiben) 功能主义与汉语语法(中译本)［*Functionalism and Chinese Grammar* (*Chinese version*)］, 34－59. Beijing: Beijing Yuyan Xueyuan Chubanshe 北京：北京语言学院出版社［Beijng Language and Culture University Press］.

Huang, James C.-J., Audrey Y.-H. Li, & Yafei Li. 2008. *The Syntax of Chinese*. New York: Cambridge University Press.

Li, Sixu(李思旭). 2012. "Wanquan shouyingxiang" he "bufen shouyingxiang" bianma fangshi de leixingxue yanjiu "完全受影响"和"部分受影响"编码方式的类型学研究［Total affectedness and partial affectedness: A linguistic-typo-logical perspective］. *Waiguoyu* 外国语［*Journal of Foreign Languages*］2012. 4: 12－23.

Lü, Shuxiang(吕叔湘). 1984［1948］. Ba zi yongfa de yanjiu 把字用法的研究［On the uses of the pre-transitive ba］. *Hanyu Yufa Lunwenji* 汉语语法论文集［*Essays on Chinese Grammar*］, 176－199. Beijing: Shangwu Yinshuguan 北京：商务印书馆［Beijing: The Commercial Press］.

Lü, Shuxiang(吕叔湘). 1984［1965］. "Bei"-ziju, "ba"-ziju dongci dai binyu 被字句、把字句动词带宾语［Verbs taking objects in sentences containing "bei" and "ba"］. *Hanyu Yufa Lunwenji* 汉语语法论文集［*Essays on Chinese Grammar*］, 200－209. Beijing: Shangwu Yinshuguan 北京：商务印书馆［Beijing: The Commercial Press］.

Lü, Shuxiang(吕叔湘). 1987. Shuo "sheng" he "bai" 说"胜"和"败"［On the pair of verbs "sheng" and "bai"］. *Zhong guo Yuwen* 中国语文［*Studies of the Chinese Language*］1987. 1: 1－5.

Lü, Shuxiang(吕叔湘). 1979. *Hanyu Yufa Fenxi Wenti* 汉语语法分析问题［*Problems in Chinese Syntax*］. Beijing: Shangwu Yinshuguan 北京：商务印书馆［Beijing: The Commercial Press］.

Ma, Zhen(马真). 1985. "Ba"-ziju buyi "把"字句补议［Further discussion on "ba" construction］. *Xiandai Hanyu Xuci Sanlun* 现代汉语虚词散论［*On Function Words in Chinese*］, 200－211. Beijing: Beijing Daxue Chubanshe 北京：北京大学出版社［Beijing: Peking University Press］.

Palmer, Frank R. 1994. *Grammatical Roles and Relations*. Cambridge: Cambridge University Press.

Shi, Yuzhi(石毓智). 2000. Hanyu de youbiaoji he wubiaoji yufa jiegou 汉语的有标记和无标记语法结构［Marked and unmarked constructions in contemporary Chinese］. *Yufa Yanjiu he Tansuo* (*Shi*) 语法研究和探索(十)［*Study and Exploration on Chinese Grammar* (10)］, 19－30. Beijing: Shangwu Yinshuguan 北京：商务印书馆［Beijing: The Commercial Press］.

Song, Yuzhu(宋玉柱). 1989. Cong "ba shui dou bu kan zai yanli" tanqi 从"把谁都不看在眼里"谈起［Remarks on "ba shui dou bu kan zai yanli"］. *Zhongguo Yuwen Tiandi* 中国语文天地［*The world of Chinese Language*］1989. 1: 8－9.

Tao, Hongyin(陶红印), & Bojiang Zhang(张伯江). 2000. Wudingshi "ba"-ziju zai jinxiandai hanyu zhong de diwei wenti jiqi lilun yiyi 无定式把字句在近、现代汉语中的地位问题及其理论意义［The status of indefinite Ba-constructions in Modern and Contemporary Chinese and its implications］. *Zhongguo Yuwen* 中国语文［*Studies of the Chinese Language*］2000. 5: 433－446.

Thompson, Sandra A. 1973. Transitivity and some problems with the Ba construction in Mandarin Chinese. *Journal of Chinese Linguistics* 1: 208－221.

Wang, Li(王力). 1943. *Zhongguo Xiandai Yufa* 中国现代语法［*Modern Chinese Grammar*］. Beijing: Shangwu Yinshuguan 北京：商务印书馆［Beijing: The Commercial Press］.

Wang, Li(王力). 1944. *Zhongguo Yufa Lilun* 中国语法理论［*Theory of Chinese Grammar*］. Beijing: Shangwu Yinshuguan 北京：商务印书馆［Beijing: The Commercial Press］.

Xu, Liejiong(徐烈炯). 2000. Tiyuan de yongchu 题元的用处［The usage of the concept thematic role］. *Mashi Wentongyu Hanyu Yufaxue*《马氏文通》与汉语语法学［*Mashi Wentong and Chinese Grammatical Studies*］, ed. by Jingyi Hou & Guan'gan Shi,

425－440. Beijing：Shangwu Yinshuguan 北京：商务印书馆［Beijing：The Commercial Press］.

Xu，Liejiong（徐烈炯），& Yang Shen（沈阳）. 1998. Tiyuan lilun yu hanyu peijia wenti 题元理论与汉语配价问题［Thematic theory and related grammatical phenomena in Chinese］. *Dangdai Yuyanxue* 当代语言学［*Contemporary Linguistics*］1998. 3：1－21.

Ye，Kuang（叶狂），& Haihua Pan（潘海华）. 2012a. Nidongtai de kuayuyan yanjiu 逆动态的跨语言研究［Antipassivefrom a typological perspective］. *Xiandai Waiyu* 现代外语［*Modern Foreign Languages*］2012. 3：221－229.

Ye，Kuang（叶狂），& Haihua Pan（潘海华）. 2012b. "Ba"-ziju de kuayuyan shijiao 把字句的跨语言视角［The"ba" construction：A cross-linguistic perspective］. *Yuyan Kexue* 语言科学［*Linguistic Sciences*］2012. 6：604－620.

Zhan，Kaidi（詹开第）. 1983. "Ba"-ziju weiyu zhong dongzuo de fangxiang 把字句谓语中动作的方向［The semantic orientation of the verbs in ba construction］. *Zhongguo Yuwen* 中国语文［*Studies of the Chinese Language*］1983. 2：93－96.

Zhang，Bojiang（张伯江）. 2000. Lun"ba"-ziju de jushi yuyi 论"把"字句的句式语义［On the semantics of"ba"-construction］. *Yuyan Yanjiu* 语言研究［*Studies in Language and Linguistics*］2000. 1：28－40.

Zhang，Bojiang（张伯江）. 2011. Hanyu de jufa jiegou he yuyong jiegou 汉语的句法结构和语用结构［Mapping from Pragmatic Structures to Syntactic Structures in Chinese］. *Hanyu Xuexi* 汉语学习［*Chinese Language Learning*］2011. 2：3－12.

Zhang，Bojiang（张伯江），& Mei Fang（方梅）. 1996. *Hanyu Gongneng Yufa Yanjiu* 汉语功能语法研究［*Functional Studies of Chinese Grammar*］. Nanchang：Jiangxi Jiaoyu Chubanshe 南昌：江西教育出版社［Nanchang：Jiangxi Educational Publishing House］.

Zhang，Min（张敏）. 2010. "Dong hou xianzhi"de quyu tuiyi jiqi shizhi"动后限制"的区域推移及其实质［The postverbal constraint as a geographical continuum］. *Zhongguo Yuyan de Bijiao yu Leixingxue Guoji Yantaohui Lunwen* 中国语言的比较与类型学国际研讨会论文［*Paper Presented on the International Symposium for Comparative and Typological Research on Languages of China*］. Xianggang：Xianggang Keji Daxue 香港：香港科技大学［HongKong：The Hong Kong University of Science and Technology］.

Zhu，Dexi（朱德熙）. 1982. *Yufa Jiangyi* 语法讲义［*Lectures on Grammar*］. Beijing：Shangwu Yinshuguan 北京：商务印书馆［Beijing：The Commercial Press］.

张伯江，中国社会科学院语言研究所

（原载《语言科学》2014 年第 6 期）

韵律音系学与汉语韵律研究中的若干问题*

张洪明

提 要 本文主要介绍、厘清韵律音系学的基本概念,讨论确定韵律单位的原则和方法,检验该理论在汉语中的运用。本文通过介绍基本理论,试图区分不同学说框架意义中的术语概念;讨论韵律结构单位的定义及构成,解释什么是韵律单位,一个特定的韵律单位怎么确定,以及如何建构汉语韵律层级结构树;反省以往汉语韵律研究中存在的问题,尤其是对"音步"和"韵律词"的研究;重新分析汉语韵律句法现象(包括左分支和右分支的互补分布问题),分清倾向和规则的异同;讨论语音和语法的接口,梳理各种类型的"语音-语法"错位关系,并附带厘清轻重、长短、高低、强弱、轻重音等概念;最后探讨古今汉语差异,澄清跟上古汉语音节结构分析相关的基本概念。

关键词 韵律层级 韵素 音节 音步 韵律词 韵律话语 严格分层假设

0. 导 言

韵律音系学(prosodic phonology)是生成音系学的一个分支,兴起于1980年代。近20年来,韵律音系学成为汉语语言学界的研究热点之一(Zhang 1992,1997; Chen and Zhang 1997;冯胜利 1997,2009,2013;端木三 2000;曹剑芬 2001;叶军 2001;吴为善 2006;王洪君 2008;李爱军 2008;张洪明 2008a,2008b;曹文 2010;邓丹 2010;董秀芳 2011;周韧 2011等)。汉语学界的这些研究为丰富、发展普通韵律音系学理论做出了重要贡献,但也出现了不少问题。本文通过介绍、厘清韵律音系学的一些基本概念,讨论确定韵律单位的原则和方法,检验该理论在汉语中的运用,并指出目前汉语韵律音系学研究中存在的一些误区。全文分七部分:(1) 基本体系介绍,区分不同层次意义中的术语概念;(2) 讨论韵律结构单位的定义及构成,解释什么是韵律单位,一个特定的韵律单位怎么确定,如何建构汉语韵律结构树;(3) 反省以往汉语韵律研究中存在的问题,尤其是"音步"和"韵律词"的研究;(4) 重新分析汉语韵律句法现象(包括左分支和右分支的互补分布问题),强调语言研究中要区分规则和倾向的不同;(5) 讨论语音和语法的接口,梳理各种类型的"语音-语法"错位关系;(6) 关于古今汉语差异,澄清跟上古汉语音节结构分析相关的基本概念;(7) 结论。

1. 何为韵律音系学?

韵律音系学研究人类语言韵律结构单位以及这些单位之间的关系,这些韵律单位是音系规则作用的辖域,因此韵律音系学也是关于音系与语法如何交互作用的理论。对该理论的发展做出过重要贡献的学者主要是Selkirk

---

* 本文初稿的部分内容曾用作南开大学和威斯康辛大学研究生课程讲义,并分别宣读于全国语言学暑期高级讲习班(2010年7月,天津)、中国语言学会第16届年会(2012年8月,昆明)、IACL-20音系学专题研讨会(2012年8月,香港)、《语言科学》创刊十周年国际学术研讨会(2012年10月,徐州)、《当代语言学》国际学术研讨会(2013年10月,南京)、澳门大学特邀演讲(2012年11月)、北京语言大学特邀演讲(2013年10月)、香港中文大学特邀演讲(2014年3月)、北京大学特邀演讲(2014年3月)。感谢听课学生、与会者、邀请机构师生的评论与建议,一切错误均由作者本人负责。

(1984)、Nespor 和 Vogel(1986,2007)。前者系统分析了句法结构怎样通过一系列语法规则映射为语音表达式的整个过程。后者则系统阐述了韵律音系学的理论和假设,提出了构拟韵律成分所需的具体标准,比如:(1) 书写某语法规则时需要提及它;(2) 为某音系规则的使用辖域;(3) 为某语音配列限制(phonotactics)的辖域;(4) 能解释其他手段难以解释的语音模式。根据韵律音系学理论,自然话语可切分为一组有限的、有层级结构的韵律单位,从小到大依次为:韵素(mora)→音节(syllable)→音步(foot)→韵律(音系)词(prosodic/phonological word)→粘附组(clitic group)→音系短语(phonological phrase)→语调短语(intonational phrase)→韵律(音系)话语(prosodic/phonological utterance)。其结构层次关系如(1)所示。

(1) 韵律层级结构树

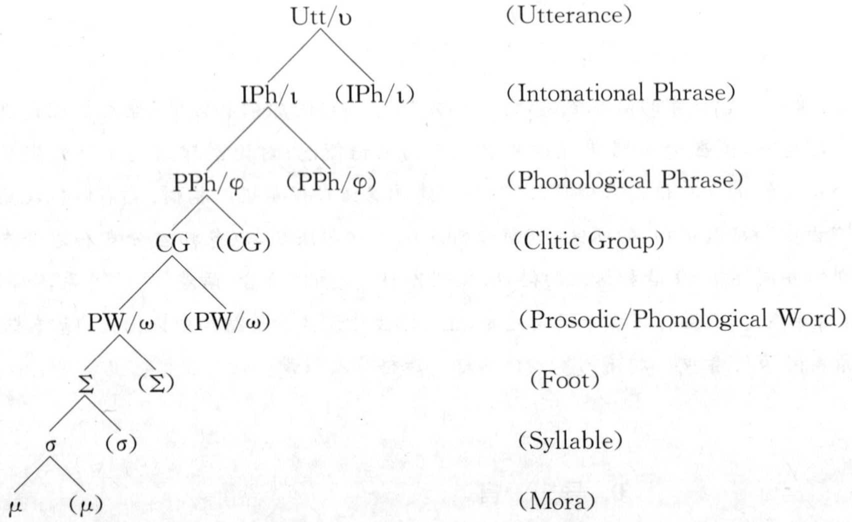

(1)基本反映了目前对人类语言韵律结构研究的认知水平,包罗、归纳了已知的韵律单位。一般而言,任何一个特定语言的韵律层级单位都能从(1)中找到(这反映了普遍性);但一个特定语言未必具备(1)中所有的韵律单位(这反映了特殊性);类型学决定了一些特定韵律单位在某些语言中是否存在或显赫与否。韵律层级的构成遵守严格分层假设(Strict Layer Hypothesis, Selkirk 1984),如(2)所示:

(2) 严格分层假设

a. 韵律层级结构中,任何非终端韵律单位 X^P 都由一个或几个低一层次的韵律单位 X^{P-1} 组成;

b. 任何韵律单位都完全包含在直接统制它的上层韵律单位中,为其组成部分。

(2a)规定(1)中的每个韵律层级单位(除了处于终端的韵律单位韵素之外)都必须直接统制其下层单位。(2b)则要求每个韵律层级成分都必须分析为其直接下层成分。

韵律音系学的早期研究在以规则为基础的理论框架下进行,所依据的句法理论主要是 X-杠杆(X-bar)。后期研究则深受优选论影响,以制约条件为基础(Selkirk 1995; Truckenbrot 1995)。严格韵律分层假设在优选论框架下被分解成以下四个制约条件,如(3)所示:

(3) 优选论中的严格分层假设

a. 层级性(layeredness):C^i 不能统制 C^j,如果 $j > i$(例如音节不能统制音步)

b. 中心性(headedness):C^i 必须统制 C^{i-1}(例如韵律词必须统制音步)

c. 穷尽性(exhaustivity):C^i 不能直接统制 C^j,如果 $j < i-1$(例如韵律词不能直接统制音节)

d. 非递归性(nonrecursivity):C^i 不能统制 C^j,如果 $j = i$(例如音步不能统制音步)

严格分层假设是关于韵律层级结构树的合格条件(well-formedness condition)。下面(4)中的韵律树因违反严格分层假设而被认为不合格。

(4) a. 非单一统制

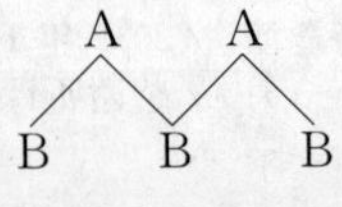

b. 异质姐妹

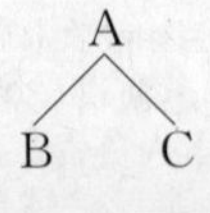

c. 跨层

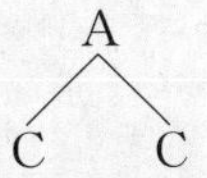

d. 递归

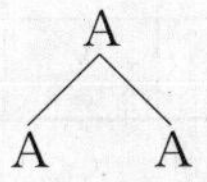

严格分层假设决定韵律层级结构的形状，负责对音系规则运用的韵律层级单位做出相应的规定。不同韵律成分之间存在什么样的结构关系，涉及到韵律结构树的构建原则。因此，严格分层假设是韵律音系学的一条主要原则。然而，汉语学界迄今为止发表的相关文献显示，对此并不清楚，如(5)所示。

(5) a. “因为一个音步就是一个韵律词，所以‘X’跟‘Y’构成一个标准韵律词。”(冯胜利 2009：10)

b. “在有的语言中，两个韵素也可以构成一个音步(音步直接跟韵素发生关系)。

就是说抑扬起伏的韵律节奏也可以在一个音节里实现。例如英文的‘I’读作：[ai]，其中[a]跟[i]都有一定的音长，而且从[a]到[i]的动程十分清晰，因此这样的两个韵素念起来可以升降起伏，自然可以构成一个音步。”(冯胜利 2009：18)

c. “一个韵律词相当于一个音步，它是音系规则作用的最小辖域。……因此，韵律词也就是音步。”(曹剑芬 2001：177)

(5a)显示不知层级性原则(＝3a)；(5b)不知穷尽性原则(＝3c)，而且对音步概念的理解有误(这一点留待 2.3 节分析)；(5c)也不知层级性原则。虽然，学界在究竟有多少韵律层级、存在哪些层级等问题上有些分歧，对韵律层级结构树的构建原则也有不同看法，但“层级性”和“中心性”作为严格分层假设的内核，是两条普遍原则，为学界广为接受，迄今为止在所知语言里还未发现被违反过。

2. 韵律结构单位的定义及构成

如上所说，韵律结构单位是音系规则运用的辖域，韵律音系学的一个重要目标是研究人类语言的韵律单位，并据此建立韵律层级结构树。那么现在的问题是：这些单位是如何定义并构成的？韵素、音节、音步、韵律词、粘附组、音系短语、语调短语、音系话语等是怎么确定的？本节逐一讨论这些特定韵律单位的定义及构成。

2.1 韵素(μ)

韵素是人类语言韵律层级结构树上最小的韵律单位，其主要作用是在某些重量敏感型的语言中确定音节的重量。其定义是：韵素是构成音节里“韵”(rime)部分的元素，并用来确定音节重量。重音节由两个韵素构成，轻音节由一个韵素构成。一个长元音或两个音段成分构成重音节，一个短元音构成轻音节，起首辅音不计，如(6)所示：

(6)

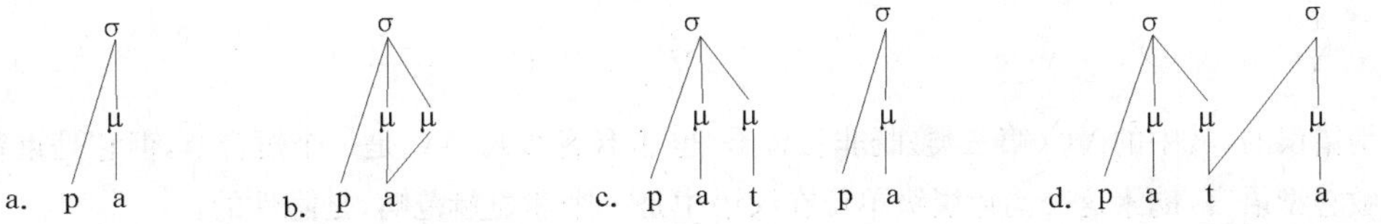

(6a)的 pa 是短元音，只有一个韵素，为轻音节；(6b)的 pa 为长元音，两个韵素，是重音节；(6c)两个音节，一重一轻，第一音节 pat 虽为短元音，但有辅音尾，两个韵素；(6d)的两个音节也是一重一轻，pat 为重音节，ta 是轻音节。由此可见，“轻-重”音节跟“长-短”音节是不同的概念，短音节既可以是轻音节，也可以是重音节。

韵素在重量敏感型语言里的作用很重要，比如梵语就是利用“轻-重”音节的交替来建构梵诗首卢迦(śloka)体的格律，如(7)和(8)所示：

(7)

line 1：	x	x	x	x	line 5：	x	x	x	x
line 2：	ˇ	(¯)	(¯)	(ˇ)	line 6：	ˇ	(¯)	(¯)	(ˇ)
line 3：	x	x	x	x	line 7：	x	x	x	x
line 4：	ˇ	¯	ˇ	x	line 8：	ˇ	¯	ˇ	x

(8)

Odd *pāda*	X	X	X	X	ˇ	(¯)	(¯)	(ˇ)
Even *pāda*	X	X	X	X	ˇ	¯	ˇ	X

然而，梅维恒(Victor Mair)和梅祖麟(Tsu-lin Mei)却误以为梵诗首卢迦体的格律是“长-短”音节的对立，如(9)所示(Mair and Mei 1991：375－470)。

(9) “*śloka* consists of four *pādā*, or quarter verses, of eight syllables each, or two lines of sixteen syllables. Each line allows great liberty except for the 5th, 13th, 14th, and 15th syllable, as in the above schema, where the crosses denote either long or short, the bars long, and the breve signs short.”

(译文：śloka 包括四个音拍，或曰“四行”，每个音拍有八个音节；或者分为两行，每行十六个音节。每行除第五、十三、十四与十五音节有格律限定外，其余各音节长短不拘。如上文图示，“X”表示长短皆可，“¯”表示长音节，“ˇ”表示短音节。)

结果他们就无法解释为何下面(10a)中的 vat 和 mos、(10b)中的 ṣot 和 har 这些短元音都可以入律。显然，他们不明白梵诗首卢迦体的格律构筑是基于“轻-重”音节的二元对立，而非“长-短”音节的二元对立(Mishra 1999：21－2)。

(10) a. *namaste puru ṣādhyak ṣa namaste bhakta* **vat** *sala* |
namaste'stu hṛṣīkeśa nārāyaṇa na **mos** tute ‖ ①
(Quoted from *Adhyātma Rāmāyaṇa*, 1.5.59.)

b. *lokānāṃ tvaṃ paro dharmaḥ puru ṣot tamaḥ* |
śaraṇyaṃ śaraṇaṃ ca tvām āhurdivāḥ ma **har** *ṣayaḥ* ‖ ②
(Quoted from *Vālmīki Rāmāyaṇa*, V, CXIX, 14.)

汉语学界也有类似误解，把“轻-重”音节和“长-短”音节混为一谈，如(11)所示(冯胜利 2013：46)。

(11) “在人类语言中，较大的音节的韵核可以是双元音(VV)，韵尾可以是复辅音(CC)。因此从音节的长短来说，我们有如下几种类型：

短音节：	V
长音节：	V(V)C
超长音节：	VVCC(C)

……长音节的韵母中包含两个韵素，因此只有长音节可以实现音步的二分法，亦即：

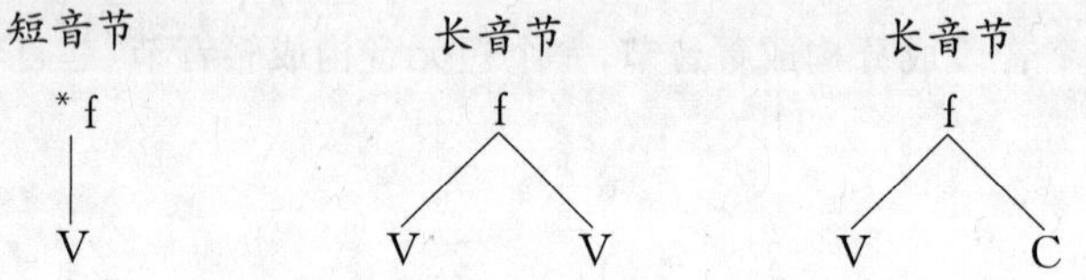

……。”

(11)的分类是错误的，其中的 VC(第三类)既非长音节，也非 f(音步)。VC 是一个短音节，但它是重音节。作为非重量敏感型语言，韵素这个韵律层级单位在汉语中是一个非显赫范畴，是隐性的。

2.2 音节(σ)

音节是人们在语流中能自然分辨的最小语音结构单位，也是重音语言中组成词内音步的单位，有内部的直接成分结构。音节分成音节首音(onset)和韵，韵依次又分成音节核(nucleus)和音节尾音(coda)，如(12)所示：

① 汉语大意：“向您致敬啊，您是引导一切的至尊神灵！向您致敬啊，您是所有皈依者的所爱！向您致敬啊，您是理智的统治者！向您致敬啊，您居处在所有灵魂的深处！”

② 汉语大意：“神啊，你是这世上最高德行的化身。你是心之神，是至尊的生灵。圣贤们宣称，您是人类最大的庇护和拯救者。”

(12)

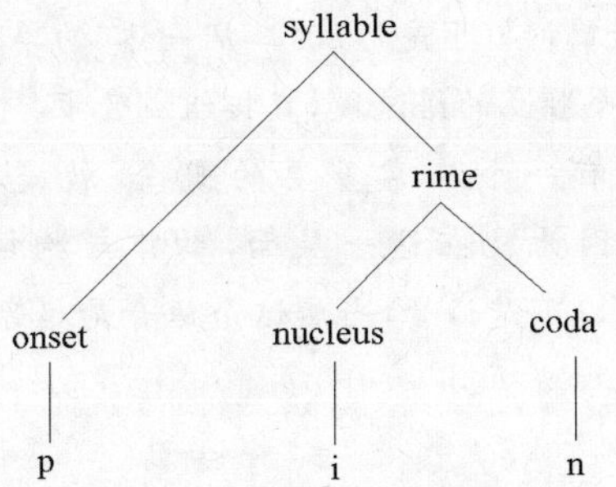

音节是许多音系规则运用的辖域，如西班牙语的 r 强化、送气音化、软腭化等。其他对音节敏感的规则还有美国英语的喉音化、英语音节首清塞音的送气、德语音节末阻塞音的清化等。在有些语言中，音节可分为强（即重读音节）或弱（即非重读音节），每个强音节加上邻近的弱音节组成的单位叫节律音步单位。音节是普通话的最小韵律层级单位，其建构要符合普通话语音配列限制。下面(13)对普通话 biao 和 bian 的音节结构描写是错误的，其表达显然误解了音节定义的原理，音节的建构必须遵守响度顺序原则，一个音节只允许有一个音节核。

(13)

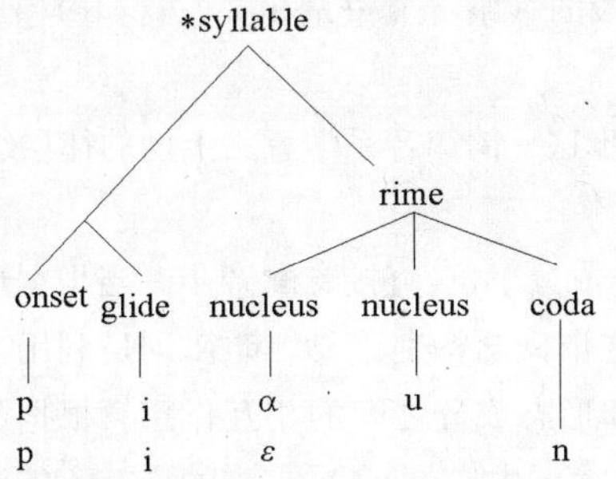

2.3　音步(Σ)

音步是韵律结构层次里音节之上、韵律词之下的韵律单位，是某些音段音系规则的作用域。韵律音系学中的音步定义与系统化的二元节律对比特征相关，如在重音语言中，音步通常由一个强音节和一个弱音节组成，强音节承载主重音。许多音系规则和语音配列限制依靠音步才能明确表达，如英语的送气音化、l 清化、双元音短化、强制性的 n-软腭化和 k-r 的相互同化等。音步在文献中用来指两类不同的单位：词内音步和跨越词界音步。音系学家所说的音步是词内音步，也就是节律凸显音步。普遍规则保证每个音步只有一个音节是凸显的（如强、重、长、高等），而语言特定规则确定哪一个是凸显音节。在特定语言中音节组成音步有严格限制。还有一种音步是标记性结构，在重量敏感的系统里由一个轻音节组成"蜕化音步"(degenerate foot)。但蜕化音步在普遍语法中受到严格限制，许多语言严格限制蜕化音步出现。而有些语言允许蜕化音步出现，是因为蜕化音步可以出现在强节律位置(strong metrical position)。一个语言是否存在音步这一韵律单位，取决于它在词层面有无系统的二元节律凸显特征对立，诸如轻重、长短、高低、强弱等。普通话音系结构缺乏这种系统的二元节律凸显特征对立，因而也就不存在韵律音系学意义上的音步。然而，就以现有发表的文献而言，汉语学界在音步的看法上是混乱而且错误的，如(14)所示。

(14) a. "汉语最基本的音步是两个音节。就是说，双音节音步是最一般的，尽管单音节音步跟三音节音步也存在。……把双音节音步作为汉语最小的、最基本的'标准音步'，把其他音步形式看做标准音步的'变体'：单音步是'蜕化音步'；三音节音步是'超音步'(super foot)。'蜕化音步'跟'超音步'的出现都是有条件的。'标准音步'、'超音步'、'蜕化音步'之间的不同在于：在一般情况下，标准音步有绝对优先的实现权，因为它是最基本、最一般的。超音步的实现条件是：在一个语串中，当标准音步的运作完成以后，如果还有剩余的单音节成分，那么这个/些单音节成分就要贴附在一个相邻的双音步上，构成三音步。'蜕化音步'一般只能出现在以单音节词为'独立语段'(independent intonational group)的环境中，这时它可以通过'停顿'或'拉长该音节的元音'等手段去满足一个音步。"（冯胜利 2009：2－3）

b. “一个音步就是一个韵律词。而汉语的音节一般都是‘音节词’，于是形成‘二词一体’的单位。……有的语言用韵素直接组合成音步，如 cat 由/kæt/组成一个独立的语流段，直接组成音步。可是有的语言不能用韵素组成音步。…… 在韵律级层中还有一个非常重要的概念，就是 Prosodic Word。……韵律词指的是什么？这个概念很重要，因为就在这一层面，韵律与构词见面了(interface)。这要有层级观念才能理解，譬如音步(foot)以下是语音，当然这个语音是超音段的(以轻重为计量的)……”(冯胜利 2013：46)

c. “韵律词也就是音步。”(曹剑芬 2001：177)

d. “一个韵律词相当于一个音步。”(曹剑芬 2001：177)

e. “汉语普通话里的基本音步，或者叫标准音步，是由两个正常重音构成的。”(曹剑芬 2001：177)

(14a)的问题在于不清楚音步的定义并非依靠音节数，而是根据节律凸显原则。(14b－d)的问题是把音步混同于韵律词。音步不是韵律词，两者分属不同层级的韵律单位。(14b)关于 cat 的分析和音步以下单位的讨论都是错的。cat 只是一个音节，其本身不是音步。“音步以下是语音”的说法也有问题，音步以下应该是音节，音节以下是韵素。“以轻重为计量的”的“语音”更不是“超音段的”，而是“音段的”(跟音节重量相关)。(14e)违反了音步的定义，同属一个音步的两个音节不能负载相同的两个正常重音。

由于汉语音系结构缺乏二元节律特征对立，因此，汉语里没有音步这一韵律音系学意义上的韵律层级单位。

2.4　韵律词(ω)

韵律词又叫音系词，是作为韵律结构层次里音步以上的最小韵律成分单位，直接支配音步。当根据形态句法方面定义的单词不能确切对应在音系中起作用的“单词”时，韵律词这个概念特别重要。韵律词是利用非音系概念在映射原则基础上建立的韵律结构层次中最低的成分，代表音系和形态成分之间的相互作用。根据严格分层假设，一段音串的所有音步都必须组成韵律词。每一音步都包含在韵律词中，一个音步支配的音节不能属于不同的韵律词。韵律词的作用域是句法树的末端成分，它可以包括：(1) 一个词干，(2) 由其特定音系和/或形态标准确认的任何成分，(3) 用标记特征[＋词]标记的任何成分；或者是句法树末端成分内任何独立成分组成与词干最近的韵律词的一部分，如果没有这样的韵律词，这些独立成分自身形成独立的韵律词。韵律词在跨语言中表现出极大的共性，语言之间细微的差别可以用参数来解释。许多音系规则都在韵律词内起作用，包括重音指派和元音和谐等规则。

虽然韵律词这个术语在汉语学界并不陌生，但它从未被正确理解过。现让我们看一下有关韵律词讨论的汉语文献，如(15)所示。

(15) a. “‘韵律词’是从韵律学的角度来定义‘最小的能够自由运用的语言单位’。韵律学中的‘语言单位’是‘韵律单位’，因此韵律词以语言中的韵律单位为基础。”(冯胜利 2009：1)

b. “‘最小的能够自由运用的韵律单位’是‘音步’(foot)。”(冯胜利 2009：1)

c. “在韵律构词学中，最小的、能够自由独立运用的韵律单位是‘音步’，因此韵律词就必须至少是一个音步。如果音步必须由两个音节组成，那么韵律词也必然至少包括两个音节。……韵律词不管构成音步的成分之间的关系如何，只要满足音步的基本要求，就可以是一个韵律词。”(冯胜利 2009：2)

同一位作者，在(15a)中认为“韵律词”是“最小的能够自由运用的韵律单位”，但在(15b－c)中却又认为“音步”是“最小的能够自由运用的韵律单位”。可见，(15)的作者把音步和韵律词混为一谈。由前面讨论可知，音步和韵律词是属于性质完全不同的两类韵律层级单位。音步确定的依据是**音系标准**，而韵律词则是利用**非音系概念**在映射原则基础上建立的韵律结构层次中最低的成分，代表音系和形态成分之间的相互作用(关于两者的进一步区别，后面还会详论)。

汉语普通话变调材料可以有效支持设立韵律词这一韵律层级单位。不过，因为汉语没有音步这一韵律单位，所以，在汉语中韵律词是作为韵律结构层次里音节以上的最小韵律成分单位，直接支配音节。

2.5　粘附组(CG)

粘附组是位于韵律词与韵律短语之间的韵律单位，它把粘附成分(clitic element)与作为宿主的词汇词

(lexical hood)组合在一起，它包括一个韵律词、有确定方向的粘附成分和无确定方向并且没有与其范畴类型更相似的宿主的粘附成分。粘附成分如何选择作为宿主的词(即在其左边还是在其右边)由句法结构确定。下面以拉丁语重音规则为例，说明粘附组是一个独立的韵律层级单位。拉丁语主重音的分布规则是：若为多音节词，重音在倒数第二音节，如果该音节是重音节，如(16a，17a)所示；如果倒数第二音节是轻音节，重音则在倒数第三音节，如(16b，17b)所示。但是，(18)似乎提供了反例，(18a)的倒数第二音节是轻音节，却仍然获得了重音。

(16) a. stratḗgus ‘chief’

b. pópŭlum ‘people’

(17) a. stomachṓsus ‘irritated’

b. homúcŭlus ‘little man’

(18) a. rosắ**<u>que</u>** ‘and the rose (nom.)’

b. rosắ**<u>que</u>** ‘and the rose (abl.)’

实际上，拉丁语重音分布规则的运用受韵律层级单位控制，(16)和(17)是韵律词，而(18)则是粘附组(rosắ＋**<u>que</u>**)。倒数第二音节的音系规则运用的条件辖域(即“轻-重”音节)是韵律词，而非粘附组。粘附组的倒数第二音节不管是轻是重，都是重音规则运用的辖域。可见，“韵律词”和“粘附组”作为不同的韵律层级单位，是音系规则运用的不同辖域。

来自汉语变调的证据也可以支持粘附组作为一个独立韵律层级单位的存在。汉语句法结构决定了其粘附成分选择左边宿主的词来一起构成粘附组韵律单位。

2.6 音系短语(φ)

音系短语是韵律词或粘附组以上的韵律结构层次单位，由一个或更多的韵律词或粘附组组成。韵律短语也是利用形态句法概念在映射原则基础上建立起来的韵律层级单位，它由从韵律词开始一直到句法短语中心的所有成分组成。韵律短语在跨语言中也表现出极大共性，各语言间的差别可用参数来解释。跟音系短语结构相关的句法概念非常普遍，只要其基本原则是X-杠杆理论定义的类型，就能解释所有语言的音系短语结构。

汉语变调的证据可以有力地支持区分音系短语和粘附组这两个不同的韵律层级单位，如(19a-b)所示。

(19) a. 音系短语

	狗	比	马	小	
单字调	3	3	3	3	
变调	2	3	2	3	(为可变调之一)

b. 粘附组

	我	比	你	小	
单字调	3	3	3	3	
变调	*2	3	2	3	(不可如此变调)

(19a-b)的单字调一样，表面句法树形结构也相同，但(19a)是合格的变调形式之一，(19b)为不合格形式。这是因为(19a)和(19b)分属不同韵律层级单位，前者是音系短语，后者为粘附组。

2.7 语调短语(ι)

语调短语是从语调方面定义的韵律单位，是感知上连贯的语调曲拱的作用域。影响语调短语切分的因素涉及语义、语用等信息。有些类型的结构自己组成语调短语，包括插入语、呼语、反问句、前置成分等。主题与焦点会影响语调短语的切分。这个单位不是句法单位，跟调形相关的一段话语可能不是由句法结构构成的。句子节奏点的同界也不定义这样的单位。在有独特调形的语言里，语调短语是音系表达韵律成分结构的一部分，其定义在性质上主要是语义的，是“信息结构”单位。跟音步以上的单位不同，该单位有自己的属性，即语调特征。

汉语普通话上声变调规则的应用有两种模式，一种是循环应用模式(cyclic mode)，一种是从左至右重复应用的模式(iterative mode of from-left-to-right)。前者应用于韵律词和音系短语，后者应用在语调短语。现以Cheng(1973)举过的经典名例“老李买好酒”为例进行说明，如(20)所示：

(20)

	老李买好酒	
单字调	3 3 3 3 3	
变调一	$[23]_{\omega}[[3]_{\omega}[23]_{\omega}]_{\varphi}$	(循环应用)
变调二	$[223]_{\iota}[23]_{\omega}$	(从左至右重复应用；循环应用)

变调三	$[23]_\omega[223]_\iota$	（循环应用；从左至右重复应用）
变调四	$[2\,2\,2\,2\,3]_\iota$	（从左至右重复应用）

(20)中的变调一是以韵律词和音系短语为规则应用的辖域（循环应用）；变调二和变调三分别有以韵律词和语调短语为规则应用的辖域；变调四则是完全以语调短语为规则应用的辖域。由此可见，不同的变调结果是因规则应用的辖域不同而所致。

2.8　韵律话语(υ)

韵律话语是韵律结构层次中最高、最大的单位，包含一个或多个语调短语，是音系规则应用的最大跨度。一个话语包含一个或更多的语调短语，通常延伸到句法树最高节点所支配的音串的长度，通常称之为 X^n。然而话语并不就是 X^n 的音系对应，话语能把两个或更多的句子并入到一个更高层面的语句中。就是这种差异为音系学的韵律层级单位韵律话语的存在提供了必要性，因为有些音系现象其规则的辖域不能直接根据句法提供的结构概括出来。英语 r-连音可以发生在一个词内，也可以发生在两个词之间，但 r-连音运用的最大辖域为韵律话语。若相邻的两个词分别在两个韵律话语中，则不能发生 r-连音现象。因此，韵律话语定义时使用句法信息，尽管结果不一定与任何句法成分同形。在定义韵律话语时所应用的唯一句法信息就是 X^n 节点的右边界和左边界。一个语言形式若前后都有停顿，且有相对完整意义，其语调就是韵律话语。汉语上声变调规则运用的最大辖域为语调短语，而非韵律话语。虽如此，但连音现象却以韵律话语作为规则应用跨度最大的辖域（即有完整语调的整个句群）。汉语用作韵律话语的语言单位可以小到只有一个音节，如朱德熙（1982：21－2）所举的“好”例；大到一个句群，如(21)所示。

(21) *以韵律话语作为辖域的句群*

*风又冷，/雨又猛，/我又没有车*①。

由此可知，前面(14a)所说的以单音节词为“独立语段”(independent intonational group)的韵律单位并非“蜕化音步”，而是“韵律话语”。(14)中有关汉语“蜕化音步”的讨论是有问题的。

综上所述，汉语中一个大致完整的韵律层级结构可以归纳如(22)所示。

比较一下(1)和(22)可知：汉语不存在音步这个韵律层级单位（这是某个韵律范畴在特定语言中有无的问题）；韵素在汉语中为非显赫范畴，是隐性单位，不起作用（这是某个韵律范畴在特定语言中是否显赫的问题）。

(22) *汉语普通话韵律层级结构树*

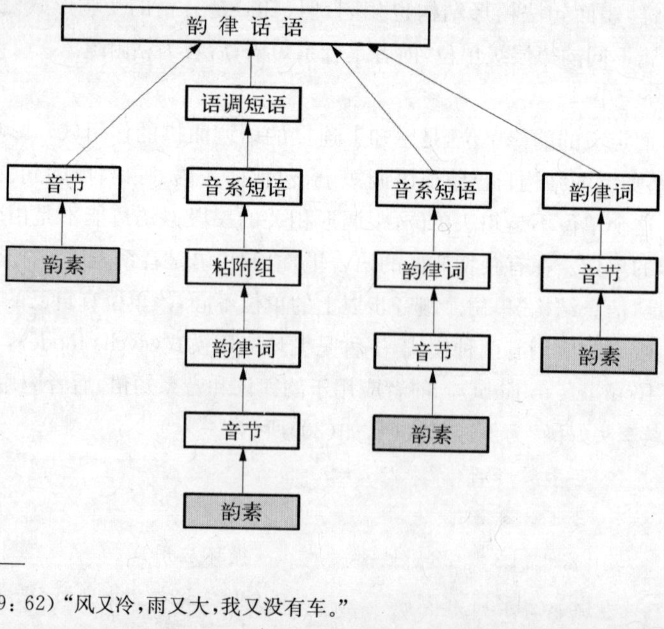

① 此例改自赵元任(1979：62)“风又冷，雨又大，我又没有车。”

3. 相关概念的澄清

3.1 节律音系学与韵律音系学

节律音系学(metrical phonology)是关于重音或节律凸显的语言学理论，主要研究用来解释重音的特殊属性的图标法(即节律栅)，研究节律栅结构的基本参数，包括如何控制节律结构、如何把音节(或更准确地说把音节核)组成更大的节律单位以及重音(特别是词重音)如何反映这种组合过程。比如，波兰语是重音语言，依规则其重音是在词尾倒数第二音节，但(23a)似乎是例外，如下所示。

```
(23) a. 2               *                b. 2                 *
        1  (*           *)                  1  (*        *        *)
        0  (*  *)(*     *)〈*〉              0  (*  *)(*    *)(*    *)
              u  ni    wer sy   tet               u  ni     wer sy    tet-u
```

如何解释这一表面上的例外？在节律框架里，有两种方法可制定出得到词的倒数第二音节的重音参数。其一，右重音步，而最后一个音节在结构上可能是一个节律外属性的、无界限的成分。其二，该词可解析成从右向左的左重音步，而且行合并(line conflation)压制了次重音。一些从词尾倒数第二音节重音模式推演出来的结果支持第二种分析。这些词(大多是外语借词)重读词尾倒数第三音节，而非词尾倒数第二音节。当这些词无后缀时，它们就会有例外重音。一旦加了后缀，常见的词尾倒数第二音节上的重音就会出现。如果波兰语的音步是左重音步，例外重音就可直接得到解释：把它们最后的音节标注成有节律外属性，如(23a)所示。第一和第二行的合并压制了次重音，于是只得出表层一个重音。被节律外属性排斥在节律解析之外的音节受制于周界条件，只有当一个音节的位置处于相关重音范畴的边缘时，这一节律外属性的特性才被激活，如(23b)所示。

(23)这一类的现象是节律音系学要研究、解决的问题。由此可见，节律音系学跟韵律音系学是两种不同的音系理论，旨趣、内容、方法都有所不同。韵律音系学研究的是韵律结构层级单位，研究特定的韵律结构单位是如何定义、构成、确定的，并据此建构韵律结构层级树。这些韵律单位是音系规则应用的辖域，具体内容的讨论见本文前两节所述。

然而，在汉语学界，节律音系学和韵律音系学有时却被混为一谈，如(24)所示。

(24)“节律音系学(metrical phonology)研究的是韵律的问题。……研究韵律要明确以下几个概念，它们是理论体系的基本原理。第一，韵律的最小单位是什么。第二，韵律单位之间的关系是什么。第三，节律学的原理与系统的关系是什么。每一个理论体系都有自己的运作机制。下面的概念是韵律机制操作中的技术要点：韵素、音节、音步、韵律词、韵律粘附，以及韵律短语。”(冯胜利 2013：79)

(24)显然混淆了节律音系学和韵律音系学这两种不同的音系理论，因为“韵素、音节、音步、韵律词、韵律粘附，以及韵律短语”等都是韵律音系学研究的内容，而非节律音系学的术语。

3.2 不同类型的“音步”

“音步”是一个被广泛使用的术语，但需要说明的是，在不同的理论体系、学科框架中，“音步”的性质和定义不同。从3.1节的讨论中可知，音步在节律音系学中是构建节律栅的主要单位。然而，在韵律音系学中，音步只是韵律单位之一，是建构韵律结构层级树的众多成员中的一员，其韵律地位在音节之上、韵律词之下。

此外，还有诗律学意义上的“音步”。萨丕尔(1964：142)认为，汉语音节是“更完整、更响亮的单位；音量和音势太不固定，不足以成为韵律系统的基础……平声音节和仄声(升或降)音节的交替，是汉语特有的”。这里由平仄音节交替构成的音步是汉语诗律学意义上的音步，但此音步(诗律学)非彼音步(语言学)。语言学意义上具有节律凸显关系的音步一般涉及相关的两个音节，而汉语诗律中若要构成一个“平仄”对立的音步，则关乎四个音节，所谓“一三五不论，二四六分明”。(25a)就是典型的七绝声律模式(斜体下划线部分是节律凸显对比处)，(25b)则是笔者依此而作的七绝诗。

(25) a. 平*平*仄*仄*平*平*仄　　　仄*仄*平*平*仄*仄*平

仄*仄*平*平*平*仄*仄　　　平*平*仄*仄*仄*平*平

b.《七绝·癸巳仲秋雨游京北古刹红螺寺品绿色食品》

千松千竹千年寺，　　　秋雨秋风秋叶情。

红树红螺红峡谷，　　　绿山绿水绿人生。

可见，诗律学的音步是格律诗的节拍或单位，它将有诗的格律之一组划分为其组成部分的单位，构成声律循环模式的一例，不论它是否押韵。

因此，谈到音步，不能一概而论，需分清是什么意义上的音步。简言之："音步"在节律音系学中是建构节律栅的主要单位；在韵律音系学中是韵律层级结构树中的单位之一；在诗律学中是建构诗格的基本单位。

3.3　关于韵律结构层次

在 Zhang(1992)的研究中，例(1)所介绍的那棵韵律层级结构树，笔者把它切分成了三大块，如(26)所示。

(26) 韵律结构层次三分关系图(Zhang 1992：311 - 2)：

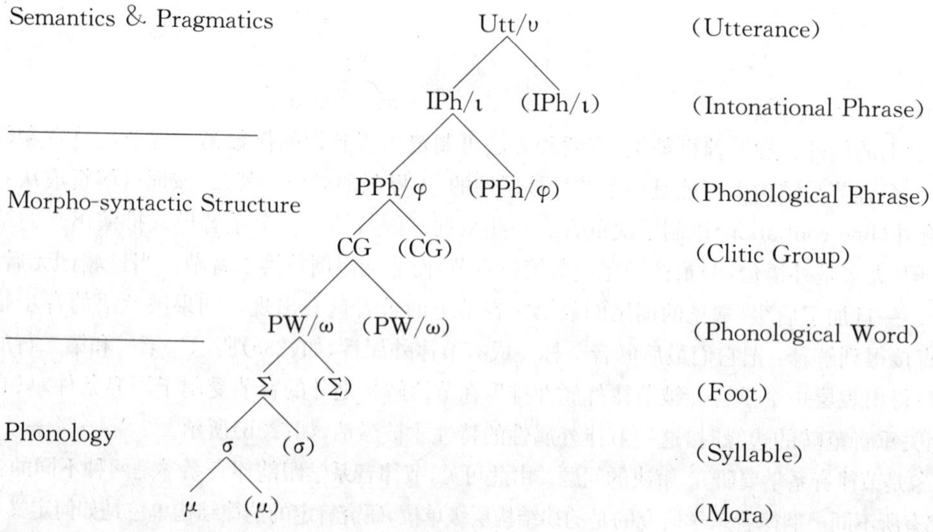

国内学者对上述三分法理论曾做过介绍(王洪君 1999：260 - 3，2008：315 - 8；吴为善 2006：58)，但对为何如此三分的理据及必要性却似乎并不太清楚，在此稍加说明。第一，把韵律层级结构切分成三大块的主要理据是基于确定这些韵律单位所需要的信息参数。韵素、音节、音步的确定只跟音系参数相关；韵律词、粘附组、音系短语的定义主要依赖构词、构形、句法信息；语调短语和韵律话语的构成则受语义、信息结构、语用等影响。第二，也是更重要的，这些韵律结构单位的音系表现不同：韵律词、粘附组、音系短语这些韵律单位具有递归性(recursivity)；语调短语和韵律话语则可以违反"穷尽性原则"；但韵素、音节和音步却严格遵守"非递归原则"，也不能违反"穷尽性原则"。这就是三分法主要的语言学理据。由此也可知，为何"一个音步就是一个韵律词"、"韵律词也就是音步"的说法是错误的，音步和韵律词不能混为一谈，它们分属不同的两大块：音步属于音系学范畴的运作，韵律词则跟构形、构词等相关；音步不具有递归性，韵律词则能递归。对韵律树三分的理据，汉语学界明之者不多，有学者虽也欲依样切分此树，但却理据不清，如(27)所示(冯胜利 2013：82 - 4)。

(27) "除了上面的韵律级层以外，Zhang(1992)还介绍了 一个较复杂的体系，如下所示：

Utterance	Ut	话语
Intonation Phrase	IP	语调短语
Prosodic Phrase	PrPh	韵律短语
Prosodic Clitic	PC	粘附语组
Prosodic word	PrWd	韵律词
Foot	Ft	音步
σ	Syl	音节
μ	mora	韵素

……为便于将来的研究，我们结合最新的成果，把前面(1)和(2)中的韵律级层作综合归类，称为“韵律语法中的韵律级层”，它不单单是为韵律构词、韵律句法或韵律音系而设。韵律语法(Prosodic Grammar)指的是韵律影响和控制下的语法(包括语音、构词、句法、语义、语用等)。我们用韵律级层的框架来关照语言现象，亦即：

Ut
|
IP } Focus and Illocutionary Force (焦点语调及施为调律)
|
PrPh
|
PrClt } Syntax (NSR 核心重音)(韵律句法学)
|
PrWd } Morphology、Poetic effectg (韵律构词学、韵律文体学及诗律效应)
|
Ft
|
σ } Sonority and essential property of sound-meaning unit of a language (响度及语言音义单位的基本性质)
|
μ

上面这一韵律语法层级体系可分为八层四组。”

(27)有两个问题：首先，弄错了笔者的体系。在 Zhang(1992)的体系里，并没有 Prosodic Phrase，也没有 Prosodic Clitic 这样的术语，它们应该分别是 Phonological Phrase 和 Clitic Group。其次，八层四组的理据不清，比如，PrClt、PrWd、Ft 如何跟“诗律效应”纠合在一起？即便以“音步”言，3.2 节已指出，汉语诗律学中的音步跟韵律音系学的音步并非完全一回事。

4. 关于形态构词上所谓[2+1]和[1+2]的问题

4.1 问题缘起

不少学者注意到，汉语三音节左、右分支结构跟“词”和“短语”的分野、形态句法的不同、动与名的相别等有对应关系，如(28)所示：

(28) a. 总统府=词； 偏正；名词

b. 选总统=短语；动宾；动词短语

树形分支结构为[2+1]的“总统府”，其句法成分是词，形态句法结构为偏正，词性名词。树形分支结构为[1+2]的“选总统”，其句法成分是短语，形态句法结构为动宾，是动词性短语。因而有学者为此提出了以下一些规则，如(29)所示(冯胜利 2005：4-8)：

(29) a. “[2+1]构词，[1+2]造语。”

b. “汉语顺向构词、逆向造语。”

c. “右向构词、左向造语。”

d. “‘合成名词取右向音步’，‘动宾组合为左向音步’。”

e. “‘构词形式一律是左起音步’，‘动宾短语的音步组合均从右起’。”

这里有几个问题：首先，如果音步是一个韵律结构单位，那它就应该是某些音系规则应用的辖域。(29)中所提到的音步是哪些音系规则的辖域？其次，关于[2+1]和[1+2]的分布现象，吕叔湘(1963：11-23)就已讨论过，但需要强调的是，吕叔湘把这仅看作是倾向，而(29)却认为是规则。“规则”和“倾向”不同，不区分规则和倾向会导致对语言事实的误解。规则和倾向的区分在理论上很容易解释，但在实际操作中却需要找到一种在数学上区分它们的方法。若是一条语言学规则，严格说来，极少例外，其正确率应达到97%以上(Gravetter and Wallnau 2009)。若是随机选择的语言事实，[2+1]和[1+2]互补分布现象不同的概率可以有65%左右。65%的概率表明这种现象可能并未有意使用一种规则来限制其用法，以确保这两种结构的互补分布。造成这种倾向差异的原因可以很多，比如，或为语法问题，或为词汇问题，或为修辞问题，或为语言接触，或为语言演变速率，等等，不一而足。97%和65%之间的显著差异说明了“规则”和“倾向”的区别。规则的极少数例外常源于语言使用者无法控制的因素，语言使用者必然知晓、且有意识地在使用中应用这些规则（如上声变调规则）。然而，倾向不一定为语言使用者觉察，也未必是语言使用者有意创造的结果。在大部分情况下，我们不能依据倾向便对语言现象做出明确的判断，因为我们无法判断这种现象是反映了一种有意的规则选择，还是仅仅为一种试图达到完全不同目的的附带效应。那么，现在让我们来考察一下相关语言事实，看看[2+1]和[1+2]的互补分布究竟是规则还是倾向。

4.2 规则还是倾向？

如果根据规则，[2+1]应该是偏正复合名词，然而实际情形如(30)所示：

(30) a. [2+1]偏正复合名词（如：牵牛花、中学生、电视机、总统府）

b. [2+1]偏正短语（如：长征路、将军村、二奶命、宁夏人）

c. [2+1]动宾短语（如：热爱党、心疼钱、酷爱狗、尊重人）

d. [2+1]动宾复合名词（如：合成奶、调和油、排泄物）

e. [2+1]主谓复合名词（如：仙人跳、铁板烧、心里美、二人转）

f. [2+1]主谓短语（如：领导好、智商低、天气坏）

对[2+1]动宾式短语的例外现象，冯胜利(2013：187)用轻重音来进行解释，如(31)所示。

(31)“[1+2]式符合普通重音的要求，而[2+1]式很容易导致‘扬抑’结构，所以普通重音无法实现。当然有的[2+1]式还可以成立，如‘喜欢钱’、‘吓唬人’；这是因为……(这)类双音动词的第二个成分都失去了原有的声调，重音在第一个成分上。”

但实际语言事实是[2+1]动宾式短语中动词第二音节没失去原有声调的例子远远多于失去声调的，比如：“心疼钱、看重钱、尊重人、热爱党、相信党、拥护党、出卖党、酷爱狗、宠爱猫……”。后来，冯胜利增加了“害怕鬼”这个例子，认为第二音节虽可以重读，但后面只能跟单音节宾语“鬼”，不能带双音节宾语。若接受这个说法，那么下面就是有关这一补丁的成系统反例，如(32)所示。

(32) 害怕胖→害怕肥胖→怕肥胖→怕胖→怕肥→害怕肥

害怕鬼→害怕鬼怪→害怕魔鬼→害怕鬼神→怕鬼

害怕爸→害怕老爸→怕老爸→怕爸

相信党→相信共党/相信我党/相信政党

尊重人→尊重人权/尊重人民

心疼钱→心疼钱财/心疼钱包

酷爱猫→酷爱猫咪

顺便提一下，尽管动补宾结构“打牢固基础”跟“想明白问题”的对比（冯胜利 2013：111），已不能提供什么实质性的帮助来支撑[2+1]动宾短语轻重音的说法，但仍要指出，即便接受这个对比，这个对比也未必靠得住，因为“擦干净黑板”就是一合格形式，而“干净”的“净”声调并未丢失。

下面让我们来考察[1+2]。根据规则，[1+2]应该是动宾结构短语，但实际情形并非如此，如(33)所示：

(33) a. [1+2]动宾短语（如：租汽车、写文章、看电影）

b. [1+2]动宾复合词（如：破天荒、拖油瓶、炒鱿鱼）

c. [1+2]偏正复合名词（如：纸老虎、老百姓、糖葫芦、热处理、牛脾气、儿皇帝、核试验）

d. [1+2]名词性偏正短语（如：小雨伞、多民族、高智商、胖师傅、新款式、大地震）

e. [1+2]主谓短语（如：鬼画符、胃切除）

对[1+2]偏正式的例外现象，冯胜利(2001：53-64)提供了以下解释，如(34)所示：

(34)“根据音步逆向组合的结论，1+2型的[形+名]（如‘小雨伞’也是短语。然而，如果1+2的[形+名]是短语，怎么解释‘*很小雨伞、*非常伟大人物’这类不能说的现象呢?)”……“汉语的‘*很小雨伞’不合法，说明‘小雨伞’不是短语，至少不是一般的短语。”

据此，冯胜利认为“小雨伞”和“伟大人物”等都是词，是句法词。但这样一来，如何排除“新款式、多民族、高智商”呢？因为它们都可以受程度副词修饰，变成“最新款式”、“很多民族”、“极高智商”。那么，根据(34)，它们就应理所当然地被认为是真正的句法短语。如此,“1+2 型的[形+名]”短语,这些对(29)构成挑战的例子,依然存在。

如果说(30)和(33)中的某些例子还能纠缠一下的话,那么同形异构则是一个成系统的反例。比如,同为[1+2]的“炒米粉、烤白薯、蒸鸡蛋”等,它们既可以是动宾短语,也可以是偏正复合名词。大样本的调查结果显示,“我在烤白薯”的“烤白薯”(动宾短语)跟“我吃烤白薯”的“烤白薯”(偏正名词)没有音系学意义上的语音差异。

另外,同为[2+1]的“出口烟、进口酒、领导人、出租车”,它们也既可以是动宾短语,也可以是偏正复合名词。

至于“刀削面、菜泡饭、肾移植”,既是偏正结构,又是主谓结构。

同形异构的例子在汉语中为数不少,但更重要的是,这是成系统的一类。因此,同形异构是推翻(29)所列规则的有力证据。

4.3 来自上声变调的证据

下面我们再根据汉语上声变调域来考察[1+2]和[2+1]的分布问题。(35)中各例在句法上是短语,然而,其上声变调规则应用的辖域有时为三音节,有时却是两音节。

(35) 句法短语(syntactic phrase)变调的实际情形

选总统(1+2 动宾短语)= 323 = 两音节

领导党(2+1 动宾短语)= 223 = 三音节

党领导(1+2 主谓短语)= 323 = 两音节

领导好(2+1 主谓短语)= 223 = 三音节

李总统(1+2 偏正短语)= 323 = 两音节

取水口(2+1 偏正短语)= 223 = 三音节

炒米粉(1+2 动宾短语)= 323 = 两音节

跟(35)不同,(36)各例在句法上都是词,然而,其音系规则应用的辖域也是有时三音节,有时为两音节。

(36) 句法词(syntactic word)变调的实际情形

总统府(2+1 偏正)= 223 = 三音节

纸老虎(1+2 偏正)= 323 = 两音节

心里美(2+1 主谓)= 123 = 三音节

炒米粉(1+2 偏正)= 323 = 两音节

综上所述,说明汉语三音节左、右分支结构跟“词-语”分野、形态句法、动名相别等对应关系,只是一个倾向,而非规则。当吕叔湘把这看作是倾向时,这是一种非凡的洞见,没有任何问题,学术史上极具正面意义;但把倾向说成了规则,则“过犹不及”,是对语言事实的一种误判。上述讨论的所有反例,都不构成对“倾向说”的挑战,但却是“规则说”无法面对的。

5. 语音和语法的界面关系

韵律音系学其中一个内容是研究音系规则应用的辖域,这自然关乎到语音和语法的接口。语音和语法的关系是多层次、多方面的,并非[1+2]和[2+1]的问题。下面让我们来逐一梳理这错综复杂、剪不断理还乱的界面关系。

5.1 语法“中和”韵律(一):来自汉语的例子

韵律不是万能的。在很多情况下,对两个不同结构、不同意义的语言形式,韵律手段不仅在词和短语层面分辨不了,如(37—38)所示;有时在句子层面也无能为力,如(39)所示。

(37) a. 炒粉(名词性偏正结构)

b. 炒粉(动宾短语结构)

(38) a. 炒米粉(名词性偏正结构)

b. 炒米粉(动宾短语结构)

(39)　　wǒ　zài　bàn　gōng　shì。

a. 我　在　办　公　事。("在"为副词)

b. 我　在　办　公　室。("在"为动词)

(37—39)中(a)和(b)的结构完全不同,大规模抽样调查却证明,(a)和(b)在语音上根本无法分辨,不管用何种韵律手段。

另一类说不出"韵律"理由的情况是汉语的词长限制。比如,"人事处处长"和"人事处长"都可以说;但只能说"文学院院长",却不能说"文学院长"。同样的例子还有:"上海市长"和"上海市市长"没问题;然而"展览馆长"不能说,只能是"展览馆馆长"。所谓的韵律语法对这类问题是无能为力的。

5.2　语法"中和"韵律(二):来自英语的例子

韵律有时不仅对汉语无能为力,在英语中也如此。Chomsky(1973)曾举过一个著名的例子,如(40)所示。

(40) *Flying planes* can be dangerous.

flying planes 可以分析成两个结构,分别是动宾(驾驶飞机)和偏正(正在飞的飞机)。但无论采用何种读法,都无法分辨这两种不同的意义。同样的例子还有 drinking water,如(41)所示。

(41) a. This is *drinking water*.

b. I am *drinking water*.

drinking water 在(41a)和(41b)中的结构不同,一为偏正,一为动宾,它们无法用读音分辨。诸如此类的例子还包括 burning bush、growing pain、changing situation、running water 等,都如此。

可见,韵律被中和化,有时表现出来的无奈,中英文皆然。

5.3　韵律压过语法例

虽说韵律不是万能的,但也不是完全无能的,需个案研究。(42)就给我们提供了一个韵律压倒语法的例子,如下所示。

(42) *Bridge Over Troubled Water*

When you're weary, feeling small
When tears are in your eyes, I will dry them all (all)
I'm on your side, oh, when times get rough
And friends just can't be found
Like a bridge over troubled water
I will lay me down
Like a bridge over troubled water
I will lay me down
……

Bridge Over Troubled Water 是一首广为流行的英文歌,Paul Simon 作词作曲,Simon 和 Garfunkel 演唱。由(42)可知,黑体部分不合语法,违反了生成语法"管约论"中的 Binding Condition B(Chomsky 1981),I will lay me down 应该是 I will lay myself down,但为了节奏(rhythm),牺牲了语法。这是一个典型的节律压过句法的例子。

5.4　语音与语法的错位

现在让我们来看一个真正属于语音和语法之间关系错位的例子,如(43)所示。

(43) He kept it　　in a large　　jar.

{He képt it}　{in a lárge}　{jár}

根据美国英语重音分布规则,(43)中的句子可以被划分成三个重音群。那么问题是:美国英语重音分布的理据是什么?从句法角度看,large 跟 in 的关系很远,跟 jar 的关系最近,但音系上 large 却跟 in 在一起,跟 jar 分离。可见,音系规则的应用有时并不受句法的控制,经常会错位。如何错位?错位的理据是什么?音系规则应用的根据是什么?规则应用的辖域依何而定?生成音系学由此而产生了一个新的分支:韵律音系学。

5.5　附论：轻重、长短、高低、强弱……

本文原本试图也厘清一下轻重、长短、高低、强弱、松紧、轻重音、抑扬、顿挫等概念，这些概念跟汉语的性质、韵律结构类型等相关。但限于篇幅，无法在此详细展开，只能另文讨论。现先择其要而言之。

根据词层面超音段特征的性质，人类语言从音系学角度大致可以划分为声调语言（tonal language）、重音语言（stress language）和音高音调语言（pitch-accentual language）。汉语作为声调语言，在词层面没有结构性的范畴化、系统化的轻重音。轻声不等于轻音，轻声相对于其他四声而言，其音系表现是声调过程，诸如延展（spreading）、降阶（downstep）、升阶（upstep）、下移（down-drift）、漂浮（floating）、声调阶变（tone terracing）、变调（tone sandhi）、中和化（neutralization）等；轻音相对于重音而言，是节律运作过程，比如抑扬（iambic）、扬抑（trochee）、冲突（clash）、行合并等。轻声和轻音的音韵本质不同，音系表现过程相异。区分两者不是用语音学方法，而是用音系学方法。语音上音调、音强、音高、音长、音重等参数不易区分 tone、stress、pitch-accent 的不同，三者的类型区分是音系学的，而非语音学的。

6. 古今汉语差异问题

最后讨论一下古今汉语的差异问题，因为有学者认为，汉语从古至今有一个类型学的变化，即汉语音步构成的基本单位由韵素变成音节，其动因是汉语的双音化。因这也涉及韵律音系学基本概念的理解，所以择要分析一下。

6.1　关于汉语史上的双音化

冯胜利（2005：62）认为："汉语双音化的'故'就是'音步'。双音化是汉语'双音步'的结果，而'音步的双音化'是上古音节简化的结果。"

这里有几个问题需要厘清。首先，双音节化不等同于音步化。音步化是节律化，两个相关的音节有二元化的节律凸显对比。双音节化是指汉语词的负载单位（word bearing unit）由原来一个音节为主，变成了两个音节为主。一个是节律单位，一个是词负载单位，两者概念不同，也没有必然的对应关系。其次，"双音步"的概念不清，如果一个音步是两个音节，那么，双音步是否应该是四音节？第三，造成汉语双音化的原因很多，其中之一就是增加冗余度以提高交际的准确度，这跟作为节律单位的音步没有必然的逻辑关系，因为节律凸显原则并不是为了解决交际准确度的。第四，音步并没有音节简化要求，音步和音节简化之间既无逻辑关系，也无语言学的根据。在许多语言中音步都起着重要的作用，如波兰语，然而波兰语却是目前世界上音节结构最复杂的语言之一。

6.2　关于早期汉语的音步和音节

冯胜利（2013：135－6）认为：

"早期的汉语一个音节可以成为一个音步，……后来的汉语一个音节不能成为一个音步，所以一定要两个字才能独立。……远古的音步和后来的音步，大不一样。下面再看一个文学证据。

《弹竹》　断竹，续竹。飞土，逐肉。

《易经》中有二言诗。……二言诗一定是"一行两拍"，结果一言就是一拍，亦即一个音节一个音步，如下图所示：

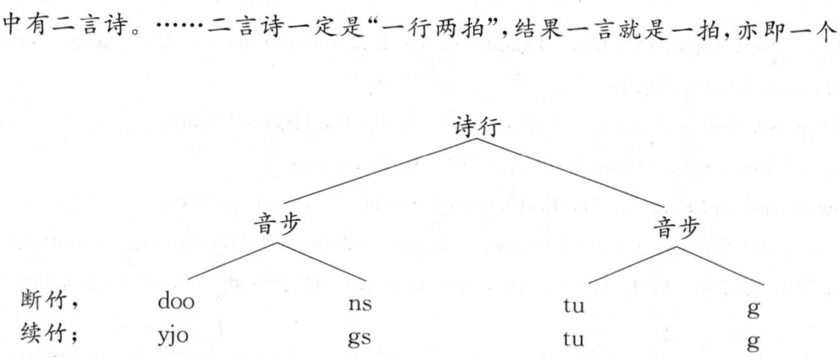

这就等于说两个韵素一个音步。这便是“双音化”(两个音节一个音步)不是自古而然的明证。”

上述说法涉及对韵律音系学和汉语历史音韵学基本概念的理解,所以有必要择要讨论一下。这里需要澄清的问题是:(1) 两个韵素不能独立构成一个音步。(2) 一般而言,一个音节也不能构成一个音步。(3) 上古汉语语音构拟各家分歧很大,以《弹竹》诗为例,(44)是各家所拟上古音之比较。

(44) 各家所拟《弹竹》诗上古音比较

	高本汉	李方桂	王力	白一平	郑张尚芳	潘悟云
断:	dwɑn	duanx	duan	ɦtonʔ	doonʔ	doonʔ
竹:	ti̯ʊk	trjəkw	tiuk	trjuk	tug	tug
续:	dzi̯ug	sdjugh	ziok	zljoks	ljogs	ljogs
飞:	pi̯wər	pjəd	piəi	pjəj	pɯl	pɯl
土:	t'o	thagx	tha	hlaʔ	lhaaʔ	kh-laaʔ
逐:	d'i̯ʊk	drjəkw	diuk	drjiwk	l'ɯwg	rliwg
肉:	ȵi̯ʊk	ŋrjəkw	ȵiuk	njuk	njug	njug

由(44)可知,主张上古汉语有“长-短”元音之分的学者是少数,以分歧如此之大的古音构拟体系为基础来断言汉语类型的演变,其结论是靠不住的。(4)即使采纳有争议的长短元音假设来分析上古汉语音节结构,仍有问题。一个长元音是两个韵素,但只是一个音位(phoneme)、一个音段(segment)。以 a 为例,其表达法或是 a:、或是 ā、或是 aa。长元音 a 虽可表达为 aa,但这只是表达,并不意味着它是两个音段,因此不能把它分拆为两个 a,分放在两个节点,构成一个音步。一个音段不能构成一个音步,更不能把一个音节的音节核一拆两半变成一个音步(如“土”[lhaaʔ]中的[aa])。由此可见,上面《弹竹》一诗中有关音步和音节结构的分析是基于概念的误解而得出的,因而其结论也就无从谈起。

7. 结　论

本文介绍、厘清了韵律音系学的一些基本概念,讨论了确定韵律单位的原则和方法,检验了该理论在汉语中的运用,区分了不同层次意义上的韵律概念,解答了什么是韵律单位,一个特定韵律单位是如何确定的。另外,本文也反省了以往汉语韵律研究中存在的误区及问题,特别是对“音步”和“韵律词”的研究进行了检讨,重新分析了汉语韵律句法现象,归纳了各种类型的“语法-语音”界面关系。最后通过古今汉语差异的讨论,进一步澄清了跟音节结构分析相关的概念。希望通过这项研究,能为建立真正的汉语韵律音系学奠定一块坚固的基石。

参考文献

Chen, M.(陈渊泉)and H-M. Zhang(张洪明). 1997. Lexical and postlexical tone sandhi in Chongming. *Studies in Chinese Phonology*. Berlin : Mouton de Gruyter. Pp. 13 - 52.

Cheng, C-C.(郑锦全). 1973. *A Synchronic Phonology of Mandarin Chinese*. The Hague: Mouton.

Chomsky, N. 1973. *The Logical Structure of Linguistic Theory*. New York: Plenum.

———. 1981. *Lectures on Government and Binding: The Pisa Lectures*. Berlin: Mouton de Gruyter.

Gravetter, F. and L. Wallnau. 2009. *Statistics for the Behavioral Sciences*. Belmont: Wadsworth Cengage Learning. P. 645.

Mair, V.(梅维恒)and T. -L. Mei(梅祖麟). 1991. The Sanskrit origins of recent style prosody. *Harvard Journal of Asiatic Studies* 51,2: 375 - 470.

Mishra, S. 1999. *Chandovallari: A Handbook of Sanskrit Prosody*. Pondicherry: Sri Aurobindo Society. Pp. 21 - 2.

Nespor, M. and I. Vogel. 1986. *Prosodic Phonology*. Dordrecht: Foris.

———. 2007. *Prosodic Phonology: With a New Foreword*. Berlin: Mouton de Gruyter.
Selkirk, E. O. 1984. *Phonology and Syntax: The Relation between Sound and Structure*. Cambridge, MA: The MIT Press.
———. 1995. The prosodic structure of function words. In J. Beckman, L. W. Dickey and S. Urbanczyk, eds., *Papers in Optimality Theory*. Amherst, MA: GLSA Publications. Pp. 439 - 70.
Truckenbrot, H. 1995. Phonological phrase: Their relation to syntax, focus and prominence. Ph. D. diss., MIT, Cambridge, MA.
Zhang, H-M. 1992. Topics in Chinese phrasal phonology. Ph. D. diss., University of California, San Diego.
———. 1997. The c-command approach to morphosyntax. *Chinese Languages and Linguistics* 3: 495 - 524.
曹剑芬,2001,汉语韵律切分的语音学和语言学线索。《新世纪的现代语音学——第五届全国现代语音学学术会议论文集》。北京:清华大学出版社。
曹　文,2010,《汉语焦点重音的韵律实现》。北京:北京语言大学出版社。
邓　丹,2010,《汉语韵律词研究》。北京:北京语言大学出版社。
董秀芳,2011,《词汇化:汉语双音词的衍生和发展(修订本)》。北京:商务印书馆。
端木三,2000,汉语的节奏。《当代语言学》第4期,203—9页。
冯胜利,1997,《汉语的韵律、词法与句法》。北京:北京大学出版社。
———,2001,韵律词与科学理论的构建。《世界汉语教学》第1期,53—64页。
———,2005,《汉语韵律语法研究》。北京:北京大学出版社。
———,2009,《汉语的韵律、词法与句法(修订本)》。北京:北京大学出版社。
———,2013,《汉语韵律句法学(增订本)》。北京:商务印书馆。
李爱军,2008,汉语的韵律研究——吴宗济先生的韵律思想及其深远影响。《语音研究报告》总第15期。中国社会科学院语言研究所。
吕叔湘,1963,现代汉语单双音节问题初探。《中国语文》第1期,10—22页。
萨丕尔(E. Sapir)著,陆卓元译,1964,《语言论:言语研究导论》。北京:商务印书馆。原著:1921. *Language: An Introduction to the Study of Speech*. New York, NY: Harcouit, Brace and Company.
王洪君,1999,《汉语非线性音系学》。北京:北京大学出版社。
———,2008,《汉语非线性音系学(增订版)》。北京:北京大学出版社。
吴为善,2006,《汉语韵律句法探索》。上海:学林出版社。
叶　军,2001,《汉语语句韵律的语法功能》。上海:华东师范大学出版社。
张洪明,2008a,形态句法研究的C-统制视角:来自汉语方言的论证。《方言》第4期,289—303页。
———,2008b,短语音系学理论与汉语方言连续变调研究。见沈阳、冯胜利主编,《当代语言学理论和汉语研究》。北京:商务印书馆。521—35页。
赵元任(Y. R. Chao)著,吕叔湘译,1979,《汉语口语语法》。北京:商务印书馆。原著:1970 [1968]. *A Grammar of Spoken Chinese*. Berkeley/Los Angeles, CA: University of California Press.
周　韧,2011,《现代汉语韵律与语法的互动关系研究》。北京:商务印书馆。
朱德熙,1982,《语法讲义》。北京:商务印书馆。

张洪明,天津市南开大学文学院 hzhang6@wisc.edu

(原载于《当代语言学》2014年第3期)

汉语否定的性质、特征与类别*

——兼论委婉式降格否定的作用与效果

张谊生

提　要　从性质与类别、载体与层面、方式与功用、作用与效果四个角度观察，汉语的否定现象存在多种不同的样式与单位、特征与效用。其中的委婉降格否定可以分为黏着式与自由式两种类型，两种降格否定在搭配的习语性、惯用化，表达的主观性、委婉度以及语体色彩、使用频率等方面都存在一定的差异。

关键词　否定　性质　特征　类别　降格　委婉

零、引　言

迄今为止，有关汉语否定现象、否定范畴的研究成果真可谓层出不穷，尤其是进入新时期以来，学者们依据不同的语言理论，从形式与作用、共时与历时等多个角度对汉语否定现象进行多方面的研究，取得了不同程度的创获。综观已有研究成果，我们觉得有相当一些与汉语否定现象有关的最为基本的问题仍然需要进一步探讨与辨析。

前人有关委婉否定的研究涉及较多的主要是三种方式：a. 直接使用委婉态否定副词“未尝、未必、未始、未免、难免”等；b. 前加委婉性评注性副词“恐怕、也许、似乎、大概”等，以降低否定词语的强度；c. 采用“不大、不太、不很、不十分”等委婉的程度否定形式。

本文准备首先从宏观的角度阐释我们对汉语否定现象的认识与观点——依次从四个不同角度，通过剖析特征、举例比较和分析说明，对各类否定现象做出力所能及的辨析与证明，以期对汉语否定现象的功能与效果提出一个互有关联的、富有条理的多层面系统。然后选择迄今还较少被关注的委婉式降格否定作为进一步研究的切入口，以这一个案分析为样本，通过对相关的类别、方式与作用的分析，进一步揭示汉语否定的某些特殊性质。

本文主体内容分为两个部分：首先从四个不同的角度界定并揭示汉语否定现象不同的性质与类别、载体与层面、方式与功用、作用与效果；然后对降格否定的方式与作用，惯用法与词汇化，主观性与委婉度、语体与频率等进行多方面的探讨。本文例句除了少数引自北京大学中国语言学研究中心语料库之外，主要来自于各种网站的报道，为节省篇幅，一律不标出处。

一、汉语否定的多维考察

1.1　否定的性质与类别

从否定的性质和类别看，首先须要区分语义否定与语用否定。例如：

---

* 本研究受教育部规划基金项目“介词演化的规律、机制及其句法后果研究”（项目编号：13YJA740079）、上海市哲学社会科学规划课题“当代汉语流行构式研究”（项目编号：2012BYY002）和上海高校一流学科（B类）建设计划规划项目的资助。本文初稿在“语言的描写与解释·否定范畴与否定句式·学术研讨会”（2012）上宣读。与会学者提出了宝贵的修改建议。对于各项资助与帮助，笔者表示由衷的谢意！

① 林先生盛情邀约，我不敢(≈岂敢)不答应啊，只是容我稍微再详细考虑一下。

② 尽管悠悠韶华如流水，晨钟暮鼓敲黄昏，可你若不来，我岂敢(≈不敢)老去啊。

看上去“不敢”和“岂敢”都是对陈述性谓语加以否定，其实性质完全不同。试比较：

③ 一朝被蛇咬，十年怕井绳，自从那次被骗之后，我一直处在内疚和自责当中。从此，寂寞的我就再也不敢(*岂敢)触碰爱情了。

④ 留在心底的爱才是最让人牵肠挂肚的爱，不敢*岂敢)说的话才是最想说的话。

可见“不敢”是语义否定，而“岂敢”只是语用否定，不能进入句法-语义层面①。再如：

⑤ 陈菊在五月登陆，为高雄世运向北京示好，将一场世运办得风风光光；讵料(≈不料)，三个月后，陈菊竟然邀访达赖，被大陆方面指为“包藏祸心”。

⑥ 民警拍打车窗及车前盖，命令车主马上停车。不料(≈讵料)，那辆宝马车速不减反增，司机反而脚踩油门，车子紧贴着民警强行冲关。

⑦ 24日晚深夜11时40分，学校60岁吴姓保安员察觉一名青年不住徘徊，形迹可疑，遂上前查问，讵料(≈不料)对方突然狂性大发将他殴打，伤人后竟逃遁无踪影。

⑧ 据警方介绍，42岁的男子何某，是自贡市某单位干部，他于12月7日上午到隆昌出差，当天下午并未返回，当晚入住隆昌某宾馆11楼房间，却不料(*讵料)坠亡。

“讵料”的“讵”是个副素，“讵料”多用于表示反问，可以在句子层面表示否定，“讵料”和“不料”都可以用作插入语，相当于“没想到”。但“不料”还可以用在静态的句法层面，而“讵料”一般不行。因为“不料”含有否定语素“不”，本来就是由句法层面扩展到语用篇章层面的，而“讵”的否定是通过反问积淀的，现在还只能用于语用情态的否定。

语义否定可以分为命题否定、概念否定、真值否定、逻辑否定等。命题与概念否定如：

⑨ 僵持了一会儿，武警叫来了省委保卫处的人，让我写个东西拿去汇报，我当然不同意，耗了四五个小时，竟然就让我进了省委书记的办公室。

⑩ 在表决的50个议题中，涉及用地性质、容量指标、道路及其他修改申请共88项，其中表决同意进入修改程序的申请67项，(*当然)不同意的21项。

都是“不同意”，例⑨是命题否定，例⑩是概念否定，所以，例⑩没有主观评注性。再如：

⑪ 老夫妇俩是痛痛快快的去了，但是儿女们可不痛快了！原因是这老夫妇俩走得太急，没把身后的事交代清楚，留下了一栋房子，但是没说把这房子给谁。

⑫ “哦。”薛文狄应了一声，干活去了，提着酒罐出来，说道，“头儿，您闲着也没事，干嘛在这喝闷酒，您也不缺那点银子，找个地儿喝喝花酒可不痛快！”

例⑪是真值的否定，例⑫的“可不”已由表反问的双重语用否定转化为表示肯定与强调。语用否定包括隐含否定和预设否定。比如下面两段对话中的答句，都属于隐含否定：

⑬ 问：“按照你的说法，大部分娱乐圈里的新人走红都要遵守所谓的‘潜规则’了，有没有例外啊？”答：“如果你是良家女子，不愿意遵守，那就别在这圈里混了呗。”

⑭ 问：“你有女朋友了吗？”答：“我倒一直想找个女朋友，可是我父母让我别急着找，让我这两年多花一些心思在学习上。”

预设否定可以分为语义预设否定与语用预设否定两个大类(张谊生1996)。试比较：

⑮ 天下竟会有这样的人！看他文文雅雅的，他的书都白念了。

⑯ 龚晓明：“明天下午你回去时替我带一件外套回家，可以吗？”何杰：“我没说明天下午要回去啊，你听谁说的？”

例⑮是语义预设否定，预设是“念书人都应懂道理”；例⑯是语用预设，预设是“听话人明天下午要回去”。语用否定还包括元语否定与羡余否定。例如：

---

① 赵元任著、吕叔湘译的《汉语口语语法》第八章认为“岂有此理”和“岂敢”的“岂”是否定副词，显然是混淆了语义否定和语用否定两种不同的否定功能。

⑰ 我们不能排除会有一些办案人员会把时间、精力相对集中到一些奖金高的案子上，而那些奖励少的案子，甚至没有奖励的普通案子就会出现没有人去接手的尴尬局面。

⑱ 打国家电网服务热线，说要我们自己排除有无别人偷接，这是一个很好的借口，我们不能排除没有发生过别人搭线偷电。

"不能排除会有"与"不能排除没有"所表达的语义基本一致，表明例⑱"没有"的否定功能是羡余性的。"避免再次发生"与"避免不再发生"的表达功能也没有差异。例如：

⑲ 泰国和柬埔寨在5日晚些时候举行和谈，柬方释放4名被俘泰国士兵，会谈后双方表示，已就避免再次发生武装冲突达成了一致。

⑳ 目前日本与中国刚刚恢复缓和亲善关系，在这个时候，安保部门应该按照安培首相阁下的意图，避免不再发生新的对华关系冲突。

"不再"与"再次"，从否定功效来看并没有实质性的区别，"不"也是羡余性的。再如：

㉑ 针对网友举报的渡轮上赌博诈骗现象，镇海轮渡公司工作人员表示，渡轮上已贴了小心被设局者骗的警示牌，但还是不能阻止有人上当，而至于其他有效的治理手段，他们暂时还没有。

㉒ 看看上面那个让人冷汗直冒的故事，看看这个社会某一部分的真实，我们需要很多个鲁迅，阻止不再有人用人血馒头做药引子，阻止不再有同胞被砍头还有人指点欢笑，阻止迎面而来的黑暗与风暴。

例㉒"不再"也是羡余性的，第三个"阻止"因为后接"NP"，就不能再加"不再"了。

1.2　否定的载体与层面

从否定的层面与成分来看，可以分为词内否定与词外否定。词内否定包括义素否定与语素否定。义素否定主要指否定性谓词，比如"排除、排斥、防止、阻止、避免、免除、抵赖、狡辩、拒绝、反对、回绝、丧失、失去"以及"难、乏、少"等①；而语素否定指那些包含了否定性语素"不、没、无、否、未、非、零"的单词。例如：

㉓ 不少网友直呼这是翻版的"彭宇案"。法院判决理由称"不能确定小客车与王老太身体有接触，也不能排除没有接触"。

㉔ 我们不能否认，艺术的东西有些可能要比生活的真实更完美一些，但当真实地接触白公馆、渣滓洞革命先烈斗争史实材料时，不能不承认没有夸大的真实很多时候要比加工过的艺术更具冲击力量。

例㉓和㉔中的"排除"是含有否定义素的动词，"否认"是含有否定语素的动词，两者都是词内否定；"不能确定"是词外的单重否定，语义当然也是否定的；"不能排除"是词外否定与词内否定的双重否定形式，而"不能不承认"则是双重的词外否定，所以两者的语义都是肯定的。

语素否定有词缀式与词根式之分，"非/零X"是词缀式的，"不/无X"是词根式的。例如：

㉕ 非婚生子女的抚养问题一直是未婚妈妈十分痛苦的事。一方面她们要承受世俗眼光给她们的道德压力，另一方面，她们还需要承担巨大的经济压力。

㉖ 针对家属质疑医院拒绝调解的态度，该院继续发布态度强硬的新闻通稿，重申医院对医疗暴力事件坚决零容忍，对暴力行为绝不容忍和姑息。

㉗ 大家都知道动物是人类的朋友，野生动物更是大自然的精华，国家也颁布了保护野生动物的法律，可有些不法分子还是大量捕杀野生动物。

㉘ 必须承认律师管理制度存在问题，律师队伍良莠不齐，有些律师恶意炒作，违背职业伦理道德，对此必须依法治理；一方面改革现行律师管理制度，另一方面要坚决惩治无良律师。

词外否定，除了单词否定外，还有短语层面与句子层面的否定。先比较词与短语的否定：

㉙ 向来我有一个爱好，我也知道不太光彩，每回干了我都狠狠骂自个：真是个畜生！

㉚ 真是太霸道的，咱们不要轻易放过去；不太霸道的，像曹狗子，咱们给他一条活路。

例㉙的"不"先否定副词"太"，偏正短语"不太"表示委婉的否定，然后再修饰"光彩"；例㉚的"太"先修饰"霸

---

① "责备、责怪、后悔、懊悔"等动词也可以认为是含有否定义素的动词，只是否定方式不同。

道”，“不”是用来否定偏正短语“太霸道”的。再如词与句的否定：

㉛ 当我看到事情正如预期那样发展，便开始越来越确信：这不一样。

㉜ 你们这样处理，这不一样会有激活码被炒作的风险吗？难道你们一点都没有想到？

例㉛是单词层面的，否定的是“一样”；例㉜是句子层面的，“不”与反问相配合。再如：

㉝ 钮先生说道：你没有看见，看见了一定会出于你的意料之外。

㉞ 你没有看见，他们的眼睛都是在欣赏你赞美你么，谁叫你如花似玉娇媚动人呢？

例㉝“没有”否定“看见”，是语义否定；例㉞“没有”已经由配合反问转化为强调肯定了。单词否定可以分为副词否定、动词否定、形容词否定、代词否定、连词否定等。试比较：

㉟ 故君使其臣，得志则慎虑而从之，否则孰虑而从之。（《礼记·表记》）

㊱ 记者算了一下，如果工薪族选择“满额加班”，最少能拿到 3 648 元加班费。不过，根据国家劳动法的规定，每月加班时间不得超过 36 小时，否则用人单位就涉嫌违法。

例㉟“否则”的“否”是个否定代词，后面要有停顿，替代谓词性短语“不得志”，“则”是承接连词；例㊱“否则”已经词汇化，已经转化为一个表示否定性假设的否定连词了。

1.3 否定的方式与功用

从否定的方式与功用来看，可以分为单一否定与双重否定、多重否定，客观否定与主观否定，间接否定与直接否定等多个方面。试比较：

㊲ 人生在世，谁也不能避免错误，不管是人的本性有恶的一面也好，还是人们面临着充满诱惑的环境也好，我这样说全无为自己开脱之意。

㊳ 事实上，我们谁能避免犯错误呢？伟大的人物未必比芸芸众生犯的错误更少，聪明的人更加未必比普通人更少犯错误。

“避免”是义素否定，反问是句子层面否定，所以两句都是双重否定表示肯定。再如：

㊴ 毛病是有一些，但战斗中有极大的偶然性，谁也不能避免不犯错误。潜力还真有，而且非常大，但听老大方才的话，我这时候还就不想说了。

㊵ 每个人的身边都有值得自己珍惜的人，但是有多少人能真真切切的去感受他的存在，只有等到失去后才知道后悔可是已经追悔莫及，但是谁能避免不犯这种错误呢？

从形式上看，例㊴和㊵都含有三重否定，但副词否定是直接的，客观性强；反问否定是间接的，主观性强。从否定效果看，“不犯”的“不”其实都是羡余的，所以，两句都是表肯定的。

总体而言，否定的客观与主观是相对的：语用与语义相比，语用否定主观性强；词内与词外相比，词内否定的主观性强；推测与判断相比，推测否定的主观性强。试比较：

㊶ “关于华卫公司配送中心的问题，我们拒绝接受采访，网上的文章是错误的。”办公室郑主任说。

㊷ “经请示领导，这是全市的统一部署，我们不能接受采访，你们得找市城管局。”这名女工作人员说。

㊸ 王志现在分管西区文化创意园的工作，而且他一向很低调的，我估计，他应该不会接受采访的。

㊹ 我觉得，就应该不接受采访，娜姐法网夺冠后，还不是拒绝了法网官方的跟拍，这是私人时间。

“拒绝接受”与“不能接受”相比，主观意愿性、能动性自然更强些；例㊸“应该不 X”是推测，属认知情态，例㊹“应该不 X”是评判，属道义情态，前句的主观性当然要强于后句。

1.4 否定的作用与效果

从否定的作用与效果看，可以分为完全否定与局部否定，陈述性的否定、修饰性否定与指称性的否定，以及降格否定与委婉否定等。先比较完全与局部的否定。例如：

㊺ 社区纪检委员王博文说，他对李海涛的具体情况不了解，而且对他也不信任，但也不能说完全一无所知吧，前段时间曾经听别人说起过他，目前尚待进一步调查与核实。

㊻ 不过中国装备制造企业到海外拓展，仍不时遇到困难，中国制造业组联席领导人董伟龙说，海外出售方对中国企业的不了解或不信任是最大障碍。

同样是“不了解”与“不信任”，例㊺是命题的否定，陈述性否定；例㊻是现象的否定，指称性否定。所以，前句是完全否定，后句是局部否定。而命题否定也有语义与语用之分。例如：

㊼ 我预测 2010 年将会发展得更加迅速，不过，我认为这不很好，有时候欲速反而不达。

㊽ 你们看，这不很好？你们不了解情况，就别管我了，我没有事的。

例㊼是命题内的语义否定，例㊽是命题外的反问否定，所以例㊼是否定的，例㊽是肯定的。

从否定的作用和效果看，又可以分为精确的否定与模糊的否定。例如：

㊾ 你看那些记者多老练啊，等的就是这个。见我不搭理，没过三天，网上独家爆料的组图就出来了，被拍到的那位女士真是我爱人。

㊿ 那破沙发里的德国弹簧，没过几天，一坐下去，就再也不肯恢复原状了。

(51) 等了不到一个小时，已经到 30 号了，坐在椅子上想着马上就能领证了，也不觉得时间很慢了。

(52) 等了不一会儿，出站口提示屏显示，儿子坐的那趟车到站了，大家都有点依依不舍。

从表面上看，例㊾、(51)的否定相对精确，例㊿、(52)的否定比较模糊。从否定的效果看，例㊾、(51)是真值否定，否定时段的量值；例㊿、(52)是羡余否定，表示评价态度，主观上认为“弹簧”、“不肯恢复原状”的情况发生得太快了，“出站口提示屏显示”也比预计的时间短。（张谊生 2006）

至于委婉否定与降格否定，委婉重在否定的效果，指功能上的不完全否定；而降格重在否定的构造，指结构上不自由的否定。由于降格否定大多同时带有一定的委婉情态，所以本文统称为委婉式降格否定。比如下面例中的“缺乏”重在委婉，而“鲜”同时又是黏着的：

(53) 及时不是一个简单的“快”字，当然有快的含义，但在许多情况下，如果没有把握好时机、如果没有必要的准备，而贪快求速度，可能适得其反。

(54) 因为缺乏必要的准备，有人对国外风俗习惯不够了解、尊重，有人带去了一些不好习惯，造成不良影响，需要引起注意。

(55) 没有人知道李海元从 5 层楼上跳下时，心里究竟在想什么，但可以肯定的是，这个 44 岁的男人对他身处的这个世界一定充满了失望。

(56) 在张艺谋耀人的光环下，鲜有人知道他的离奇身世和神秘家族史。其实张艺谋原名张诒谋，他是黄埔军官的后裔……让我们来看张艺谋的自传揭秘。

同样是“必要的准备”没有到位，“没有”比“缺乏”更明确；都是对情况不了解，“没有”比“鲜有”更彻底。这两组否定的差异，除了否定强度和方式之外，还在于主观情态的不同，“没有”的客观性强，更加直截了当，“缺乏”和“鲜有”主观性强，有点委婉且含蓄。

综上所述，可以将汉语否定范畴与否定现象的整个系统大致归纳如下：

- 否定
  - 性质与类别
    - 语义否定：命题否定与概念否定、真值否定与逻辑否定；
    - 语用否定：隐含否定与预设否定、元语否定与羡余否定；
  - 载体与层面
    - 词内否定：义素否定—动词、形容词，语素否定—词缀式、词根式；
    - 词外否定：句子层面、短语层面、单词层面—副词、动词、代词、连词；
  - 方式与功用
    - 否定项数：单一否定与双重否定、三重否定与多重否定；
    - 否定情态：语义否定与语用否定、客观否定与主观否定；
    - 否定方式：有标否定与无标否定、间接否定与直接否定；
  - 作用与效果
    - 否定作用：单纯否定与复合否定、完全否定与局部否定；
    - 否定功能：陈述否定与指称否定、限制否定与修饰否定；
    - 否定效果：精确否定与模糊否定、委婉否定与降格否定。

二、降格否定的委婉功效

2.1 降格否定的相应表达方式

从否定成分的功能是自由还是黏着来看，委婉式降格否定可以分为两大类，黏着的否定语素和自由的否定词语。所谓黏着的否定语素大多是由古代的单词演化为当今的语素，如“遑、罔、鲜、毋”等作为否定语素，现在还保留在一些书面色彩较强的“遑论、罔顾、鲜见、毋忘”等文言单词当中，表降格否定。例如：

㊼ 这几年两岸正是坚持“九二共识”，才使两岸关系破冰回暖。苏贞昌和一些民进党人连大陆现状也不了解，遑论制订切实可行的两岸政策了。

㊽ 漠视生命、罔顾法纪的林某因无证、醉酒驾车肇事，涉嫌危险驾驶罪，被依法刑事拘留。

㊾ 在一些已经曝光的事件里，正、副职官员之间相互揭发、谩骂、打斗乃至凶杀的情节并不鲜见。

㊿ 尊重自主选择，毋忘社会责任。一些社会学家和青年学者认为，应该给这些敢于突破的“裸辞”一族更多宽容。相信年轻一代的自我诊断、修复能力，相信他们的理性选择。

另一类委婉式降格否定，除了用副词“未尝、未必、未始、未免、难免”外，动词“缺、欠、缺少、丧失”和形容词“难、乏、少”等也可以表示各种不完全的降格否定。试比较：

(61) 临近年末，拿到了年终奖以及平时的积累，有一定积蓄的购房者会想着提前把房贷还掉，以减轻每月的房贷压力，但提前还款未必划算。

(62) 然而，充分竞争的同时，兴起仅十多年的行业却又一次充分暴露出行业创新能力贫乏、开放性下降、竞争手段单一甚至恶劣乃至裁判机制缺失等问题。

(63) 再次，要正视年轻干部虽然学历高、视野宽、干劲足，但缺少基层历练、经验匮乏的现状，用其所长，补其所短，真正为年轻干部铺出一条成长的“阳光大道”。

(64) 建立科学的干部“考德”体系，加强对干部权力的外部监督，坚决惩治那些少廉寡耻的害群之马，让各级党政领导干部真正成为践行社会主义核心价值观的“引领者”与实践者！

比较而言，委婉式降格否定当中，文言遗留的表达式要更多一些，除了“遑、罔、鲜、毋”之外，其他如“弗、匪、漫（慢）、寡、爽”等都是，只是用频略有差异而已。例如：

(65) 事实上，他们在片中也真心服老了，自叹腿脚弗如年轻的利亚姆面前，片尾还自嘲和老旧的飞机一样，能进博物馆了。

(66) 随着两岸经济、文化的不断交流，两岸学生也在不断交往，两岸民众受益匪浅。

(67) 不要奖金并不等于不要利益，漫说这只是一纸空头支票，即便名誉一项，同样可以换来丰厚的收益。这一点，从眼下莫言获奖而产生的后续效应即可明了。

(68) 约定的每晚平安电话，他爽约了；约好的重温蜜月之旅，此生再也不能成行；约定的关于即将大学毕业的女儿未来之路的探讨，他已无法兑现承诺了。

当然，这两种降格否定形式由于否定方式的差异，在否定的情态尤其是否定的委婉度方面还是存在着一些差异的。比如下面各句都讲“效果”，在委婉功效方面无疑各有特点：

(69) 又睡了很久，完全不困，恐怕退烧针未必有效。章东远关了灯过来，上床躺下就睡，杜雪看着他，心想，有一个老公好像还是有些用处的，至少生病了他还在身边，不用一个人一直扛下去。

(70) 美国应该进一步在外交上孤立朝鲜、收紧安理会的制裁决议，加强在该地区的军事演习，而不是试图接触朝鲜。尽管对朝“遏制政策”似乎鲜有效果，但在目前，“遏制政策”仍是唯一的选项。

(71) 在以往学院每天下午安排的文体活动时间里，各学员队只是组织大家跑跑步、打打球。时间久了，学员们普遍感觉单调乏味，锻炼流于形式，缺乏效果。

(72) 汪精卫 1944 年赴日本接受治疗，同年 11 月 10 日死在日本名古屋帝国大学医学院。当时有两种说法，一说是因子弹陷入体内，无法取出，铅毒逐渐扩散，终至药石罔效。

2.2　降格否定的固化表达倾向

正因为降格否定在很大程度上都是一些黏着性语素的否定，而且绝大多数都是历史上遗留下来的，所以通过一系列文言格式和习惯用语的演化，这类降格否定语素在现代汉语中基本上都保留在一系列成语当中，比如“寡廉鲜耻、置如罔闻、自愧/叹弗如、靡日不思、乏善可陈、毋庸置疑、毋庸讳言、匪夷所思”等。例如：

(73) 如果一个个官员都寡廉鲜耻，贪污无度，胡作非为，而国家还没有办法治理他们，那末，天下一定大乱，老百姓一定当李自成造反！

⑭ 从“禁飞区”到“大轰炸”，美国的关键作用毋庸置疑，扳倒了强人卡扎菲，美国却掉头就走开，完全不顾他们临时拼凑的反对派内部矛盾如何尖锐。

⑮ 广州的蔡彬更是神奇，一个处级干部，坐拥20多套房产，价值数千万，恐怕以精明自傲的温州炒房族，也不免自愧弗如。

⑯ 想当年全国盛行的“欧陆风”，多少建筑行业专家在各种场合都提出反对意见，可是多数媒体却置如罔闻，一再鼓吹，使它“泛滥”多年。

此外，在一些已基本定型的四字固化短语中，也经常出现这类黏着的否定语素，比如“鲜为人知、获益匪浅、考虑欠周、闲人免进、缺医少药”的“鲜、匪、欠、缺”等。例如：

⑰ 美国总统奥巴马本周二拒绝了此前共和党方面所提出的财政危机解决方案，称该方案在利益平衡方面仍然考虑欠周。

⑱ 日前，记者联系了西北大学陕西近代史研究者张恒、中条山抗战历史学者张君祥等人，探究了这个鲜为人知的传奇故事背后的真实历史。

⑲ 总统府作为国家最高行政权力机构所在地，往往壁垒森严，闲人免进。不过，巴西总统府却对公众免费开放，不需要任何证件，也不需要事先预约，任何人都可以参观。

⑳ 以往，平沙村的卫生室总是处于缺医少药的状态，群众就医很不方便，尤其是行动不便的老、弱、残、孕人群。

毫无疑问，这一类表达方式随着时间的推移、使用日趋定型，也都可能逐渐转化为成语。

不但黏着否定语素的习语化已占据了一定的优势，即使一些非黏着的降格否定成分也正在形成一系列惯用语，比如“少废话、缺心眼、欠考虑、很难说”等。例如：

㉑ 当我作否定表示时，他竟然说：“你少废话！不是说到省政府下车的吗？你说的市政府离这儿还有好几站路呢！”

㉒ 在《亲》剧中，陈佩斯出演的是个有点冒“傻气”的保安满意，这个角色看上去有点缺心眼，爱认死理，经常被别人戏弄、闹出笑话，但是他内心单纯透明，充满阳光。

㉓ 话说回来，这位小姑娘说话确实欠考虑，在人际沟通中，遣词用句还是需要一点点斟酌的。

㉔ 实际上，如同李安电影中少年所讲的两个故事一样，很难说，哪一个世界是真实的，哪一个世界是虚拟的。

由此可见，降格否定表达方式在结构上的一个重要特点就是逐渐地凝固化与习语化。

从另一角度看，降格否定即使没有固化为成语的，其搭配的自由度也是有限的。就以“罔X”为例，在搜集到的语料中“罔顾”占到90%以上，尽管还有如下的一些用法：

㉕ 违规别墅高调拆除后复建的大气候是秦岭的“别墅之殇”，在其南麓和北麓，别墅开发项目罔视国家和地方有关禁令纷纷上马。

㉖ 国家明令禁止，不允许未成年人到网吧上网。可是网吧不仅视若罔闻，还针对学生实行包夜优惠，会员优惠等方法鼓励学生上网，鼓励学生包夜。这种情况近几年尤为严重。

㉗ 长安汽车党委书记、副总裁朱华荣日前表示，自主品牌车企之间已经到了非联合不可的地步，否则平台开发费用、供应商的投入都很分散，更罔论什么规模经济。

㉘ 文祥又引用李棠阶而结欢恭亲王奕？故同治初年之政罔有缺失。慈安崩后数年始更变大臣，又二年始兴园工。

再以“遑X”为例，“遑论”最为常用，已占到80%以上，除此之外，还搜集到“遑言、遑谈、遑提、遑称”等，“遑”后“X”都是一些含有[+言说]语义特征的动素或动词。例如：

㉙ 而真正从文学上给郭沫若带来声誉的《女神》等作品，根本就没有读过的迹象，鲁、郭两人尚且如此，更遑言别的作家了。

㉚ 此事发生的时候我并不知道，一直到徐恩曾来南京见我的时候才知道弄到我的头上来，其实我当时连李拓天都不认识，更遑谈授意了。

⑨① 帝王之子尚且重视"有功提拔",更遑提普通百姓家庭出身者了,这也是历代百姓对干部提拔的重要标准之一,也是唯一被广泛认可的公平提拔方式。

⑨② 相形之下,我国知识分子对"全球化"的跨国资本主义本质仍缺乏足够的认识,更遑称警惕。

就表达功能而言,这些"遑X"除了具有相似的语义特征外,在表达功能上也基本一致,一般也都必须用在递进复句的后分句,前面大多还有关联副词"更"。

2.3 降格否定的委婉情态效果

那么,降格否定与一般的否定在表达效果方面的差异究竟体现在哪里呢?我们认为主要是结构上的习语化、表达上的委婉态。请比较:

⑨③ 也就是说,现在的商业开发没有平等协商,拆迁补偿多数都是开发商说了算,这样没有合理公平补偿的拆迁,自然就有愧于老百姓。

⑨④ 如果动迁的基层干部以权压法、以权压人,缺少平等协商,即使其动迁的成绩再显著,也是没资格受到表彰奖励的。

⑨⑤ 虽然南希在邻居眼中是一个友爱的人,但为南希上门装饰圣诞树的园林公司老板丹·福尔摩斯透露了一个不为人知的细节,南希似乎也是一个枪支爱好者。

⑨⑥ 在追悼会现场,英雄的妻子赵彦青眼含热泪,哽咽着讲述了许多鲜为人知的细节。

同样是"平等协商","没有"重在"质",客观性强、语气确定,而"缺乏"重在"量",主观性强,语气舒缓。同样是不知道的"细节","鲜为人知"不但是个成语,而且要比"不为人知"在表达上更留有余地,在情态上更委婉一些。再比如,"不如"与"弗如"都已词汇化,除了搭配自由度、语体性色彩有较大区别外,表达效果与主观情态也略有不同:

⑨⑦ "百菜不如白菜",中医认为白菜微寒味甘,有养胃生津,除烦解渴、清热解毒的功效,还有丰富的维生素E、C,多吃可以起到很好的护肤和养颜的功效。

⑨⑧ 同时,与民共苦,不仅是要吃得百姓苦,还需吃得百姓吃不了的苦,"同乐"弗如"共苦",相信这样的干部更能得民意、暖民心。

进一步分析,下面四句的"问题"都是解决起来有困难,但情态的委婉度是逐渐增强的:

⑨⑨ 现在有很多人喜欢把现实社会中不能解决的问题、碰到的一些困难反映到了网上,所以,我们的政府应该善于从网上的留言、帖子了面了解民生、察看民情。

⑩⓪ 因此,一旦遇到不好解决的问题,马上打退堂鼓,缩在别人的后面不敢出头,把烫手的山芋塞到别人手里,赶紧把自己从求人的怯羞中解脱出来。

⑩① 每当我们遇到难以解决的问题去找到罗阳时,他总是仔细地了解我们的意见,然后调查研究,并很快地提出解决问题的方案,使难题一个又一个地得到解决。

⑩② 关于收入的税费改革问题,也是较难解决的问题,特别是个人所得税几次调高后,部分地区已经出现了地方税收大量减少的情况。

甚至同样是关联化用法,"遑论、漫说"在功能上也没有"不论、别说"那样直接、显豁:

⑩③ 事实上,执行秘密任务的美国空天飞机已完成多次太空飞行,而中国的"神龙"尚处于研发的初步阶段,更遑论有什么军事用途。

⑩④ 无论外面的世界多么现代化,更不论有多少钞票在诱惑,从亚马逊热带雨林和潘帕斯草原走出来淘金的人们,大都像被系了一根勾魂索一样,无时无刻不想着回到那边故土。

⑩⑤ 最要命的是,她不买上边的账,漫说贿赂几串铜钱一匹绢,就是浅浅的笑脸,也不肯给一个。

⑩⑥ 我们也了解他们口中嫌疑人的家庭状况,老家在农村,名下就一间房子,也是很穷。别说现在找不到他,就是抓到了,能起诉他,他家也无法拿出这么多钱来赔。

当然,降格否定的委婉性是就总体情况而言的,有些情况下,其差异并不明显。请比较:

⑩⑦ 旁人提醒他,他却猛地回应道:"别废话!"刘国梁起身不仅抢了他的手机,还扇了他一记耳光。

⑩⑧ 杨翻译官冷笑着,"少废话,现在你干脆回答:你要孩子还是要工厂?嗯?!"

⑩ 做工赚钱、经商谋利，付出劳动，得到报酬，这个逻辑浅显易懂，无须多言，按照我们当今所倡导的价值观念，工作只有分工不同没有贵贱之分。

⑩ 从力量、速度、灵敏等身体素质角度来说，耐力是基本素质；从健康方面来说，心肺机能的重要性，毋庸多言，这些正是可以通过长跑锻炼来提高的。

在这类的特定语境中，“少”与“别”、“毋庸”与“无须”的表达效果并没有明显的区别。

三、结论与余论

综上所述，归纳如下：一，汉语的否定现象与否定范畴存在多种不同的个性特征，处在多个不同的语言层面，涉及多个不同的相关因素，具有多种不同的表达功效，值得深入探讨；二，委婉式降格否定分为黏着与自由两种，前者是词内否定，后者是词语否定，在搭配的习语性、词汇化，表达的明确性、委婉度以及语体特征、使用频率上都存在一定的差异。

否定现象在任何语言中都有，就汉语而言，迄今为止在下列 12 个方面都还存在认识模糊、界限难定的问题：(1) 否定范畴与否定范围；(2) 否定辖域与否定对象；(3) 否定命题与否定句子；(4) 否定性质与否定特征；(5) 否定单位与否定载体；(6) 否定效果与否定实质；(7) 否定预设与否定预期；(8) 否定成分与否定指向；(9) 否定重点与否定焦点；(10) 否定形式与否定方式；(11) 否定条件与否定前提；(12) 否定倾向与否定影响。这一系列与否定有关的概念，其性质与特征、内涵与外延、规律与功用探讨尚不深入。就此而言，本文第二节所归纳的否定图示也只是一家之言，而有关委婉式降格否定的性质与范围目前也还没有明确的界定。这些问题也都有待进一步展开研究。

参考文献

[1] 戴耀晶. 试论现代汉语的否定范畴[J]. 语言教学与研究，2000，(3).

[2] 戴耀晶. 汉语否定句的语义确定性[J]. 世界汉语教学，2004a，(1).

[3] 戴耀晶. 试说“冗余否定”[J]. 修辞学习，2004b，(2).

[4] 惠秀梅. 否定意义的主观性[J]. 外语学刊，2010，(6).

[5] 蒋 华. “没有 NP”与“缺乏 NP”[J]. 汉语学报，2011，(4).

[6] 江蓝生. 概念叠加与构式整合——肯定否定不对称的解释[J]. 中国语文，2008，(6).

[7] 吕叔湘. 关于否定的否定[J]. 中国语文，1986，(1).

[8] 刘华丽. 浅析副词“不大”[J]. 汉字文化，2012，(2).

[9] 马清华. 现代汉语的委婉否定格式[J]. 中国语文，1986，(6).

[10] 彭 琼. 否定辖域的内在生成机制探讨[J]. 汉语学习，2014，(4).

[11] 沈家煊. “语用否定”考察[J]. 中国语文，1993，(5).

[12] 袁毓林. 论否定句的焦点、预设和辖域歧义[J]. 中国语文，2000，(2).

[13] 袁毓林. 动词内隐性否定的语义层次与溢出条件[J]. 中国语文，2012，(2).

[14] 张伯江. 否定的强化[J]. 汉语学习，1996，(1).

[15] 张谊生. 现代汉语预设否定副词的表义特征[J]. 世界汉语教学，1996. (2).

[16] 张谊生. 羡余否定的类别、成因与功用[A]. 语言学论丛(第三十一辑)[C]. 北京：商务印书馆，2005.

[17] 张谊生. 试论主观量标记“没、不、好”[J]. 中国语文，2006，(2).

[18] 张谊生. 从介词悬空到方式否定——兼论“无以”与“难以”的共现与中和[R]. 第二届汉语副词研究学术讨论会论文，2013 - 10.

[19] 周小兵. “不太 A”析[J]. 世界汉语教学，1992，(2).

张谊生，上海师范大学

（原载于《汉语学习》2015 年第 1 期）

语言限制逻辑再限制科学：为什么中国产生不了科学？*

朱晓农

不用为用，众用所基。

——徐光启

提 要 李约瑟问题"为什么近代科学没有在中国产生"应该是个弱问题，甚至假问题。强问题应该问：为什么中国产生不了科学；真问题应该去探索：为什么欧洲产生科学。爱因斯坦认为科学产生的必要条件之一是演绎逻辑。进一步提出主谓结构的语言是产生演绎逻辑的必要条件，因为逻辑命题也是主谓结构。汉语有不同于印欧语的语法原理：句子结构以话题—说明为主，主谓结构只是其中一个特例；各层语法单位"词—短语—句子"同构；句子成分的主要功能是起对比作用。这些语法原理规定了中国式推理方式(秦人逻辑)以同构推演和对比推演为主。以往讨论李约瑟问题的大多以政治经济文化地理哲学观念等外因为主，但也许只有在内因确定之后，讨论外因才有意义。由此，提出一个科学产生三期(语言期、逻辑即形式科学期、经验科学期)六阶理论：1A)主谓不占优势的前逻辑阶段，1B)主谓为主语言的逻辑筑基阶段；2A)形式即演绎逻辑阶段，2B)发展出其他形式化系统(各种几何、各种逻辑、数学、电脑语言)的阶段；3A)发展出实证检验的经验科学的个体形态前阶段，并将之系统化范式化的后阶段，3B)经验科学社会化阶段。前五个阶段是由内因决定的思维—工作方式，最后一个阶段才由外因起抑制或促进作用。总之，科学产生的必要条件之一是演绎逻辑，而逻辑最初产生的必要条件是以主谓结构作为主导句式的语言。主谓结构虽然普遍存在，但把它在推理过程中作为唯一合法的句式，这有一定的随机性；也就是说，逻辑的出现在发生学上多少具有偶然性。不过，意识到这一点的重要性并行动起来，把自然语言中非主流的主谓结构提升为推理说理过程中唯一合法的句式，从而促进科学发展，这有一定的必然性。这方面过去一百年来我们在世界上做得名列前茅。如果有意识地在教育中加以重视，必将在新世纪中取得更辉煌的成就。

关键词 语言必要论；主谓结构；演绎逻辑；逻辑起因；科学起源；李约瑟难题

一 背景介绍

(一) 问题的由来：李约瑟弱问题

本文讨论的"李约瑟问题"，一百年前就有人关注了(如任鸿隽[①]，蒋方震[②]，王琎[③]，冯友兰[④]，梁启超[⑤])。英国科学家李约瑟从上世纪四十年代起开始系统研究中国古代的技术发明。由于他材料收集得深入广泛，所以此问

* 本文系香港研资局基金项目(GRF 16402114)的阶段性成果。

① 任鸿隽：《说中国无科学之原因》，《科学》杂志1915年第1卷第1期。

② 蒋方震：《序言》，梁启超：《清代学术概论》，上海：商务印书馆，1921年。

③ 王琎：《中国之科学思想》，《科学》杂志1922年第7卷。

④ 冯友兰：《为什么中国没有科学——对中国哲学的历史及其后果的一种解释》，《国际伦理学杂志》1923年32卷3号。转引自百度文库"中国近代科学落后的原因"，http: //wenku. baidu. com/。

⑤ 梁启超：《中国近三百年来学术史》，上海：商务印书馆，1924年。

题一经他提出，立刻凸显出来。在1944年的一次演讲中他推崇“古代之中国哲学颇合科学之理解，而后世继续发扬之技术上发明与创获亦予举世文化以深切有力之影响”，但“问题之症结乃为现代实验科学与科学之理论体系，何以发生于西方而不于中国也。”后来他将之凝练成如下“李约瑟问题”Needham Question(NQ)[①]：

科学发生弱问题——为什么在公元前一世纪到公元十五世纪期间，在应用人类的自然知识于人类的实际需要方面，中国文明远比西方更有成效得多……[但]近代科学却在欧洲，而没有在中国文明（或印度文明）中产生？

所谓“弱问题”，是指有地域性和时间性的历史学问题，与之相对的“强问题”是指无时间地域因素牵制的普遍性问题，详后。西方学者其实很早就注意到此问题，如伏尔泰(F. Voltaire)、狄德罗(D. Diderot)、休谟(David Hume)。国外对此问题主要是学术兴趣，但在国内却是关乎国家前途、民族兴旺的大事。一个世纪来，参与讨论者除了文理各科学者，还有社会活动家、政治家、新闻工作者、工商人士，以至一般公众、青年学子等。提出的解答多种多样，可归结为外因论、内因论、外因为主论，下面择要回顾一下。

（二）文献回顾

先看外因论【方括号中是笔者按语】，这种观点认为社会政治经济地理等外在因素压制了科学产生。

1. 政制与社会结构因素，包括1a) 专制皇权【其实不然，欧洲中世纪宗教专制比中国尤甚】。1b) 宗法社会(陈立[②])【这跟农业经济相关(竺可桢[③])】。1c) 科举制度(梁启超[④]，戴念祖[⑤])【西方很多早期科学家还是神学家或修道士】。

2. 经济因素，包括2a) 小农经济缺乏刺激力(陈亚兰[⑥])。【按照维特福格尔，“半封建主义的欧洲，在经营规模并不大于中华帝国，甚至往往小于中华工业生产的基础上，完成了许多的科学发明和贡献”(转引自竺可桢[⑦])。工业化不是产生科学的动力，而是科技的产物，欧洲在科学—工业革命前也是农业和畜牧业社会。】2b) 重农抑商(林文照[⑧])。【其实商人改变的是思维内容，不是推理方式。可能有一种经商方式还真有关，那就是与科学革命、新教改革同时而稍早的复式簿记制度(此三者都与理性主义的兴起相关)。不过前提是做真账不做假账，否则簿记制度本身的作用都有限，更遑论影响科学了。】2c) 人口太多而资源太少(Elvin[⑨])。【其实十六七世纪英国人口也增长很快。人口理由可能更适用于工业革命而不是科学革命，不过并非支持性证据。再者，宋代人口一亿，清末三四亿，现在十四五亿，所谓人口问题，弹性很大。】

3. 多重因素，包括3a) 地理与经济因素(文贯中[⑩])。3b) 地理与政治制度(川上叶[⑪])。3c) 地理、气候、经济、社会(李约瑟[⑫])。3d) 地理、社会、经济、文化(钱宝琮[⑬])。3e) 财经、行政、人口、文化意识(Sivin[⑭])。【以上多重因素，分开来都不成其为理由，合力的作用有待进一步证明。】

4. 宗教因素。Merton认为新教伦理精神的潜功能促进了科学的兴起。[⑮] 而儒教、道教一般认为对科学有斥

---

① 李约瑟：《东西方的科学与社会》，1964年。中译文见《自然杂志》1990年第12期。

② 陈立：《我国科学不发达之心理分析》，转引自竺可桢：《为什么中国古代没有产生自然科学?》，《科学》1946年第28卷第3期。

③ 竺可桢：《为什么中国古代没有产生自然科学?》，《科学》1946年第28卷第3期。

④ 梁启超：《中国近三百年来学术史》，上海：商务印书馆，1924年。

⑤ 戴念祖：《中国近代科学技术落后的三大原因》，载《自然辩证法通讯》编：《科学传统与文化——中国近代科学落后的原因》，西安：陕西科学技术出版社，1983年，第106—128页。

⑥ 陈亚兰：《试论清前期封建社会需要与科学技术发展的关系》，载《自然辩证法通讯》编：《科学传统与文化——中国近代科学落后的原因》，西安：陕西科学技术出版社，1983年。

⑦ 竺可桢：《为什么中国古代没有产生自然科学?》，《科学》1946年第28卷第3期。

⑧ 林文照：《近代科学为什么没有在中国产生》，载《自然辩证法通讯》编：《科学传统与文化——中国近代科学落后的原因》，西安：陕西科学技术出版社，1983年。

⑨ Elvin, M., *Pattern of the Chinese Past*, Stanford: Stanford University Press, 1971.

⑩ 文贯中：《李约瑟之谜的解释：中国自陷于农本社会怪圈的经济地理学析解》，见 http://www.tecn.cn，2012年。

⑪ 川上叶：《近代科学为什么没有在中国产生》，见 http://bbs.tianya.cn/post-free-176584-1.shtml，2004年。

⑫ 李约瑟：《中国之科学与文化》，“中国科学社成立三十周年纪念会”演讲，1944-10-24，贵州湄潭。转引自竺可桢：《为什么中国古代没有产生自然科学?》，《科学》1946年第28卷第3期和百度文库“中国近代科学落后的原因”。

⑬ 钱宝琮：《吾国自然科学不发达的原因》，浙江大学夏令讲习会演说，1945年。

⑭ Sivin, Nathan, Science in China's Past. In Leo A. Orleans (ed.), *Science in Contemporary China*, Stanford: Stanford University Press, 1980, p. 3.

⑮ Merton, Robert. 1938. *Science, Technology and Society in Seventeenth Century England*. Reissued: Howard Fertig, 2001.

力。【不过李约瑟却认为“朱熹使用一种无异于现代科学的观念来思考”[①]。】

5. 文化观念问题，包括：5a）入世文化观（钱宝琮[②]）。【其实，哪个社会都一样，绝大多数人都是实际实用的，而重理论的人都是一小撮。问题是有没有那么一些人弄出些纯粹科学的萌芽来。】5b）士大夫优越观——认为技术不重要，不过是“奇技淫巧”。【这主要是技术而不是科学问题。】5c）天人合一自然观、阴阳五行说等。【但李约瑟说：“古代之中国哲学颇合科学之理解。”[③]他认为阴阳五行学说对科学思想的发展有益无害。】5d）价值观和哲学（冯友兰[④]）。【宋以后大体如此，但先秦体现各种价值观的哲学可与古希腊相比，但仍不见像欧几里得、阿基米德那样的科学个体形态。】

再来看思维模式等内因论。

6. 思维模式，包括 6a）八卦模式——杨振宁认为“《易经》影响了中华文化中的思维方式，而这个影响是近代科学没有在中国萌芽的重要原因之一”。[⑤]【这可能说反了，应该是在中国人思维方式氛围中产生了跨年代、多作者的《易经》，而不是《易经》由匿名圣人写好了来影响中国人的思维方式。】6b）整体或笼统思维——季羡林说：“东方综合思维模式的特点是，整体概念，普遍联系；而西方分析思维模式正相反。”[⑥]【何祚庥反驳道：“某些‘《易经》思维’的鼓吹者喜欢批评西方科学缺少了整体思维……［这］是厚诬了当代的西方科学！……当代的西方科学已经建立起尺度大到 4×10^{-20} 厘米之大的科学的宇宙论，还能说‘西方’科学缺少了整体思维?!”“美其名曰整体思维，其实是笼统思维。没有进行具体分析，就要去‘辩证’地综合”[⑦]。】6c）直观方法——陈立罗列了六条并非并列的原因，前五条为：拟人思想的泛生论，没有工具思想的直观方法，没有逻辑，没有分工，客观与主观的混淆。[⑧]【第一条与本体论有关，其余几条大致上与思维模式和方法论有关。】6d）无归纳法（任鸿隽[⑨]；王琎[⑩]）。【但杨振宁说：“中华文化有归纳法，可没有演绎法。”[⑪]其实，归纳是哪个民族都会的。】6e）认识论——所追求的知识只是“其所当然”的现象，而不问因果原理的“其所以然”。早在清中期，阮元《续畴人传序》就对当时磅礴的天文学理论一变再变大惑不解：“地谷至今才百余年，而其法屡变。”他不明白理论嬗变的科学意义，反认为“天道渊微，非人力所能窥测，故但言其所当然，而不复强求其所以然。此古人立言之慎也”。【阮元此论可谓传统学问中的认识论标准。】

7. 民族性——“科学之大障”可归结到“民族富于调和性”和“民族尚谈玄”（蒋方震[⑫]）或“理智的不诚实”（陈立[⑬]）。【上纲上线至此，就无法也无需评论了。】

8. 外因为主，包括 8a）思维模式和经济因素——何祚庥认为“一切从客观实际出发，这是现代科学的基本思维模式”但又视外界需求为根本原因。[⑭] 8b）认识论和社会结构——金观涛等提出了一个“科学技术发展中的内在认识论规律以及它们与社会结构的相互作用”的观点。[⑮] 他们认为“近代科学技术不是属于哪一个民族，哪一

---

① 李约瑟：《中国科学技术史》（卷二），上海：上海古籍出版社，1990 年，第 489 页。

② 钱宝琮：《吾国自然科学不发达的原因》，浙江大学夏令讲习会演说，1945 年。

③ 李约瑟：《中国之科学与文化》，“中国科学社成立三十周年纪念会”演讲，1944－10－24，贵州湄潭。转引自竺可桢：《为什么中国古代没有产生自然科学?》，《科学》1946 年第 28 卷第 3 期和百度文库“中国近代科学落后的原因”。

④ 冯友兰：《为什么中国没有科学——对中国哲学的历史及其后果的一种解释》，《国际伦理学杂志》1923 年 32 卷 3 号。转引自百度文库“中国近代科学落后的原因”，见 http://wenku.baidu.com/。

⑤ 杨振宁：《〈易经〉对中华文化的影响》，“中国传统文化对中国科技发展的影响论坛”演讲，北京，2004－10－23。

⑥ 季羡林：《谈国学》，北京：华艺出版社，2008 年。

⑦ 何祚庥：《对易经文化的反思》，在“全国第二届智慧学学术研讨会”上的讲话，张家港，2006－06－08。

⑧ 陈立：《我国科学不发达之心理分析》，转引自竺可桢：《为什么中国古代没有产生自然科学?》，《科学》1945 年第 28 卷第 3 期。

⑨ 任鸿隽：《说中国无科学之原因》，《科学》杂志 1915 年第 1 卷第 1 期。

⑩ 王琎：《中国之科学思想》，《科学》杂志 1922 年第 7 卷。

⑪ 杨振宁：《〈易经〉对中华文化的影响》，“中国传统文化对中国科技发展的影响论坛”演讲，北京，2004－10－23。

⑫ 蒋方震：《序言》，梁启超：《清代学术概论》，上海：商务印书馆，1921 年。

⑬ 陈立：《我国科学不发达之心理分析》，转引自竺可桢：《为什么中国古代没有产生自然科学?》，《科学》1945 年第 28 卷第 3 期。

⑭ 何祚庥：《对易经文化的反思》，在“全国第二届智慧学学术研讨会”上的讲话，张家港，2006－06－08。

⑮ 金观涛、樊洪业、刘青峰：《文化背景与科学技术结构的演变》，载《自然辩证法通讯》编：《科学传统与文化——中国近代科学落后的原因》，西安：陕西科学技术出版社，1983 年。

种文明的。它是全人类文化精华的产儿。但是，适合科学结构成长的条件却是随着文化不同而不同的”。16 世纪的西欧各项外部条件都好，使得“当时全人类所创造的科学精华在那里会聚”，从而产生了科学。

（三）外因论的不足

外因论站不住脚，这有一般方法论原因，也有具体原因。

一般性理由：任何事物的发生都有内因和外因，内因是因果(cause-effect)关系的因，外因是指时机、环境、媒介等促发或抑制因素，是“缘”(opportunaty)。内因未确定之前，侈谈外因太早。反过来，即使没有外因，内因仍可促发科学萌芽，有几件书斋里类似欧氏几何、阿基米德尤里卡的创新。如果古书里能找到些自发的、内在的萌芽，就说明有内因存在。例如和声，明嘉靖朱载堉发明复音，说明产生交响乐的内因是存在的，还早于巴赫。如果恰有配套乐器及宫廷欢迎等器械和社会外因，交响乐就有可能在中国自发诞生。但在明代三本技术发明集大成著作(《天工开物》《本草纲目》《农政全书》)，甚至《墨经》中，找不到类似古希腊的科学早期形态。一个典型例子是曹冲称象，惜未能像阿基米德那样上升为浮力定律。个例解决办法只是一种技术手段，只有上升为普遍定律，才符合科学的三个条件：一元论、逻辑构造型理论、可检验性。有了内因的科学火种，那么这时候，各种外因就可以分析它们的作用了：或火上加油、或釜底抽薪、或隔岸观火。Sivin 说，你不能说《易经》抑制了本来不存在的东西，这话也适用于其他外因。①

外因论还有一大弱点：无法检验，这是因为李约瑟问题是个有时空限制的历史学问题。我们需要把历史学的弱问题转化为一般性的、无时空限制的强问题，才能够加以检验，见 2.1 节。

几乎所有外因理据，都有反驳意见。在排除澄清之前，那些外因显得既不充分，也不必要。下面再就主要点说几句。(1) 专制和科举——相比欧洲中世纪宗教专制和神学教育导向，专制社会、八股取士的教育导向等观点显得无力。(2) 经济——无社会需要，无经济刺激，人口多劳动力价格低廉和农业/宗法社会小生产规模对科技无需求——这些恐怕不但不成其为理由，反而应该刺激科技发展。农业社会生产力低下，人口压力大——要吃饭！这是天大的社会需求(民以食为天)，但它所刺激出来的解决办法不一定是科技，也可以是溺婴或战争。其实这里引发的问题主要是技术的发展，而不是科学的产生。(3) 重农抑商。(4) 地理和气候——中国为大陆国，周边交往少。问题是：为什么经商比种地，多交往比少交往(其实中国历来邻国不少，而西方很多科学家还是不交往的教士)，海洋性气候比大陆气候(其实中国海岸线不短，哥白尼住地也不是海洋气候)更容易产生科学？凡此种种，好像不是在科学地寻找因果，而是在对比中国和欧洲互相有无。

解决李约瑟难题，应该去找内因。陈立、杨振宁等几位学者提到了无演绎法，确是问题的症结所在。其他内因，不管是本体论、认识论、还是方法论上的原因(如混沌整个儿思维/八卦象征思维/直观思维/主客不分，甚至自然观、价值观等)，大多可以从无演绎法导出：有了演绎法，就能一条一条析分清理，不再混沌八卦直观了(如果再加以实证，主观臆想也能解决)。下面就以此为契机切入论题。

（四）本文立论

我们把科学定义为按照演绎逻辑进行思维的社团行为方式。思维方式是内因；而作为社会活动，则受制于外因。本文观点可称为“语言必要论”，由以下三个假设组成：

H1) 主谓(S-P)结构语言是产生演绎逻辑的必要条件；

H2) 演绎逻辑是产生科学的必要条件；因此——

H3) S-P 结构语言是科学得以成立的必要前提。

H1 可以追溯到麦克斯·缪勒关于语法是逻辑的基础的观点：“逻辑是从文法中抽出来的，并不是文法是从逻辑中抽出来的。”19 世纪研究的是服从逻辑的唯理语法，所以缪勒有此论断。本文进一步具体化为 H1。H2 则上承爱因斯坦的看法：科学建立在演绎逻辑和实验检验两项成就上，详见 2.3 节。

语言必要论跟下面两个理论很接近：(1) 语言决定论 Linguistic Determinism (LD)。维特根斯坦

---

① Sivin, Nathan. 1982/2005. Why the scientific revolution did not take place in China — or didn't it? *Chinese Science*, 5: 45-66(revised 2005. 8. 24).

(Wittgenstein)说:"The limits of my word are the limits of my world."[①][语言的极限即认识世界的极限。](2) 语言相对论 Lingusitic Relativity(LR),即 Sapir-Whorf 假说。[②] 语言相对论可以看作包含于语言决定论。与我的区别点则在于:1) LD 和 LR 把语言和科学的关系看成是直接的,而我认为是间接的,中间还隔着逻辑一层。2) LD 和 LR 可能把语言(或其范畴化功能)看成充分条件以决定看待世界的方式(科学);而我们认为是必要条件关系。3) LD 和 LR 注重比较直观、经验性较强的词语和概念范畴的形成在认识世界时的重要性;我们注重更为抽象、复杂的句法和语用在形成不同推理方式时的作用。

中国没有产生演绎逻辑的原因,从反面讲,在于汉语不把 S-P 作为唯一合法的语法结构,因而缺乏以同一律为基础的演绎逻辑来建立科学理论。从正面讲,我们使用的说理推理方式是建立在同构律和对比律上的。

二 语言必要论:科学/逻辑产生的基础

(一) 科学发生的弱问题和强问题:QS1

先厘清几个概念。第一是科学和技术的差别。尽管"科技"常常连用,但两者性质不同:科学是对自然万物运行原理的探讨,技术则是科学原理的应用或长期摸索的经验总结。技术为用,而科学求真。求真的探索,尤其是基础研究,大多一开始看不到实用处,有的甚至对当时的主流意识形态、社会制度起反作用,如日心说、进化论。因此,技术进步总是受欢迎的,而科学突破却不一定即时受到欢迎。不过问题在于,科学为技术之本,持续的技术进步有赖于科学的发展。本文讨论的是科学,而不是技术。

第二,发生和成长的不同。发生是指科学在人类社会中的诞生。成长则指其后在本社会内的发展以及传入其他社会。本文讨论的是科学的发生,不是科学的成长、传播。

第三,弱问题和强问题的不同。李约瑟问题是个有地域性和时间性的历史学范畴的弱问题。要真正解决这问题,要问的应该是个抽去了时间地域因素、探索因果关系、科学要解决的普遍性问题:

[QS1] 科学发生强问题——为什么中国产生不了科学?

弱问题其实没什么意义,对之可以这么回答、或者说规避:十六七世纪发展不出科学,十八九世纪也许可以吧?二三十世纪一定可以了吧!在人类发展数以十万年计的历史长河中,几百年是短短一瞬间,早几百年、晚几百年,根本还构成不了这么一个文明发展的大问题。在回答 QS1 之前,先要回答"科学是什么"这个问题。

(二) 建立科学的三个内在必要条件:H4

科学是一种理性思维方式及其指导下的社团行为方式。作为理性思维方式,科学由三个内在的必要部分组成,第一个属本体论条件,后两个是方法论条件。三者共同构成产生科学个体形态的充分条件:

[H4] 科学的内部结构有且仅有三个必要成分:一元本体论,系统陈述的逻辑命题(即逻辑构造型理论),用以检验的实验或观察。

[H4a] 科学活动有三个必要步骤:随机探索,逻辑论证,实验/观察检验,即假设—演绎—检验。

科学研究的三个必要步骤中,关键是第二步。第一和第三步是各民族都能做到的,但第二步是文明的一个突变。第一步提出假说,好的假说固然很难,但一般假说却很容易,它可以通过联想,甚至猜测来取得。不过,要成为"科学猜想",必须相信共性规律,相信这个宇宙遵循"齐一性"(Uniformitarianism)原理。第三步历史上也很常见,如明代万户进行过未受控的、人类历史上第一次火箭发射实验。有了第二和第三步才建立起科学的因果概念,其重要性爱因斯坦在 1953 年致友人信中已经指出了:

The development of Western science has been based on two great achievements, the invention of the formal logical system (Euclidean geometry) by the Greek philosophers, and the discovery of the possibility of finding out causal relationships by systematic experiment(at the Renaissance). In my opinion one need not be astonished that

① Wittgenstein, Ludwig, *Tractatus Logico-Philosophicus*, Routledge Classics, 2001.

② Whorf, Benjamin, *Language, Thought, and Reality: Selected Writings of Benjamin Lee Whorf*, MIT Press, 1956.

the Chinese sages did not make these steps. The astonishing thing is that these discoveries were made at all. [西方科学的发展是建立在两项伟大成就上的,一是由古希腊哲学家们创立的形式化的逻辑系统(如欧几里得几何),另一则是在文艺复兴时代发现的通过系统实验而有可能找到事物的因果关系。据我看,不用为中国古代圣贤们没作出这些成就而感到惊讶。反倒是能作出这两项发现倒是令人惊奇的。]

(三) 科学、逻辑、语言之间的关系:QL1,H1'

如果爱因斯坦的判断不错,那么他已经回答了李约瑟问题(可惜李约瑟及众多后继者鲜有认真看待爱因斯坦观点的),我们可以推进一步来问逻辑产生的问题:

[QL1] 为什么中国产生不了逻辑?

基于演绎逻辑的理性思维取决于语言结构(所谓理性主义,就是用演绎逻辑来说理,反之就是非理性主义),因为理性思维由语言组织、由语言进行、并由语言表达。在语言、逻辑、科学、认识世界四者之间有蕴含关系,其中语言是最基本的。语言是逻辑的必要条件,逻辑是科学的必要条件,而科学是我们认识世界的必要条件。下面H1'是这连串关系中的基本假设,也是前面 H1 "S-P 结构是逻辑的必要条件"的一般表达式。H1'-1 是个逻辑上等价的命题。

[H1'] 语言类型是产生相应类型逻辑的必要条件。

[H1'-1] 如果某个语言不是 X 型,那么 X 型逻辑就不会从该语言中产生。

下面标以 B 的都是从 H1'假说和相关观察中得来的推论。标以 O 的是经验观察。

[B1] 欧洲/Æ 型语言的类型为产生亚氏/Æ 型逻辑所必需。

[B1-1] 如果语言不是 Æ 型,Æ 型逻辑不会于此产生。

[O1] 古希腊语是一种 Æ 型语言。

[O2] 从古希腊语中产生了一种亚氏逻辑。

Æ 型逻辑即同于亚氏逻辑的逻辑。Æ 型语即同于"标准平均欧洲语/Standard Average European"①类型的语言。B1-1 逻辑上等价于 B1。推理 B1 是 H1'的一个案例,为观察 O1 和 O2 所证实。

[O3] 古汉语类型学上不同于欧洲语言。

[B4] Æ 型逻辑不能从古汉语中产生。

B4 是一项预言,从 B1-1 和观察 O3 导出。作为综合命题,B4 是可验证的。下面的观察 O4 和 O5 证实这个命题。

[O4] Æ 型语言未见于古汉语。

如果 B4 被证伪,即有证据表明 Æ 型逻辑产生于古汉语,那么基本假设 H1'即被证伪,而整个语言—逻辑—科学的相关性理论也就此瓦解。而现在 B4 与观察相容,那么能否说 H1'是得到证实的真理? 也不能。H1'是全称命题,我们可以不断发现 B4 那样的特称命题与之兼容,也就是 H1'不断地通过检验而继续存活,直到某一天发现反例而被证伪或修改。

从 B4 可得到下列 B5,它被观察 O5 所证实。

[B5] 如果古汉语中产生一种逻辑,那一定不是 Æ 型逻辑。

[O5] 古汉语中产生了与 Æ 型逻辑不同的秦人逻辑。

从 B1-1,可以推得 B6。

[B6] 如果语言不是 Æ 型,从中产生的逻辑不会是 Æ 型逻辑。

B7 是从 B1 推出的。它的系定理 B7-1 为 O6-8 三项观察所证实。

[B7] 类似 Æ 型的语言对于产生类似 Æ 型的逻辑是必需的。

[B7-1] 如果某语言中产生一种类似 Æ 型的逻辑,该语言在类型学上类似于 Æ 型语言。

上面我们从一系列的等价命题反复核实假说 H1',不过还需要外部的独立证据来证实它。O6-O8 就是这样独

① Whorf, Benjamin, *Language, Thought, and Reality: Selected Writings of Benjamin Lee Whorf*, MIT Press, 1956.

立证据。

[O6] 古印度逻辑类似于 Æ 型逻辑。

[O7] 梵语类型学上类似于 Æ 型语言。

[O8] 梵语中产生了古印度逻辑。

上文提到科学活动(H4a)的第一个步骤随机探索,可以是从灵感、经验、联想、归纳等,也可以从逻辑出发得到的科学假说。第二和第三步是逻辑评估:构建理论和实证检验,这些都受亚氏逻辑制约。

[B8] Æ 型逻辑对科学来说是必需的。

根据 H4a,必须用 Æ 型逻辑来进行无矛盾的逻辑评估/推理,因此,B8 可直接从 H4a 导出。

[B9] Æ 语言对科学产生而言是必需的。

命题 B9 是从 B1 和 B8 中推导出来。如果 Æ 型语言对 Æ 型逻辑产生是必需的(B1),而 Æ 型逻辑对于科学产生是必需的(B8),那么,Æ 型语言对于科学产生也是必需的(B9)。

(四) 科学/逻辑发生的假问题和真问题:QS2,QL2

古往今来,产生过不计其数的语言文化(意为语言和文化,或建立在语言基础上的文化),而产生演绎逻辑的只有两个,其中一个的后代产生了科学。这么看来,李约瑟难题其实没有意义,因为我们同样可以问:"为什么澳洲/美洲/南岛/非洲土著等不产生逻辑? 更没产生科学?"如果到处都不产生科学和逻辑,那么有意义的问题应该去探讨——

[QS2] 科学发生真问题:为什么科学在欧洲发生?

[QL2] 逻辑发生真问题:为什么逻辑在希腊产生?

这是关于科学与逻辑产生有意义的真问题。对于表述个别存在的特称命题,应针对特殊性、而不是一般性来提问。不产生逻辑是各民族文化的通例,而产生逻辑是难得一见的文化突变。所以有意义的问题应该针对希腊(和印度)来问。李约瑟固然也问到为什么科学在欧洲而没在中国产生,但那"欧洲"只是个陪衬,他也没有花工夫去讨论。

(五) 为什么印度没产生科学

也许有人会不同意问"为什么澳洲不产生科学"等问题,因为李约瑟原意是:中国科技领先了一千五百年,为什么近代科学却不产生于中国?

对此我们可以追问:为什么澳非美土著连古代中国的发明创造都没有?

文明发展有个过程——首先要有文字(希腊、印度、中国的文字都是三千多年前创制的),要有生活定居、财富积累、教育传播等这些适合知识创造和积累的外部条件,人类的心智活动才能有效地开展。希腊逻辑、印度因明、墨经和名辩都出现于 2 300 多年前。所以我们倒是可以问:为什么朝鲜/藏族/阿拉伯没产生科学? 这也是李约瑟问题中问到的:"为什么科学没有在印度文明中产生?"答案是:印度缺少建立科学所必需的实证检验。另外还有个次要原因,印度逻辑的大前提不能是虚拟条件,这限制了科学假说的提出,也遏制了创新,详见下节。

(六) 产生逻辑的语法条件:H1

产生演绎逻辑的语言学条件已经表述在 H1(1.4 节)中:

[H1] 主谓结构语言是产生演绎逻辑的必要条件。

具体来说——

[L1] 句子是个语法上充分定义的单位。

[L2] 主谓才能、并且就能成句(陈述句)。

[L3] (陈述) 句子与逻辑命题同构。

再细一点——

[L4] 一个简单句有且仅有一个主语。

[L5] 一个简单句有且仅有一个限定动词(即谓语不是"流水"结构或主谓结构)。

[L6] 书面语中一个句子用一个句号标志。

德语的"句子"和"命题",用的是同一个词 Satz,清楚地说明了上面的道理。对于讲德语的人来说,语法上的"句子”和逻辑上的“命题”本来就是一回事。一个句子就代表一个命题，而一个命题就是用一个句子来表达。在西方的逻辑学和语法学里用的是同一套基本概念和术语：subject-predicate-object。只是到了中文里，逻辑学里用“主词—谓词—宾词”，语法学里用“主语—谓语—宾语”。

根据 Martin Haspelmath，标准平均欧洲语具有十多个语法特征，[①]如：

[L7] 有定冠词和不定冠词，如英语 the/a。

[L8] 被动结构有明确标识，如英语 I am known。

[L9] 主语和谓语动词之间有语法呼应。

这些 Æ 型语言条件创造了一个适合产生 Æ 型逻辑的环境，这是由于命题是由主谓句表达这么一个简单事实。对照 L1—L6，印欧语都符合，L7—L9 更不用说了。而汉语都不符合。所以印欧语更适宜产生 Æ 型逻辑。那么，中国式的逻辑和汉语语法及其间关系是什么样的呢？

三　希腊逻辑、印度因明、先秦名辩

（一）逻辑与因明

亚氏逻辑的三段论大家都很熟悉：大前提、小前提，以及从这两个前提得出的结论。印度逻辑就是中国古籍中所说的“因明学”或“尼耶夜”（Nyāyapraveś），是佛寂之后各派争辩佛经教义过程中发展出来的说理规则，跟希腊逻辑的来源相似、产生时间也接近。因明的早期形式是“五支法”或“五分法”，比三段论多两个命题。胡适认为：“三段论只是五分法之末三分。”[②]后来陈那 Dignāga（约 480—540）把五分简化为三分：宗相当于结论，因是小前提，喻是大前提。

[例 1]　因明三分法

第一分，声是无常（宗），

第二分，所作性故（因），

第三分，诸是所作，见彼无常；如瓶等（喻）。

跟亚氏逻辑相比，陈那因明也是三个命题，只是表达顺序正好相反。另外还有一个区别：因明的喻是带有例证的大前提，而逻辑的大前提不必有例证。这一差别的蕴含后果很大：逻辑的大前提可以是纯粹的假设，但因明的喻必须是得到实例支持的全称命题。对于科学来说，当然逻辑更有利，因为可以用虚拟命题做大前提，但因明不允许提出没有例证的大前提。

因明与逻辑尽管各自发源地相距遥远，但性质基本相同。齐思贻说：“这两个系统完全相同，只是陈那系统用途更广。”[③]谢尔巴茨柯伊说：“印度推理法的形式很易于转成亚里士多德的三段论法。”[④]注意：因明与逻辑尽管性质相同，但都是独立发展出来的。

（二）白马非马

最早的逻辑问题就是语言问题，逻辑分析和语法分析在早期文明中难以区分。自然语言存在模糊和歧义，促使逻辑和语言分析的产生，逻辑和语法一样首先是为了让自然语言更为精准明晰。那就是语法学、逻辑学（还有修辞学）产生的源头。由于自然语言结构不同，产生的模糊性和歧义性也各不相同，因此，不同语言中的逻辑一开始就面对不同的问题要解决。不同的逻辑学就是从分析不同语言的句法、语用、语义而产生的。像公孙龙的“白马非马”、墨子的“二马或白”，看似逻辑分析，实为语法澄清。

---

① Haspelmath, Martin, The European Linguistic Area: Standard Average European. In M. Haspelmath, et al (eds.), *Language Typology and Language Universals*, Handbücher zur Sprach-und Kommunikationswissenschaft, Berlin: Mouton de Gruyter, 2001, pp. 1492—1510.

② 胡适：《胡适文存》，上海：亚东图书馆，1921 年。

③ Chi, R. S. Y., *Indian formal logic: A study of Dignaga and K'uei Chi's Great Commentary*, The Royal Asiatic Society of Great Britain, xxv, 1969.

④ 转引自丁彦博：《略论因明正理的现代意义》，刘培育等编：《因明论文集》，兰州：甘肃人民出版社，1982 年，第 100—106 页。

白马非马争论的实质在哪里呢？让我们来看这个命题在逻辑上有多少种可能的解释。“马”(白马也是)有四种意思：一匹马 a horse，这匹马 the horse，复数马 horses，马类 the horse。“非”也有四种意思：不是，不等于，不属于(个体与集合的关系)，不包含于(小类和大类的关系)。白马非马于是就有 64 种(= 4 × 4 × 4)形式上可能的组合：

例如：

1—4) 一匹白马不是一匹马(* 这匹马/复数马/马类)。

5—8) 一匹白马不等于(不属于/不包含于)一匹马(这匹马/复数马/马类)。

……

61—64) 白马类不包含于* 一匹马(* 这匹马/* 复数马/马类)。

由于语义语法限制，64 个命题中有很多不成立(加星号者)，如：“* 一匹白马不是这匹马”“* 一匹白马不包含于一匹马”等。也有很多能成立，如“一匹白马不是复数马”“白马类不包含于马类”等。既然有那么多意思，而公孙龙和反驳他的客方也没说或想清楚是什么意思，所以双方各说各话。公孙龙可能想说：“一匹白马不等于马类。”而客方反驳说：“难道一匹白马不属于马类吗?”双方虽然争得不亦乐乎，但没有实质上的交锋。遗憾的是歧义亦未消解。

(三) 杀盗非杀人

墨子被认为中国历史上最伟大的逻辑学家，《小取》篇被认为是古代中国逻辑学的典范之作。但实际上，墨子并不遵循也不懂逻辑。《小取》篇分析了五种形式：是而然、是而不然、不是而然、一周一不周、一是而一非。这些都不是逻辑推导式，而是语言表达式，墨子期望澄清这些句式中句法和语义不匹配处。所以，与其把《小取》看作逻辑学论文，不如说是一篇澄清古汉语语法语用语义的文章，顺带着涉及逻辑问题。让我们来看几个例子——

[例 2] 爱臧(男奴)：是而然

白马，马也；乘白马，乘马也……

臧，人也；爱臧，爱人也。——此乃是而然者也。

“是而然”并不是逻辑推式，而是一种句式：前句肯定，后句亦肯定。相比之下，下面的是而不然就是前句肯定，后句否定——由此而得出“杀盗非杀人”这一命题。

[例 3] 杀盗：是而不然

船，木也；入船，非入木也……

盗人，人也；爱盗，非爱人也。

不爱盗，非不爱人也。杀盗人，非杀人也……——此乃是而不然者也。

历来论者向以为“杀盗非杀人”这观点惊世骇俗，其实不然。民间天然流行类似的以煽情代推理，下面的文革口号就是一个现代民间版的“杀盗非杀人”。

[例 4] 文革口号：民间版杀盗非杀人

好人打好人，误会；(因为打好人是打人，是而然也!)

好人打坏人，活该。(因为打坏人非打人，是而不然也!)

第 1 节中说不是《易经》影响中国人思维，而是在中国人思维氛围中集体创作的。这儿又是一个例子：并不是墨子影响了中国人的思维，而是普通老百姓都会这么论辩。《墨经》只是中国式思维方式的一个代表作。照此推广开去，并不是孔子对中国人的观念和行为有多大影响力，而是《论语》说到了中国人心底里没能说出来的话，从而被广泛引用。

［例 5］ 一周一不周

爱人，待周爱人，而后为爱人……

乘马，不待周乘马，然后为乘马也。——此一周而一不周者也。

你得爱了全人类才算爱人，但例 2 中说爱臧一个人就算爱人，两者不是矛盾了吗？更有甚者，例 3 说“盗人人也；爱盗非爱人也”，那么，周爱人包不包括爱盗呢？盗是人，所以爱人要包括爱盗；但一旦爱盗，就不是爱人了——爱人中包括非爱人。此处与其认为墨子是在玩一个隐蔽的逻辑悖论，还不如说是他根据具体语用环境临时随文释义——这是训诂学常例。所以，要是把《小取》看做逻辑学论文，那墨子就不是个合格的逻辑学家。但其实墨子只是想澄清，古汉语中有“一周一不周”的情况，爱人是周延的，而爱臧跟乘马一样，是不周延。又如“一是而一非”（一马马四足/二马马或白），也是语用语法对语义的影响问题。[①]

（四）逻辑推理与名辩推演

亚氏逻辑如“所有的人都是有死的；苏格拉底是人；苏格拉底亦是有死的”，在秦人逻辑家眼中太显而易见。下面三例中的大前提都是“所有的人都会死”，在有理智的秦人听来，纯是废话。小前提更是废话，所以司马迁和文天祥都干脆省了。至于按亚氏逻辑得出的结论，简直是拿腔拿调的加倍废话，所以谁也不会费那事去说。

［例 6］ 秦人逻辑“所有的人都是有死的”

	甲：司马迁	乙：文天祥	丙：自拟
大前提	人固有一死	人生自古谁无死	凡人皆有死
小前提	（你我，人也）	（文天祥，人也）	圣人，人也
亚氏逻辑结论	（你我皆有一死）	（文天祥能无死乎？）	（圣人亦有死）
秦人对比推演	或重于泰山，或轻于鸿毛	留取丹心照汗青	然则圣人不朽

秦人要在废话大前提下话锋一转，对比推演出“泰山鸿毛”的意思才觉得有意思，才感到说“人固有一死”有了着落。同样，只有表达出“留取丹心照汗青”这种对文化不朽性的渴望，才觉得“人生自古谁无死”这么个生物学常识没白说。丙例“圣人不朽”也是文化性的。照此，前面讲的“盗，人也”，是生物性的，而“杀盗非杀人”所指社会文化含义不同、法理结果也不同。这样的推理逻辑上犯了“四名词/歧义谬误”。但古人并不在乎逻辑错误，说不定还故意违反逻辑以博“语不惊人死不休”之效。像这种不循逻辑、自然贴切机智的对比式说话方式是汉语常例，而汉语之所以以对比为常例，是因为汉语的语法就遵照一条最基本的对比原理，见 4.4 节。

（五）逻辑和因明的产生不是偶然的：QL3，H5

类似于“白马非马”“马或白”这样的逻辑/语法讨论，在希腊语和梵文中是不会产生的，因为他们的语法结构不产生类似的歧义和模糊，他们有他们自己的语法歧义处。例如用英语表达的形式逻辑就受到自然语言影响，如“Some dragons can fly”中的“some”暗含龙的存在，这是不必要的蕴涵义。这也是后来发展出集合论和符号逻辑的动因，当自然语言在进行科学研究或表达因果关系时不够用的时候，人工改进或创造的语言便有了需要。这再次说明，科学的进步既促使又有赖于语言的精密化。

特定的语言结构产生特定的语言歧义，这促使产生了特定的语言分析技术，而这又导致了特定的推理方式，这规定了日后特定的逻辑形式。所以，从希腊语里产生逻辑不是偶然的。作为旁证，梵语里也产生了与希腊逻辑等价的印度因明。这不是巧合。当今世界上有七千多种语言，其中印欧语约四百种。希腊语和梵语同属印欧语系，它们是从共同的祖语（原始印欧语）发展而来的姐妹语言，有着相似的语言结构。如果历史上出现过的语言也按此比例算（400∶7 000，其实历史上的比例要小得多，因为印欧语在壮大而很多小语种已/在消失），那么碰巧在两个印欧语中产生相同的演绎逻辑的概率只有约千分之三，这是一个小概率。也就是说，碰巧的可能性很小，而事出有因的可能性很大。这个因就是相似的语言结构。发现印度逻辑和希腊逻辑类似，这提供了语言作为逻辑

① 参见胡适：《胡适文存》，上海：亚东图书馆，1921 年。

必要条件的一个实例证据。因此，与 QL2 等价也可以问：

[QL3] 因明产生问题：为什么印度产生跟希腊逻辑同性质的因明？

对于 QL2－3，可以用 H5 回答：

[H5] 希腊/印度语的句子和逻辑命题结构都是相同的 S－P 结构。

四　秦人逻辑和汉语语法

(一) 秦人逻辑基础

1. 语言和思维：普遍的还是独有的？

各种语言的结构是否有普遍性？语言学界经历了"是—否—是"的认识过程。而思维方式，则普遍认为是全人类共同的。

各种语言的结构和各个民族的推理方式无疑是具有共性的，同样它们也各具空间分布上的独特性。一门研究有分布差异的事物的学科，总是先从一个特定地域的考察开始的。因此，它最初概括的范畴、条例、类别，便会随着研究范围的扩大、新差别的发现，需要进行增减和进一步的概括。科学家常常因为缺乏一套概括性强的术语而曲解、误解某些新发现的现象。这种情况在文化研究中更是常见。由于作为语法和逻辑体现者的语言既是文化最伟大的成果，又是文化最重要的载体，所以在考察一种新的语法和新的逻辑的时候，使用产自西方的术语谈论共性时必须小心。例如"逻辑"(logic)，这是个养成在古希腊文化中的词，用它来谈论墨子、孟子的说理方式时，别以为也别指望他们跟亚里士多德遵循的是同样的论证前提(同一律)和同样的论证程序(演绎法)。"思维是全人类共同的"，这个"思维"指的是亚里士多德演绎逻辑思维。随着科学的成功和西方文化的传播，亚氏逻辑也就成了全人类共同的思维方式，至少在需要进行推理的领域，如科学、立法、商业合同、体育规则等。而其他民族的推理方式都被认为不科学，到最后就干脆不承认它们的存在。

我们认为，"思维是全人类共同的"这个命题只有在如下意义上来理解才是可以接受的——

使用不同语言且有不同文化背景的民族具有同样的认知能力，都能通过学习来理解、甚至接受其他民族的思维方式。

人类的大部分思维活动的方式是相同的，都是建立在具有生物学基础的联想上的，讲英语的人也是经常使用隐喻(metephor)来联想的(Lackoff 1987)。但是，逻辑却是在特定语言中的一个文化突变，其他语言社团的人可以通过学习而获得。但要是想自发产生，那首先要有相似的语言结构。

2. 秦人逻辑的范畴

范畴，指能派生出其他概念，而本身不能从其他概念推导出来的最基本的概念。中国式思维或秦人逻辑中有两大范畴：同构观和本末观。同构观指的是世间万物构造是有层级的，而每一个层级中的事物都按照相同的方式构成。本末观指的是万物都是成对构成的，而这成对的两方是有主次的。秦人本末观是一种"对立服从"的两点论，对立是在双方之间解决的，即末服从本。这跟西方辩证法不同，后者认为矛盾统一，正、反命题统一于高一层的合命题。两者区别见下图解：

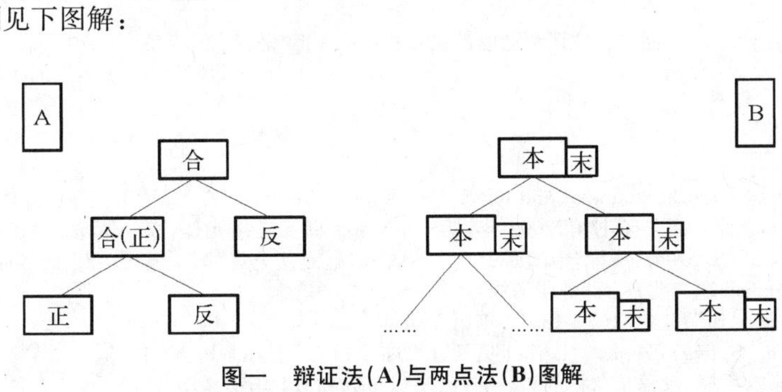

图一　辩证法(A)与两点法(B)图解

古代中国学者的推理方式是秦人逻辑，主要有同构推演和对比推演两种形式。而这两种说理/推理形式分别建立在汉语的两条基本语法原理（同构原理和对比原理）上的。

（二）汉语基本句式

1. 主谓结构不是常见句式

话题说明句——赵元任说："汉语句子中主语和谓语的语法意义，是话题和说明而不是动作者与动作。动作者和动作可以作为话题和说明的特例。"[①]例如"这瓜吃着很甜"，"这瓜"是话题，"吃着很甜"是对话题的说明。话题和说明之间的关系可以很松散，如"垃圾分类，从我做起！（浦东某街头标语）"，如果关系密切，"我"应该是"垃圾"的一部分。如果主谓有语法呼应，像"女生如果没有了男生就恐慌了"中的主语就不会有歧义，现在可以是女生恐慌，也可以是男生恐慌。如果有被动标记，"鸡吃过了"，主宾或施受就不会产生歧义。

还有种与话题句有关的流水句（吕叔湘[②]；沈家煊[③]），指一连串小句连贯而下，构成一个意群，如下《水浒传》例子：

［例 7］ 流水句

a) 李逵听得溪涧里水响闻声寻路去盘过了两三处山脚来到溪边捧起水来自吃了几口寻思道怎生能彀得这水去把与娘吃立起身来东观西望远远地山顶见一座庙……

b) 店家切一盘熟牛肉烫一壶热酒请林冲吃又自买了些牛肉又吃了数杯就又买了一葫芦酒包了那两块牛肉留下些碎银子把花枪挑了酒葫芦怀内揣了牛肉叫声相扰便出篱笆门依旧迎着朔风回来……

c) 那先生两口剑砍将入来被武行者转过身来看得亲切只一戒刀那先生的头滚落在一边尸首倒在石上……

例 a 长长的一串小句中，其间很难用上句号。好像一个段落、一个意群就是一个句子。这可以看作是一个话题多个说明。例 b 的一连串小句中，主语从店家偷换到林冲。也许可以看作是话题的变换。例 c 与其看成话题的变换，不如说整个意群的话题是那先生和武松打架，至于打斗中哪一剑哪一刀的动作发出者，则需根据上下文意会。至于句子或命题及其关系，梁山好汉可不管。

其实，汉语中最基本的句式是"零句"（赵元任[④]），如"星期五了""着火了""坚决打击流产女婴！（安徽某县反非法流产的标语）"。由零句及其搭配而成的话题句和流水句是汉语的主要句式。

2. 主语不是独立的句法单位

中国人和西方人对于句子的概念是很不相同的。英语中句法已经从语用中独立出来，相应地，主语也已从话题中分离出来，所以句子可以用 S－P 结构来定义。但汉语的句法还未从语用中独立出来，主语只是话题的特例，所以 S－P 句式在汉语中只占一小部分，大部分情况下是零句或用零句装配的话题句或流水句。这一点用以下沈家煊[⑤]的图解可以看得更清楚：

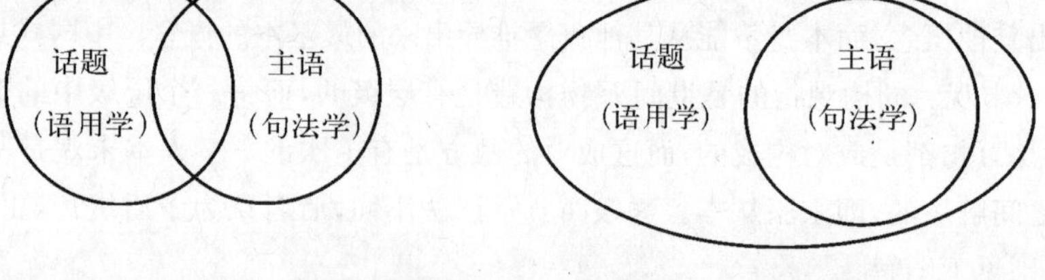

图二　主语和话题的关系：（左）印欧语，（右）汉语

① 详见于赵元任，Notes on Chinese grammar and logic. *Philosophy East and West*. V(1)：1—8，1955。中译《汉语语言与逻辑杂谈》，《赵元任语言学论文集》，北京：商务印书馆，2002 年，第 796—808 页。又赵元任，*A Grammar of Spoken Chinese*，Berkeley：University of California Press，1968，p. 96。中译《中国话的文法》，收入《赵元任全集》第 1 卷，北京：商务印书馆，2002 年。

② 吕叔湘：《汉语语法分析问题》，北京：商务印书馆，1979 年。

③ 沈家煊：《"零句"和"流水句"》，《中国语文》2012. 年第 5 期。

④ 赵元任，*A Grammar of Spoken Chinese*，Berkeley：University of California Press，1968。

⑤ 沈家煊：《汉语的逻辑这个样，汉语是这样的》，《语言教学与研究》2014 年第 2 期。

汉语中要表达秦人逻辑的命题，可以但并不一定要用欧洲平均标准语 S－P 式句子来表达。相应地，秦人逻辑命题不一定要用 S－P 句式来构建。因此，建构在 S－P 句式上的演绎逻辑就难以在汉语里以唯一合理身份产生。

（三）同构语法和同构推演

汉语语法和逻辑关系的研究，赵元任是先驱。他认为"汉语逻辑运作的工具和形式就是汉语"，因此受制于汉语自身允许的"自由度"。赵元任原先的工作"目标是要找出汉语逻辑运作的方式，实际最后找到的是形式逻辑在汉语里的运作表达方式"。① 本文重拾赵元任的目标，讨论的是秦人逻辑，探索用汉语所自然表达的、有异于形式逻辑的推理方式是什么样的。

1. 三级同构的语法

汉语语法的一条基本原理是从词—短语—句子的同构性，②构词用什么方式，短语和句子也用什么方式，例如：

［例 8］ 语法同构例

	词	短 语	句 子
主 谓	心疼/夏至	头 疼	他在吃饭
述 宾	炒 饭	炒 饭	就是他
偏 正	白 菜	白 马	好一朵美丽的茉莉花
述 补	提 高	看清楚	累得他气喘吁吁
联 合	道 路	刘关张	［并列复句］
连 动	进 击	叫他游过去	有人敲门
前 附	老 三	至于天气	何况你也用不着
后 附	棍 子	修路的	该来了吧
重 叠	清清楚楚	一下一下	来吧来吧

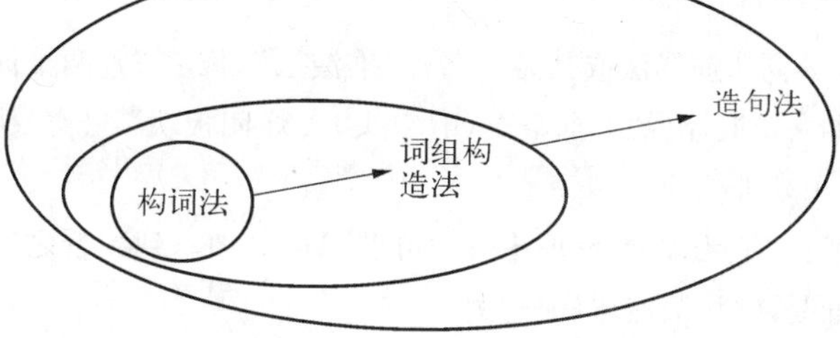

2. 种—类同构和外/内推法

秦人逻辑的第一个主要推理方式是基于同构观的同构推演法。它包括旁推法、内推法和外推法三种。同构性Ⅰ：小类具有的性质，大类也具有。因此，大类不但具有所含各小类的共同性，而且还具有所含各小类的所有独特性。这是第一种同构：种—类同构性。

外推法：从小类所具有的任何性质作为前提外推，可得出大类也具有同样性质的结论。

同构性Ⅱ：大类具有的性质，小类也具有。这是第二种同构性：类—种同构性。

内推法：从大类所具有的任何性质作为前提内推，可得出小类也具有同样性质的结论。

① Chao，Yuen Ren. 1959/1976. How Chinese logic operates. In A. S. Dil(ed.) *Aspects of Chinese sociolinguistics: Essays by Yuen Ren Chao*，Stanford University Press. 1976，p. 250.

② 吕叔湘：《汉语语法分析问题》，北京：商务印书馆，1979 年。

［例 9］ 曾晳嗜羊枣，而曾子不忍食羊枣。公孙丑问："脍炙与羊枣孰美?"孟子曰："脍炙哉！?"公孙丑曰："然则曾子何为食脍炙而不食羊枣?"曰："脍炙所同也，羊枣所独也。违名不违姓。姓，所同也，名，所独也。"

《孟子·尽心下》

这是一则建立在同构律上的内推加外推。孟子是这样构建推演路线的：曾子不吃羊枣但吃炒肉丝，合违名不违姓之理。本来这是两件无关之事，但孟子用一个更大的类，忌独不忌同，把它们概括起来，于是便能从"违名不违姓"外推倒"忌独不忌同"，再内推倒"忌吃羊枣不忌吃脍炙"。

［例 9］ 忌独不忌同

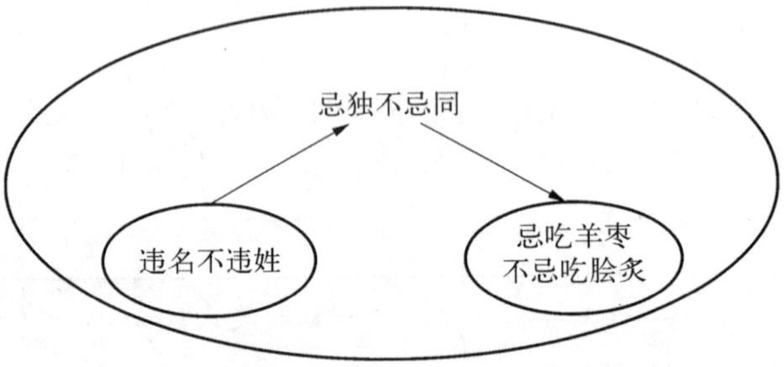

3. 旁推法和异种同构性

同构性Ⅲ：甲类具有的任何性质，与之相交的乙类也具有。这是第三种同构性，又称异类同构性。旁推法：从甲类的性质可以旁推到与之相交的乙类。

杨振宁认为，中国传统文化中没有演绎法或推演法，①招致很多国学老先生批驳——

［例 10］ 易学专家刘教授认为，杨先生的演讲"有很多常识性错误"。比如，杨先生说周易只有归纳，而没有推演。可是众所周知，周易是最早的一部算卦的书，算卦的方法就是靠推演，举一反三，怎么能说没有推演呢?②

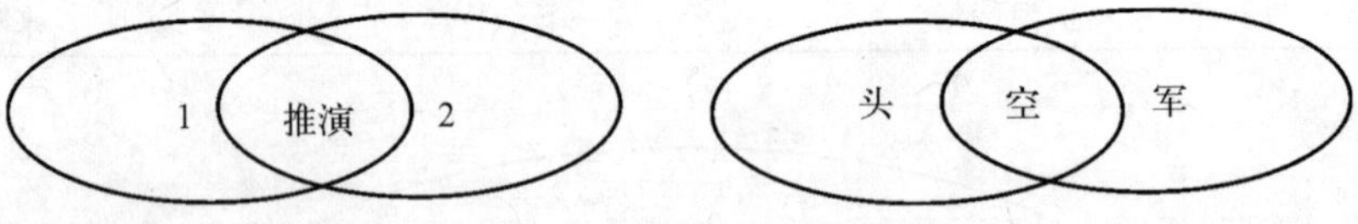

易学专家把算卦推演(推演 1)等同了演绎法或其另一名称"推演法"(推演 2)，两个同名异实的概念能拉到一起，是因为名称上有相交点。又如一篇股评说"大批空军(喻空头)轰炸四板块"：{空}头{空}军。这是比喻，可见旁推法和比喻相似，都是通过联想来进行的。

同构推演从古代起就极盛行，举凡政治、伦理论辩中可谓司空见惯。到魏晋之时发展成格式化的"演连珠"，也就是秦人的形式逻辑。下面是陆机《演连珠》中一例：

［例 10］ 演连珠：目无尝音之察

臣闻：目无尝音之察，耳无照景之神。(前提)

故在乎我者，不诛之于己；存乎物者，不求备于人。(结论)

沈剑英分析道："这是一则二段的连珠推论。……它是归纳，又兼有演绎，并寓模拟于不言之中。从前提来看，通过对耳目各有职守的归纳，可以得出事物各有其功用而不能苛求其互易的普遍性命题，只是这普遍命题被省略了。结论就是从这一省略的普遍性命题中演绎出来的。"③沈氏用西方逻辑概念把秦人逻辑的一个推式解读为合归纳、模拟(异类相比类推)和演绎于一身的"整体思维"。要说陆机在归纳，一方面只有两个例子，只能算是加强版的类推；另一方面是归纳过头，推到其他类中去了。其实，陆机既没归纳也没演绎，他的连珠推演路经和孟子相

① 杨振宁：《〈易经〉对中华文化的影响》，"中国传统文化对中国科技发展的影响论坛"演讲，北京，2004－10－23。

② 杨猛：《杨振宁指〈易经〉阻碍科学启蒙众学者质疑》，《北京科技报》，2004－09－22。

③ 沈剑英：《论连珠体》，《中国逻辑史研究》，北京：中国社会科学出版社，1982 年，第 250—267 页。

同：外推—外推—再内推。

［例 11］ 演连珠：万物各有职守

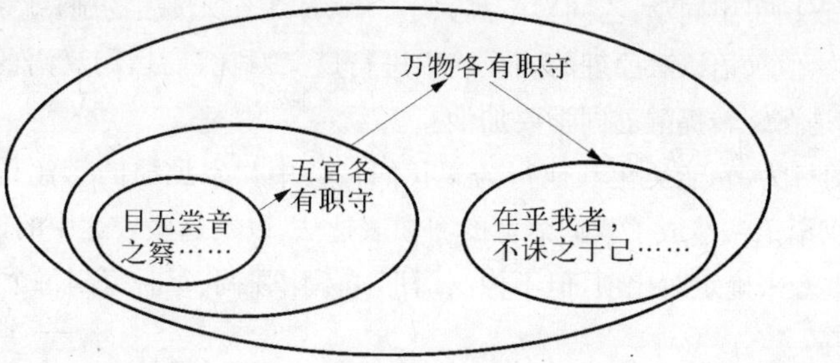

（四）对比语法和对比推演

秦人逻辑的另一个主要推理方式是基于本末观的正反对比推演法，而这种推理方式是由汉语的正反对比语法原理引发、引导、控制的。

1. 谓语的对比语法规则

赵元任认为，汉语句子的谓语可以是动词（包括形容词）式的，也可以名词式的，[①]功能上有三种：对比式 contrastive（他事对比），肯定式 assertive（反义对比），叙述式 narrative（沈家煊又发现有指称功能[②]），例如"我现在说话"这句话里的谓语，主要在表示与他事和反义两种对比上：

（1）"我现在说话"，这句话里的动词"说话"，跟我可能做的别的事情如"睡觉""吃东西""玩儿"等，或其他不在做的事情相对比。

（2）动词谓语有肯定功能时，它不跟其他动词谓语对比，而是跟它的反义对比，如"我现在'说话，我现在'是说话"（不是不说话）。

（3）如果是叙述式，那就加一个起始式 inchoactive 助词"了"，如"我现在说话了"（刚才没说话）。【还是对比】

他事对比和反义对比是两条重要的汉语语法规则，不但动词谓语如此，形容词和名词谓语也同样如此。[③] 不但谓语动词如此，主语和状语也一样，如"我现在说话（不是他说话）"或"我现在说话（一会儿不说了）"。

2. 对比推演三例

我们都知道中国人说话写文章喜欢用对仗对联排比骈体，做人做事喜欢攀比较劲红眼，辩论时喜欢同构、对比推演——其实这不是我们大家有意地喜欢这样做，而是群体言语/行为无意识地遵循着母语中的语法原理。来看几个例子。

［例 12］ 古人说："女子无才便是德"，难道说女子一定要没有才能才算是有德性吗？或者是说男人一定要有才能才能算是有德性吗？当然不是！那么这一句话难道是在暗示说一个有才能的女子就表示她是一个"没有德性"的妇女吗？当然也不是。（网文）

作者设想了三种反驳（逻辑上都有问题）：（1）"女子一定要无才才是德"——这是把"无才"和"德"看作互为充要条件。原句"女子无才便是德"语出明代陈继儒，其间逻辑关系不明，也可解作充分或必要条件。反驳 1 没考虑后两种逻辑关系。（2）"男人一定要有才才是德"——说女子怎么样，跟男子没逻辑关系。这是以女子的反义（男人）来对比推演。（3）"女子有才便无德"——如果原句是充分或必要条件，就不涉及有才是不是有德。只有解作充要条件时，才隐含有才便无德之义。反驳 3 并非据其立论，它是以无才的反义来进行对比推演的。

［例 13］ 一个易学界泰斗级的人物认为……杨［振宁］先生说易经没有演绎法，所以导致科学裹足不前。但是一个很好的例子是，古希腊时期就有一大堆演绎法，比如演绎逻辑和形式逻辑。但是为什么也没有产生牛顿呢？[④]

---

① 赵元任，*A Grammar of Spoken Chinese*，Berkeley：University of California Press，1968，pp. 88—91。
② 沈家煊：《汉语的逻辑这个样，汉语是这样的》，《语言教学与研究》2014 年第 2 期。
③ 赵元任，*A Grammar of Spoken Chinese*，Berkeley：University of California Press，1968，pp. 88—91。
④ 杨猛：《杨振宁指〈易经〉阻碍科学启蒙众学者质疑》，《北京科技报》，2004－09－22。

这个例子分不清充分和必要条件，它提供了一个国学论辩不懂逻辑的生动实例。泰斗是用“没有演绎法”的反义(有演绎法)来进行对比推演反驳的。

有个常见现象，老师表扬了甲同学，乙同学不高兴了。她觉得老师没表扬她，就是暗中批评她。从逻辑上看，表扬甲，跟批评乙没关系。但汉语语法原理的确在暗中进行反义对比，而运用汉语的人自然心领神会，所以不怪乙同学在攀比，兴许老师是在婉转提醒乙同学要加油。

言语是我们最频繁的行为，它能类化其他行为。我们社会中司空见惯的攀比行为，可能就受到大脑深处语言—思维规则的控制。汉语语法造成了我们语言的习惯表达法，以及这些表达中的说理方式和逻辑/语义语用关系。英语里固然也可靠重音来确定对比项，但不像汉语那样不用强调、每时每刻每个成分都在进行对比。

五　问题的解答

现在，我们以总结全文的方式来回答世纪难题“为什么中国以前产生不了科学”，以及新问题“为什么现在中国能容纳/发展科学和逻辑”。

(一) 科学产生的阶段性

科学是一种(1) 以假设—演绎—检验方法来进行的思维—工作方式，(2) 按此方式工作的社团活动。属性(1)是科学的内在属性，科学这种建立在演绎逻辑上的理性思维活动，其根源与凭藉在于语言。思维复杂了而自然语言不敷用，那就得创造人工语言，包括数学、符号逻辑、计算机语言、改造过的具有特定功效的书面语。迄今为止，科学的成功全依赖于有了演绎逻辑(以及实证检验)。而产生、运用演绎逻辑，要求的是语言句子和逻辑命题同构。本文得出的“语言是逻辑的必要条件”得到印度因明的验证。本文论证的“逻辑是科学的必要条件”也是可以检验的。设想一个科学家(团体)，让他(们)停用演绎法，看他(们)是否还能继续研究下去。属性(2)指出了科学的外在社会性。早期的科学形态是个体活动，当这些孕育于家中的个体活动社会化了，科学也由此在社会中诞生。

科学产生的过程可分为三期—六阶：

1. 语言期		2. 逻辑/形式科学期		3. 经验科学期	
A. 前逻辑	B. 筑基	A. 演绎逻辑	B. 其他形式化系统	A1. 个体形态	A2. 社会化
E 语言					
	旁遮普				
	波斯	印度因明			
		亚氏逻辑	欧氏/非欧几何学		
			数学	阿基米德	
			电脑语言	伽利略	科学革命
				牛顿	
古汉语	玄奘、徐光启		现代汉语　书面语(科技　法律新闻文体)		

第1期——语言期

1A 阶——S－P 不是主导结构，前逻辑阶段。古汉语或古白话中不是没有主谓句，而是主谓句不是唯一合格的、甚至不是占优势的句法结构，它只是话题句的一个特例，所以不会促使产生主谓句作为唯一的逻辑命题的结构。古汉语因而停留在此阶段。

1B 阶——S－P 为主导结构，逻辑筑基阶段。从中有可能产生 S－P 结构的命题。与梵语同语系的波斯语、旁遮普语处于这一逻辑筑基阶段。理论上它们有可能发展出系统的逻辑。

第2期——逻辑即形式科学阶段

2A 阶——在 S－P 语句基础上进行的推理有可能系统发展成为演绎逻辑。印度和希腊系统发展出了演绎逻辑，这是形式科学的开端。

2B 阶——把形式逻辑的方法扩展到其他领域进行研究，产生各种形式化/公理化系统，如欧几里得几何和各种非欧几何、数学、电脑语言等。

第 3 期——经验科学阶段：形式化的命题系统，再配以实验/观察作为检验。

3A 阶——经验科学的个体状态，分前期和后期。前期如阿基米德一直到伽利略，用实验检验理论。后期即为牛顿发展出新的数学方法、数学语言(微积分)，将物理学领域形式化、系统化了，建立起假设—演绎—检验的科学研究的程式。作为理性思维活动，形式科学即 2B 阶和经验科学的 3A 阶是由内因、即某种特定的思维方式决定的。

3B 阶——牛顿的工作程式范式化了，即为大多数研究者接受并扩展为一项社会活动，科学由此作为社会形态而诞生。不同的外因在此阶段能起不同的作用。而外部也正好有利于此范式扩散的社会条件，如新教改革、簿记制度、资本主义萌芽等理性主义的社会运动。科学革命就此爆发。汉语中引进逻辑和科学大致上也是这么几个阶段。汉语的句子以零句作为基本单位，由此构筑的整句主要是话题句和流水句(科学发生的第 1 期)。主谓句是作为话题句的一种特例，这表明汉语(的某种文体)有发展或引进演绎逻辑的内在句法条件(第 2 期)。这种引进在历史上有过玄奘和徐光启两次个人或小群体行为的尝试(2A 阶)。到 20 世纪，由于外部广泛而极大的需求，汉语书面语改造成为以主谓式为唯一合语法的句式(第 2 期)，从而容纳了逻辑(2A 阶)，也满足了科学、哲学、政治、法学、商业、新闻等多方面的社会需求(2B 阶，第 3 期)。

科学发生的六阶中，前五阶算内因，涉及的是思维方式，最后一个 3B 阶是这种思维—工作方式的社会化，外因便在此时起抑制或促进作用。

(二) 古汉语容纳、表达逻辑的两次尝试

古汉语和古白话中固然主谓句不是占优势的句法结构，但在中国历史上有过两次在古文句法内进行演绎推理的尝试。第一次是唐初玄奘建立了因明推理法则严明的法相宗以及他弟子窥基著《因明大疏》。玄奘游学印度十九年，佛学辩论几无对手，说明他对作为辩论规则的因明理解掌握无与伦比。他所创立的法相宗是东传佛教中最讲究逻辑的，但却是一传而亡，根本不能跟反逻辑而行天下的禅宗相比。第二次是明末徐光启助利玛窦翻译欧几里得《几何原本》，徐光启对演绎逻辑的作用的认识远远超越了时代：“《几何原本》者，度数之宗……不用为用，众用所基。”(刻《几何原本》序)。这两次尝试都没能扩散为大社团活动。

徐光启还进一步“度数旁通十事”，包括天文、历法、水利等。也就是说，他还要以古汉语为工具来引进科技研究。此后从清初到清末皇室贵族都一直对科技产品感兴趣，并同时引出一个体用问题：科学和技术是用，而体是圣贤之言。其实，科学是技术之本，逻辑又是科学所本。这个道理徐光启说得很清楚：“不用为用，众用所基。”——演绎逻辑看似不实用，但一旦用起来，就成了所有实用技术与各种管理的坚实基础。按我看，逻辑这种说理的形式和方法，应该比圣贤之言的内容更为基本，说不定这也是徐光启“众用所基”的意思。

(三) 现代汉语的改造以适应逻辑表达

那么，为什么现在的中国能够容纳逻辑和科学呢？这实际上是一百年来我们把唐玄奘、徐光启的个体行为社会化了。汉语，至少是书面汉语的语法结构，在 20 世纪发生了巨大的欧化变化。在法律、新闻、商业、科技、哲学等需要严格表述的场合，S－P 已经成了唯一合法的句式，例如：“中国是世界上历史最悠久的国家之一。中国各族人民共同创造了光辉灿烂的文化具有光荣的革命传统。”(《中华人民共和国宪法》)这是 20 世纪新形成的汉语书面语，它更像主谓明确的印欧语法，而不像水浒作文法。

逻辑与科学的关系是：特定的逻辑形式规定了特定的探究外在世界的思维方式。各民族特定的科学的产生不是偶然的。怎么样推理，就导致什么样的自然探索之道，也就是不同的科学。汉语中没能发展出演绎逻辑，因而也无法进行科学研究所需要的逻辑推理和无矛盾的理论构造。运用汉语语法原理中发展出来的同构推演和对比推演，很容易滋生出“天人合一”(同构)、“阴阳造物”(对比)这样的观念和理论，学理上很容易造就无视内部矛盾的“集大成”学问。

总而言之，(1) 汉语的同构和对比两项语法原理，成为秦人逻辑的两个基本范畴，以及同构推演和对比推演的语言基础。而这两种推演程式造就了孟子、墨子以来一直到当代辩论的方式和内容。(2) S-P 不是汉语的主要结构,日常汉语是水浒式的,所以想要提升 S-P 为主要结构的努力,单靠玄奘、徐光启他们几个人几本书,势单力薄,马上淹没在浩瀚的古籍中。(3) 但是,可以容纳演绎法的 S-P 结构毕竟存在于汉语内,是汉语的内部因素。(4) 人类具有相同的认知和学习能力,尽管我们没能自发产生,但我们是能够引发的。一旦社会需要起到促进作用,就能把汉语书面语改造成为以 S-P 为主的、适应演绎逻辑并进行科学研究的语言,并有可能影响日常语言。

(四) 最后的话

本文所论,涉面超大且敏感,惕虑惕心,酝酿三十年。其间写过文章,更历练无数次私下、网上、会议的拷问。本意是想让全社会更清楚地认识到科学和逻辑问题症结所在,外因为小,以利于民族和文化更自觉地把握下一步的进发方向。如今履薄临深般定稿,恐要面对很多质疑。首先是方法上的,赵元任说:"对语言和科学之间关系的最好概括,就是不要去做任何概括。"——幸亏他在此发现了无限恶循环:"'不要去做任何概括'这一概括本身,也是一个站不住脚的概括。"①希望本文没概括过头。二是"贬低国粹文化"——好在有杨振宁、何祚庥抵挡。再说国粹主张"吾日三省吾身"(加点现代反省内容),"知错能改,善莫大焉"。三是"贬低汉语"——汉语不是哪几个人能贬低得了的,赵元任说,汉语语法所表达的逻辑在很多方面跟现代逻辑学的表达形式一致,"作为一个以汉语为母语的人,我很想说:瞧,这就是汉语在科学上优于西方语言的例证"。② 古汉语句法齐全功能具备,只是在推理说理时没把与逻辑命题同构的主谓结构作为唯一合法的句式。四是"贬低归纳法",归纳法也是贬低不了的,它可用于科学研究的第一步骤。而作为现代归纳法的数理统计则更是用途广泛。五是"民族虚无主义"——不但是汉民族没能发展出科学,其他无数民族都没能,所以不是民族虚无,也不是民族沙文,而是民族平权。六是"历史虚无主义"——能不能诞生科学,最初与某种语言类型有关,哪个民族说这样的语言这多少有偶然性。不过,能不能调整书面语以利于逻辑命题的表达,从而引进、掌握科学,进而成为发展科学的生力军,在这方面我们成绩优秀,无须有民族虚无的自卑感。第七还是回到方法论——最近几十年逻辑、数学、物理学、科学哲学诸多学科的飞速发展,让我们对因果关系有了更深的认识。不过,这不否定最初形式逻辑是从相应的主谓结构语言中发展出来的事实,也不妨碍使用形式逻辑作为科学研究最基本的手段。

现在总结一下本文要点:1) 文中所谈到的语法原理、形式逻辑、印度逻辑,都是引用。2) 有关先秦名辩,例子都是熟悉的,但解读出自我有关"秦人逻辑"的研究。3) 逻辑抽象于语法的观点出于马克斯·缪勒,我进一步具体化为主谓结构是逻辑的必要条件。4) 逻辑是科学的必要条件之一,这观点出自爱因斯坦。5) 本文贡献一是澄清了先秦逻辑的实质首先是语法分析,二是提出逻辑产生的必要条件是主谓结构语言,更重要的是第三,把众多方面组合成一个完整的理论——语言必要论。6) 语言决定思维以前有两个版本:维特根斯坦的语言决定论和萨丕尔—沃尔夫的语言相对论。我的语言必要论与他们不同有三点:一是把他们的充分条件弱化为必要条件;二是把他们认为的语言和认识世界的直接关系抻为中间隔有逻辑的间接关系;三是他们从词语及其范畴化着手立论,而我从更为抽象复杂的句法/语用角度切入。7) 最重要的是,语言必要论不是文科中的意气之论,而是得到印度语言/逻辑实例验证的科学论断。理论上它也能证伪:如果发现非主谓结构的语言也能进行演绎逻辑推理。

最后重申一遍:科学产生的必要条件之一是演绎逻辑(爱因斯坦),而演绎逻辑命题的表达需要以主谓句来构建,因而逻辑最初的产生跟主谓结构作为主导句式的语言有关。主谓结构普遍存在于全世界受格语(accusative)中,③但把主谓结构作为语法的主导句式、并在推理说理过程中作为唯一合法的句式,这有一定的随

---

① 赵元任,Notes on Chinese grammar and logic. *Philosophy East and West*. V(1):1—8,1955,807-8。中译《汉语语言与逻辑杂谈》,载《赵元任语言学论文集》,北京:商务印书馆,2002 年。

② Chao, Yuen Ren. 1959/1976. How Chinese logic operates. In A. S. Dil(ed.) *Aspects of Chinese sociolinguistics: Essays by Yuen Ren Chao*. 250—259. Stanford University Press. 1976.

③ 世界上大部分语言都是受格语,但也有少数施格语(ergetive)。后者没有主格宾格,但有施格和通格(absolutive)。在这种没有主宾格的语言中,如果产生逻辑命题,至少形式上不可能是"主词—谓词—宾词"的结构(参阅朱晓农"谈谈调查太平洋岛施格语的学习体会",载《汉语方言语法研究和探索——首届国际汉语方言语法学术研讨会论文集》,戴昭铭主编,哈尔滨:黑龙江人民出版社,第 37—42 页,2003 年。又见《方法——语言学的灵魂》,北京:北京大学出版社,2008 年)。

机性；也就是说，逻辑的出现在发生学上多少具有偶然性。不过，意识到这一点的重要性并全社会行动起来，把自然语言中非主流的主谓结构提升为推理说理过程中唯一合法的句式，从而促进科学发展，这有一定的必然性。这方面过去一百年来我们在世界上做得名列前茅。如果我们能有意识地在教育中加以重视，[①]必将在新世纪中取得更辉煌的成就。

朱晓农，香港科技大学，哈尔滨工业大学深圳研究生院

（原载《华东师范大学报（哲学社会科学报）》2015 年第 6 期）

① 参看朱晓农：《科学思维和语言、法治与教育》，载冯胜利主编：《语言学中的科学》第九章，北京：人民出版社，2015 年，第 243—266 页。

告 读 者

尊敬的读者：

欢迎您阅读本书。学林自出版平台(www. xuelinpress. com)为本书读者免费提供下列服务：

1. 对本书内容进行全文检索。

2. 了解互联网上各主要网站对本书的评论。您也可以发表对本书或本书作者的评论，与其他读者沟通。

此外，如本书市面上已无法买到，www. xuelinpress. com 为您提供付费定制服务，一本起印，价格不高于本书定价。

我们将陆续推出更多服务，欢迎您提出宝贵的意见和建议。

学林出版社